2023

비단길

비전공자도 단번에
합격할 수 있는
길잡이

정보처리기사
실기 1권

BM (주)도서출판 성안당

[저자소개]

지은이 **권우석**

現 기사퍼스트 대표이사, 정보처리기사/산업기사, 컴퓨터활용능력 전임 강사

現 (재)한국디지털융합진흥원 교육지원본부 팀장(이사)

- 네이버 컴퓨터 자격증 1위 카페 운영자(http://cafe.naver.com/gunsystem)

- 영남대학교 디지털융합비즈니스 전공(박사), E-비즈니스 전공(석사)

- 비트컴퓨터 정보처리기사/산업기사 강사, 초등교육포털 에듀모아(edumoa.com) 개발팀장

- 한국U러닝 연합회 e러닝 지도사, 평생교육사(교육과학기술부)

- LG CNS 등 다수 업체 컴퓨터 자격증 교육

- 성안당 · 영진 · 웰북 정보처리기사/산업기사/기능사 집필 및 감수

- EBS 컴퓨터활용능력 필기/실기 감수

지은이 **김민서**

現 기사퍼스트 프로그래밍 언어 전임 강사

- 모두교육평생교육원 시스템 개발/관리

- KOVO Referee 외 Android 애플리케이션 개발

- 영남대학교 컴퓨터공학 전공

- 성안당 정보처리기사 집필 및 감수

📢 독자 여러분께 알려드립니다!

본 도서 발행 이후에 발견된 오류 사항은 **성안당 홈페이지(www.cyber.co.kr)**의 **[자료실]–[정오표]**나 **네이버 카페(cafe.naver.com/gunsystem)**에 게시하오니 확인 후 학습하시기 바랍니다.

• 학습지원 네이버 카페 : 기사퍼스트(cafe.naver.com/gunsystem)

수험생 여러분이 믿고 공부할 수 있도록 항상 최선을 다하겠습니다.

첫째 NCS 학습 모듈과 기출문제를 꼼꼼히 분석!

정보처리기사는 2020년부터 국가직무능력표준(NCS) 기반으로 출제기준이 변경되었습니다. NCS 학습 모듈을 분석하여 자주 출제된 이론 내용과 출제 가능성이 큰 모듈은 자세히 설명하고, 학습에 도움이 되는 내용은 알기 쉽게 설명하여 알차게 구성했습니다.

둘째 이전 기출문제와 적중률이 높은 예상문제!

기출문제는 반복하여 출제되거나 응용되어 출제되므로, 2020년 출제기준 변경 전의 기출문제도 수록했습니다. 더 많은 문제를 접하면 자연스럽게 반복 학습을 통해 익힐 수 있고, 응용문제는 자세한 해설로 초보자도 이해할 수 있습니다.

셋째 IT 비전공자를 위한 권쌤의 알려줌!

비전공자가 익숙하지 않은 IT 용어와 개념들을 이해하며 학습하는 것은 매우 힘든 일입니다. 낯선 용어와 개념은 별도의 설명과 [권쌤이 알려줌]으로 보충하여, 학습 흐름이 끊기지 않고 계속 집중하여 학습할 수 있습니다.

넷째 전략적이고 효율적인 학습!

출제기준이 넓고 학습량이 많아 전체 범위를 모두 암기하는 것은 사실상 불가능합니다. 처음에는 전체 흐름을 파악하며 빠르게 한 번 읽고, 다시 읽으면서 별 3개로 표시한 중요 이론 내용은 꼼꼼히, 별 개수가 적은 내용은 간략히 읽어보면서 전략적으로 학습하세요.

다섯째 비단길에서 추천하는 학습 방법!

우선 과목별, 섹션별로 어떤 이론 내용이 있는지 간략히 훑어보세요. 그리고 기출 및 예상문제를 통해 자주 출제되는 내용을 파악하며 학습 방향을 잡습니다. 이론 내용을 학습한 후 [합격자의 암기법]의 키워드로 정리하고 암기합니다. 시험이 임박하면 [최신 기출문제 & 실전 모의고사]를 풀고 틀린 문제를 복습하며 마무리하세요.

그럼 수험생 모두 단번에 합격하기를 기원합니다.

기사퍼스트 권우석, 김민서

비단길이 제공하는 퍼스트 클래스 서비스 이용 방법

01 독학으로 준비하더라도 함께 하면 힘들지 않아요.

20년 동안 IT 자격증을 서비스하고 있는 기사퍼스트 카페에서 권우석 쌤과 연구진이 상주하며 독자의 궁금증을 풀어 드립니다.

• 네이버 카페 : cafe.naver.com/gunsystem

02 프로그래밍 언어는 인강으로 익히세요.

비전공자에게는 어렵고 낯설게 느껴지는 C, JAVA, Python. "기사퍼스트 권우석" 유튜브에서 권우석 쌤의 강의를 무료로 수강할 수 있습니다.

• 유튜브 : 기사퍼스트 권우석

03 언제, 어디서나 자유롭게! 매일 짬짬이 학습하세요.

수험생에게는 자투리 시간을 활용하는 게 중요해요. "기사퍼스트" 인스타그램에서 기출문제와 용어를 언제, 어디서나 학습할 수 있습니다.

• 인스타그램 : @gisafirst @gisafirst_word
  @gisafirst_wordplus

04 기출 예상 용어는 퀴즈를 풀며 암기하세요.

암기할 용어가 너무 많고 헷갈리죠? PC나 모바일 퀴즐렛을 이용하면 기출 용어와 정의를 퀴즈 형식으로 지루하지 않게 학습할 수 있습니다.

• 퀴즐렛 : quizlet.com/gisafirst1

4

퀴즐렛 이용 방법

01 아래 QR 코드를 스캔하거나 웹 주소를 입력하여 퀴즐렛(quizlet. com)에 접속합니다.

• 필요에 따라 로그인하세요.

02 [폴더] → [[비단길] 정보처리기사 실기]를 클릭합니다.

• 비밀번호는 기사퍼스트 네이버 카페에서 확인할 수 있습니다.

03 기출 및 예상 용어를 편리하게 학습합니다.

인스타그램 이용 방법

01 정보처리기사 실기 기출 예상용어를 직접 풀어보고 키워드 중심으로 학습합니다.

• 인스타그램 : @gisafirst_wordplus

02 정보처리기사 이론 내용 관련 용어의 정의 및 개념을 정리합니다.

• 인스타그램 : @gisafirst_word

03 정보처리기사 필기 기출문제를 풀어보고, 해설도 바로 확인합니다.

• 인스타그램 : @gisafirst

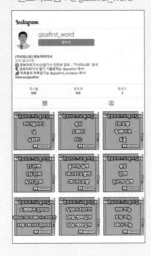

비단길을 활용하는 방법

챕터별 학습 안내

- NCS 기반으로 변경된 출제기준의 주요 항목을 확인합니다.
- 이번 챕터에서 학습할 내용의 전체 흐름을 미리 파악합니다

합격자의 암기 노트

- 암기할 내용이 많죠? 이번 챕터에서 꼭 외워야할 내용을 모아놓았습니다.
- 재밌고 쉽게 암기할 수 있는 [합격자의 암기 노트]를 활용하세요.

10 챕터

프로그래밍 언어 활용

- [프로그래밍 언어 활용] 챕터는 프로그래밍의 기본 문법에 대해 학습합니다. 계산기 프로그램을 구현하기 위해서는 숫자를 입력받고, 결과를 화면에 출력해야 합니다. 프로그래밍 언어별 기본 문법은 조금씩 다르지만, 키보드로 입력을 받거나 화면에 출력하는 것과 같은 주요 기능은 동일합니다.
- C언어, JAVA언어, Python언어의 기본 문법과 주요 기능, 그리고 프로그래밍 언어의 특징에 대해 학습합니다.

01섹션. C언어
01. 데이터 타입, 변수 ★★
02. 연산자 ★
03. 입·출력 함수 ★
04. 제어문 ★★★
05. 배열과 문자열 ★★
06. 구조체 ★★
07. 포인터 ★★★
08. 함수 ★

02섹션. JAVA
01. 클래스, 객체 ★★★
02. 입·출력 함수 ★★
03. 배열과 문자열 ★★★
04. 상속, 오버라이딩, 오버로딩, 추상 클래스 ★★★

03섹션. Python
01. 입/출력 함수 ★
02. 숫자형, 문자열, 리스트, 튜플, 딕셔너리, 집합 ★★
03. if문, for문 ★★★
04. 함수, 클래스, 객체 ★★

04섹션. 프로그래밍 언어 활용
01. 변수의 구분 ★
02. 프로그래밍 언어 ★★
03. 라이브러리 ★★
04. 예외 처리 ★

합격자의 암기 노트

▶ C언어, JAVA언어, Python언어 비교

	C	JAVA	Python
데이터 타입	참 : 1 거짓 : 0	참 : true 거짓 : false	참 : True 거짓 : False
입/출력함수	출력 함수 : printf() 입력 함수 : scanf()	출력 함수 : System.out.print() 입력 함수 : Scanner 클래스	출력 함수 : print() 입력 함수 : input()
if문	if ~ else if ~ else	if ~ else if ~ else	if ~ elif ~ else
for문	① for(i=0; i<0; i++)	② for(i=0; i<0; i++)	① for i in range(10)
개선된 for문	-	① for(int i : a)	① for i in a
배열	int score[3]	int score[] = new int[3]	score = []
문자열	char[] 또는 포인터	String 클래스	큰 따옴표(" ") 또는 작은 따옴표(' ') 사용
문자열 길이 반환 함수	strlen()	length()	len()
함수	① int add(int x, int y)	① int add(int x, int y)	① def add(x, y)
클래스	-	① class Gisafirst	① class Gisafirst
객체	-	① Gisafirst gf = new Gisafirst()	① gf = Gisafirst()

섹션별 출제 빈도

- 출제 빈도수가 높은 섹션은 꼼꼼히 학습해 주세요.

★★★ : 반드시 학습해야 하는 섹션입니다. 시간이 부족하다면 해당 섹션을 먼저 학습하세요!

★★ : 합격을 위해 해당 섹션을 함께 학습해야 합니다!

★ : 출제 가능성이 낮은 섹션이므로 간략히 학습하세요. 하지만 기출문제는 꼭 확인하세요!

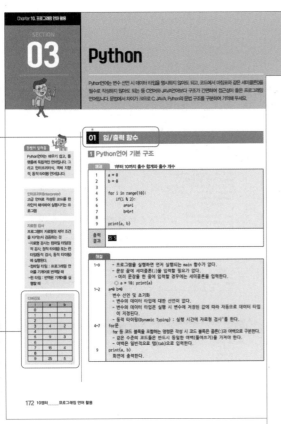

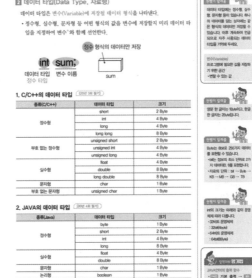

내용별 학습 중요도

· 준비 기간이 짧으면 중요도에 따라 효율적으로 학습하세요.
★★★ : 자주 출제되는 내용입니다. 학습 내용을 이해하고 정리 및 암기해 주세요.
 ★★ : 가끔 출제되는 내용이지만, 학습 흐름에 필요한 내용이므로 함께 학습해 주세요.
  ★ : 기출된 내용을 중심으로 학습하세요.

권쌤이 알려줌 / 용어

· 개념 이해를 통한 학습이 중요하죠.
· 낯설고 어려운 내용의 이해를 돕기 위해
권쌤이 친절히 알려줍니다.

디버깅표

· 실기시험에는 프로그래밍 언어의 실행 결과를 구하는 문제가 많이 출제됩니다.
· 학습할 때 디버깅표 작성을 습관화하면 실제 시험에서도 연습란에 작성하면서 쉽게 답을 구할 수 있을 것입니다.

합격자의 암기법

· 두음 암기법은 처음에는 어색해도 몇 번 되뇌다 보면 문제를 풀 때 자동으로 암기법이 떠오를 것입니다.
· 키워드 암기법은 간략하면서 기억에 오래 남습니다.

비단길을 활용하는 방법

기출 및 예상문제

- 2020년 이후의 기출문제를 우선으로 학습해야 합니다.
- 학습 내용을 정리하고 기출 유형을 파악하여 학습 방향을 정하세요.

챕터 기출예상문제

- 출제기준의 변경 전 기출문제와 출제 가능성이 있는 문제를 엄선하여 수록했습니다.
- 실전처럼 풀어보고 해설을 확인하면서 이번 챕터를 정리하세요.

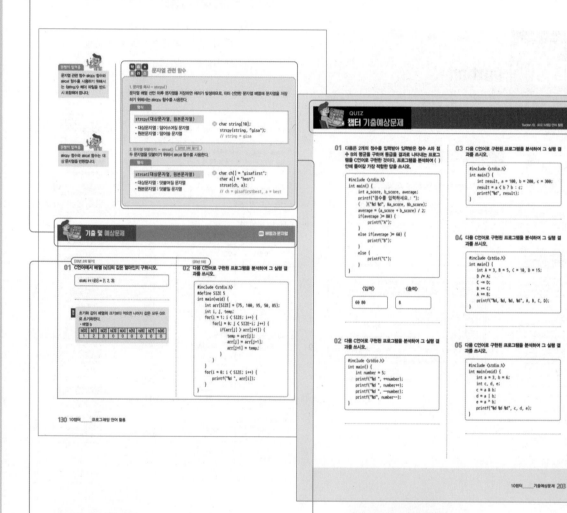

기출 정보

- 출제 빈도가 높을수록 암기는 필수입니다.
- 필기시험으로 나온 내용도 주관식으로 변형하여 실기시험에 출제될 수 있으니 지나치지 마세요.

학습+플러스

- 이론 내용에서 심화된 내용이나 별도로 정리할 내용을 따로 묶었습니다.
- 특히 기출 정보가 있는 항목은 다시 한번 확인하세요.

8

실전 모의고사

- 기출문제의 유형을 분석하여 실제 시험과 유사하게 문제를 엄선하여 구성했습니다.
- 실력을 점검하고 틀린 문제는 해설을 통해 이론 내용을 다시 한번 체크하세요.

최신 기출문제

- 시험에 출제된 문제를 풀어보면서 시험 준비를 마무리하세요.
- 기출되었던 이론 내용은 한 번 더 출제될 가능성이 크니 시험 전에 꼭 확인하세요.

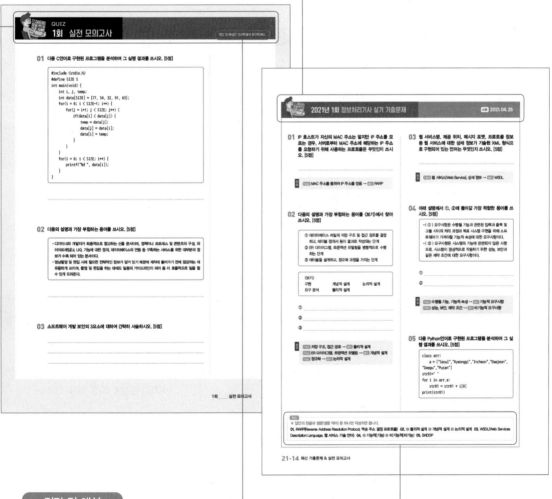

정답 및 해설

- 기출문제의 정답은 바로 확인할 수 있도록 페이지 아래에 정답을 배치했습니다.
- 모의고사의 정답은 모든 문제를 푼 후 확인할 수 있도록 문제 페이지 다음에 배치했습니다.
- 해당 문제에서 학습할 주요 내용을 키워드와 용어로 확실하게 암기하세요.

정보처리기사 실기시험이 처음이라 궁금해요!

1 필기시험에 합격하면 언제까지 필기시험이 면제되나요?

필기시험 합격자 발표일로부터 2년 동안 필기시험이 면제됩니다. 그러므로 2년 이내에는 실기시험에 합격할 때까지 여러 번 응시할 수 있습니다.

2 응시자격 서류의 제출 기간은 어떻게 되나요?

실기시험 원서 접수일 전까지 각 회차별 제출 기간을 확인하여 한국산업인력공단에 제출해야 합니다. 제출한 응시자격 서류는 2년간 유효합니다.

3 출제 범위, 검정 방법, 합격 기준이 어떻게 되나요?

출제 범위	검정 방법	합격 기준
① 요구사항 확인 ② 데이터 입출력 구현 ③ 통합 구현 ④ 서버 프로그램 구현 ⑤ 인터페이스 구현 ⑥ 화면 설계 ⑦ 애플리케이션 테스트 관리 ⑧ SQL 응용 ⑨ 소프트웨어 개발 보안 구축 ⑩ 프로그래밍 언어 활용 ⑪ 응용 SW 기초 기술 활용 ⑫ 제품 소프트웨어 패키징	• 주관식 필답형 　(단답형, 서술형, 계산 결과 등) • 20문제 　(문제당 5점 배점) • 시험 시간 : 2시간 30분	• 100점 만점에 60점 이상

※ 출제 범위별 과년도 출제 문항 분석표는 17쪽에서 확인할 수 있습니다.

4 실기시험의 필답형 답안은 어떻게 작성하나요?

1 단답형 작성

[21년 2회] [21년 1회 필기] [20년 2회 필기]

02 하향식 통합에 있어서 모듈 간의 통합 시험을 위해 일시적으로 필요한 조건만을 가지고 임시로 제공되는 시험용 모듈을 무엇이라고 하는지 쓰시오.

스텁, Stub, 테스트 스텁, Test Stub 중 하나

문제를 읽고 답안을 작성하는 문제 유형입니다. 시험에서 가장 많이 출제되는 유형이므로, 키워드 중심으로 용어를 학습하세요.

2 영문 답안 작성

[21년 3회]

16 결합도 중 단순 처리할 대상의 값만 전달되는 게 아니라 어떻게 처리를 해야 한다는 제어 요소가 전달되는 경우의 결합도를 영문으로 쓰시오.

Control Coupling

영문 약어나 용어를 영문으로 작성하는 문제 유형입니다. 자주 출제되는 용어는 영문도 함께 암기하세요.

3 서술형 작성

[21년 3회]

01 데이터 제어어(DCL) 중 GRANT에 대해 간략히 서술하시오.

데이터베이스 사용자에게 권한을 부여한다.

용어 정의를 서술하는 문제 유형입니다. 최소 0문제, 최대 6문제 출제된 유형입니다. 키워드를 포함하여 1~2줄로 간략히 작성하세요.

4 계산식과 결과 작성

[20년 1회]

03 총 라인 30,000, 개발자 5명, 인당 월평균 300라인인 경우, LOC 기법 개발 기간 계산식과 답을 쓰시오.

(30,000 / 300) / 5 = 20

계산식과 계산 결과를 작성하는 문제 유형입니다. 직접 손으로 작성하며 문제를 풀어보세요. 계산 실수를 하지않기 위해 시험지 제출 전에 한 번 더 확인하세요.

5 SQL문 작성

[20년 3회]

04 학생 테이블에서 이름이 '민수'인 튜플을 삭제하고자 한다. 다음 〈처리 조건〉을 참고하여 SQL문을 작성하시오.

〈처리 조건〉
- 명령문 마지막의 세미콜론(;)은 생략이 가능하다.
- 인용 부호가 필요한 경우 작은따옴표(' ')를 사용한다.

DELETE FROM 학생 WHERE 이름='민수'

SQL문 전체를 작성하는 문제 유형입니다. 이외 SQL문의 빈 칸을 채우는 문제 유형도 출제되니 SQL문의 기본 형식을 학습하세요.

6 프로그램 실행 결과 작성

[21년 2회]

02 다음 Python으로 구현된 프로그램을 분석하여 그 실행 결과를 쓰시오.

```
num = 100
res = 0
for i in range(1, 3):
    res = num >> i
    res = res + 1
print(res)
```

26

프로그램 실행 결과를 작성하는 문제 유형입니다. 이외 프로그램 코드의 빈 칸을 채우는 문제 유형도 출제되니 프로그램 코드의 흐름을 이해해야 합니다.

목차

목차

2권

목차

2022년 정보처리기사 실기시험은 단답형 용어, 프로그래밍 코드, SQL문 문제로 분류되어 주로 출제되었습니다. 응용된 지문으로 출제하거나 난도 높은 프로그래밍 언어 문제를 출제하는 등 심도 있는 학습을 통해 실기시험을 준비해야 합니다. 그리고 주어진 보기에서 답안을 고르는 문제가 출제되고 있습니다. 키워드 중심으로 학습 정리 및 암기하고, 어려운 문제는 지문과 키워드를 연관 지어 관련 있는 답안을 선택해 주시기 바랍니다. 답안을 영문으로 작성하거나 문제의 보기가 모두 영문으로 출제되기도 하므로, 자주 출제되는 문제는 영문도 함께 학습해야 합니다.

필기시험의 출제 범위가 실기시험의 출제 범위에 포함됩니다. 따라서 필기 이론 내용이 잊히지 않도록 필기시험 합격 후 이른 시일 내에 실기시험을 준비하는 것이 좋습니다. 곧바로 준비한다면 필기 이론 내용을 바탕으로 실기 기출문제 1회분을 먼저 풀어보세요. 실기시험의 출제 유형을 먼저 파악하여 앞으로의 학습 방향을 정할 수 있습니다. 아래 출제 문항 분석표를 참고하여 빈출 이론 내용을 중심으로, 출제율이 낮은 이론 내용은 간략히 학습하세요. 특히 02챕터와 07~11챕터는 꼼꼼히 학습해 주세요. SQL문은 빈칸을 채우거나 전체를 작성하고, 프로그래밍 언어는 한 줄씩 따라가며 흐름을 해석하는 연습을 합니다.

본 수험서에는 학습 내용을 정리할 수 있는 필기 문제와 실제 시험에 출제된 실기 문제가 함께 수록되어 있습니다. 지문이 쉽게 출제되기도 하지만 생각을 해야 하는 심화 있는 문장으로 출제되기도 합니다. 따라서 이론 내용의 이해를 돕기 위한 필기 기출문제도 함께 풀어보기 바랍니다. 그리고 개정 전 기출문제가 [이전 기출]로 수록되어 있어, 한 권의 교재로 여러 기출 유형을 확인할 수 있어 시험 준비에 많은 도움이 될 겁니다.

포기만 하지 않는다면 충분히 합격할 수 있는 시험이니, 끝까지 나 자신과 [비단길]을 믿고 달려가기 바랍니다. 끝으로 이 책으로 정보처리기사를 준비하는 모든 수험생이 단번에 합격할 수 있기를 진심으로 응원합니다.

〈과년도 출제 문항 분석표〉

출제 범위	2020년				2021년			2022년			합계	비중
	1회	2회	3회	4회	1회	2회	3회	1회	2회	3회		
01. 요구사항 확인	1	1	0	1	1	0	2	0	0	1	7	3.5%
02. 데이터 입출력 구현	3	1	1	2	5	1	1	3	1	0	18	9.0%
03. 통합 구현	0	1	1	0	3	0	0	0	1	0	6	3.0%
04. 서버 프로그램 구현	2	2	1	1	1	3	2	1	2	1	16	8.0%
05. 인터페이스 구현	2	1	0	0	0	0	0	0	0	0	3	1.5%
06. 화면 설계	0	1	1	0	0	1	1	1	0	0	5	2.5%
07. 애플리케이션 테스트 관리	2	1	3	2	2	2	3	3	2	1	21	10.5%
08. SQL 응용	1	3	4	1	1	4	2	1	2	2	21	10.5%
09. 소프트웨어 개발 보안 구축	2	3	0	5	1	2	3	2	2	4	24	12.0%
10. 프로그래밍 언어 활용	3	3	6	5	4	1	5	7	6	6	46	23.0%
11. 응용 SW 기초 기술 활용	3	3	3	3	2	6	1	2	4	4	31	15.5%
12. 제품 소프트웨어 패키징	1	0	0	0	0	0	0	0	0	1	21	1.0%
합계	20	20	20	20	20	20	20	20	20	20	200	100%

요구사항 확인

- [요구사항 확인] 챕터는 응용 소프트웨어 개발하기 위한 시작 단계입니다. 현행 시스템을 분석하여 개발하려는 응용 소프트웨어의 기능을 파악하고, 프로젝트 규모와 특징에 알맞은 소프트웨어 개발 방법론을 적용합니다.
- 파악한 여러 가지 기능들을 응용 소프트웨어의 요구사항으로 작성합니다. 요구사항은 모두가 알기 쉽게, 일정한 형식으로 작성해야 합니다.
- 개발자 간 또는 고객과의 원활한 의사소통을 위해 표준화한 통합 모델링언어를 사용하여 응용 소프트웨어의 기능을 도식화합니다.

▶ **시스템의 특성 : 종목자제**

- 종합성
- 목적성
- 자동성
- 제어성

▶ **소프트웨어 생명 주기의 종류**

- 키워드 순차적 → 용어 폭포수 모델
- 키워드 시제품 → 용어 프로토타입 모델
- 키워드 위험 관리 → 용어 나선형 모델

▶ **XP의 5가지 핵심 가치 : 단순 의류용 피존**

- 단순성
- 의사소통
- 류
- 용기
- 피드백
- 존경

▶ **프로젝트 관리 3대 요소**

- 프로젝트 관리는 프로세스보다 사람이 문제야

▶ **LOC 산정 공식 : 개인라인(일)**

- 개발 기간 x 투입 인원
- 라인수 / 1인당 월평균 생산 코드 라인 수

▶ **COCOMO 유형 : 내 코 좀(조) 배(반)**

- 내장형(Embedded)
- 코코모(COCOMO)
- 조직형(Organic)
- 반분리형(Semi-Detached)

▶ **요구사항·개발의 프로세스 : 도분명확**

- 도출 → 분석 → 명세 → 확인(검증)

▶ **유스케이스 다이어그램의 관계**

- 키워드 상호 작용 → 용어 연관(association)
- 키워드 반드시 실행 → 용어 포함(include)
- 키워드 선택적 실행 → 용어 확장(extend)
- 키워드 구체화 → 용어 일반화(generalization)

SECTION

01

현행 시스템 분석

개발하려는 응용 소프트웨어를 이해하기 위해 우선 현행 시스템의 적용 현황을 파악합니다. 그리고 소프트웨어 개발에 필요한 운영체제, DBMS, 미들웨어, 오픈 소스에 대해 간략히 학습합니다. 이론 내용이 어렵지 않으니 가벼운 마음으로 한 번 읽어보면서 각 용어의 개념과 특징을 기억해 두세요.

권쌤이 알려줌

플랫폼은 공급자와 소비자가 좀 더 단순하고 빠르게 연계될 수 있는 공간을 제공합니다. 플랫폼의 예시로 배달 음식을 편리하게 주문할 수 있는 배달의 민족과 생활용품을 쉽게 구매할 수 있는 쿠팡 등이 있습니다.

공급자   플랫폼   소비자
(배달의 민족)   (사용자)

합격자의 맘기법

플랫폼 성능 특성 분석 : 응가사처
• 응답시간(Response Time)
• 가용성(Availability)
• 사용률(Utilization)
• 처리량(Throughput)

권쌤이 알려줌

문제의 보기가 영문으로만 출제될 수 있으니 영문도 함께 학습하세요.
• 실기 시험도 필기 시험처럼 보기가 있는 유형이 출제됩니다.

히트(Hit)
웹 서버에 클라이언트가 데이터를 요청하여 성공적으로 웹 서버가 응답했을 때의 단위

비즈니스 모델(Business Model)
기업이 현재 갖고 있는 가치를 유지하기 위해 필요한 활동 등을 어떻게 잘 실행할 것인가를 보여주는 모델

---

01   플랫폼

1 플랫폼(Platform)

플랫폼은 다양한 종류의 시스템이나 서비스를 제공하기 위해 공통적이고 반복적으로 사용하는 기반 모듈을 뜻한다.

• 사전적 의미는 기차나 전철에서 승객들이 타고 내리는 '승강장'을 뜻한다.
• 플랫폼은 어떤 서비스를 가능하게 하는 일종의 토대라고 할 수 있으며, 제품 · 서비스 · 자산 · 기술 · 노하우 등 모든 형태가 가능하다.

 우버 : 교통 플랫폼, 에어비앤비 : 숙박 플랫폼

▼ 플랫폼 성능 특성 분석   [20년 2회 필기]

구분	설명
가용성 (Availability)	응용 프로그램을 최종 사용자가 사용할 수 있는 시간
응답시간 (Response Time)	응용 프로그램이 사용자 요청에 응답하는 데 걸리는 시간
처리량(Throughput)	응용 프로그램에서 발생한 이벤트 처리량 예 일정 기간 내에 처리한 웹페이지 히트[※]율
사용률(Utilization)	서버 자원 사용률 예 네트워크 대역폭 사용량

2 비즈니스 융합(Business Convergence)

비즈니스 융합은 서로 다른 산업이 융합할 때 생기는 기회를 포착하여, 비즈니스 모델[※] 구성 요소 중 일부 혹은 전체를 혁신하는 것을 의미한다.

• IT를 중심으로 기존 산업과 융합이 이루어질 때, IT가 존재하지 않았던 기존 산업이 변화되어 새로운 가치가 창출된다.

예 스크린 골프 = 골프 + 스크린

[20년 2회 필기]
01 소프트웨어 설계 시 구축된 플랫폼의 성능 특성 분석에 사용되는 측정 항목을 모두 고르시오.

> ⊙ 응답시간(Response Time)
> ⓒ 가용성(Availability)
> ⓒ 사용률(Utilization)
> ⓔ 서버 튜닝(Server Tuning)

02 서로 다른 산업이 융합할 때 생기는 기회를 포착하여 비즈니스 모델 구성 요소 중 일부 혹은 전체를 혁신하는 것을 의미하는 용어는 무엇인지 쓰시오.

해설 키워드 서로 다른 산업 융합(Convergence), 비즈니스(Business) 모델, 혁신 → 용어 비즈니스 융합

해설 플랫폼 성능 특성 분석 : 가용성, 응답시간, 처리량, 사용률
• 서버 튜닝은 서버의 기능을 개선하기 위한 작업이다.

정답
01. ⊙, ⓒ, ⓒ 02. 비즈니스 융합(Business Convergence)

---

02 현행 시스템 파악

1 현행 시스템 파악

현행 시스템이 다른 시스템들과 어떻게 구성되고 어떤 정보를 주고받는지, 제공하는 기능과 기술 요소는 무엇인지, 소프트웨어 및 하드웨어, 네트워크는 어떻게 구성되어 있는지 등을 파악하는 활동이다.

1. 시스템 구성 파악

예 시스템 구성

구분	시스템명	시스템 내용
기간 업무	단위 업무 A 시스템	업무 A를 처리하기 위해 기능 A1, A2 등을 제공하는 시스템
	단위 업무 B 시스템	업무 B를 처리하기 위해 기능 B1, B2 등을 제공하는 시스템
지원 업무	지원 업무 C 시스템	지원 업무 C를 처리하기 위해 기능 C1, C2 등을 제공하는 시스템

2. 시스템 기능 파악

단위 업무 시스템이 현재 제공하고 있는 시스템 기능을 기술한다.

（예） 시스템 기능

시스템명	기능 L1	기능 L2	기능 L3
단위 업무 A 시스템	기능 A1	하부 기능 A11	세부 기능 A111
			세부 기능 A112
		하부 기능 A12	세부 기능 A121
			세부 기능 A122
	기능 A2	하부 기능 A21	세부 기능 A211

3. 시스템 인터페이스 파악

단위 업무 시스템이 다른 단위 업무 시스템과 주고받는 데이터의 종류, 데이터 형식, 프로토콜, 연계 유형, 주기 등을 명시한다.

연동 형식
（예）XML, 고정 포맷, 가변 포맷 등

통신 규약
（예）TCP/IP, X.25 등

연계 유형
（예）EAI, FEP 등

（예） 시스템 인터페이스

송신 시스템	수신 시스템	연동 데이터	연동 형식	통신 규약	연계 유형	주기
단위 업무 A 시스템	대외 기관 A 시스템	연체 정보	XML	TCP/IP	EAI	일 배치
단위 업무 A 시스템	대외 기관 B 시스템	부도 정보	XML	X.25	FEP	수시

3 현행 시스템 아키텍처 및 소프트웨어

1. 아키텍처※ 구성도 파악

기간 업무를 수행하기 위해 계층별로 어떠한 기술 요소들을 사용하고 있는지 최상위 수준에서 그림으로 표현한 것이다.

아키텍처(Architecture)
시스템의 구조

2. 소프트웨어 구성도 파악

단위 업무 시스템의 업무 처리를 위해 설치되어 있는 소프트웨어들의 제품명, 용도, 라이선스 적용 방식※, 라이선스 수를 명시한 것이다.

（예） 소프트웨어 구성

라이선스 적용 방식
（예）사이트, 서버, 프로세서, 코어(core), 사용자 수 등

구분	시스템명	SW 제품	용도	라이선스 적용 방식	라이선스 수
기간 업무	단위 업무 A 시스템	Apache Tomcat	WAS	오픈 소스 Apache License	
		MySQL	데이터베이스	GPL 또는 상용	

4 현행 시스템 하드웨어 및 네트워크

1. 하드웨어 구성도 파악

단위 업무 시스템들이 어느 위치의 서버에서 운용되고 있는지 서버의 주요 사양※과 수량, 이중화※ 적용 여부를 명시한 것이다.

하드웨어 구성

구분	시스템명	서버 용도	제품명	주요 사양	수량	이중화
기간 업무	단위 업무 A 시스템	AP 서버	서버 제품명 A1	CPU 4core RAM 8GB, HDD 500GB	1	N
		DB 서버	서버 제품명 A2	CPU 8core RAM 16GB, HDD 1TB	1	N

서버의 주요 사양
🔟 CPU 처리 속도, 메모리 크기, 하드 디스크의 용량 등

이중화
시스템 장애 발생을 대비하여, 장애 발생 다음에도 시스템 전체의 기능을 계속 유지하도록 예비 장치를 평상시부터 백업으로서 배치해 운영하는 것

2. 네트워크 구성도 파악

업무 처리 시스템들이 어떠한 네트워크로 구성되어 있는지를 표현한 것이다.

 네트워크 구성

위치	용도	장비 제품명	주요 사양	수량	비고
전산센터	방화벽	제품명		2	
IDC	라우터	제품명		1	

기출 및 예상문제　　　　　　　　　02 현행 시스템 파악

01. 다음에 제시된 현행 시스템 파악 절차를 순서대로 나열하시오.

> ㉠ 현행 시스템의 아키텍처 및 소프트웨어 구성 현황 파악
> ㉡ 현행 시스템의 하드웨어 및 네트워크 구성 현황 파악
> ㉢ 현행 시스템의 구성, 기능, 인터페이스 현황 파악

해설
현행 시스템 파악 절차
: 구성, 기능, 인터페이스 현황 파악 → 아키텍처 및 소프트웨어 구성 현황 파악 → 하드웨어 및 네트워크 구성 현황 파악

정답
01. ㉢, ㉠, ㉡

03　개발 기술 환경 정의

1 기술 개발 환경　[21년 1회 필기]

운영체제, DBMS, 미들웨어를 선정할 때 고려해야 할 사항을 기술하고, 오픈 소스 사용 시 주의해야 할 내용과 저작권 관련 정보를 제시한다.

권쌤이 알려줌
운영체제, DBMS, 미들웨어는 이후 자세히 학습합니다. 출제되었던 기출 문제 위주로 간략히 학습하세요.

2 운영체제(OS; Operating System)

운영체제는 하드웨어와 소프트웨어 자원※을 관리하고 컴퓨터 프로그램을 위한 공통 서비스를 제공하는 소프트웨어를 말한다.

자원(Resource)
🔟 CPU, 메모리, 디스크, 입출력(I/O) 장치 등

- 종류 : 마이크로소프트 윈도우(Microsoft Windows), 유닉스(UNIX), 리눅스(LINUX), 아이오에스(iOS), 안드로이드(Android) 등
- 운영체제 관련 요구사항 식별을 위한 고려사항 : 가용성(신뢰도), 성능, 기술 지원, 주변 기기, 구축 비용

[20년 2회 필기]

3 DBMS(DataBase Management System, 데이터베이스 관리 시스템)

DBMS는 사용자, 다른 애플리케이션, 데이터베이스와 상호 작용하여 데이터를 저장하고 분석하기 위한 컴퓨터 소프트웨어 애플리케이션으로, 데이터베이스 생성, 조회, 변경 등의 관리가 주요 기능이다.

- 종류 : Oracle, IBM DB2, Microsoft SQL Server, MySQL, SQLite, MongoDB, Redis 등
- DBMS 관련 요구사항 식별을 위한 고려사항 : 가용성, 성능, 기술 지원, 상호 호환성, 구축 비용

4 미들웨어(Middleware)

미들웨어는 운영체제와 애플리케이션 사이에 위치하는 컴퓨터 소프트웨어로, 애플리케이션에 운영체제가 제공하는 서비스를 추가 및 확장하여 제공하는 역할을 한다.

- 종류 : 웹 애플리케이션 서버(WAS) 등

▼ **웹 애플리케이션 서버(WAS; Web Application Server)** [21년 1회 필기]

동적인 웹 사이트, 웹 애플리케이션*, 웹 서비스*의 개발을 지원하기 위해 설계된 소프트웨어로, 데이터 접근, 세션* 관리, 트랜잭션* 관리 등을 위한 라이브러리*를 제공한다.

- 종류 : Tomcat, GlassFish, JBoss, Jetty, JEUS, Resin, WebLogic, WebSphere 등
- WAS 관련 요구사항 식별을 위한 고려 사항 : 가용성, 성능, 기술 지원, 구축 비용

5 오픈 소스(Open Source)

오픈 소스는 소스 코드를 공개해 누구나 특별한 제한 없이 그 코드를 사용할 수 있는 오픈 소스 라이선스를 만족하는 소프트웨어를 말한다.

- 오픈 소스 사용 시 고려 사항 : 라이선스의 종류, 사용자 수, 기술의 지속 가능성 등

웹 애플리케이션(Web Application)
네트워크를 통해 액세스되는 응용 프로그램으로, 주로 웹 브라우저에서 이용할 수 있는 응용 소프트웨어

웹 서비스(Web Service)
네트워크에서 서로 다른 종류의 컴퓨터 간에 상호 작용을 하기 위한 소프트웨어 시스템

세션(Session)
서버와 클라이언트의 연결

트랜잭션(Transaction)
사용자가 요구하는 작업의 단위

라이브러리(Library)
자주 사용하는 함수를 미리 작성하여 저장시켜둔 것

[21년 1회 필기]

01 현행 시스템 분석에서 고려하지 않아도 되는 항목을 모두 고르시오.

> ⊙ DBMS 분석   ⓒ 네트워크 분석
> ⓒ 운영체제 분석   ⓔ 인적 자원 분석

> **해설** 현행 시스템 분석 시 고려 사항에는 현행 시스템 아키텍처 및 소프트웨어, 하드웨어 및 네트워크, 운영체제, DBMS, 미들웨어, 오픈 소스 등이 있다.

[20년 2회 필기]

02 DBMS 분석 시 고려사항을 모두 고르시오.

> ⊙ 가용성   ⓒ 성능
> ⓒ 네트워크 구성도   ⓔ 상호 호환성

> **해설** DBMS 분석 시 고려사항
> : 가용성, 성능, 기술 지원, 상호 호환성, 구축 비용

[21년 1회 필기]

03 WAS(Web Application Server)의 종류로 옳은 것을 모두 고르시오.

> ⊙ JEUS   ⓒ JVM
> ⓒ Tomcat   ⓔ WebSphere

> **해설** WAS 종류 : Tomcat, GlassFish, JBoss, Jetty, JEUS, Resin, WebLogic, WebSphere 등

04 다음 설명의 ( ) 안에 공통적으로 들어갈 가장 적합한 용어를 쓰시오.

> ( )은(는) 동적인 웹 사이트, 웹 애플리케이션, 웹 서비스의 개발을 지원하기 위하여 설계된 소프트웨어로서 데이터 접근, 세션 관리, 트랜잭션 관리 등을 위한 라이브러리를 제공하고 있다. ( )의 종류에는 Tomcat, ClassFish, JBoss 등이 있다.

> **해설** 키워드 동적, 웹 애플리케이션(Web Application) → 용어 웹 애플리케이션 서버

정답
01. ⓔ 02. ⊙, ⓒ, ⓔ 03. ⊙, ⓒ, ⓔ 04. 웹 애플리케이션 서버(WAS; Web Application Server)

SECTION
02
소프트웨어 개발 방법론

현행 시스템을 파악하고, 어떤 기능이 반드시 포함되어야 하는지 확인한 후 응용 소프트웨어를 개발합니다. 응용 소프트웨어를 절차대로 한 번에 개발할지, 여러 번 반복하여 개발할지, 한 번에 테스트할지, 분기별로 테스트할지 등 응용 소프트웨어의 특징에 맞는 개발 절차 및 방법을 정할 수 있습니다.

01 소프트웨어 공학

1 시스템(System)

시스템은 어떤 목적을 위해 하나 이상의 상호 관련된 요소의 유기적 결합체를 의미한다.

1. 시스템의 특성

구분	설명
종합성	시스템은 종합적인 결합체이다.
목적성	시스템은 공통의 목적이 있다.
자동성	시스템은 자동 조치한다.
제어성	정해진 목표를 달성하기 위해 오류가 발생하지 않도록 상태를 감시한다.

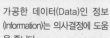
합격자의 암기법

시스템의 특성 : 종목자제
- 종(합성)
- 목(적성)
- 자(동성)
- 제(어성)

권쌤이 알려줌

가공한 데이터(Data)인 정보 (Information)는 의사결정에 도움을 줍니다.
ⓜ 정보처리기사 응시자 점수(데이터)가 60점 이상(처리)인 경우는 합격(의사결정)이다.

2. 시스템의 구성 요소 [21년 2회 필기]

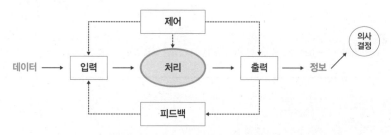

구성 요소	설명
입력(Input)	처리할 데이터 및 조건을 부여하는 요소
처리(Process)	결과를 산출하기 위해 입력 자료를 조건에 맞게 처리하는 요소
출력(Output)	처리 결과를 산출하는 요소
제어(Control)	각 과정의 모든 기능이 올바로 수행되는지를 통제하거나 관리하는 요소
피드백(Feedback)	처리 결과를 평가하여 불충분한 경우, 목적 달성을 위해 반복 처리하는 요소

3. 시스템 분석가(SA; System Architecture)

정보 시스템을 구축하고 활용하는 데 있어서 시스템 분석 및 설계 등 중추적인 역할을 수행하는 사람으로, 시스템의 전반적인 흐름과 사용자들의 요구사항을 파악하고 해결책을 마련한다.

- 기업의 목적을 이해하고, 업계 동향 및 관계 법규 등을 파악한다.
- 창조성과 현장 분석 경험이 중요하며, 인간 중심적으로 분석한다.
- 시간 배정과 계획 등을 빠른 시간 내에 파악해야 하며, 컴퓨터 기술과 관리 기법을 알아야 한다.

2 소프트웨어 공학

1. 소프트웨어 공학 등장 배경

소프트웨어 개발 초기에는 원칙 없이 개발자 위주로 개발하여 생산성 저하와 유지보수 어려움이 있었다.

① 소프트웨어 위기

시스템의 대규모화에 따라 소프트웨어의 신뢰성 저하, 개발 시간 지연, 인력 부족, 인건비 상승으로 인한 개발비의 증대, 계획의 지연 등의 현상이 현저하여 개발 계획의 수행을 매우 어렵게 만드는 상황이다.

- 하드웨어 성능 발달로 인해 소프트웨어 개발 속도가 하드웨어 개발 속도를 따라가지 못해, 사용자들의 요구사항을 감당할 수 없는 문제가 발생한 것을 의미한다.

② 소프트웨어 공학   [21년 1, 2회 필기]

신뢰도가 높은 소프트웨어를 만들기 위한 방법으로, 도구와 절차들을 체계화한 학문이다.

- 소프트웨어 개발 과정에서 생산성을 높이고, 고품질의 소프트웨어를 생산하여 사용자를 만족시키는 것이 목표이다.

2. 일반적인 소프트웨어 개발 과정   [22년 1회 필기] [20년 2, 3, 4회 필기]

계획 → 요구분석 → 설계 → 구현(개발) → 테스트(시험) → 유지보수

개발 과정	설명
계획	비용, 기간 등 프로젝트를 수행하는 데 필요한 것에 대해 계획하는 단계
요구분석	사용자의 요구사항을 분석하고 시스템으로 구현 가능한지 판단하는 단계
설계	요구사항 분석 결과를 가지고 구체적인 기능과 구조를 체계화하는 단계
구현	프로그램 언어를 선정하고, 설계 명세서를 컴퓨터가 이해할 수 있도록 표현하는 단계
테스트	요구사항에 맞게 작동하는지 테스트하는 단계
유지보수	버전 업데이트 및 새로운 기능 추가 등을 유지보수하는 단계

권쌤이 알려줌

유지보수 단계에서 개발 비용이 가장 많이 소요됩니다.
예 윈도우 운영체제 개발 후 지속적인 패치

[21년 2회 필기]
01 시스템의 구성 요소를 모두 고르시오.

> ㉠ Process   ㉡ Feedback
> ㉢ Maintenance   ㉣ Control

해설
시스템 구성 요소 : 입력(Input), 처리(Process), 출력(Output), 제어(Control), 피드백(Feedback)

[21년 1회 필기]
02 다음 설명의 ( ) 안에 공통적으로 들어갈 가장 적합한 용어를 쓰시오.

> ( )은(는) 소프트웨어의 개발, 운용, 유지보수 및 파기에 대한 체계적인 접근 방법이다. 소프트웨어 제품의 품질을 향상시키고, 소프트웨어 생산성과 작업 만족도를 증대시키는 것을 목적으로 한다. 그리고 최소의 비용으로 계획된 일정보다 가능한 빠른 시일내에 소프트웨어를 개발하는 것이 ( )의 궁극적 목표이다. 즉 ( )은(는) 신뢰성 있는 소프트웨어를 경제적인 비용으로 획득하기 위해 공학적 원리를 정립하고 이를 이용하는 것이다.

해설
키워드 소프트웨어 개발, 접근 방법, 공학적 원리 → 용어 소프트웨어 공학

[21년 2회 필기]
03 공학적으로 잘 된 소프트웨어(Well Engineered Soft ware)에 대한 설명으로 거리가 먼 것을 모두 고르시오.

> ㉠ 소프트웨어는 유지보수가 용이해야 한다.
> ㉡ 소프트웨어는 신뢰성이 높아야 한다.
> ㉢ 소프트웨어는 사용자 수준에 무관하게 일관된 인터페이스를 제공해야 한다.
> ㉣ 소프트웨어는 충분한 테스팅을 거쳐야 한다.

해설
소프트웨어는 사용자 수준에 따른 적당한 사용자 인터페이스를 제공해야 한다.

[20년 2회 필기]
04 소프트웨어 개발 방법 중 요구사항 분석(Requirements Analysis)과 거리가 먼 것을 모두 고르시오.

> ㉠ 비용과 일정에 대한 제약 설정
> ㉡ 타당성 조사
> ㉢ 요구사항 정의 문서화
> ㉣ 설계 명세서 작성

해설
나머지는 설계 단계에서 수행한다.

[20년 3회 필기]
05 요구사항 분석 시에 필요한 기술로 거리가 먼 것을 모두 고르시오.

> ㉠ 청취와 인터뷰 질문 기술
> ㉡ 분석과 중재 기술
> ㉢ 설계 및 코딩 기술
> ㉣ 관찰 및 모델 작성 기술

해설
나머지는 설계 및 구현 단계에서 필요한 기술이다.

[20년 4회 필기]
06 소프트웨어 개발 단계에서 요구 분석 과정에 대한 설명으로 옳은 것을 모두 고르시오.

> ㉠ 분석 결과의 문서화를 통해 향후 유지보수에 유용하게 활용할 수 있다.
> ㉡ 개발 비용이 가장 많이 소요되는 단계이다.
> ㉢ 자료 흐름도, 자료 사전 등이 효과적으로 이용될 수 있다.
> ㉣ 보다 구체적인 명세를 위해 소단위 명세서(MiniSpec)가 활용될 수 있다.

해설
나머지는 유지보수 단계에 대한 설명이다.

정답
01. ㉠, ㉡, ㉣   02. 소프트웨어 공학   03. ㉢   04. ㉣   05. ㉢
06. ㉠, ㉢, ㉣

02 소프트웨어 생명 주기

1 소프트웨어 생명 주기(Software Life Cycle)

소프트웨어 생명 주기는 소프트웨어 제품을 계획할 때부터 시작하여 운용 및 유지보수에 이르기까지 변화의 전 과정을 의미한다.

- 소프트웨어 생명 주기의 단계는 분석, 설계, 구현, 테스트, 확인, 유지보수 등 여러 단계가 있으며, 이들 단계는 중복되기도 하고 반복되기도 한다.
- 종류 : 폭포수 모델, 프로토타입 모델, 나선형 모델, 애자일 모델 등

권쌤이 알려줌

응용 소프트웨어의 목적에 맞는 소프트웨어 개발 방법론을 선택하여 응용 소프트웨어의 완성도를 높일 수 있습니다.

1. 폭포수 모델(Waterfall Model) [21년 1, 3회 필기] [20년 2, 3, 4회 필기]

가장 오래된 모델로 순차적으로 한 단계, 한 단계를 진행해 나가는 모델이다.

- 선형 순차적 모델, 고전적 생명주기 모형이라고도 한다.
- 프로세스가 단순하여 초보자도 쉽게 적용 가능하다.
- 각 단계마다 결과물이 명확하게 출력되고, 각 단계가 끝난 후에는 앞 단계로 되돌아갈 수 없다.
- 처음 단계에서 지나치게 강조하다 보면 개발 기간이 길어질 수 있다.

권쌤이 알려줌

폭포수는 아래로 떨어지고, 거슬러 올라갈 수 없다고 이해하세요.

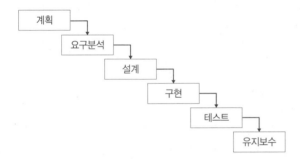

2. 프로토타입 모델(Prototype Model)

사용자의 요구사항에 따라 프로토타입(시제품)※을 신속히 개발하여 제공한 후, 사용자의 피드백을 통해 개선하고 보완해가는 모델이다.

- 폭포수 모델의 단점을 보완한 모델이다.
- 사용자의 참여를 유도하여 정확한 요구사항 도출이 가능하다.
- 시제품을 최종 완제품으로 오해 가능하여, 기대 심리를 유발할 수 있다.
- 시제품 폐기 시 비경제적이며, 시제품 개발에 오랜 시간을 소요할 경우 시간이 낭비될 수 있다.

프로토타입(Prototype, 시제품, 견본품)
최종 시스템의 예상 기능 중 일부를 빠르게 구현한 프로그램

합격자의 **암기법**

소프트웨어 생명 주기의 종류
• 키워드 순차적 → 용어 폭포수
 모델
• 키워드 시제품 → 용어 프로
 토타입 모델
• 키워드 위험 관리 → 용어 나
 선형 모델

3. 나선형 모델(Spiral Model) [22년 1회 필기] [21년 3회 필기] [20년 2회 필기]

시스템 개발 시 위험을 최소화하기 위해 점진적으로 완벽한 시스템으로 개발해 나가는 모델이다.

• 위험관리로 인해 위험성이 큰 프로젝트를 수행할 수 있다.
• 변경되는 요구사항에 대해 적용이 가능하다.
• 프로젝트 기간이 오래 걸리고, 반복 단계가 길어질수록 프로젝트 관리가 어렵다.

▼ 단계별 활동 [21년 1회 필기] [20년 3, 4회 필기]

단계	활동	설명
1단계	목표 설정 (계획 수립)	고객의 요구사항을 분석하여 프로젝트 각 단계에 대한 특정 목표를 수립한다.
2단계	위험 분석	프로젝트 진행 시 요구사항을 기반으로 예측되는 위험 사항에 대해 추출하고, 이에 대한 대처 방안을 수립한다.
3단계	개발과 검증	구축하려는 시스템과 개발 환경에 맞는 개발 모델을 선택하여 개발 절차를 진행하고, 개발 진행 중에는 검증이 이루어진다.
4단계	고객 평가	개발과 테스트가 끝난 내용을 고객이 평가하여, 추가 반복 여부를 결정한다.

4. 반복 점증적 모델(Iterative & Incremental Model)

요구사항이나 제품의 일부분만을 개발 · 반복하여 최종 사용자 요구사항에 부합하는 시스템을 완성해 가는 모델이다.

① 증분형 모델

사용자 요구사항의 일부분을 하나씩 구현/반복한 후 결합하여 최종 제품을 완성하는 모델이다.

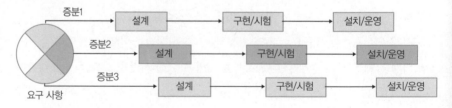

② 진화형 모델

시스템의 프로토타입을 개발하면서 추가 요구사항이나 개선사항을 지속적으로 발전시켜 최종 완성품을 개발하는 모델이다.

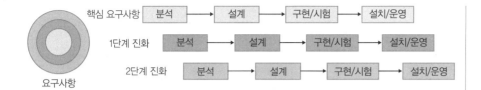

5. RAD(Rapid Application Development) 모델

사용자의 적극적인 참여와 강력한 소프트웨어 개발 도구를 이용하여 매우 짧은 주기(60~90일)로 개발을 진행하는 순차적 모델이다.

- 요구사항의 완전한 이해와 프로젝트 범위를 명확히 설정한 경우 신속한 개발이 가능하다.
- 위험성이 높거나 대규모 프로젝트에는 부적합하다.

6. V 모델

폭포수 모형에서 시스템 검증과 테스트 작업을 강조한 모델이다.

- 작은 프로젝트에 용이하고, 오류를 줄일 수 있다.
- 생명 주기 반복을 허용하지 않아 변경을 다루기 어렵다.

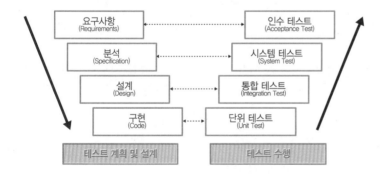

7. 4세대 모델(4GT; 4th Generation Technique, 4세대 기법)

CASE 및 자동화 도구를 이용하여 요구사항 명세로부터 실행 코드를 자동으로 생성할 수 있게 해주는 모델이다.

- 4세대 언어를 이용하여 원시 코드를 자동으로 생성하므로 생산성이 향상된다.
- 설계 단계가 단축되어 개발 시간이 감소되므로 소규모 개발 시 효율적이다.
- 불필요한 많은 양의 코드가 생성될 수 있으며 유지보수가 어렵다.

8. 애자일 모델(Agile Model) [22년 2회 필기]

소프트웨어 개발 과정에서 지속적으로 발생하는 변경에 유연하고 기민하게 대응하여 생산성과 품질 향상을 목표로 하는 협력적인 모델이다.

- 애자일(Agile)은 '민첩한', '기민한'이라는 의미이다.
- 사람이 중심이 되어 전체 개발 단계에서 변화에 신속히 대응할 수 있도록 일정한 주기를 반복하면서, 좋은 것을 빠르고 낭비 없게 만들기 위한 방법론이다.
- 급변하는 요구사항에 적합하며, 소규모 프로젝트에 적합하다.
- 숙달된 개발자가 필요하다.

▼ 애자일 선언문(Agile Manifesto) [22년 1, 2회 필기] [21년 1, 3회 필기] [20년 3회 필기]

애자일 방법론이 추구하고 있는 가치를 요약하고 있다. 아래 선언문의 의미는 왼쪽(기존)에 있는 것들도 가치가 있지만, 우리는 오른쪽에 있는 것들에 더 높은 가치를 둔다는 것이다.

---

① 공정과 도구보다 → 개인과 상호작용을
② 포괄적인 문서보다 → 작동하는 소프트웨어를
③ 계약 협상보다 → 고객과의 협력을
④ 계획을 따르기보다 → 변화에 대응하기를 가치 있게 여긴다.

권쌤이 알려줌

애자일 모델은 최근 회사에서 각광받는 방법론입니다.

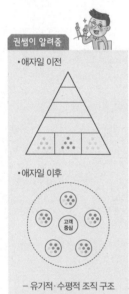

권쌤이 알려줌

- 애자일 이전

- 애자일 이후

- 유기적·수평적 조직 구조
- 고객 중심 운영 방식
- 책임 중심 팀 구성

[20년 2회 필기]

01 폭포수 모형의 특징으로 거리가 먼 것을 모두 고르시오.

> ⊙ 개발 중 발생한 요구사항을 쉽게 반영할 수 있다.
> ⓒ 순차적인 접근방법을 이용한다.
> ⓒ 단계적 정의와 산출물이 명확하다.
> ⓐ 모형의 적용 경험과 성공사례가 많다.

해설 폭포수 모형은 각 단계가 끝난 후에는 앞 단계로 되돌아갈 수 없으므로 개발 중 발생한 요구사항 반영이 어렵다.

[21년 1, 3회 필기] [20년 3, 4회 필기]

02 다음의 설명과 가장 부합하는 소프트웨어 생명 주기 모형을 쓰시오.

> 소프트웨어 생명 주기 모형 중 Boehm이 제시한 고전적 생명 주기 모형으로서 선형 순차적 모델이라고도 하며, 타당성 검토, 계획, 요구사항 분석, 설계, 구현, 테스트, 유지보수의 단계를 통해 소프트웨어를 개발한다. 이는 가장 오래된 모형으로 많은 적용 사례가 있지만 요구사항 변경이 어려우며, 각 단계의 결과가 확인되어야지만 다음 단계로 넘어간다.

해설 키워드 Boehm, 고전적, 선형 순차적, 가장 오래된 모형 → 용어 폭포수 모델

[20년 2회 필기]

03 프로토타입을 지속적으로 발전시켜 최종 소프트웨어 개발까지 이르는 개발방법으로 위험관리가 중심인 소프트웨어 생명 주기 모형은 무엇인지 쓰시오.

해설 키워드 위험관리 → 용어 나선형 모델

[21년 3회 필기]

04 다음 설명에 해당하는 소프트웨어 생명 주기 모형은 무엇인지 쓰시오.

> • 소프트웨어를 개발하면서 발생할 수 있는 위험을 관리하고 최소화하는 것을 목적으로 한다.
> • 계획, 설계, 개발, 평가의 개발 주기가 반복적으로 수행된다.
> • 개발 순서는 계획 및 정의, 위험 분석, 공학적 개발, 고객 평가 순으로 진행된다.
> • 비교적 대규모 시스템에 적합하다.

해설 키워드 위험관리, 최소화 → 용어 나선형 모델

[21년 1회 필기] [20년 3, 4회 필기]

05 소프트웨어 개발 모델 중 나선형 모델의 4가지 주요 활동을 순서대로 나열하시오.

> ⊙ 계획 수립   ⓒ 고객 평가
> ⓒ 개발 및 검증   ⓐ 위험 분석

해설 나선형 모델 개발 단계
: 계획 수립 → 위험 분석 → 개발 및 검증 → 고객 평가

06 **애자일 기법에 대한 설명으로 옳은 것을 모두 고르시오.**

[21년 1, 3회 필기] [20년 3회 필기]

> ㉠ 절차와 도구보다 개인과 소통을 중요하게 생각한다.
> ㉡ 계획에 중점을 두어 변경 대응이 난해하다.
> ㉢ 실제 작동하는 소프트웨어보다는 이해하기 좋은 문서에 더 가치를 둔다.
> ㉣ 고객과의 피드백을 중요하게 생각한다.
> ㉤ 빠른 릴리즈를 통해 문제점을 빠르게 파악할 수 있다.
> ㉥ 진화하는 요구사항을 수용하는데 적합하다.

 해설

• 계획을 따르기보다 변화에 대응하는 것에 중점을 둔다.
• 이해하기 좋은 문서보다는 실제 작동하는 소프트웨어에 더 가치를 둔다.

 정답

01. ㉠ **02.** 폭포수 모델(Waterfall Model) **03.** 나선형 모델(Spiral Model)
04. 나선형 모델(Spiral Model) **05.** ㉠, ㉣, ㉢, ㉡ **06.** ㉠, ㉣, ㉤, ㉥

권쌤이 알려줌

이 중에서 특히 세계적으로 널리 채택된 애자일 방법론은 스크럼(Scrum), 익스트림 프로그래밍(XP)이 있습니다. 초기에는 익스트림 프로그래밍을 사용했지만 스크럼이 점점 많은 인기를 끌면서 현재에는 스크럼과 익스트림 프로그래밍을 같이 사용하는 추세입니다.

★★ 03 애자일 방법론

1 애자일 방법론의 종류 [21년 2회 필기] [20년 4회 필기]

• 스크럼(Scrum)
• 익스트림 프로그래밍(XP; eXtreme Programing)
• 린(Lean) 소프트웨어 개발 방법론
• 칸반(Kanban)
• 적응형 소프트웨어 개발 방법론(ASD; Adaptive Software Development)
• 기능 주도 개발 방법론(FDD; Feature Driven Development, 기능 기반, 기능 중심, 특징 주도)
• 동적 시스템 개발 방법론(DSDM; Dynamic Systems Development Method)
• DAD(Disciplined Agile Delivery)
• 크리스털 패밀리(Crystal Family)
• 애자일 UP(AUP; Agile Unified Process)

2 스크럼(Scrum)

스크럼은 매일 정해진 시간에 정해진 장소에서 짧은 시간의 개발을 하는 팀을 위한 프로젝트 관리 중심의 방법론이다.

• 30일 단위의 짧은 개발 기간으로 분리하여, 반복적으로 수행하는 스프린트※를 중심으로 진행한다.

스프린트(Sprint)
달력 기준 1~4주 단위의 반복 개발 주기

1. 스크럼 팀 구성원

구성원	설명
제품 책임자 (Product Owner, 개발 의뢰자, 사용자)	• 제품의 기능 목록에 해당하는 제품 백로그*를 만들고, 우선순위를 조정하거나 새로운 항목을 추가하는 일을 관리한다. • 스프린트에 대한 계획을 수립할 때까지 중요한 역할을 하고, 스프린트가 시작되면 최대한 팀 운영에 관여하지 않는 것을 권장한다.
스크럼 마스터 (Scrum Master, 개발팀장)	• 문제 해결과 방해 요소 제거를 위해 노력하며, 스크럼의 원칙과 가치를 지키면서 개발이 진행될 수 있도록 지원한다.
스크럼 팀 (Scrum Team, 개발팀)	• 5~9명으로 구성되며, 하나의 스프린트 동안 구현해야 할 기능을 사용자 스토리*로 도출하고 구현한다. • 문제를 보고하며 완료하기 위해 노력하는 구성원이다.

제품 백로그(Product Backlog)
이해관계자로부터 추출된 제품이 제공해야 하는 기능이나 개발할 제품에 대한 요구사항 목록

사용자 스토리(User Story)
최종 사용자의 입장에서 무엇이 필요하고, 그것이 왜 필요한지를 설명한 것
🄜 최종 고객으로서, 빠른 속도로 학습하기 위해 배속 버튼이 있었으면 좋겠습니다.

2. 스크럼 개발 프로세스

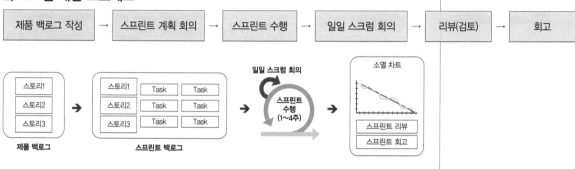

단계	설명
스프린트 계획 (Sprint Plan)	각 스프린트에 대한 목표를 세우고 제품 백로그로부터 스프린트에서 진행할 항목을 선택한다. 항목별 담당자가 배정되고, 작업(Task, 태스크) 단위로 계획을 수립한다.
일일 스크럼 (Daily Scrum)	매일 진행하는 15분간의 프로젝트 진행 상황을 공유하는 회의이다. 모든 팀원이 참석하며 매일매일 각자의 일, 문제점 등을 공유한다.
스프린트 리뷰 (Sprint Review)	스프린트 목표를 달성했는지, 작업 진행과 결과물을 확인하는 회의이다. 스프린트 동안 진행된 모든 작업에 대한 데모(Demo)를 진행한다.
스프린트 회고 (Sprint Retrospective)	스크럼 마스터가 스프린트 동안 잘된 점, 아쉬웠던 점, 개선할 사항 등을 찾기 위한 회고를 진행한다.

3. 3가지 산출물

산출물	설명
제품 백로그 (Product Backlog)	• 제품에 담고자 하는 기능의 우선순위를 정리한 목록이다. • 고객을 대표하여 제품 책임자가 주로 우선순위를 결정한다.
스프린트 백로그 (Sprint Backlog)	• 하나의 스프린트 동안 개발할 목록으로 사용자 스토리와 이를 완료하기 위한 작업을 태스크로 정의한다. • 각각의 태스크의 크기는 시간 단위로 추정한다.
소멸 차트 (Burn-down Chart)	• 개발을 완료하기까지 남은 작업량을 보여주는 그래프이다. • 각 주기별로 남아있는 작업량을 스토리 포인트*로 나타낸다.

스토리 포인트(Story Point)
개발에 소요되는 시간, 복잡도 등을 고려하여 추상적인 개념으로 변환한 단위
🄜 배속 버튼을 구현하기 위한 태스크는 6 스토리 포인트가 걸린다.

3 익스트림 프로그래밍(XP; eXtreme Programing) [21년 3회 필기]

익스트림 프로그래밍은 고객과 함께 2주 정도의 반복 개발로, 고객 만족을 강조하고 테스트와 우선 개발을 특징으로 하는 방법론이다.

- 애자일 개발 프로세스 보급에 큰 역할을 했다.
- 고객, 관리자, 개발자 각각의 역할에 초점을 맞춰 각 역할에 맞는 권리와 의무를 부여하여, 전체적인 맥락 속에서 성공적인 소프트웨어를 개발할 수 있도록 유도한다.
- 짧고 반복적인 개발 주기, 단순한 설계, 고객의 적극적인 참여를 추구한다.

1. XP의 5가지 핵심 가치(개발자와 고객 간 중요 가치) [20년 2, 4회 필기]

합격자의 **암기법**

XP의 5가지 핵심 가치 : 단순 의류용 피존
- 단순(성)
- 의(사소통)
- 류
- 용(기)
- 피(드백)
- 존(경)

핵심 가치	설명
의사소통 (Communication)	• 문제 발생 시 의사소통을 통해 해결한다. • 소통에는 개발자 ↔ 개발자, 개발자 ↔ 사용자, 개발자 ↔ 관리자 등의 소통이 모두 필요하다.
단순성 (Simplicity)	• 소프트웨어가 점점 복잡해지면서 개발 및 유지보수에 많은 시간이 소요되므로, 현재 시점에서 꼭 필요한 것만 간결하게 하여 불필요한 노력을 예방한다.
피드백 (Feedback)	• 소프트웨어 개발이 시작되면 가급적 빠른 시일 내 고객에게 피드백을 요청한다. • 고객의 빠른 피드백은 사업 목적을 이해하고 궁극적으로 올바른 요구사항을 찾는 방법이다.
용기 (Courage)	• 소프트웨어 개발은 예측하기 어려운 문제들을 해결하는 과정이다. • 모르는 것을 창피해하지 않는 용기, 새로운 방법에 도전하는 용기, 팀을 위하여 헌신하는 용기 등이 필요하다.
존중 (Respect)	• 모두가 중요하고 존중받아야 한다는 생각이 있어야 구성원 간의 원활한 협력이 가능하므로, 탁월한 팀을 만들기 위해서 반드시 필요하다.

2. XP의 실천 방법(Practice) [20년 4회 필기]

빌드(Build)
소스 코드 파일 및 컴파일된 파일들을 컴퓨터에서 실행할 수 있는 소프트웨어로 변환하는 과정
- 컴파일(Compile) : 고급 언어로 작성된 코드를 실행 가능한 목적 코드로 변경시키는 과정

실천 방법	설명
페어 프로그래밍 (Pair Programming, 짝 프로그래밍)	두 명 혹은 그 이상의 개발자가 함께 코딩하고, 코드 리뷰를 통해 보다 좋은 품질을 얻는다.
단체 소유권 (Collective Ownership)	시스템에 있는 코드는 누구든지 언제라도 수정이 가능하게 한다.
지속적인 통합 (Continuous Integration)	하루에 몇 번이라도 전체 시스템을 통합 및 빌드※하고 테스트할 수 있는 지속적인 통합 환경을 구축한다.
전체 팀 (Whole Team)	모든 프로젝트에 참여하는 팀원들은 개개인이 각자의 역할이 있고, 그들의 역할의 중요성을 의미한다.
게임 계획 (Planning Game)	개발팀과 고객 간에 정보 교환을 기반으로 한 회의에 고객과 개발 팀 모두가 참석한다.
고객 테스트 (Customer Tests)	반복적으로 사용자 테스트를 거쳐 최종 사용자의 요구에 부합하는 소프트웨어를 만들어 낸다.
소규모 릴리즈 (Small Releases)	필요한 기능들만 갖춘 간단한 시스템을 빠르게 제품화하고, 짧은 사이클로 자주 새로운 버전을 배포한다.
간단한 설계(Simple Design)	현재의 요구사항을 만족시키도록 가능한 한 단순하게 설계한다.

테스트 주도 기법 (Test–Driven Development)	테스트를 기반으로 한 개발을 한다.
디자인 개선 (Design Improvement) 또는 리팩토링(Refactoring)	프로그램의 기능을 바꾸지 않으면서 중복 제거, 커뮤니케이션 향상, 단순화, 유연성 추가 등을 위해 시스템을 재구성한다.
주 40시간(40–hour Week)	소프트웨어 개발은 집중이 필요하므로 일주일에 40시간 이상 일하지 않도록 한다.
현장 고객(On–Site Customer)	개발자들의 질문에 즉각 대답해 줄 수 있는 고객을 상주시킨다.
코딩 표준(Coding Standards)	팀원들 간 커뮤니케이션을 향상시키기 위해 표준화된 관례에 따라 코드를 작성한다.
메타포(Metaphor)	최종적으로 개발되어야 할 시스템 구조를 그림이 아닌 문장으로 기술한다.

3. XP 개발 프로세스

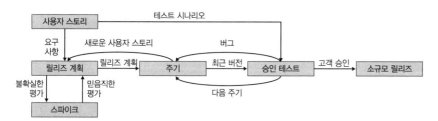

개발 프로세스	설명
사용자 스토리 (User Story)	사용자의 요구사항을 적어놓은 것으로, 스크럼의 사용자 스토리와 동일하다.
릴리즈 계획 (Release Planning)	릴리즈 시점에 대한 일정을 수립하고, 각 주기에 개발할 스토리를 사용자와 선택한다. 스파이크를 계속 만들어 보면서 프로젝트의 기간과 난이도 등을 예측한다.
스파이크(Spike)	기술적, 설계적 위험을 탐지하기 위해 프로젝트 시작 전에 핵심 기능을 간단하게 프로그램으로 구현해 본다.
주기(Iteration)	사용자 스토리와 만들어놓은 스파이크들을 활용하여 1~3주 기간 동안 개발한다. 개발 중에 사용자 스토리가 새로 추가되거나 업데이트될 수 있다.
승인(인수) 테스트 (Acceptance Test)	주기가 시작되면 동시에 고객이 스토리를 참고해서 테스트 시나리오[※]를 만든다. 사용자의 테스트 시나리오를 바탕으로 인수 테스트[※]를 실행하며, 주어진 스토리가 인수 테스트를 모두 통과하면 소규모 릴리즈를 실시한다.

4 린(Lean) 소프트웨어 개발 방법론

린 소프트웨어 개발 방법론은 자동차 제조사 도요타의 생산 방식인 '낭비를 발견하고 제거하여 고객에게 가치를 빠르게 제공하자'를 소프트웨어 개발에 적용한 방법론이다.

- 구체적인 개발 프로세스를 정의하지 않고 철학적인 접근 방식을 정의하며, 낭비는 곧 결함이기 때문에 결함을 줄이는 것이 좋은 방법이라는 사고 방식을 가진다.

테스트 시나리오(Test Scenario)
여러 개의 테스트 명세서들을 순서에 따라 묶은 집합

인수 테스트(Acceptance Test)
사용자가 요구분석 명세서에 명시된 사항을 모두 충족하는지 판정하고, 시스템이 예상대로 동작하고 있는지를 판정하는 테스트

▼ 린(Lean)의 7가지 원칙

원칙	설명
낭비 제거	80%의 가치를 제공하는 20% 기능에 모든 초점을 맞추어 집중하고 낭비되는 요소는 제거한다.
품질 내재화※	개발 중 검증 단계에 이르러서야 결함을 발견한다면 그 프로세스는 결함이 있는 것이다.
지식 창출	과학적 방법을 사용하고 모든 사람이 따라 하고 잘 알려진 실천법을 표준에 포함하되, 누구든지 표준에 도전하고 변경하도록 장려한다.
늦은 확정	마지막까지 변화를 수용할 수 있도록 코드를 작성한다.
빠른 인도	신속한 배포, 고품질, 저비용은 동시에 가능하다.
사람 존중	효과적인 리더십을 제공하고 팀은 자부심, 책임감, 신뢰, 칭찬을 통해 번성한다.
전체 최적화	고객 요구에서 소프트웨어 배포까지 전체 가치 흐름에 초점을 맞춰야 한다.

내재화
어떤 현상이나 성질 따위가 일정한 사물이나 범위의 안에 들어 있음

기출 및 예상문제

[21년 2회 필기] [20년 4회 필기]

01 애자일 방법론에 해당하지 않는 것을 모두 고르시오.

> ⊙ 기능 중심 개발   ⓒ 스크럼
> ⓒ 익스트림 프로그래밍   ② 모듈 중심 개발
> ⑩ 하둡

해설 애자일 방법론에는 기능 중심(주도) 개발, 스크럼(Scrum), 익스트림 프로그래밍(XP), 린, 애자일 UP 등이 있다.

02 다음 설명에 해당하는 애자일 방법론의 종류는 무엇인지 쓰시오.

> • 반복적으로 사용자 테스트를 거쳐 최종 사용자의 요구에 부합하는 소프트웨어를 만들어 낸다.
> • 고객과 직접 대면하며 요구사항을 이야기하기 위해 사용자 스토리(User Story)를 활용할 수 있다.
> • 기존의 방법론에 비해 실용성(Pragmatism)을 강조한 것이라고 볼 수 있다.

해설 키워드 사용자 스토리 → 용어 익스트림 프로그래밍

[20년 2, 4회 필기]

03 익스트림 프로그래밍(XP)의 5가지 핵심 가치를 쓰시오.

해설 TIP XP의 5가지 핵심 가치는 "단순 의류용 피존"으로 기억하세요.

04 XP(eXtreme Programming)의 기본원리를 모두 고르시오.

> ⊙ Linear Sequential Method
> ⓒ Pair Programming
> ⓒ Collective Ownership
> ② Continuous Integration

해설 선형 순차 방식(Linear Sequential Method)은 폭포수 모델에 적합한 방식이다.

38 01챕터   요구사항 확인

05 애자일 방법론의 종류 중 매일 정해진 시간에 정해진 장소에서 짧은 시간의 개발을 하는 팀을 위한 프로젝트 관리 중심의 방법론으로, 30일 단위의 짧은 개발기간으로 분리하여 반복적으로 수행하는 스프린트를 중심으로 진행하는 것은 무엇인지 쓰시오.

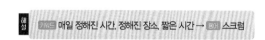

해설 키워드 매일 정해진 시간, 정해진 장소, 짧은 시간 → 용어 스크럼

정답
01. ㉣, ㉤ **02.** 익스트림 프로그래밍(XP; eXtreme Programing) **03.** 의사소통(Communication), 단순성(Simplicity), 피드백(Feedback), 용기(Courage), 존중(Respect) **04.** ㉡, ㉢, ㉣ **05.** 스크럼(Scrum)

★★
04 소프트웨어 개발 방법론

1 소프트웨어 개발 방법론

소프트웨어 개발 방법론은 소프트웨어 개발의 전 과정에서 지속적으로 적용할 수 있는 방법과 절차, 기법 등을 말한다.

- 개발 프로세스는 각 단계에서 해야 할 작업만 명시하고, 개발 방법론은 각 작업을 어떻게 수행하느냐를 정한 것이다.
- 즉 방법론은 프로세스의 구현이라고 생각할 수 있다.

세대	방법론
1970년대	구조적 방법론
1980년대	정보공학 방법론
1990년대	객체 지향 방법론
2000년대	컴포넌트 기반 방법론
2000년대	애자일(Agile) 방법론
2010년대	제품 계열 방법론

2 소프트웨어 개발 방법론의 종류

1. 구조적 방법론 [21년 1회 필기]

1970년대까지 가장 많이 적용되었던 소프트웨어 개발 방법론이다. 구조화 프로그래밍 또는 구조적인 프로그램 작성이라 한다. 절차(프로세스) 단위로 문제를 해결한다.

- 절차

2. 정보공학 방법론

기업 전체 또는 기업의 주요 부분에 대한 계획, 분석, 설계 및 구축에 정형화된 기법들을 상호 연관성 있게 통합·적용하는 데이터 중심 방법론이다. 정보시스템 개발을 공학적으로 접근하기 위해 체계화시킨 개발 방법론이다.

3. 객체 지향 방법론

현실 세계의 실체(Entity, 개체)를 속성과 메소드가 결합된 독립적인 형태의 객체(Object)로 표현하는 개념으로 구현 대상을 하나의 객체로 보고 객체와 객체 간의 관계로 모델링하는 방법이다.

[21년 1, 2회 필기] [20년 4회 필기]

4. 컴포넌트 기반(CBD; Component Based Design) 방법론

소프트웨어를 구성하는 컴포넌트※를 조립해서 하나의 새로운 응용 프로그램을 작성하는 방법론이다. 전통적인 코딩 개발 방식에서 발전되어 소프트웨어 구성단위인 모듈※을 미리 파악하고, 필요한 모듈을 조립함으로써 개발한다. 즉 문제를 조각으로 나눈 후, 다시 조합하는 재사용성에 초점을 둔 방법론이다.

• 절차

개발 준비 → 분석 → 설계 → 구현 → 시험 → 전개 (운영환경에 전개) → 인도

5. 애자일(Agile) 방법론 [20년 2회]

고객의 요구사항 변화에 유연하게 대응하기 위해 일정한 주기를 반복하면서 개발하는 방법론이다.

6. 제품 계열 방법론

특정 제품에 적용하고 싶은 공통된 기능을 정의하여 개발하는 방법론이다. 임베디드 소프트웨어※를 작성하는 데 유용한 방법론이다.

 학습 플러스 **소프트웨어 개발 방법론 비교** [21년 3회 필기]

구분	구조적	정보공학	객체 지향	CBD
시기	1970년대	1980년대	1990년대	2000년대
특징	모듈화, 유지보수성 향상	기업업무 중심의 정보시스템 개발 최적화	실세계의 객체 모형을 반영	재사용성 및 효율성 극대화
주요 관점	프로세스 중심	데이터 중심	객체 중심	컴포넌트 중심
개발 방식	하향식 (Top-down)	하향식 (Top-down)	상향식 (Bottom-up)	상향식 (Bottom-up)

컴포넌트(Component, 구성 부품, 요소)
독립적인 실행 단위
예) 결제 시스템에서 현금 결제, 카드 결제, 계좌 이체 결제 등

모듈(Module)
기능을 구현하기 위한 최소의 단위

임베디드 소프트웨어 (Embedded Software)
임베디드 시스템을 제어하기 위해 작성된 특정 하드웨어에 특화된 소프트웨어

임베디드 시스템(Embedded System)
마이크로프로세서(CPU)를 장착해 설계함으로써 효과적인 제어를 할 수 있도록 하는 내장시킨 형태의 시스템
예) 스마트 냉장고 : 냉장고 문을 열지 않고 우유가 있는지 모니터를 통해 확인할 수 있다.

[21년 1회 필기]
01 다음의 설명과 가장 부합하는 용어를 쓰시오.

> 1970년대까지 가장 많이 적용되었던 소프트웨어 개발 방법론이다. 정형화된 분석 절차에 따라 사용자 요구사항을 파악하고 문서화하는 체계적 분석방법으로 자료 흐름도, 자료 사전, 소단위 명세서의 특징을 갖는다.

해설 키워드 1970년대, 정형화, 자료 흐름도, 자료 사전, 소단위 명세서 → 용어 **구조적 방법론**
- 구조적 분석 도구에는 자료 흐름도(DFD), 자료 사전(DD), 소단위 명세서(Mini-Specification), 개체 관계도(ERD), 상태 전이도(STD) 등이 있다.

[21년 1회 필기] [20년 4회 필기]
02 소프트웨어 개발 방법론 중 CBD(Component Based Development)에 대한 설명으로 틀린 것을 모두 고르시오.

> ㉠ 개발 기간 단축으로 인한 생산성 향상
> ㉡ 새로운 기능 추가가 쉬운 확장성
> ㉢ 소프트웨어 재사용 가능
> ㉣ 1960년대까지 가장 많이 적용되었던 소프트웨어 개발 방법
> ㉤ 유지보수 비용 최소화
> ㉥ 모듈의 분할과 정복에 의한 하향식 설계방식
> ㉦ 독립적인 컴포넌트 단위의 관리로 복잡성 최소화

해설
- CBD 방법론은 2000년대 주요 소프트웨어 개발 방법론이다.
- CBD 방식은 컴포넌트를 조립해서 하나의 새로운 응용 프로그램을 작성하는 방법론이므로, 모듈의 분할과 정복에 의한 상향식 설계 방식이다.
  - 분할과 정복(Divide and Conquer) : 큰 시스템을 여러 개의 서브 시스템으로 나누어, 세분화된 서브 시스템부터 하나씩 개발하는 방법
  - 상향식 설계 : 하위 모듈에서 상위 모듈로 이동하면서 설계하는 방식
  - 하향식 설계 : 상위 모듈에서 하위 모듈로 이동하면서 설계하는 방식

[21년 2회 필기]
03 CBD(Component Based Development) SW 개발 표준 산출물 중 분석 단계에 해당하는 것을 모두 고르시오.

> ㉠ 클래스 설계서   ㉢ 통합시험 결과서
> ㉡ 프로그램 코드   ㉣ 사용자 요구사항 정의서

해설 ㉠은 설계, ㉢은 시험, ㉡은 구현 단계에 해당한다.
- CBD 방법론 절차 : 개발 준비 → 분석 → 설계 → 구현 → 시험 → 전개(운영환경에 전개) → 인도

[20년 2회]
04 다음의 설명과 가장 부합하는 용어를 쓰시오.

> 고객의 요구사항 변화에 유연하게 대응하기 위해 일정한 주기를 반복하면서 개발하는 방법론으로, 워터폴(Waterfall)에 대비되는 방법론이다. 최근 이 방법론은 개발 관련뿐 아니라 기업 경영 등에도 활용되고 있다.

해설 키워드 변화에 유연, 일정 주기 반복 → 용어 **애자일 방법론**

[21년 3회 필기]
05 다음 설명에 해당하는 소프트웨어 개발 방법론은 무엇인지 쓰시오.

> - 객체 중심으로 기술하는 상향식(Bottom-up) 방식으로 볼 수 있다.
> - 데이터와 행위를 하나로 묶어 객체를 정의내리고 추상화시키는 작업이라 할 수 있다.
> - 동적 모델링 기법이 사용될 수 있다.
> - 코드 재사용에 의한 프로그램 생산성 향상 및 요구에 따른 시스템의 쉬운 변경이 가능하다.

해설 키워드 객체 중심 → 용어 **객체 지향 방법론**

정답
01. 구조적 방법론 **02.** ㉣, ㉥ **03.** ㉣ **04.** 애자일(Agile) 방법론 **05.** 객체 지향 방법론

테일러링(Tailoring)
주어진 대상에 딱 맞게 줄이거
나 늘리는 것

커스터마이징(Customizing, 맞
춤 제작, 맞춤 서비스)
사용자가 원하는 형태로 만들어
주는 것

05 소프트웨어 개발 방법론 테일러링

1 소프트웨어 개발 방법론 테일러링

소프트웨어 개발 방법론 테일러링(Tailoring)※은 프로젝트 상황 및 특성에 맞도록 정의된 소프트웨어 개발 방법론으로 절차나 사용 기법, 산출물 등을 수정하여 적용하는 작업이다.

• 테일러링 수행 절차

프로젝트 특징 정의	→	표준 프로세스 선정 및 검증	→	상위 수준의 커스터마이징※	→	세부 커스터마이징	→	테일러링 문서화

2 테일러링의 필요성 [20년 2회 필기]

소프트웨어 개발 방법론 테일러링은 내부적 요건과 외부적 요건의 차이로 인해 필요하다.

1. 내부적 요건(내부 기준)

기준	설명
목표 환경	시스템의 개발 유형 및 환경이 다르다.
요구사항	프로젝트에서 우선적으로 고려해야 할 요구사항이 다르다.
프로젝트 규모	규모별로 적용될 사업비, 참여 인력, 개발 기간 등 프로젝트 규모가 다르다.
보유 기술	프로세스, 방법론, 산출물, 인력의 성숙도 등이 다르다.

IT 컴플라이언스(IT
Compliance)
기업에서 반드시 준수되어야 하
는 법적 규제사항과 지침
예 금융 업종의 경우 개인정보
보호법이 준수되어야 하며
계산의 정확도와 실시간 처
리가 중요하다.

2. 외부적 요건(외부 기준)

기준	설명
법적 제약사항	프로젝트별로 적용될 IT 컴플라이언스(Compliance)※가 다르다.
표준 품질 기준	금융, 의료, 제조 등 업종별 표준 품질 기준이 다르다.

3 테일러링 기법

1. 프로젝트 규모와 복잡도에 따른 테일러링

가장 일반적으로 적용되는 테일러링 가이드로서 프로젝트 인원, 프로젝트 업무 난이도, 프로젝트 복잡도 등으로 구분하여 테일러링 가이드를 제공한다.

2. 프로젝트 구성원에 따른 테일러링

구성원의 기술적 성숙도와 방법론에 대한 이해 정도를 파악하여 테일러링 수준을 결정한다.

3. 팀 내 방법론 지원에 따른 테일러링

각 팀 내 방법론을 담당하는 역할을 두어 방법론 전담자와 실무자 사이의 커뮤니케이션 통로 역할을 수행한다.

4. 자동화에 따른 테일러링

중간 산출물 중에 자동화할 수 있는 부분을 자동화 도구를 통해 지원함으로써 작업 부하를 낮춘다.

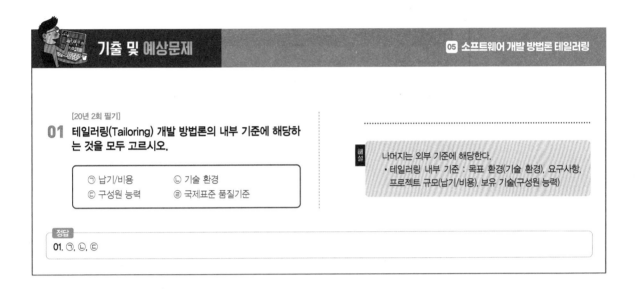

기출 및 예상문제

05 소프트웨어 개발 방법론 테일러링

[20년 2회 필기]

01 테일러링(Tailoring) 개발 방법론의 내부 기준에 해당하는 것을 모두 고르시오.

ⓐ 납기/비용   ⓒ 기술 환경
ⓒ 구성원 능력   ⓓ 국제표준 품질기준

해설
나머지는 외부 기준에 해당한다.
• 테일러링 내부 기준 : 목표 환경(기술 환경), 요구사항, 프로젝트 규모(납기/비용), 보유 기술(구성원 능력)

정답
01. ⓐ, ⓒ, ⓒ

SECTION 03 프로젝트 관리

소프트웨어 개발 시 잘못된 예측으로 인한 위험성을 최소화하기 위해 프로젝트 수행 전에 프로젝트를 미리 계획합니다. 프로젝트 계획에 필요한 조직 구성, 비용 산정, 일정 계획 등 프로젝트가 계획대로 완료될 수 있도록 프로젝트를 관리합니다.

★★★
01 비용 산정

1 프로젝트 관리

프로젝트 관리는 프로젝트가 계획대로 완료될 수 있도록 관리하는 것을 의미한다.

- 주어진 기간 내에 최소의 비용으로 사용자를 만족시키는 시스템을 개발하기 위함이다.
- 프로젝트 관리 대상 : 프로젝트 계획, 조직 구성(개발팀 관리), 비용 관리, 일정 관리, 위험 관리, 형상 관리※, 품질 관리 등

▼ **효과적인 프로젝트 관리를 위한 3대 요소(3P)**
- 사람(People) : 인적 자원
- 문제(Problem) : 문제 인식
- 프로세스(Process) : 작업 계획

2 비용 산정

비용 산정은 소프트웨어 개발에 필요한 기능과 규모를 기반으로 소요되는 인원과 기간, 자원 등을 확인하여 필요한 비용을 예측하는 활동이다.

- 개발 비용과 개발 기간의 상관관계※ : 개발 완료 기간을 앞당기면 비용은 더 증가한다.

▼ **비용 결정 요소**

구분	내용
프로젝트 요소	개발 제품의 복잡도, 시스템 크기, 신뢰도
자원 요소	인적 자원※, 개발에 필요한 하드웨어/소프트웨어 자원
생산성 요소	개발자의 능력, 개발 기간

형상 관리(SCM; Software Configuration Management)
소프트웨어의 개발 과정에서 발생하는 프로그램, 문서, 데이터 등 산출물의 변경사항을 버전 관리하기 위한 일련의 활동

합격자의 **맘기법**

프로젝트 관리 3대 요소
- 프로젝트 관리는 프로세스보다 사람이 문제야

개발 비용과 개발 기간의 상관관계
일반적으로 기간을 앞당기려면 인원을 더 투입해야 한다.

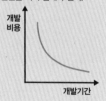

인적 자원
📖 개발자들

3 비용 산정 기법 [21년 2회 필기] [20년 4회 필기]

비용 산정 기법 종류에는 하향식 산정 기법, 상향식 산정 기법이 있다.

1. 하향식 산정 기법

프로그램의 규모를 예측하고 과거 경험을 바탕으로 예측한 규모에 대한 소요 인력과 기간을 추정하는 기법이다.

- 종류 : 전문가 판단 기법, 델파이 기법

① 전문가 판단 기법

조직 내에 경험이 많은 두 명 이상의 전문가에게 비용 산정을 의뢰하는 기법이다.

② 델파이(Delphi) 기법

전문가 판단 기법의 주관적인 편견을 보완하기 위해 많은 전문가의 의견을 종합하여 산정하는 기법이다.

2. 상향식 산정 기법

소요 기간을 구하고 여기에 투입되어야 할 인력과 투입 인력의 참여도를 곱하여 최종 인건 비용을 계산하는 기법이다.

- 종류 : LOC 기법, 개발 단계별 노력 기법, 수학적 산정 기법

[20년 1회] [21년 1, 3회 필기] [20년 2회 필기]

① LOC(Line of Code, 원시 코드 라인 수) 기법

예측치를 이용해서 노력(인월※)과 개발 기간, 개발 비용, 생산성 등을 산정하는 기법으로, 측정이 간단하고 이해가 쉬워서 가장 많이 사용된다.

LOC※ 산정 공식

- 노력(인월) = 개발 기간 × 투입 인원, LOC / 1인당 월평균 생산 코드 라인 수
- 개발 기간 = 노력(인월) / 투입 인원
- 개발 비용 = 노력(인월) × 단위 비용(1인당 월평균 인건비)
- 생산성 = LOC / 노력(인월)

[예제1] 두 명의 개발자가 5개월에 걸쳐 10,000라인의 코드를 개발했을 때, 월별(Person Month) 생산성 계산식과 답을 작성하시오.

[정답 및 해설1] 생산성 = LOC / 노력(인월) = LOC / (개발 기간 × 투입 인원)
= 10,000 / (5 × 2) = 1,000

[예제2] 어떤 소프트웨어 개발을 위해 10명의 개발자가 10개월 동안 참여하였다. 그런데 그중 7명은 10개월 동안 계속 참여했지만, 3명은 3개월 동안만 부분적으로 참여했다. 이 소프트웨어 개발을 위한 인월(Man Month) 계산식과 답을 작성하시오.

[정답 및 해설2] 인월 = 개발 기간 × 투입 인원
= (10 × 7) + (3 × 3) = 79

[예제3] LOC 기법에 따라 예측된 총 라인 수가 25,000라인일 경우 개발에 투입될 프로그래머의 수가 5명이고, 프로그래머들의 평균 생산성이 월당 500라인일 때, 개발 소요 기간 계산식과 답을 작성하시오.

인월(Person Month, Man Month, Programmer Month) 개발에 소요되는 기간을 1개월로 고정할 경우 필요한 총인원 수
예 10인월 : 10명이 1개월 동안 작업해야 하는 작업의 양

LOC(Line of Code) 코드의 라인 수

LOC 산정 공식 : 개인라인(일)
- 개발 기간 × 투입 인원
- 라인수 / 1인당 월평균 생산 코드 라인 수

> **정답및해설3** 개발 소요 기간 = 노력(인월) / 투입 인원
> = (LOC / 1인당 월평균 생산 코드 라인 수) / 투입 인원
> = (25,000 / 500) / 5 = 10
>
> **예제4** 개발에 소요되는 노력이 40 PM(Programmer Month)으로 계산되었다. 개발에 소요되는 기간이 5개월이고, 1인당 인건비가 100만 원이라면 이 프로젝트에 소요되는 총 인건비 계산식과 답을 작성하시오.
>
> **정답및해설4** 인건비(개발 비용) = 노력(인월) × 단위 비용
> = 40 × 100 = 4,000

② 개발 단계별 노력(Effort Per Task) 기법

LOC 기법을 보완하기 위해 각 기능을 구현시키는 데 필요한 노력을 생명 주기의 각 단계별로 산정하는 기법이다.

4 수학적 산정 기법

수학적 산정 기법은 개발 비용 산정의 자동화를 목표로 하는 상향식 비용 산정 기법 중 하나로, 경험적 추정 기법 또는 실험적 추정 기법 또는 비용 추정 모형이라고 한다.

- 종류 : COCOMO 모형, 푸트남(Putnam) 모형, 기능 점수(FP) 모형

1. COCOMO(COnstructive COst MOdel) 모형 [21년 1, 2회 필기]

보헴(Boehm)이 제안※한 모형으로, 원시 프로그램의 규모인 LOC에 의한 비용 산정 기법이다.

- 소프트웨어 규모(LOC)를 예측한 후 소프트웨어 종류에 따라 각 비용 산정 공식에 대입하여 비용을 산정한다.
- 비용 견적의 강도 분석 및 유연성이 높아 개발비 견적에 널리 통용되고 있다.
- 같은 규모의 프로그램이라도 프로그램 성격에 따라 비용이 다르게 산정된다.

① COCOMO의 소프트웨어 개발 유형 [21년 3회 필기] [20년 2, 3회 필기]

소프트웨어의 복잡도나 원시 프로그램의 규모에 따라 분류된다.

- 종류 : 조직형(Organic Mode), 반분리형(Semi-Detached Mode), 내장형(Embedded Mode)

유형	설명
조직형 (Organic Mode)	• 기관 내부에서 개발된 중소규모의 소프트웨어 • 일괄 자료 처리, 과학 기술 계산용, 비즈니스 자료 처리용 • 5만(= 50KDSI※) 라인 이하의 소프트웨어 • 사무용, 업무용 등 응용 소프트웨어 개발에 적합
반분리형 (Semi-Detached Mode)	• 트랜잭션 처리 시스템, 운영체제, 데이터베이스 관리 시스템 • 30만(= 300KDSI) 라인 이하의 소프트웨어 • 컴파일러※, 인터프리터※와 같은 유틸리티 개발에 적합

보헴(Boehm) 제안
- 폭포수 모델(Waterfall Model)
- 나선형 모델(Spiral Model)
- COCOMO 모형

KDSI(Kilo Delivered Source Instruction)
전체 라인 수를 1,000라인 단위로 묶은 것으로, KLOC(Kilo LOC)와 같은 의미

컴파일러(Compiler)
고급 언어로 작성된 코드를 실행 가능한 목적 코드로 변경시키는 프로그램

내장형 (Embedded Mode)	• 최대형 규모의 트랜잭션 처리 시스템, 운영체제 • 30만(= 300KDSI) 라인 이상의 소프트웨어 • 신호기 제어 시스템, 미사일 유도 시스템, 실시간 처리 시스템 등의 시스템 프로그램 개발에 적합

인터프리터(Interpreter)
고급 언어로 작성된 코드를 한 라인씩 해석하여 실행시키는 프로그램

② COCOMO 모형의 종류

비용 산정 단계 및 적용 변수의 구체화 정도에 따라 분류된다.

• 종류 : 기본형(Basic) COCOMO, 중간형(Intermediate) COCOMO, 발전형(Detailed) COCOMO

합격자의 **암기법**

COCOMO 유형 : 내 코 종 배(반)
• 내(장형, Embedded)
• 코(코모, COCOMO)
• 종(조직형, Organic)
• 바(반분리형, Semi-Detached)

종류	설명
기본형(Basic) COCOMO	소프트웨어 크기(LOC)와 개발 유형만을 이용하여 비용을 산정하는 모형
중간형(Intermediate) COCOMO	기본형 COCOMO를 토대로 사용하나 4가지 특성의 15가지 요인에 의해 비용을 산정하는 모형
발전형(Detailed) COCOMO	중간형 COCOMO를 보완하여 만들어진 방법으로, 개발 공정별로 보다 자세하고 정확하게 노력을 산출하여 비용을 산정하는 모형

2. 푸트남(Putnam) 모형 [20년 2회 필기]

푸트남(Putnam)이 제안한 모형으로, 소프트웨어 생명 주기의 전 과정에 사용될 노력의 분포를 가정해 주는 모형이다.

• 생명 주기 예측 모형이라고도 하며, 시간에 따른 함수로 표현되는 레일리-노든(Rayleigh-Norden) 곡선의 분포도를 기초로 한다.

• 대형 프로젝트의 인월(M/M) 분포 산정에 이용되는 기법으로, 개발 기간이 늘어날수록 프로젝트 적용 인원의 인월(M/M)의 노력이 감소한다.

• 자동화 추정 도구 : SLIM [20년 3회 필기]

▼ 레일리-노든(Rayleigh-Norden) 곡선

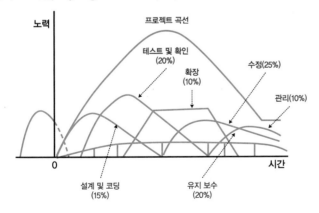

3. 기능 점수(FP; Function Point) 모형

알브레히트(A.Albrecht)가 제안한 모형으로, 소프트웨어의 기능을 증대시키는 요인별로 가중치※를 부여하고 합산하여 총 기능 점수를 산출한 다음, 총 기능 점수

가중치
단순, 보통, 복잡

영향도
복잡도 요소들을 측정한 것
•복잡도 요소 : 데이터 통신, 시스템 성능, 사용 환경 등

ESTIMACS
다양한 프로젝트와 개인별 요소를 수용할 수 있도록 FP 모형을 기초로 개발된 자동화 추정 도구

와 영향도[*]를 이용하여 기능 점수(FP)를 구한 후 비용을 산정하는 기법이다.

• 비용 산정 기법 중 최선의 평가를 받는다.
• 국제 표준 소프트웨어의 규모 측정 방법이다.
• 자동화 추정 도구 : ESTIMACS[*]

기출 및 예상문제

01 비용 산정

[21년 2회 필기] [20년 4회 필기]

01 소프트웨어 비용 추정모형(estimation models)을 모두 고르시오.

> ㉠ COCOMO   ㉡ Putnam
> ㉢ Function–Point   ㉣ PERT

해설 나머지는 일정 계획 기법에 포함된다.
• PERT(Program Evaluation and Review Technique, 프로그램 평가 및 검토 기술) : 낙관치, 기대치, 비관치의 세 가지 경우로 나누어 일정을 예측하는 기법
TIP PERT는 이후 자세히 학습합니다.

[21년 3회 필기]

02 S/W 각 기능의 원시 코드 라인 수의 비관치, 낙관치, 기대치를 측정하여 예측치를 구하고 이를 이용하여 비용을 산정하는 기법은 무엇인지 쓰시오.

해설 [키워드] 원시 코드 라인(Line of Code) 수 → [용어] LOC 기법

[20년 1회]

03 총 라인 30,000, 개발자 5명, 인당 월평균 300라인인 경우, LOC 기법 개발 기간 계산식과 답을 쓰시오.

해설 개발 기간 = 인월 / 투입 인원 = (30,000/300) / 5 = 20
• 인월 = LOC / 1인당 월평균 생산 코드 라인 수

[20년 2회 필기]

04 LOC 기법에 의하여 예측된 총 라인 수가 50,000라인, 프로그래머의 월 평균 생산성이 200라인, 개발에 참여할 프로그래머가 10인 일 때, 개발 소요 기간을 구하시오.

해설 개발 기간 = 인월 / 투입 인원 = 250 / 10 = 25
• 인월 = LOC / 1인당 월평균 생산 코드 라인 수
= 50,000라인 / 200라인 = 250

[21년 1회 필기]

05 LOC 기법에 의해 예측된 총 라인 수가 36,000라인, 개발에 참여할 프로그래머가 6명, 프로그래머들의 평균 생산성이 월간 300라인일 때 개발에 소요되는 기간을 구하시오.

해설 개발 기간 = 인월 / 투입 인원 = 120 / 6 = 20
• 인월 = LOC / 1인당 월평균 생산 코드 라인 수
= 36,000라인 / 300라인 = 120

[21년 1, 2회 필기]

06 소프트웨어 비용 산정 기법 중 개발 유형으로 Organic, Semi-detach, Embedded로 구분되는 것은 무엇인지 쓰시오.

해설 키워드 Organic, Semi-detached, Embedded → 용어 COCOMO 모형

[21년 3회 필기] [20년 2회 필기]

07 COCOMO model 중 기관 내부에서 개발된 중소 규모의 소프트웨어로 일괄 자료 처리나 과학기술 계산용, 비즈니스 자료 처리용으로 5만 라인 이하의 소프트웨어를 개발하는 유형을 쓰시오.

해설 키워드 5만 라인 이하 → 용어 조직형

[20년 3회 필기]

08 COCOMO 모델의 프로젝트 유형 세 가지를 쓰시오.

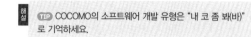

해설 TIP COCOMO의 소프트웨어 개발 유형은 "내 코 좀 봐(바)"로 기억하세요.

[20년 2회 필기]

09 Rayleigh-Norden 곡선의 노력 분포도를 이용한 프로젝트 비용 산정기법은 무엇인지 쓰시오.

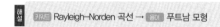

해설 키워드 Rayleigh-Norden 곡선 → 용어 푸트남 모형

[20년 3회 필기]

10 Putnam 모형을 기초로 해서 만든 자동화 추정 도구는 무엇인지 쓰시오.

해설 키워드 Putnam 모형 기초, 자동화 추정 도구 → 용어 SLIM

정답
01. ㉠, ㉡, ㉢ **02.** LOC(Line of Code, 원시 코드 라인 수) 기법 **03.** (30,000 / 300) / 5 = 20개월 **04.** 25개월 **05.** 20개월 **06.** COCOMO(COnstructive COst MOdel) 모형 **07.** 조직형(Organic Mode) **08.** 조직형(Organic Mode), 반분리형(Semi-Detached Mode), 내장형(Embedded Mode) **09.** 푸트남(Putnam) 모형 **10.** SLIM

---

02 일정 계획

1 일정 계획 [20년 3회 필기]

일정 계획은 프로젝트의 프로세스를 이루는 소작업을 파악하고 예측된 노력을 각 소작업에 분배하며, 소작업의 순서와 일정을 정하는 활동이다.

• 브룩스(Brooks) 법칙 : 진행 중인 소프트웨어 개발 프로젝트에 새로운 개발 인력을 추가로 투입할 경우 의사소통 채널의 증가와 작업 적응 기간 등 부작용으로 인해 개발 기간이 더 길어진다.

권쌤이 알려줌

소프트웨어 프로젝트 일정이 지연된다고 해서 프로젝트 말기에 새로운 인원을 추가 투입하면 프로젝트는 더욱 지연될 수 있습니다.

2 일정 계획의 순서

프로젝트규모 추정 → 소단위 작업 분해(WBS) → PERT/CPM 네트워크로 표현 → 간트 차트로 표현

1. WBS(Work Breakdown Structure, 작업 분해 구조도)

프로젝트를 여러 개의 작은 소단위로 분해하여 계층 구조로 표현한 것이다.

📖 WBS

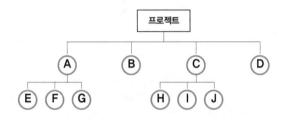

2. PERT/CPM

프로젝트의 지연을 방지하고 계획대로 진행되도록 일정을 계획하는 것으로, 적은 비용으로 빠른 기간 내에 프로젝트를 완성하기 위한 방법이다.

① PERT(Program Evaluation and Review Technique, 프로그램 평가 및 검토 기술)

소요 기간 예측이 어려운 소프트웨어에서 사용하는 기법이다.
• 낙관치, 기대치, 비관치의 세 가지 경우로 나누어 예측한다.

📖 PERT

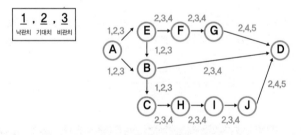

② CPM(Critical Path Method, 임계 경로 기법)

작업 시간이 정확하게 주어졌을 때 사용하는 기법이다.

📖 CPM

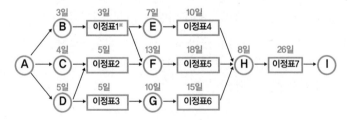

이정표
• 프로젝트의 중간 점검을 의미한다.
• 해당 이정표까지의 예상 완료 시간을 표시한다.
• 한 이정표에서 다른 이정표에 도달하기 전에는 그 전까지의 모든 작업이 완료되어야 한다.

③ 임계 경로(Critical Path)[20년 3회 필기]

임계 경로는 여러 단계의 과정을 거치는 작업을 완성하기 위한 여러 경로 중 시간이 가장 많이 걸리는 경로이다.

예 임계 경로

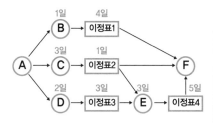

가능 경로	소요 기간 (일)
A–B–이정표1–F	5
A–C–이정표2–F	4
A–C–이정표2–E–이정표4–F	12
A–D–이정표3–E–이정표4–F	13

↑
임계 경로

> 임계 경로(Critical Path)
> • 전체 공정 중 가장 많은 기간을 소요하는 경로
> • 시작점에서 종료점에 이르는 가장 긴 경로

4. 간트 차트(Gantt Chart)

프로젝트의 각 작업들이 언제 시작하고 언제 종료되는지에 대한 작업 일정을 막대 도표를 이용하여 표시하는 프로젝트 일정표이다.

• 시간선(Time-Line) 차트라고도 한다.

예 간트 차트

작업 단계 \ 작업 일정	이정표												산출물
	1	2	3	4	5	6	7	8	9	10	11	12	
A	█	█	█										AA
B				█	█	█							BB
C						█	█	█					CC
D					█	█	█	█	█	█	█	█	DD

[20년 3회 필기]

01 소프트웨어 공학의 기본 원칙이라고 볼 수 없는 것을 모두 고르시오.

  ㉠ 품질 높은 소프트웨어 상품 개발
  ㉡ 지속적인 검증 시행
  ㉢ 결과에 대한 명확한 기록 유지
  ㉣ 최대한 많은 인력 투입

해설 Brooks의 법칙 : 진행 중인 소프트웨어 개발 프로젝트에 새로운 개발 인력을 추가로 투입할 경우 의사소통 채널의 증가와 작업 적응 기간 등 부작용으로 인해 개발 기간이 더 길어진다.

02 CPM 네트워크가 다음과 같을 때 임계 경로의 소요 기일을 구하시오.

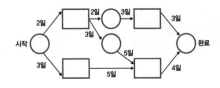

해설 임계 경로 : 여러 경로 중 시간이 가장 많이 걸리는 경로
= 2 + 3 + 5 + 4 = 14

정답

01. ㉣ **02.** 14일

SECTION

04

요구 공학

개발하려는 응용 소프트웨어의 필수 기능과 조건은 무엇일까요? 응용 소프트웨어의 요구사항을 확인하기 위해 요구사항을 도출하고 분석 및 명세화하여 관리하는 프로세스를 요구 공학이라고 합니다. 요구사항 분석을 꼼꼼히 해야 완성도 높은 응용 소프트웨어를 개발할 수 있습니다.

★★
01 요구 공학

1 요구 공학(Requirements Engineering)

요구 공학은 요구사항의 획득, 분석, 명세, 검증 및 변경 관리 등에 대한 제반 활동과 원칙이다.

- 요구사항 생성 및 관리를 체계적이고 반복적으로 수행하는 활동이다.
- 요구사항 관리에 포함되는 모든 소프트웨어 개발 생명 주기(SDLC) 활동과 이를 지원하는 프로세스를 포함한다.
- 시스템 요구사항 문서를 생성, 검증, 관리하기 위해 수행되는 구조화된 활동의 집합이다.
- 요구사항 명세서※를 최종 산출물로 생성한다.

1. 요구 공학 프로세스

요구 공학의 프로세스는 요구사항 개발과 요구사항 관리로 구성된다.

① 요구사항 개발 [21년 2회 필기]

요구사항 도출	→	요구사항 분석	→	요구사항 명세	→	요구사항 확인 (검증)

② 요구사항 관리

- 요구사항 협상, 요구사항 기준선, 요구사항 변경 관리, 요구사항 확인을 수행한다.

▼ 요구사항 관리의 항목

항목	설명
요구사항 협상	가용한 자원과 수용 가능한 위험 수준에서 구현 가능한 기능을 협상한다.
요구사항 기준선 (베이스라인)	공식적으로 합의되고 검토된 요구사항 명세서를 결정하고, 결정된 요구사항 명세서는 기준선이 된다.

권쌤이 알려줌

소프트웨어 개발 생명 주기 (SDLC)는 시스템을 계획, 개발, 시험, 운영하는 과정을 뜻하는 용어로, 하드웨어부터 소프트웨어까지 넓은 범위에 적용할 수 있습니다.
- 대부분 요구사항 분석 → 설계 → 개발 → 테스트 → 운영 단계로 구성되어 있습니다.

요구사항 명세서
사용자와 개발자 간의 상호 인식 차이를 없애기 위해 완전성과 정확성을 목표로 요구사항 내역을 구체화 및 세분화한 문서

권쌤이 알려줌

요구사항 개발의 각 단계는 이후 자세히 학습합니다.

합격자의 암기법

요구사항 개발의 프로세스 : 도분명확
- 도출 → 분석 → 명세 → 확인 (검증)

요구사항 변경 관리	요구사항 기준선을 기반으로 모든 변경을 공식적으로 통제하고, 요구사항 변경이 있을 경우 절차에 따른다.
요구사항 확인(검증)	구축된 시스템이 이해관계자의 요구사항에 부합되는지 확인한다.

2 요구사항 분류

1. 기술하는 내용에 따른 분류 [21년 1회]

분류	설명
기능적 요구사항 (Functional Requirements)	• 시스템이 수행해야 하는 작업에 관한 요구사항이다. • 사용자가 제공 받기를 원하는 기능 등 시스템이 무엇을 해야 하는지에 관한 요구사항이다. 예) 사용자는 공인 인증서로 로그인할 수 있어야 한다.
비기능적 요구사항 (Non-functional Requirements)	• 소프트웨어 기능들에 대한 조건과 제약사항에 관한 요구사항이다. • 개발 과정에서 지켜져야 할 제약조건*들에 관한 요구사항이다. 예) 사용자가 가장 많은 황금 시간대에도 3초 이내 로그인이 완료되어야 한다.

제약조건
예) 사용성, 효율성, 신뢰성, 이식성, 배포성, 표준성, 상호운용성, 법적 등

2. 관점에 따른 분류

분류	설명
사용자 요구사항	• 사용자 관점의 요구사항이다. • 이해하기 쉽게 표현한다.
시스템 요구사항	• 개발자 관점의 요구사항이다. • 소프트웨어 요구사항이라고도 한다. • 기술적인 용어로 표현한다.

기출 및 예상문제

01 요구 공학

[21년 2회 필기]

01 요구사항 개발 프로세스의 절차를 순서대로 나열하시오.

> ㉠ 도출(Elicitation)　　㉢ 분석(Analysis)
> ㉡ 명세(Specification)　㉣ 확인(Validation)

해설 요구사항 개발 절차 : 요구사항 도출 → 요구사항 분석 → 요구사항 명세 → 요구사항 확인(검증)
TIP 요구사항 개발의 프로세스는 "도분명확"으로 기억하세요.

[21년 1회]

02 아래 설명에서 ①, ②에 들어갈 가장 적합한 용어를 쓰시오.

> • (①) 요구사항은 수행될 기능과 관련된 입력과 출력 및 그들 사이의 처리 과정과 목표 시스템 구현을 위해 소프트웨어가 가져야할 기능적 속성에 대한 요구사항이다.
> • (②) 요구사항은 시스템의 기능에 관련되지 않은 사항으로, 시스템이 정상적으로 작동하기 위한 성능, 보안과 같은 제약 조건에 대한 요구사항이다.

①　...

②　...

① 기능 요구사항 ....

② 비기능 요구사항 ....

해설
키워드 수행될 기능, 기능적 속성 → 용어 기능적 요구사항
키워드 성능, 보안, 제약 조건 → 용어 비기능적 요구사항

03 다음은 '항공권' 예약 시스템의 요구사항이다. 제시된 요구사항을 기능 요구사항과 비기능 요구사항으로 구분하시오.

> ㉠ 항공편, 탑승객, 예약을 입력하는 방법을 결정해야 한다.
> ㉡ 티켓과 리포트에 어떤 정보를 표시할지 결정해야 한다.
> ㉢ 여행사와 고객이 데이터베이스에 접근할 때 어떤 정보를 얻을 수 있는지 결정해야 한다.
> ㉣ 자주 탑승하는 고객을 서비스하기 위해 시스템을 확장할 수 있도록 설계해야 한다.

해설
• 기능적 요구사항(Functional Requirements)
　– 시스템이 수행해야 하는 작업에 관한 요구사항
　– 사용자가 제공받기 원하는 기능 등 시스템이 무엇을 하여야 하는지에 관한 요구사항
• 비기능적 요구사항(Non-functional Requirements)
　– 소프트웨어 기능들에 대한 조건과 제약사항에 관한 요구사항
　– 개발 과정에서 지켜져야 할 제약조건들에 관한 요구사항

정답
01. ㉠, ㉡, ㉢, ㉣ **02. ❶** 기능적(기능) **❷** 비기능적(비기능) **03. ❶** ㉠, ㉡, ㉢ **❷** ㉣

---

02 요구사항 개발

1 요구사항 도출(Requirement Elicitation, 요구사항 수집)

요구사항 도출은 소프트웨어가 해결해야 할 문제를 이해하는 첫 번째 단계로서, 요구사항이 어디에 있고 어떻게 수집할 것인가와 관련되어 있다.

- 이해관계자(Stakeholder)가 식별되고, 개발팀과 고객 사이의 관계가 만들어진다.
- 다양한 이해관계자와 효율적인 의사소통이 중요하다.
- 요구사항 도출 기법 : 인터뷰, 설문 조사, 브레인 스토밍※, 워크숍, 유스케이스※, 프로토타이핑※ 등

2 요구사항 분석(Requirement Analysis) [21년 2, 3회 필기]

요구사항 분석은 요구사항 간에 상충되는 것을 해결하고, 소프트웨어의 범위를 파악하며, 소프트웨어가 환경과 어떻게 상호 작용하는지 이해한다.

- 기능, 비기능, 사용자, 시스템 등 기준에 따라 요구사항을 분류한다.
- 요구사항을 만족시키기 위한 구성 요소를 식별한다.
- 정형화된 언어로 요구사항을 표현한다.
- 요구사항 분석 도구 : 자료 사전, 자료 흐름도, 소단위 명세서, 개체 관계도 등

권쌤이 알려줌
요구사항 도출 단계는 요구사항을 수집하여 도출하는 단계입니다.

브레인 스토밍(Brain Storming)
3인 이상이 자유롭게 의견을 교환하여 아이디어를 산출하는 기법

유스케이스(Usecase)
사용자의 요구사항을 기능 단위로 기술한 것

프로토타이핑(Prototyping)
최종 시스템의 예상 기능 중 일부를 빠르게 구현한 프로그램인 프로토타입을 제작하는 작업

권쌤이 알려줌
요구사항 분석 기법 도구는 이후 자세히 학습합니다.

도메인 분석은 요구에 대한 정보를 수집하고 배경을 분석하는 단계이다.
- 도메인이란 요구의 배경을 뜻한다.
- 도메인 분석을 통해 얻은 자료를 모델링하게 된다.
- 응용 분야에 존재하는 개념을 정의 및 분석하여 시스템에 존재하는 개념으로 정립하는 단계이다.

예

도메인	범위
수강 관리	수강 기간, 수강료, 수강증 발급
게시글 관리	등록, 수정, 삭제
교재 관리	교재 제작, 교재 발송, 교재 반품

3 요구사항 명세(Requirement Specification)

요구사항 명세는 체계적으로 검토, 평가, 승인될 수 있는 문서를 작성하는 것이다.

- 시스템 정의, 시스템 요구사항, 소프트웨어 요구사항을 작성한다.

- 기능 요구사항은 빠짐없이 기술하고, 비기능 요구사항은 필요한 것만 기술한다.

▼ 요구사항 명세 기법 [20년 4회]

자연어
사람들이 일상적으로 쓰는 언어

비정형 명세 기법	• 사용자의 요구를 표현할 때 자연어*를 기반으로 서술하는 방법이다. • 작업 흐름도와 같은 다이어그램으로도 작성할 수도 있다. • 요구사항을 명세하는 데 특별한 기술이 필요하지 않아 작성하기 쉽다. • 명세 내용을 이해하기가 쉬워 사용자와 분석가 간의 의사 전달이 용이하다. • 자연어를 사용함으로써 표현이 애매모호할 수 있고, 그에 따라 다르게 해석할 수도 있다. • 일관성이 떨어질 수 있고 명세가 불충분할 수 있다. • 작성된 내용이 사용자의 요구를 충분히 반영하고 표현하고 있는지 완전성을 검증하기 어려울 수 있다.
정형 명세 기법	• 사용자의 요구를 표현할 때 수학적 원리와 표기법으로 이용하는 것이다. • 대표적으로 사용되는 것이 Z 정형 명세 언어 등이다. • 사용자의 요구를 정확하고 간결하게 표현할 수 있다. • 분석가가 수학적인 표기법을 충분히 이해할 수 있어야 하고, 이 표기법으로 사용자의 요구를 정확히 표현할 수 있어야 한다. • 수학에서 사용되고 있는 증명 기술을 이용하여 작성된 사용자의 요구가 일관성이 있는지, 완전한지 등을 검증할 수 있다.

4 요구사항 확인(Requirement Validation) [21년 3회 필기]

요구사항 확인은 분석가가 요구사항을 이해했는지 확인(Validation)이 필요하고, 요구사항 문서가 회사의 표준에 적합하고 이해가 가능하며, 일관성이 있고 완전한지 검증(Verification)하는 것이 중요하다.

- 자원이 요구사항에 할당되기 전에 문제를 파악하기 위해 검증을 수행한다.

- 이해관계자들이 문서를 검토해야 한다.

• 요구사항 정의 문서*들에 대해 형상 관리*를 위해 일반적으로 요구사항 관리 도구(Tool)를 이용한다.

요구사항 정의 문서
⑩ 시스템 정의서, 시스템 사양서, 소프트웨어 요구사항 명세서 등

형상 관리(SCM; Software Configuration Management)
소프트웨어의 개발 과정에서 발생하는 프로그램, 문서, 데이터 등 산출물의 변경 사항을 버전 관리하기 위한 일련의 활동

정형 기술 검토 [20년 2, 3회 필기]

정형 기술 검토(FTR; Formal Technical Review)는 소프트웨어 개발 산출물을 대상으로 요구사항의 일치 여부 및 결함 발생 여부를 검토하는 정적 분석 기법이다.

구분	설명
동료 검토 (Peer Review)	• 요구사항 명세서 작성자가 명세서 내용을 직접 설명하고 동료들이 이를 들으면서 결함을 발견하는 형태의 검토 방법이다.
워크스루 (Walkthrough)	• 비공식적 검토 과정으로 검토 회의 전에 요구사항 명세서를 미리 배포하여 사전 검토한 후에 짧은 검토 회의를 통해 결함을 발견하는 검토 방법이다. • 오류 검출에 초점을 두고 해결책은 나중으로 미룬다.
인스펙션 (Inspection)	• 요구사항 명세서 작성자를 제외한 다른 검토 전문가들이 요구사항 명세서를 확인하면서 결함을 발견하는 형태의 검토 방법이다. • 결함 발생에 대한 해결책을 제시한다.

권쌤이 알려줌

정적 분석 기법은 소프트웨어를 실행하지 않고 명세서나 분석 도구를 이용하여 분석하는 기법입니다.

기출 및 예상문제

[21년 2, 3회 필기]

01 아래 설명에서 ①, ②에 들어갈 가장 적합한 용어를 〈보기〉에서 고르시오.

• 요구사항 (①) 단계는 프로젝트 계획 단계에 정의한 문제의 범위 안에 있는 사용자의 요구를 찾는 단계이다.
• 요구사항 (②) 단계는 사용자의 요구에 대해 이해하는 단계로, 개발자와 사용자 간의 지식이나 표현의 차이가 커서 상호 이해가 쉽지 않아 정형화된 언어로 요구사항을 표현하는 단계이다.

〈보기〉
㉠ 추출　　　　　㉡ 분석
㉢ 명세　　　　　㉣ 확인

① _____

② _____

해설 키워드 요구를 찾는 단계 → 용어 요구사항 추출(도출, 수집)
키워드 요구에 대해 이해하는 단계 → 용어 요구사항 분석

[20년 4회 필기]

02 요구사항 명세 기법에 대한 설명으로 옳은 것을 모두 고르시오.

㉠ 비정형 명세 기법은 사용자의 요구를 표현할 때 자연어를 기반으로 서술한다.
㉡ 비정형 명세 기법은 사용자의 요구를 표현할 때 Z 비정형 명세 기법을 사용한다.
㉢ 정형 명세 기법은 사용자의 요구를 표현할 때 수학적인 원리와 표기법을 이용한다.
㉣ 정형 명세 기법은 비정형 명세 기법에 비해 표현이 간결하다.

해설 정형 명세 기법에서 대표적으로 사용되는 것이 Z 정형 명세 언어이다.

[21년 3회 필기]

03 요구사항 검증(Requirements Validation)과 관련한 설명으로 거리가 먼 것을 모두 고르시오.

> ㉠ 요구사항이 고객이 정말 원하는 시스템을 제대로 정의하고 있는지 점검하는 과정이다.
> ㉡ 개발 완료 이후에 문제점이 발견될 경우 막대한 재작업 비용이 들 수 있기 때문에 요구사항 검증은 매우 중요하다.
> ㉢ 요구사항이 실제 요구를 반영하는지, 문서상의 요구사항은 서로 상충되지 않는지 등을 점검한다.
> ㉣ 요구사항 검증 과정을 통해 모든 요구사항 문제를 발견할 수 있다.

해설 요구사항 검증 과정에서 문제를 파악하기 위해 검증을 수행하지만, 모든 요구사항 문제를 발견하기는 어렵다.

[20년 2회 필기]

04 검토회의 전에 요구사항 명세서를 미리 배포하여 사전 검토한 후 짧은 검토회의를 통해 오류를 조기에 검출하는 데 목적을 두는 요구사항 검토 방법은 무엇인지 쓰시오.

해설 키워드 미리 배포, 사전 검토, 오류 조기 검출 → 용어 워크스루

[20년 3회 필기]

05 다음은 인터페이스 요구사항 검토 방법에 대한 설명이다. ①~④에 들어갈 가장 적합한 용어를 〈보기〉에서 고르시오.

> ① 작성자 이외의 전문 검토 그룹이 요구사항 명세서를 상세히 조사하여 결함, 표준 위배, 문제점 등을 파악
> ② 요구사항 명세서 작성자가 요구사항 명세서를 설명하고 이해관계자들이 설명을 들으면서 결함을 발견
> ③ 자동화된 요구사항 관리 도구를 이용하여 요구사항 추적성과 일관성을 검토
> ④ 검토 자료를 회의 전에 배포해서 사전 검토한 후 짧은 시간 동안 검토 회의를 진행하면서 결함을 발견

〈보기〉
㉠ 워크스루   ㉡ 동료 검토
㉢ 인스펙션   ㉣ CASE 도구

①
②
③
④

해설 키워드 작성자 이외의 전문 검토 그룹 → 용어 인스펙션
키워드 작성자가 요구사항 명세서를 설명 → 용어 동료 검토
키워드 자동화된 도구 → 용어 CASE 도구
키워드 사전 검토, 결함 발견 → 용어 워크스루
TIP CASE 도구는 이후 자세히 학습합니다.

정답
01. ❶ ㉠ ❷ ㉡ 02. ㉠, ㉢, ㉣ 03. ㉣ 04. 워크스루(Walkthrough) 05. ❶ ㉢ ❷ ㉡ ❸ ㉣ ❹ ㉠

***

03 요구사항 모델링·분석·설계 도구

1 자료 사전(DD; Data Dictionary, 데이터 사전)

시스템과 관련된 모든 자료의 명세와 자료 속성을 파악할 수 있도록 조직화한 것이다.

- 데이터를 설명하는 데이터(메타 데이터)를 의미한다.

▼ 자료 사전의 기호와 의미 [20년 2, 3, 4회 필기]

기호	의미	기호	의미	기호	의미
=	정의	+	연결	[	]	선택
{ }	반복	* *	주석, 설명	( )	생략

⑪ 자료 사전(DD)

> 고객명세 = [고객성명 | 고객번호] + 고객주소

고객명세는 고객성명, 고객번호, 고객주소로 구성되어 있으며, 고객성명과 고객번호는 둘 중 하나만 선택이 가능하다.

2 자료 흐름도(DFD; Data Flow Diagram) [20년 4회 필기]

데이터가 시스템에 의해서 어떻게 처리되는지 보여주는 직관적인 방법이다.

- 자료 흐름 그래프, 버블 차트라고도 한다.
- 시스템 안의 프로세스와 자료 저장소 사이의 자료 흐름을 나타내는 그래프로, 자료 흐름과 처리를 중심으로 하는 구조적 분석 기법에 이용한다.

▼ 자료 흐름도의 기호와 의미 [20년 2, 3회 필기]

기호	의미	기호	의미
□	• 단말(External Entity, Terminator) • 시스템과 교신하는 외부 개체 • 데이터 입·출력 주체	———	• 자료 저장소(Data Store) • 자료가 저장되는 곳
○	• 처리(Process, 프로세스) • 자료를 변환시키는 처리 과정	——→	• 자료의 흐름(Data Flow) • 자료의 이동

⑪ 자료 흐름도(DFD)

3 소단위 명세서(Mini-Spec)

세분화된 자료 흐름도에서 최하위 단계 버블(프로세스)※의 처리 절차를 기술한 것이다.

- 프로세스 명세서라고도 한다.
- 구조적 언어※나 의사 결정표※의 형태로 자료 흐름의 최소 단위를 명세화한 것이다.

최하위 단계 버블(프로세스)
더 이상 세분화할 수 없는 단계의 프로세스
- 원시 버블(Primitive Bubble)이라고도 한다.

구조적 언어
자연어의 일부분으로, 제한된 단어, 문형과 구조를 사용하여 명세서를 작성하는데 사용하는 언어

의사 결정표(Decision Table)
복잡한 의사 결정 논리를 기술하는 데 사용하는 표
- 주로 자료 처리 분야에서 사용한다.

예 구조적 언어

> 1. 고객명세는 고객성명, 고객번호, 고객주소로 구성되어 있으며, 고객성명과 고객번호는 둘 중 하
> 나만 선택이 가능하다.
> 　1.1 고객성명은…
> 　1.2 고객번호는…
> 　　1.2.1 …

예 의사 결정표

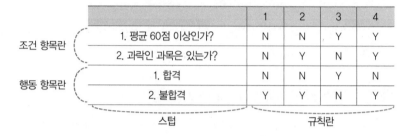

		1	2	3	4
조건 항목란	1. 평균 60점 이상인가?	N	N	Y	Y
	2. 과락인 과목은 있는가?	N	Y	N	Y
행동 항목란	1. 합격	N	N	Y	N
	2. 불합격	Y	Y	N	Y
		스텁		규칙란	

4 E-R 다이어그램(ER Diagram, Entity-Relationship Model, 개체관계도)

개체와 개체 간의 관계를 도식화한 개체관계도이다.

예 E-R 다이어그램

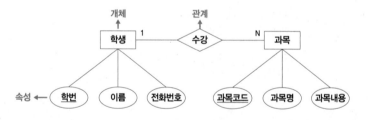

5 UML(Unified Modeling Language, 통합 모델링 언어)

객체 지향 소프트웨어 개발 과정에서 산출물을 명세화, 시각화, 문서화할 때 사용되는 모델링 기술과 방법론을 통합하여 만든 표준화된 범용 모델링 언어이다.

예 유스케이스(Usecase) 다이어그램

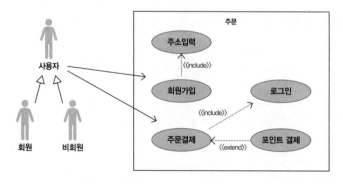

6 HIPO(Hierarchy Input Process Output) [20년 2회 필기]

HIPO는 시스템 분석, 설계, 문서화에 사용되는 도구이다.

- 기본 시스템 모델은 입력, 처리, 출력으로 구성된다.
- 하향식 소프트웨어 개발※을 위한 문서화 도구로서 이해하기 쉽다.
- HIPO Chart 종류
  - 가시적 도표(Visual Table of Contents, 도식 목차)
  - 총체적 다이어그램(Overview Diagram, 총괄 도표, 개요 도표)
  - 세부적 다이어그램(Detail Diagram, 상세 도표)

하향식 개발(Top-Down Development)
어떤 과제에 대해서 전체(최상위 레벨)에서 세부적(하위 레벨)으로 순차적으로 구체화, 상세화하는 방식

7 N-S Chart(Nassi-Shneiderman Chart) [20년 4회 필기]

N-S Chart는 순서도와는 달리 논리 기술에 중점을 두고 상자 도형을 이용한 도형식 설계 도구이다.

- 박스 다이어그램이라고도 한다.
- 순차, 반복, 선택, 다중 선택의 제어 구조를 표현하는 도구이다.

▲ 순차(연속) 구조
(Sequence)

▲ 반복 구조
(Repeat~until,
While, for)

▲ 선택 구조
(If~then~else, Case)

▲ 다중 선택(Case) 구조

기출 및 예상문제

03 요구사항 분석·설계 도구

[20년 2, 3, 4회 필기]

01 다음은 자료 사전에 대한 설명이다. 설명과 가장 부합하는 기호를 쓰시오.

> ① 자료의 생략을 의미한다.
> ② 자료의 반복을 의미한다.
> ③ 선택의 의미를 나타낸다.

① ....
② ....
③ ....

해설 자료 사전의 기호와 의미

기호	의미	기호	의미	기호	의미
=	정의	+	연결	[|]	선택
{ }	반복	* *	주석, 설명	( )	생략

[20년 4회 필기]

02 DFD(data flow diagram)에 대한 설명으로 옳은 것을 모두 고르시오.

> ㉠ 자료 흐름 그래프 또는 버블(bubble) 차트라고도 한다.
> ㉡ 구조적 분석 기법에 이용된다.
> ㉢ 시간 흐름을 명확하게 표현할 수 있다.
> ㉣ DFD의 요소는 화살표, 원, 사각형, 직선(단선/이중선)으로 표시한다.

> **해설** 자료 흐름도는 시간의 흐름이 아닌 자료의 흐름 및 변화 과정과 기능을 도형으로 표현한 것이다.

[20년 2, 3회 필기]

03 다음 〈보기〉에서 자료 흐름도(Data Flow Diagram)의 구성 요소를 모두 고르시오.

> 〈보기〉
> ㉠ Process ㉤ Data Flow
> ㉢ Data Store ㉣ Comment
> ㉥ Terminator ㉦ Data Dictionary
> ㉧ Mini-Spec

> **해설** 자료 흐름도 구성 요소
> : 단말(External Entity, Terminator), 자료 저장소(Data Store), 처리(Process, 프로세스), 자료의 흐름(Data Flow)

[20년 2회 필기]

04 다음 설명에 해당하는 프로그램 설계 및 문서화 기법은 무엇인지 쓰시오.

> • 프로그램 설계 및 문서화 기법의 한 가지로, 어떤 시스템의 기능적인 구조와 자료의 흐름을 표현하는데 유용하다.
> • 차트의 종류에는 가시적 도표, 총체적 도표, 세부적 도표가 있다.
> • 기능과 자료의 의존 관계를 동시에 표현할 수 있으며 보기 쉽고 이해하기 쉽다.
> • 하향식 소프트웨어 개발을 위한 문서화 도구이다.

> **해설** 키워드 가시적 도표, 총체적 도표, 세부적 도표, 하향식 소프트웨어 개발 → 용어 HIPO

[20년 4회 필기]

05 NS(Nassi-Shneiderman) chart에 대한 설명으로 거리가 먼 것을 모두 고르시오.

> ㉠ 논리의 기술에 중점을 둔 도형식 표현 방법이다.
> ㉡ 연속, 선택 및 다중 선택, 반복 등의 제어논리구조로 표현한다.
> ㉢ 주로 화살표를 사용하여 논리적인 제어 구조로 흐름을 표현한다.
> ㉣ 조건이 복합되어 있는 곳의 처리를 시각적으로 명확히 식별하는데 적합하다.

> **해설** 화살표를 사용하지 않고 선택과 반복 구조를 시각적으로 표현한다.

정답
01. ❶ ( ) ❷ { } ❸ [|] 02. ㉠, ㉡, ㉣ 03. ㉠, ㉡, ㉢, ㉥ 04. HIPO(Hierarchy Input Process Output) 05. ㉢

04 CASE 도구

1 CASE(Computer Aided Software Engineering) [20년 3회 필기]

CASE는 소프트웨어 개발 과정 일부 또는 전체를 자동화하기 위한 도구이다.

- 계획 수립에서부터 요구분석, 설계, 개발, 유지보수에 이르는 소프트웨어 생명 주기의 전 과정을 자동화할 수 있도록 지원한다.

▼ CASE 분류 [21년 2회 필기]

분류	설명
상위(Upper) CASE	• 소프트웨어 생명 주기 전반부에서 사용 • 문제를 기술하고 계획하며 요구분석과 설계 단계 지원 • 지원하는 기능 : 모델들 사이의 모순 검사, 모델의 오류 검증, 자료 흐름도 작성 등
하위(Lower) CASE	• 소프트웨어 생명 주기 하반부에서 사용 • 코드의 작성과 테스트, 문서화하는 과정 지원
통합(Integrate) CASE	• 소프트웨어 생명 주기 전체 과정 지원

2 요구사항 분석을 위한 CASE(자동화 도구)

요구사항을 자동으로 분석하고, 요구사항 분석 명세서를 기술하도록 개발된 도구이다.

▼ 대표적인 요구사항 분석 CASE 종류 [20년 4회 필기]

종류	설명
SADT (Structured Analysis and Design Technique)	SoftTech에서 개발한 것으로 소프트웨어 요구사항 분석과 설계를 위한 구조적 분석 및 설계 도구로, 구조적 요구 분석을 위해 블록 다이어그램을 채택한 자동화 도구이다.
SREM (Software Requirements Engineering Methodology) = RSL/REVS	TRW사가 개발한 것으로 RSL과 REVS*를 사용하는 자동화 도구이다.
PSL/PSA	미시간 대학에서 개발한 것으로 PSL과 PSA*를 사용하는 자동화 도구이다.
TAGS (Technology for Automated Generation of Systems)	IORL*과 기초적인 TAGS 방법론을 이용한 시스템 공학 방법 응용에 대한 자동 접근 방법으로 개발 주기의 전 과정에 이용할 수 있는 통합 자동화 도구이다.

RSL/REVS
요소, 속성, 관계, 구조들을 기술하는 요구사항 기술 언어/요구사항 분석기

PSL/PSA
요구사항 기술 언어/요구사항 분석기

IORL
요구사항 명세 언어

[20년 3회 필기]

01 다음의 설명과 가장 부합하는 용어를 쓰시오.

- 프트웨어 개발 과정의 일부 또는 전체를 자동화하기 위한 도구이다.
- 표준화된 개발 환경 구축 및 문서 자동화 기능을 제공한다.
- 작업 과정 및 데이터 공유를 통해 작업자 간의 커뮤니케이션을 증대한다.
- 1980년대 처음 등장하였으며, 객체 지향 시스템, 구조적 시스템 등 여러 시스템에서 활용된다.
- 상위(Upper), 하위(Lower), 통합(Integrate)으로 분류할 수 있다.

해설   키워드 자동화 도구, 자동화 기능 → 용어 CASE 도구

[21년 2회 필기]

02 상위 CASE 도구가 지원하는 주요 기능을 모두 고르시오.

- ㉠ 모델들 사이의 모순검사 기능
- ㉡ 전체 소스코드 생성 기능
- ㉢ 모델의 오류검증 기능
- ㉣ 자료흐름도 작성 기능

해설   나머지는 하위 CASE 도구의 코드 작성에 대한 설명과 유사하다. 하지만 하위 CASE 도구는 완벽하게 전체 소스 코드 생성은 어렵다.

[20년 4회 필기]

03 SoftTech사에서 개발된 것으로 구조적 요구 분석을 하기 위해 블록 다이어그램을 채택한 자동화 도구는 무엇인지 쓰시오.

해설   키워드 SoftTech, 구조적(Structured) 요구 분석(Analysis), 블록 다이어그램 → 용어 SADT

정답
01. CASE 도구   **02.** ㉠, ㉢, ㉣   **03.** SADT(Structured Analysis and Design Technique)

05

UML

UML은 응용 소프트웨어 개발 과정에서 개발자 간 또는 고객과의 원활한 의사소통을 위해 표준화한 통합 모델링 언어입니다. 대부분의 모델링 표기법으로 UML을 사용하며, UML 다이어그램을 작성하여 개발할 응용 소프트웨어의 기능을 명확하게 파악할 수 있습니다.

★★★

01 UML

1 UML(Unified Modeling Language, 통합 모델링 언어) [20년 4회 필기]

UML은 객체 지향 소프트웨어 개발 과정에서 산출물을 명세화, 시각화, 문서화할 때 사용되는 모델링 기술과 방법론을 통합하여 만든 표준화된 범용 모델링 언어이다.

- 고객과 개발자 또는 개발자 상호 간의 의사소통이 원활하게 이루어지도록 한다.
- 부치(Booch), 자콥슨(Jacobson), 럼바우(Rumbaugh) 등의 객체 지향 방법론을 통합했다.
- 부치 방법의 표기법, 객체 모델링 기술(OMT)[※] 및 객체 지향 소프트웨어 엔지니어링(OOSE)[※]을 기반으로 하며 단일 언어로 통합했다.
- OMG[※]에서 표준으로 지정한 언어이다.
- UML의 구성 요소에는 사물(Things), 관계(Relationship), 다이어그램(Diagram)이 있다.

2 사물(Things)

사물은 모델을 구성하는 가장 중요한 기본 요소로, 다이어그램 안에서 관계가 형성될 수 있는 대상이다.

종류	설명
구조(Structural) 사물	• 모델의 정적인 부분들을 주로 정의한다. • 물리적/개념적 요소를 표현한다. • 항목 : 클래스, 인터페이스, 통신, 유스케이스, 컴포넌트, 노드 등
행동(Behavioral) 사물	• 시간과 공간에 따른 요소들의 동적인 행위들을 정의한다. • 항목 : 상호작용, 상태 머신 등
그룹(Grouping) 사물	• 요소들을 그룹화 한 것이다. • 항목 : 패키지
주해(Annotation) 사물	• 모델을 설명하는 부분으로, 부가적인 설명이나 제약조건 등을 표현한다. • 항목 : 노트

권쌤이 알려줌

고객의 요구사항을 UML 다이어그램으로 작성하면, 개발자는 UML 다이어그램을 보고 설계 내용을 분석할 수 있어야 합니다.

객체 모델링 기술(OMT; Object Modeling Technique)
분석에서 설계, 구현까지 확장한 객체 지향 개발 방법론으로, 분석 모델링과 설계 모델링으로 구분된다.
• 소프트웨어 모델링 및 설계를 위한 객체 모델링 방식이다.

객체 지향 소프트웨어 엔지니어링(OOSE; Object Oriented Software Engineering)
Jacobson이 제시한 객체 지향 프로그래밍, 모형화 및 블록 설계라는 세 가지의 다른 기법을 혼합한 방법

OMG(Object Management Group, 객체 관리 그룹)
객체 지향 기술의 보급과 표준화를 추진하는 단체

권쌤이 알려줌

UML에서 사물은 사람, 우유, 자동차, 바퀴, 학생 등과 같은 대상을 말하며 개발 과정에서 객체(Object), 클래스, 유스케이스 등으로 표현합니다.

권쌤이 알려줌

관계의 종류는 영문으로도 자주 출제되니, 영문도 함께 학습하세요.

3 관계(Relationship) [21년 3회] [21년 2, 3회 필기] [20년 2, 3회 필기]

관계는 사물 간의 관계(연관성)이다.

관계	표현	설명	표현 예
연관 관계 (Association)	——	• 클래스(사물)들이 개념상 서로 연결되었음을 나타낸다. • 한 클래스가 다른 클래스에서 제공하는 기능을 사용할 때를 나타낸다.	예 사람과 우유는 서로 관계가 있다. [사람]——[우유]
직접 연관 관계 (Directed Association)	——▶	• 클래스들이 개념상 서로 강하게 연결되었음을 나타낸다. • 한 클래스가 다른 클래스에서 제공하는 기능을 사용할 때를 나타낸다.	예 사람이 우유를 소유하는 관계를 가진다. [사람]——▶[우유]
집합 관계, 집약 관계 (Aggregation)	——◇	• 클래스들 사이의 전체(Whole)또는 부분(Part) 같은 관계를 나타낸다. • 전체 객체의 라이프 타임과 부분 객체의 라이프 타임은 독립적이다. 즉 전체 객체가 없어져도 부분 객체는 없어지지 않는다.	예 자동차는 바퀴가 있으며, 바퀴는 다른 자동차가 될 수 있다. : 바퀴(부분)은 다른 자동차(전체)의 바퀴(부분)가 될 수 있으므로 자동차(전체)와 독립적이다. [자동차]◇——[바퀴]
합성 관계, 복합 관계, 포함 관계 (Composition)	——◆	• 클래스들 사이의 전체(Whole)또는 부분(Part) 같은 관계를 나타낸다. • 전체 객체의 라이프 타임과 부분 객체의 라이프 타임은 의존적이다. 즉 전체 객체가 없어지면 부분 객체도 없어진다.	예 손가락은 손에 포함되며, 손가락은 다른 손의 손가락이 될 수 없다. : 내 손가락(부분)은 다른 사람 손(전체)의 손가락(부분)이 될 수 없으므로 손(전체)과 의존적이다. [손]◆——[손가락]
의존 관계 (Dependency)	·······▷	• 연관 관계와 같이 한 클래스가 다른 클래스에서 제공하는 기능을 사용할 때를 나타낸다. • 차이점은 두 클래스의 관계가 한 메소드를 실행하는 동안 매우 짧은 시간만 유지되며, 클래스가 변경되면 다른 클래스에 영향을 준다.	예 학생의 학점이 높으면 장학금을 지급하고, 낮으면 지급하지 않는다. : 학생의 학점이 높은 경우만 장학금 클래스의 장학금 지급 기능(메소드)이 실행되고 장학금을 지급한다. 따라서 장학금 클래스가 변경되면 학생 클래스에 영향을 주고, 학점에 따라 매우 짧은 시간만 관계가 유지된다. [학생]·······▷[장학금]
일반화 관계, 상속 관계 (Generalization)	——▷	• 한 클래스(Parent)가 다른 클래스(Child)를 포함하는 상위 개념 관계임을 나타낸다. • 일반화된 객체와 좀 더 특수화된 객체 사이의 관계를 의미한다.	예 자동차(Parent)에는 자가용(Child), 버스(Child), 택시(Child)가 있다. 자가용, 버스, 택시는 자동차의 성질을 상속받았다. [자동차] △ [자가용] [버스] [택시]
구현 관계, 실체화 관계 (Realization, Interface Realization)	·······▷	• 책임들의 집합인 인터페이스와 이 책임들을 실제로 실현한 클래스들 사이의 관계를 나타낸다. • 한 객체가 다른 객체에게 동작(Operation, 메소드)을 수행하도록 지정하는 의미적 관계이다.	예 우유는 마실 수 있고, 물도 마실 수 있다. 그러므로 우유와 물은 마신다로 그룹화할 수 있다. ○ 음료 또는 《interface》 음료 [우유] [물] [우유] [물]

4 다이어그램(Diagram) [21년 2회 필기] [20년 2, 3회 필기]

다이어그램은 사물과 관계를 도형으로 표현한 것이다.

권쌤이 알려줌

컴포넌트 다이어그램과 배치 다이어그램은 구현 단계에서 사용합니다.

1. 구조 다이어그램(Structural UML Diagrams)

정적인 부분을 표현하고, 시스템의 구조를 나타내기 위한 다이어그램이다.

종류	설명
클래스 다이어그램 (Class Diagram)	시스템을 구성하는 클래스와 클래스가 가지는 속성, 클래스 사이의 관계를 표현한 다이어그램
객체 다이어그램 (Object Diagram)	클래스에 속한 사물들, 즉 특정 시점의 객체들의 구조적 상태를 표현한 다이어그램
패키지 다이어그램 (Package Diagram)	요소들을 그룹화한 패키지들의 관계 및 계층적 구조를 표현한 다이어그램
컴포넌트 다이어그램 (Component Diagram)	컴포넌트 간의 구성, 관계, 인터페이스를 표현한 다이어그램
복합 구조 다이어그램 (Composite Structure Diagram)	클래스나 컴포넌트의 내부 구조를 상세히 표현한 다이어그램
배치 다이어그램 (Deployment Diagram)	컴포넌트, 프로세스, 결과물 등의 물리적 구성을 표현한 다이어그램
프로필 다이어그램 (Profile Diagram)	프로필만 간단하게 표현한 다이어그램

2. 행위 다이어그램(Behavioral UML Diagrams)

동적인 부분을 표현하고, 시스템의 행위를 나타내기 위한 다이어그램이다.

종류	설명
유스케이스 다이어그램 (Usecase Diagram)	사용자 관점에서 시스템이 제공하는 기능과 외부 환경과의 관계를 표현한 다이어그램
활동 다이어그램 (Activity Diagram)	시스템의 처리 흐름에 따라 시스템의 기능을 순서대로 표현한 다이어그램
상태 다이어그램 (State Diagram)	객체들의 상태 변화를 표현한 다이어그램
시퀀스(순차) 다이어그램 (Sequence Diagram)	상호 작용하는 시스템이나 시스템 내부 객체 간에 주고받는 메시지를 시간의 흐름에 따라 표현한 다이어그램
커뮤니케이션(통신) 다이어그램 (Communication Diagram)	시퀀스 다이어그램과 동일한 내용을 객체 상호 관계의 관점에서 표현한 다이어그램
타이밍 다이어그램 (Timing Diagram)	한 상태에서 객체가 얼마나 오랜 시간을 지체하는지를 명시적으로 표현한 다이어그램
상호작용 개요 다이어그램 (Interaction Overview Diagram)	상호작용 다이어그램* 간의 흐름을 표현한 다이어그램

권쌤이 알려줌

통신 다이어그램을 UML 하위 버전에서는 협력 다이어그램(Collaboration Diagram)이라고 합니다.

상호작용 다이어그램
시퀀스 다이어그램, 통신 다이어그램, 타이밍 다이어그램

[20년 4회 필기]

01 UML의 기본 구성요소를 모두 고르시오.

> ㉠ Things   ㉡ Terminal
> ㉢ Relationship   ㉣ Diagram

> **해설**
> UML 구성요소
> : 사물(Things), 관계(Relationship), 다이어그램(Diagram)

[21년 3회]

02 다음 설명의 ①, ②에 들어갈 가장 적합한 답을 〈보기〉에서 고르시오.

> 눈에 보이지 않는 것을 개념적으로 표현하는 것을 추상화라고 하며, 이는 실세계의 복잡한 상황을 간결하고 명확하게 개념화하는 것이다. (①)은(는) 클래스들 사이의 전체 또는 부분 같은 관계를 나타내며, 전체 객체가 없어져도 부분 객체는 없어지지 않는다. (②)은(는) 한 클래스가 다른 클래스를 포함하는 상위 개념일 때 IS-A 관계라고 한다.

> 〈보기〉
> ㉠ Dependency   ㉡ Association
> ㉢ Generalization   ㉣ Aggregation
> ㉤ Realization   ㉥ Composition

① _____

② _____

> **해설**
> 키워드 전체 또는 부분 → 용어 집합 관계, 집약 관계 (Aggregation)
> 키워드 상위 개념 → 용어 일반화 관계, 상속 관계 (Generalization)

[20년 2회 필기]

03 객체지향 기법에서 클래스들 사이의 '부분-전체 (partwhole)'관계 또는 '부분(is-a-part-of)'의 관계로 설명되는 연관성을 나타내는 용어를 〈보기〉에서 고르시오.

> 〈보기〉
> ㉠ 일반화   ㉡ 추상화
> ㉢ 캡슐화   ㉣ 집단화

> **해설**
> 집단화(Aggregation, 집합 관계)
> • 클래스들 사이의 전체(Whole) 또는 부분(Part) 같은 관계
> 예 자동차와 바퀴
> • 전체 객체의 라이프 타임과 부분 객체의 라이프 타임은 독립적
> • 관계성의 종류 : part-whole, is-a-part-of, is composed of
> TIP 캡슐화는 이후 자세히 학습합니다.

[20년 3회 필기]

04 아래의 UML 모델에서 '차' 클래스와 각 클래스의 관계는 무엇인지 쓰시오.

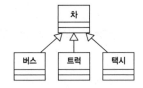

> **해설**
> 일반화 관계는 일반화된 객체와 좀 더 특수화된 객체 사이의 관계를 의미한다.
> • 표기법 : ⎯⎯⎯▷

[21년 2회 필기]

05 UML 모델에서 한 객체가 다른 객체에게 오퍼레이션을 수행하도록 지정하는 의미적 관계는 무엇인지 쓰시오.

> **해설**
> 키워드 한 객체가 다른 객체에게, 지정 → 용어 구현, 실체화 관계

[21년 3회 필기]

06 UML 모델에서 한 사물의 명세가 바뀌면 다른 사물에 영향을 주며, 일반적으로 한 클래스가 다른 클래스를 오퍼레이션의 매개변수로 사용하는 경우에 나타나는 관계는 무엇인지 쓰시오.

해설 키워드 한 사물의 명세가 바뀌면 다른 사물에 영향을 줌 → 용어 의존 관계
TIP 매개변수는 각 클래스(또는 모듈) 간에 데이터를 넘겨주는 데 쓰이는 변수입니다.

[20년 2회 필기]

07 UML 모델에서 사용하는 Structural Diagram에 속하는 것을 모두 고르시오.

> ㉠ Class Diagram ㉡ Object Diagram
> ㉢ Component Diagram ㉣ Activity Diagram

해설 니머지는 행위 다이어그램(Behavioral Diagram)에 속한다.

[20년 3회 필기]

08 UML에서 활용되는 다이어그램 중, 행위(Behavioral) 다이어그램에 해당하는 것을 모두 고르시오.

> ㉠ 유스케이스 다이어그램
> ㉡ 시퀀스 다이어그램
> ㉢ 활동 다이어그램
> ㉣ 배치 다이어그램

해설 나머지는 구조(Structural) 다이어그램에 속한다.

[21년 2회 필기]

09 UML 다이어그램이 아닌 것을 모두 고르시오.

> ㉠ 액티비티 다이어그램(Activity Diagram)
> ㉡ 절차 다이어그램(Procedural Diagram)
> ㉢ 클래스 다이어그램(Class Diagram)
> ㉣ 시퀀스 다이어그램(Sequence Diagram)

해설 UML 다이어그램 종류에는 액티비티(활동) 다이어그램, 클래스 다이어그램, 시퀀스 다이어그램, 유스케이스 다이어그램 등이 있다.

정답
01. ㉠, ㉢, ㉣ 02. ❶ ㉣ ❶ ㉢ 03. ㉣ 04. 일반화 관계 또는 상속 관계(Generalization) 05. 구현 관계(Relization) 또는 실체화 관계(Interface Realization)
06. 의존 관계(Dependency) 07. ㉠, ㉡, ㉢ 08. ㉠, ㉡, ㉢ 09. ㉡

★★
02 유스케이스 다이어그램

1 유스케이스 다이어그램(UseCase Diagram) [21년 2회 필기]

유스케이스 다이어그램은 사용자 관점에서 시스템이 제공하는 기능 및 그와 관련한 외부 요소를 표현한 다이어그램이다.

• 사용자 요구사항 분석 및 애플리케이션 기능 설계에 사용한다.

권쌤이 알려줌
UML 다이어그램의 표기법은 UML 다이어그램 도구 및 버전마다 다를 수 있습니다.

합격자의 **맘기법**

유스케이스 다이어그램의 관계
- 키워드 상호 작용 → 용어 연관(association)
- 키워드 반드시 실행 → 용어 포함(include)
- 키워드 선택적 실행 → 용어 확장(extend)
- 키워드 구체화 → 용어 일반화(generalization)

길러멧(guillemet)
〈 〉, 겹화살괄호

권쌤이 알려줌

포함(include) 관계와 확장(extend) 관계는 의존(Dependency) 관계에 속합니다.

1. 구성 요소

구성 요소	표현 방법	설명
시스템 (System)	주문	• 만들고자 하는 프로그램
액터(Actor)	사용자	• 사용자 액터 : 시스템의 외부에서 시스템과 상호작용을 하는 사람, 시스템의 기능을 사용하는 사람 • 시스템 액터 : 시스템, 시스템에 정보를 제공하는 또 다른 시스템
유스케이스 (Usecase)	주소입력	• 사용자 입장에서 바라본 시스템의 기능
관계(Relation)	《include》 《extend》	• 액터와 유스케이스, 유스케이스와 유스케이스 사이의 의미 있는 관계

2. 관계 [21년 1회 필기]

관계	표현 방법	설명	표현 예
연관 (association)	—	• 액터와 유스케이스 간 또는 유스케이스와 유스케이스 간 상호 작용이 존재하는가?	사용자 — 게시글을 작성한다. ▲ 연관
포함(include)	《include》	• 유스케이스를 실행하기 위하여 반드시 실행되어야 하는 유스케이스가 존재하는가? • 기본 유스케이스에서 다른 유스케이스를 반드시 포함하는 관계로 《include》※를 사용하여 표현	게시글을 작성한다. ‥《include》‥→ 로그인 한다. ▲ 포함
확장(extend)	《extend》	• 유스케이스를 실행함으로써 선택적으로 실행되는 유스케이스가 존재하는가? • 기본 유스케이스에서 다른 유스케이스를 선택적으로 확장되는 관계로 《extend》를 사용하여 표현	게시글을 작성한다. ‥《extend》‥→ 파일을 첨부한다. ▲ 확장
일반화 (generalization)	→	• 액터 또는 유스케이스가 구체화된 다른 액터 또는 유스케이스를 가지고 있는가?	게시글을 검색한다. ← 작성 날짜로 검색한다. ← 작성자로 검색한다. ▲ 일반화

예제 〈주문 시스템〉 유스케이스 다이어그램

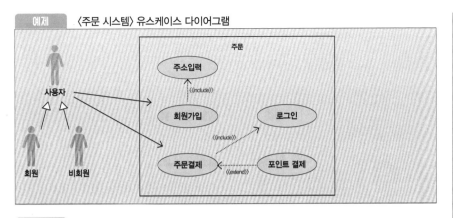

해설

- '사용자'는 '회원'과 '비회원'으로 구분된다.
- '사용자'는 '회원가입', '주문결제' 기능을 사용할 수 있다.
- '사용자'는 반드시 '주소입력'을 한 후에 '회원가입' 기능을 사용할 수 있다.
- '사용자'는 반드시 '로그인'을 한 후에 '주문결제' 기능을 사용할 수 있다.
- '사용자'는 '주문결제' 기능을 수행할 때 '포인트 결제' 기능을 사용할 수 있다.

기출 및 예상문제

[21년 2회 필기]

01 유스케이스(Usecase)에 대한 설명 중 옳은 것을 모두 고르시오.

> ㉠ 유스케이스 다이어그램은 개발자의 요구를 추출하고 분석하기 위해 주로 사용한다.
>
> ㉡ 액터는 대상 시스템과 상호 작용하는 사람이나 다른 시스템에 의한 역할이다.
>
> ㉢ 사용자 액터는 본 시스템과 데이터를 주고받는 연동 시스템을 의미한다.
>
> ㉣ 연동의 개념은 일방적으로 데이터를 파일이나 정해진 형식으로 넘겨주는 것을 의미한다.

 • 유스케이스 다이어그램은 개발자가 아닌 사용자의 요구를 추출하고 분석하기 위해 주로 사용한다.
• ㉢은 시스템 액터에 대한 설명이다.
• 연동의 개념은 양방향으로 데이터를 파일이나 정해진 형식으로 주고받는 것을 의미한다.

[21년 1회 필기]

02 기본 유스케이스 수행 시 특별한 조건을 만족할 때 수행하는 유스케이스는 무엇인지 〈보기〉에서 고르시오.

> 〈보기〉
> ㉠ 연관　　　　　㉡ 확장
> ㉢ 선택　　　　　㉣ 특화

해설 `키워드` 특별한 조건 만족 → `풀이` 확장(extend)

03 다음의 설명을 읽고 UML 유스케이스 다이어그램을 작성할 때, 〈그림〉의 A~E에 각각 들어갈 가장 적합한 답을 쓰시오.

> 설명 : 회원이 아닌 고객(비회원)은 물품 조회만을 할 수 있다. 반면에 회원인 고객은 물품 구매도 가능하다. 그러나 물품 구매를 할 때는 반드시 물품 조회를 실행하여야 한다.

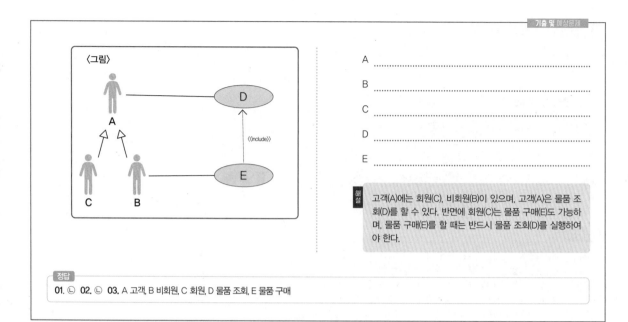

A ....

B ....

C ....

D ....

E ....

해설 고객(A)에는 회원(C), 비회원(B)이 있으며, 고객(A)은 물품 조회(D)를 할 수 있다. 반면에 회원(C)는 물품 구매(E)도 가능하며, 물품 구매(E)를 할 때는 반드시 물품 조회(D)를 실행하여야 한다.

정답
01. ⓒ 02. ⓒ 03. A 고객, B 비회원, C 회원, D 물품 조회, E 물품 구매

★ ★

02 활동 다이어그램

1 활동 다이어그램(Activity Diagram)

시스템의 처리 흐름에 따라 시스템의 기능을 순서대로 표현한 다이어그램이다.

1. 구성 요소

구성 요소	표현 방법	설명
액티비티(Activity)	주문 접수	• 작업의 실행을 의미하는 것 • 일련의 액션들로 구성된 작업 프로세스
액션(Action)	접수 버튼 클릭	• 액티비티의 구성 단위 • 분해될 수 없는 단일 작업
시작 노드(Initial Node)	●	• 액션이나 액티비티의 시작
종료 노드(Final Node)	◉	• 액션이나 액티비티의 종료
조건 노드(Decision Node, 결정 노드)	◇	• 조건에 따라 흐름 분리
병합 노드(Merge Node)	◇	• 여러 경로의 흐름 합침

포크(Fork)	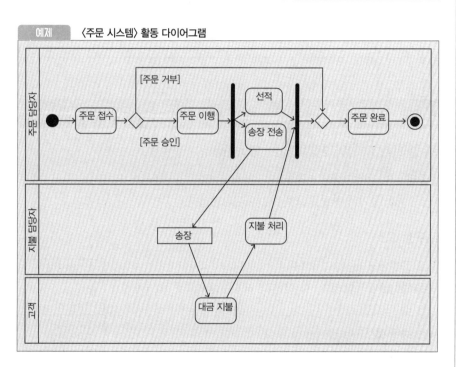	• 액티비티의 흐름 분리
조인(Join)		• 액티비티의 흐름 합침
제어 흐름(Control Flow)		• 실행 흐름
스윔 레인 (Swim Lane, 수영장 레인)		• 주체를 구분하는 선

예제   〈주문 시스템〉 활동 다이어그램

해설

• 주체는 주문 담당자, 지불 담당자, 고객으로 구분된다.
• 주문 담당자는 '주문 접수'를 하고 '주문 승인'이 나면 '주문 이행'으로 이동하고, '주문 거부' 시에는 '주문 완료'로 이동한다.
• '주문 이행'은 '선적'과 '송장 전송'으로 흐름이 분리되어 병행 수행된다.
• '송장 전송' 시 지불 담당자에게 '송장' 객체가 전달되어 고객은 '대금 지불'을 수행하고, 이후 지불 담당자는 '지불 처리'한다.

01 UML 다이어그램 중 다음과 같은 특징을 갖는 다이어그램은 무엇인지 쓰시오.

> • 자료 흐름도와 유사하며, 사용자의 관점(View)에서 시스템이 수행하는 기능을 처리 흐름에 따라 순서대로 표현한다.
> • 하나의 유스케이스 안에서 혹은 유스케이스 사이에 발생하는 복잡한 처리의 흐름을 명확하게 표현할 수 있다.
> • 구성 요소에는 Activity, Action, Initial Node, Final Node, Fork, Join 등이 있다.

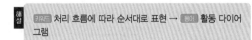

해설 키워드 처리 흐름에 따라 순서대로 표현 → 답이 활동 다이어그램

정답
01. 활동 다이어그램(Activity Diagram)

★★
04 클래스 다이어그램

1 클래스 다이어그램(Class Diagram) [21년 3회] [21년 1회 필기]

클래스 다이어그램은 시스템을 구성하는 클래스와 클래스가 가지는 속성, 메소드, 클래스 사이의 관계를 표현한 다이어그램이다.

1. 구성 요소

권쌤이 알려줌

클래스 다이어그램에서 속성과 오퍼레이션은 생략할 수 있지만, 클래스 이름은 반드시 명시해야 합니다.

속성(Attribute)
데이터, 변수, 자료 구조
📖 자가용 객체는 바퀴 4개, 엔진 1개, 좌석 5개의 속성(상태)을 가지고 있다.

오퍼레이션(Operation)
메소드, 연산자, 동작, 함수, 프로시저
📖 자가용 객체는 전진, 후진, 좌회전, 우회전 오퍼레이션(동작)을 가지고 있다.

① 클래스(Class) [21년 3회 필기]
객체들의 집합으로, 각 객체가 가지는 속성[*]과 오퍼레이션[*]을 포함한다.

클래스명
+속성1 +속성2
+오퍼레이션1( ) +오퍼레이션2( )

② 다중성(Multiplicity)
하나의 객체에 연관된 객체 수를 의미한다.

표기법	설명
0..1	연관된 객체가 0개 또는 1개만 존재
n..m	연관된 객체가 최소 n개에서 최대 m개
0..* 또는 *	연관된 객체가 0개 이상
1	연관된 객체가 1개
1..*	연관된 객체가 1개 이상

③ 접근 제한자(Access Modifier, 접근 제어자)
내 · 외부로부터 클래스 멤버에 대한 접근 범위를 설정하여 주는 것이다.

접근 제한자	표현 방법	설명
public	+	• 모든 접근을 허용한다. • 패키지와 클래스가 같지 않아도 모든 접근이 가능하다.

protected	#	• 동일 패키지 내의 클래스와 다른 패키지의 상속 관계에 있는 클래스에서도 접근 가능하다. • 다른 패키지이거나 상속 관계가 없는 다른 클래스 차단한다.
private	–	• 자신을 포함한 클래스에서만 접근이 가능하다. • 외부에 있는 클래스의 접근을 차단한다.
package	~	• 자신을 포함하는 패키지에서만 접근이 가능하다.

권쌤이 알려줌

클래스의 속성과 메소드를 한꺼번에 클래스 멤버(Class Member)라고도 부릅니다.

④ 관계(Relationship)

클래스 간의 관계(연관성)를 표현한다.

• 연관 관계, 직접 연관 관계, 집합 관계, 포함 관계, 의존 관계, 일반화 관계, 실체화 관계가 있다.

예제 〈교수-학생〉 클래스 다이어그램

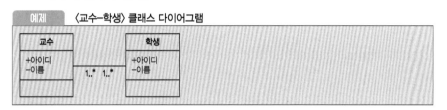

해설
• '교수' 클래스의 속성에는 아이디(public), 이름(private)이 있다.
• '학생' 클래스의 속성에는 아이디(public), 이름(private)이 있다.
• '교수'는 1명 이상의 학생을 가르치고, '학생'은 1명 이상의 교수로부터 가르침을 받는다.

기출 및 예상문제

[21년 3회] [21년 1회 필기]

01 UML 다이어그램 중 아래에서 설명하는 다이어그램은 무엇인지 쓰시오.

• 객체들의 집합으로 각 객체들이 가지는 속성과 메소드를 포함하는 다이어그램이다.
• 시스템 내 클래스의 정적 구조를 표현하고 클래스와 클래스, 클래스의 속성 사이의 관계를 나타낸다.
• 문제 해결을 위한 도메인 구조를 나타내 보이지 않는 도메인 안의 개념과 같은 추상적인 개념을 기술하기 위해 나타낸다.
• 소프트웨어의 설계 혹은 완성된 소프트웨어의 구현 설명을 목적으로 사용할 수 있다.

해설 키워드 속성, 메소드, 클래스(Class)와 속성 사이의 관계 → 용어 클래스 다이어그램

[21년 3회 필기]

02 다음의 설명과 가장 부합하는 용어를 〈보기〉에서 고르시오.

• 클래스의 동작을 의미한다.
• 클래스에 속하는 객체에 대하여 적용될 메서드를 정의한 것이다.
• UML에서는 동작에 대한 인터페이스를 지칭한다고 볼 수 있다.

〈보기〉
㉠ Instance ㉡ Operation ㉢ Item ㉣ Hiding

해설 키워드 동작, 메서드 → 용어 오퍼레이션(Operation)

정답
01. 클래스 다이어그램(Class Diagram) 02. ㉡

05 시퀀스 다이어그램

1 시퀀스 다이어그램(Sequence Diagram) [21년 3회 필기]

시퀀스 다이어그램은 상호 작용하는 시스템이나 시스템 내부 객체 간에 주고받는 메시지를 시간의 흐름에 따라 표현한 다이어그램이다.

1. 구성 요소 [20년 3회 필기]

구성 요소	표현 방법	설명
액터(Actor)	Lifeline1 : 고객	• 시스템으로부터 서비스를 요청하는 외부 요소
객체(Object)	: 로그인 화면	• 메시지를 주고받는 활동 주체 • 박스 안에는 '객체명:클래스명'으로 작성하며, 한 쪽은 생략 가능함
메시지(Message)	1 : 로그인 버튼 클릭	• 객체 간 주고받는 메시지
생명선(Lifeline)		• 객체에서 아래로 뻗어나가는 선으로 시간의 흐름에 따라 발생하는 이벤트 표시 • 객체가 메모리에 존재하는 기간
활성 상자 (Activation Box, 실행)		• 객체 생명선 위에 그려지는 박스로, 이 박스 위에서 객체의 호출이 이루어짐 • 현재 객체가 어떤 활동을 하고 있음을 의미
프레임(Frame)	activity 상품 주문	• 다이어그램의 전체 또는 일부를 묶어 범위를 명시하기 위한 표현

2. 메시지(Message)

메시지	표현 방법	설명
동기 (Synchronous)	──▶	메시지를 보낸 후 응답을 기다리는 메시지
응답(Reply)	┄┄┄>	동기 메시지에 대한 응답 메시지
비동기 (Asynchronous)	──>	메시지를 보낸 후 응답을 기다리지 않는 메시지
생성(Creation)	≪create≫ ┄> :	메시지를 받는 새로운 객체 생성
Self	◀─┐	자신에게 보낸 메시지

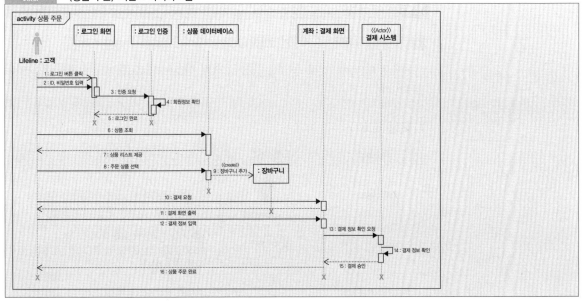

해설

- '고객'은 '로그인 버튼 클릭'하고 'ID, 비밀번호 입력'한다.
- 입력된 ID, 비밀번호에 대해 '인증 요청'하면 '회원정보 확인'하고 '로그인 완료'한다.
- '회원정보 확인'하면 '로그인 인증' 객체는 소멸되고, '로그인 완료'되면 '로그인 화면' 객체도 소멸된다.
- '고객'이 '상품 조회' 시 '상품 리스트 제공'받아 '주문 상품 선택'하고 '장바구니 추가'할 수 있다.
- '고객'이 '결제 요청' 시 '계좌 : 결제 화면'에서 '결제 정보 입력'한다.
- 입력된 '결제 정보 확인 요청'하면 '결제 정보 확인'하고 '결제 승인'한다. 그리고 '상품 주문 완료'된다.
- '결제 정보 확인'하면 '결제 시스템' 액터는 소멸되고, '결제 승인'하면 '계좌 : 결제 화면' 객체가 소멸된다.

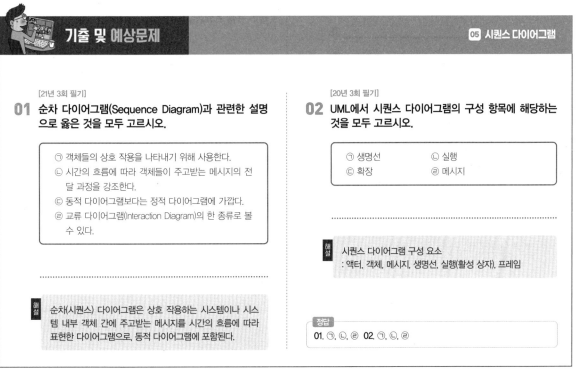

기출 및 예상문제

05 시퀀스 다이어그램

[21년 3회 필기]

01 순차 다이어그램(Sequence Diagram)과 관련한 설명으로 옳은 것을 모두 고르시오.

> ㉠ 객체들의 상호 작용을 나타내기 위해 사용한다.
> ㉡ 시간의 흐름에 따라 객체들이 주고받는 메시지의 전달 과정을 강조한다.
> ㉢ 동적 다이어그램보다는 정적 다이어그램에 가깝다.
> ㉣ 교류 다이어그램(Interaction Diagram)의 한 종류로 볼 수 있다.

> **해설** 순차(시퀀스) 다이어그램은 상호 작용하는 시스템이나 시스템 내부 객체 간에 주고받는 메시지를 시간의 흐름에 따라 표현한 다이어그램으로, 동적 다이어그램에 포함된다.

[20년 3회 필기]

02 UML에서 시퀀스 다이어그램의 구성 항목에 해당하는 것을 모두 고르시오.

> ㉠ 생명선   ㉡ 실행
> ㉢ 확장   ㉣ 메시지

> **해설** 시퀀스 다이어그램 구성 요소
> : 액터, 객체, 메시지, 생명선, 실행(활성 상자), 프레임

정답
01. ㉠, ㉡, ㉣   02. ㉠, ㉡, ㉣

06 커뮤니케이션 다이어그램

1 커뮤니케이션 다이어그램(Communication Diagram)

시퀀스 다이어그램과 동일한 내용을 객체 상호 관계의 관점에서 표현한 다이어그램이다.

1. 구성 요소

구성 요소	표현 방법	설명
액터(Actor)	Lifeline1 : 고객	• 시스템으로부터 서비스를 요청하는 외부 요소
객체(Object)	: 로그인 화면	• 메시지를 주고받는 활동 주체 • 박스 안에는 '객체명:클래스명'으로 작성하며, 한쪽은 생략 가능함
메시지(Message)	1 : 인증 요청 →	• 객체 간 주고받는 메시지
링크(Link)	——	• 객체 간의 관계

> **예제**　〈로그인〉 커뮤니케이션 다이어그램

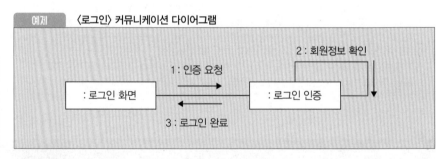

> **해설**
> • '로그인 화면' 객체는 '로그인 인증' 객체에게 '인증 요청' 메시지를 보낸다.
> • '로그인 인증' 객체는 회원 정보를 확인하고 '로그인 완료' 메시지를 '로그인 화면' 객체로 보낸다.

기출 및 예상문제　　　　06 커뮤니케이션 다이어그램

01 시퀀스 다이어그램과 같이 동작에 참여하는 객체들이 주고받는 메시지를 표현하고, 객체 간의 연관까지 표현하는 다이어그램은 무엇인지 쓰시오.

해설　[키워드] 객체 상호 관계의 관점 → [용어] 커뮤니케이션 다이어그램

정답
01. 커뮤니케이션 다이어그램(Communication Diagram)

07 상태 다이어그램

1 상태 다이어그램(State Diagram)

객체들의 상태 변화를 표현한 다이어그램이다.

1. 구성 요소

구성 요소	표현 방법	설명
시작 상태(Initial State)	●	• 상태 변화의 시작
종료 노드(Final Node)	◉	• 상태 변화의 종료
상태(State)	세탁 준비	• 객체의 상태
전이(Transition)	→	• 하나의 상태에서 다른 상태로 변화하는 것 • 상태 간의 관계
이벤트(Event)	세탁 누름	• 전이를 발생시키는 사건
프레임(Frame)	세탁기 작동	• 상태 다이어그램의 범위

예제 〈주문 시스템〉 활동 다이어그램

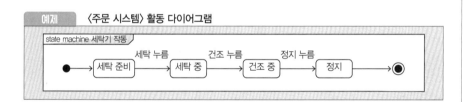

해설

• '세탁 준비'에서 '세탁 누름' 이벤트가 발생하면 '세탁 중'으로 전환된다.
• '세탁 중'에서 '건조 누름' 이벤트가 발생하면 '건조 중'으로 전환된다.
• '건조 중'에서 '정지 누름' 이벤트가 발생하면 '정지'로 전환된다.

기출 및 예상문제

07 상태 다이어그램

01 UML 다이어그램 중 아래에서 설명하는 다이어그램은 무엇인지 쓰시오.

• 객체들 사이에 발생하는 이벤트에 의한 객체들의 상태 변화를 표현한다.
• 특정 객체가 어떤 이벤트에 의해 상태 변환 과정이 진행되는지 확인하는 데 사용된다.
• 시스템에서 상태 변환 이벤트를 확인할 필요가 있는 객체만을 대상으로 그린다.

해설 키워드 객체들의 상태 변화 표현 → 용어 상태 다이어그램

정답
01. 상태 다이어그램(State Diagram)

08 패키지 다이어그램

1 패키지 다이어그램(Package Diagram) [20년 4회]

패키지 다이어그램은 요소들을 그룹화한 패키지들의 관계를 계층적 구조로 표현한 다이어그램이다.

1. 구성 요소

구성 요소	표현 방법	설명
패키지 (Package)	패키지	• 클래스들의 그룹 • 클래스들의 공통적인 요소를 그룹화한 것
의존 관계	⟪import⟫ ➞ ⟪access⟫ ➞	• 패키지 사이에 의존을 나타내는 것 • ⟪import⟫ : 패키지에 포함된 요소에 직접 접근이 가능하다. • ⟪access⟫ : 인터페이스를 통해 패키지에 포함된 요소에 접근한다.

예제 〈쇼핑몰〉 패키지 다이어그램

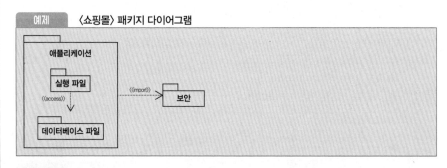

해설

• '실행파일' 패키지는 '데이터베이스 파일' 패키지 내 요소에 인터페이스를 통해 접근이 가능하다.
• '애플리케이션' 패키지는 '보안' 패키지 내 요소에 직접 접근이 가능하다.

학습 플러스 + UML을 이용한 모델링 [21년 1회 필기]

구분	설명
기능 모델링	• 시스템이 제공할 기능을 표현한다. • 사용자 관점의 요구 기능 설명한다. • 종류 : 유스케이스 다이어그램, 활동 다이어그램
정적 모델링	• 시스템 내부 구성 요소를 표현한다. • 요구 기능 구현을 위한 개발자 관점이다. • 종류 : 클래스 다이어그램, 패키지 다이어그램 등
동적 모델링	• 시스템 내부 구성 요소의 상태가 시간의 흐름에 따라 변화(동작)하는 과정과 변화(동작)하는 과정에서 발생하는 상호작용을 표현한다. • 종류 : 상태 다이어그램, 시퀀스 다이어그램, 통신 다이어그램 등

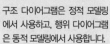

권쌤이 알려줌

구조 다이어그램은 정적 모델링에서 사용하고, 행위 다이어그램은 동적 모델링에서 사용합니다.

[20년 4회]

01 다음은 인터넷 쇼핑몰 다이어그램의 일부를 나타낸 것이다. 이는 UML(Unified Modeling Language) 다이어그램 중 어떤 다이어그램인지 쓰시오.

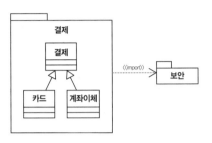

> **해설** 패키지 다이어그램은 요소들을 그룹화한 패키지들의 관계를 계층적 구조로 표현한 다이어그램이다.

[21년 1회 필기]

02 UML(Unified Modeling Language)에 대한 설명으로 거리가 먼 것을 모두 고르시오.

> ㉠ 기능적 모델은 사용자 측면에서 본 시스템 기능이며, UML에서는 Use case Diagram을 사용한다.
> ㉡ 정적 모델은 객체, 속성, 연관관계, 오퍼레이션의 시스템의 구조를 나타내며, UML에서는 Class Diagram을 사용한다.
> ㉢ 동적 모델은 시스템의 내부 동작을 말하며, UML에서는 Sequence Diagram, State Diagram, Activity Diagram을 사용한다.
> ㉣ State Diagram은 객체들 사이의 메시지 교환을 나타내며, Sequence Diagram은 하나의 객체가 가진 상태와 그 상태의 변화에 의한 동작순서를 나타낸다.

> **해설** Sequence Diagram이 객체들 사이의 메시지 교환을 나타내며, State Diagram은 하나의 객체가 가진 상태와 그 상태의 변화에 의한 동작순서를 나타낸다.

> **정답**
> **01.** 패키지 다이어그램(Package diagram) **02.** ㉣

★ 09 분석모델 검증

1 분석모델 검증

분석모델 검증은 요구사항 도출 기법을 활용하여 업무 분석가가 제시한 분석모델에 대해 확인하는 것이다.

1. 분석모델 검증 방법

구성 요소	설명
유스케이스 모델 검증	• 시스템 기능에 대한 유스케이스 모형 상세화 수준 및 적정성에 대하여 점검한다. • 점검 대상 : 액터, 유스케이스, 유스케이스 명세서
개념 수준의 분석 클래스 검증	• 시스템의 주요 도메인 개념을 분석 클래스로 도출하여 유스케이스 분석에 활용하므로, 개념 수준의 주요 분석 클래스를 적절히 도출하였는지, 관련 정보가 명확한지 점검한다. • 점검 대상 : 클래스 도출, 클래스 명과 속성, 클래스 간 관계

분석 클래스 검증	• 유스케이스마다 분석 클래스가 적절히 도출되었고, 제어 클래스의 도출 등이 충분하고 상세하게 도출되어 클래스의 역할, 클래스 간의 관계, 메시지 흐름 등을 확인할 수 있는지 검토한다. • 점검 대상 : 스테레오 타입, 경계 및 제어 클래스 도출, 관계 및 상세화 정도

2. 분석 클래스의 스테레오 타입 [20년 2회 필기]

역할 구분	스테레오 타입	아이콘	내용
경계	⟪boundary⟫	├─○	시스템과 외부 액터와의 상호작용을 담당하는 클래스
엔티티	⟪entity⟫	○	시스템이 유지해야 하는 정보를 관리하는 기능을 전담하는 클래스
제어	⟪control⟫	○↻	시스템이 제공하는 기능의 로직 및 제어를 담당하는 클래스

예 분석 클래스 다이어그램

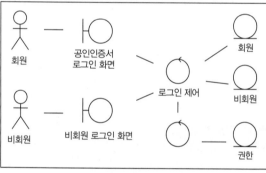

▲ 아이콘

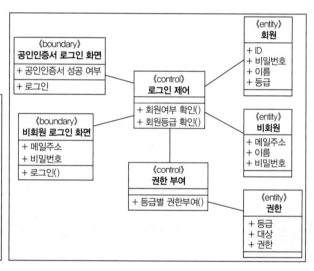

▲ 스테레오 타입

기출 및 예상문제   09 분석모델 검증

[20년 2회 필기]
01 UML 확장 모델에서 스테레오 타입 객체를 표현할 때 사용하는 기호를 쓰시오.

해설 스테레오 타입 : ⟪boundary⟫, ⟪entity⟫, ⟪control⟫

02 다음은 분석모델 검증 방법 중 분석 클래스의 스테레오 타입과 아이콘을 나타낸 것이다. ①~③에 들어갈 가장 적합한 답을 쓰시오.

역할 구분	스테레오 타입	아이콘
①	《boundary》	⊢◯
②	《entity》	◯
③	《control》	↻

① ....

② ....

③ ....

해설

분석 클래스의 스테레오 타입
• 경계 : 시스템과 외부 액터와의 상호작용을 담당하는 클래스
• 제어 : 시스템이 제공하는 기능의 로직 및 제어를 담당하는 클래스
• 엔티티 : 시스템이 유지해야 하는 정보를 관리하는 기능을 전담하는 클래스

정답
01. 《 》 02. ❶ 경계 ❷ 제어 ❸ 엔티티

01 폭포수 모델의 단점을 보완한 모델로, 사용자의 요구사항에 따라 프로토타입 제품을 신속히 개발하여 제공한 후 사용자의 피드백을 통해 개선하고 보완해가는 모델은 무엇인지 쓰시오.

....

02 다음의 설명과 가장 부합하는 소프트웨어 생명 주기 모형을 쓰시오.

> 사용자의 적극적인 참여와 강력한 소프트웨어 개발 도구를 이용하여 매우 짧은 주기(60~90일)로 개발을 진행하는 순차적 모델이다.

....

03 다음의 설명과 가장 부합하는 애자일 방법론을 쓰시오.

> 고객과 함께 2주 정도의 반복 개발로 고객 만족을 강조하고 테스트와 우선 개발을 특징으로 하는 방법론으로, 애자일 개발 프로세스 보급에 큰 역할을 하였다. 짧고 반복적인 개발 주기, 단순한 설계, 고객의 적극적인 참여를 추구한다.

....

04 5명의 개발자가 3개월에 걸쳐 15,000 라인의 코드를 개발하였을 때, 월별(Person Month) 생산성을 구하시오.

....

05 LOC 기법에 의하여 예측된 총 라인 수가 50,000라인일 경우 개발에 투입될 프로그래머의 수가 5명이고, 프로그래머들의 평균 생산성이 월 당 250라인일 때, 개발에 소요되는 기간을 구하시오.

....

06 다음은 COCOMO(COnstructive COst MOdel)에 대한 설명이다. ①~③에 들어갈 가장 적합한 용어를 쓰시오.

> COCOMO의 소프트웨어 개발 유형은 소프트웨어의 복잡도 또는 원시 프로그램의 규모에 따라 분류된다.
> - (①)은(는) 기관 내부에서 개발된 중소규모의 소프트웨어로, 5만 라인 이하의 소프트웨어이다. (①)은(는) 사무용, 업무용 등 응용 소프트웨어 개발에 적합하다.
> - (②)은(는) 트랜잭션 처리 시스템, 운영체제, 데이터베이스 관리 시스템으로, 30만 라인 이하의 소프트웨어이다. (②)은(는) 컴파일러, 인터프리터와 같은 유틸리티 개발에 적합하다.
> - (③)은(는) 초대형 규모의 트랜잭션 처리 시스템, 운영체제로, 30만 라인 이상의 소프트웨어를 말한다. (③)은(는) 신호기 제어 시스템, 미사일 유도 시스템, 실시간 처리 시스템 등의 시스템 프로그램 개발에 적합하다.

① ....

② ....

③ ....

07 다음은 요구사항 개발 프로세스에 대한 설명이다. 각 설명에 맞는 과정을 〈보기〉에서 고르시오.

과정	설명
①	체계적으로 검토, 평가, 승인될 수 있는 문서를 작성한다.
②	요구사항 간 상충되는 것을 해결하고, 소프트웨어가 환경에 어떻게 상호작용하는지 이해한다.
③	소프트웨어가 해결해야 할 문제를 이해하고, 요구사항이 어디에 있고, 어떻게 수집할 것인가에 대해 파악한다.
④	분석가가 요구사항을 이해했는지 확인하고, 요구사항 문서가 회사의 표준에 적합하고 이해가 가능하며, 일관성이 있고 완전한지 검증한다.

> 〈보기〉
> ㉠ 요구사항 도출　　㉡ 요구사항 분석
> ㉢ 요구사항 명세　　㉣ 요구사항 확인

① ....

② ....

③ ....

④ ....

08 다음 설명을 읽고 UML 유스케이스 다이어그램의 관계를 완성하시오.

> 유스케이스 다이어그램에서 A 유스케이스를 수행하는 도중에 특정 조건을 만족하면 B 유스케이스를 수행한다.

(A)   (B)

09 다음은 활동 다이어그램의 구성 요소에 대한 설명이다. ①, ②에 들어갈 용어를 쓰시오.

> • (①) : 작업의 실행을 의미하는 것으로, 일련의 (②)들로 구성된 작업 프로세스이다.
> • (②) : (①)의 구성단위로, 분해될 수 없는 단일 작업이다.
> • (①), (②) 모두 테두리가 있는 둥근 사각형으로 표현하고, 둥근 사각형 안에 (①), (②)의 명칭을 기술한다.

① ....

② ....

10 다음 제시된 조건에 부합하도록 관계를 표현하시오.

> • 컴퓨터(PC)는 CPU, RAM, ROM으로 구성된다.
> • 컴퓨터를 더 이상 사용할 수 없게 되면 CPU, RAM, ROM도 다른 곳에 재사용할 수 없다.

PC

CPU	RAM	ROM

11 다음 사항을 UML 클래스 다이어그램으로 표현하였다. 〈그림〉의 ①~④에 들어갈 가장 적합한 다중성을 쓰시오.

> • '교수'는 적어도 두 '과목' 이상을 가르쳐야 한다.
> • '과목'은 한 명 이상의 '교수'가 가르쳐야 한다.
> • '과목'은 열 명 이상 '학생'들이 수강해야 한다.
> • '학생'은 한 '과목' 이상을 수강해야 한다.

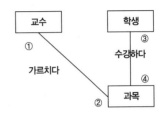

① ....

② ....

③ ....

④ ....

챕터
기출예상문제 정답 및 해설

01 [정답] **프로토타입 모델(Prototype Model)**
[해설] [키워드] 폭포수 모델 단점 보완, 프로토타입(Prototype) 제품 → [용어] 프로토타입 모델

01 [정답] **RAD(Rapid Application Development) 모델**
[해설] [키워드] 소프트웨어 개발 도구 이용 → [용어] RAD 모델

03 [정답] **익스트림 프로그래밍(XP; eXtreme Programing)**
[해설] [키워드] 고객 만족 강조, 테스트, 우선 개발 → [용어] 익스트림 프로그래밍

04 [정답] **1,000**
[해설]
- 생산성 = LOC / 인월 = 15,000 / 15 = 1,000
- 노력(인월) = 개발 기간 × 투입 인원 = 3 × 5 = 15

05 [정답] **40개월**
[해설]
- 개발 기간 = 인월 / 투입 인원 = 200 / 5 = 40
- 노력(인월) = LOC / 1인당 월 평균 생산 코드 라인 수 = 50,000 / 250 = 200

06 [정답] ① **조직형(Organic Mode)** ② **반분리형(Semi-Detached Mode)** ③ **내장형(Embedded Mode)**
[해설] [키워드] 5만 라인 이하 → [용어] 조직형
[키워드] 30만 라인 이하 → [용어] 반분리형
[키워드] 30만 라인 이상 → [용어] 내장형

07 [정답] ① ©, ② ©, ③ ⊙, ④ ©
[해설] [키워드] 문서를 작성 → [용어] 요구사항 명세
[키워드] 요구사항 해결, 이해 → [용어] 요구사항 분석
[키워드] 문제 이해, 파악 → [용어] 요구사항 도출
[키워드] 분석가, 일관성 → [용어] 요구사항 확인

08 [정답]

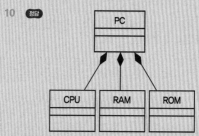

[해설] 확장 관계의 경우 확장 유스케이스에서 기존 유스케이스 방향으로 향하는 점선 화살표 위 《extend》를 표기해 준다. 이 때, 확장 유스케이스는 특정 조건을 만족하면 수행하는 B 유스케이스이다.

09 [정답] ① **액티비티(Activity)** ② **액션(Action)**
[해설] [키워드] 작업의 실행 → [용어] 액티비티
[키워드] 단일 작업 → [용어] 액션

10 [정답]

```
        ┌─────────┐
        │   PC    │
        ├─────────┤
        │         │
        └─────────┘
       ╱    │    ╲
   ┌─────┐┌─────┐┌─────┐
   │ CPU ││ RAM ││ ROM │
   ├─────┤├─────┤├─────┤
   │     ││     ││     │
   └─────┘└─────┘└─────┘
```

[해설] 포함 관계(Composition) : 전체 객체의 라이프 타임과 부분 객체의 라이프 타임은 의존적이다. 즉, 전체 객체가 없어지면 부분 객체도 없어진다.

11 [정답] ① 1..* ② 2..* ③ 10..* ④ 1..*
[해설] 클래스 다이어그램의 다중성(Multiplicity)

표기법	설명
0..1	연관된 객체가 0개 또는 1개만 존재
n..m	연관된 객체가 최소 n개에서 최대 m개
0..* 또는 *	연관된 객체가 0개 이상
1	연관된 객체가 1개
1..*	연관된 객체가 1개 이상

NOTE

데이터 입출력 구현

- [데이터 입출력 구현] 챕터는 논리적인 관점과 물리적인 관점에서의 데이터 저장 방법에 대해 학습합니다. 그리고 효율적인 데이터 삽입, 수정, 삭제, 검색 등을 위한 정규화와 인덱스, 뷰, 파티션 등 데이터베이스의 다양한 기능에 대해 학습합니다.
- 데이터베이스를 보다 잘 활용하기 위한 데이터베이스의 고급 기능과 데이터베이스 고장에 대비할 수 있는 회복 및 백업 기법에 대해 학습합니다.
- 문제 상황에 가장 적합한 자료 구조와 알고리즘을 찾아 활용하면 성능 좋은 응용 소프트웨어를 구현할 수 있습니다.

▶ 데이터베이스 설계 순서 : 요괴눈물(요개논물)

- 요구조건 분석
- 개념적 설계
- 논리적 설계
- 물리적 설계

▶ 데이터 모델 표시 요소 : 연고제(연구제)

- 연산(Operation)
- 구조(Data Structure)
- 제약 조건(Constraint)

▶ 정규화 절차 : 두부이걸다줘(도부이걸다조)

- 제1정규형 : 도메인이 원자값
- 제2정규형 : 부분 함수적 종속 제거
- 제3정규형 : 이행적 함수 종속 제거
- BCNF : 결정자가 후보키
- 제4정규형 : 다치 종속 제거
- 제5정규형 : 조인 종속성

▶ 이상 현상의 종류 : 삽살개(삽삭갱)

- 삽입 이상(Insertion Anomaly)
- 삭제 이상(Deletion Anomaly)
- 갱신 이상(Update Anomaly)

▶ 병행 제어 기법 종류 : 낙타로타(다)

- 낙관적 기법
- 타임 스탬프 기법
- 로킹 기법
- 다중 버전 기법

▶ 스토리지 종류 : DNS

- DAS → Direct, 소규모
- NAS → Network, 중규모
- SAN → Storage, 대규모

▶ 접근 통제 : 신임 보강 역할

- 신원 → 임의 접근 통제(DAC; Discretionary Access Control)
- 보안 레벨 → 강제 접근 통제(MAC; Mandatory Access Control)
- 역할 → 역할 기반 접근 통제(RBAC; Role-Based Access Control)

▶ 알고리즘 기법 : 동백씨 그 분 알죠

- 동적 계획법(Dynamic Programming)
- 백트래킹(Backtracking)
- 씨
- 그리디 알고리즘(Greedy Algorithm)
- 분할 정복법(Divide and Conquer)
- 알고리즘 기법
- 죠

SECTION
01

데이터베이스 설계 및 모델링

현실 세계의 학생 데이터를 컴퓨터 세계의 [학생] 테이블 구조로 기술하는 것을 데이터베이스 설계라고 합니다. 그리고 이러한 데이터베이스를 구축하기 위한 분석 및 설계의 과정을 데이터 모델링이라고 합니다.

★★★
01 데이터베이스 설계

1 데이터베이스 설계의 개요

데이터베이스 설계는 현실 세계의 업무 프로세스를 컴퓨터 세계로 데이터베이스화하기 위한 과정이다.

2 데이터베이스 설계의 순서 [20년 2회]

| 요구조건 분석 | → | 개념적 설계 | → | 논리적 설계 | → | 물리적 설계 | → | 구현 | → | 운영 | → | 감시 및 개선 |

합격자의 맘기법

데이터베이스 설계 순서 : 요괴눈물(요개논물)
• 요(구조건 분석)
• 괴(개념적 설계)
• 눈(논리적 설계)
• 물(리적 설계)

1. 요구조건 분석

업무 프로세스를 분석한 후 요구조건 명세서를 작성한다.

예) 요구조건 명세서

> 한국대학교의 주된 개체는 학생과 과목이다. 학생은 고유의 학번이 부여되며, 추가로 이름과 전화번호 정보를 가진다. 과목은 고유의 과목코드가 부여되며, 추가로 과목명과 과목내용을 가진다. 한 명의 학생은 여러 개의 과목을 수강할 수 있다.

2. 개념적 설계 [21년 1회]

개체 타입과 이들 간의 관계 타입을 이용해 현실 세계를 개념적으로 표현한다.

• ER 다이어그램 작성
• DBMS에 독립적인 개념 스키마 모델링
• 트랜잭션[*] 모델링

예) 개념적 설계

트랜잭션(Transaction)
데이터베이스의 상태를 변화시키는 논리적 연산의 집합
예) 사용자 A가 B에게 돈을 송금하는 과정은 A의 계좌에서 출금하여 B에게 돈을 입금하는 과정을 의미한다. 즉, '송금'이라는 작업 단위(출금 → 입금)를 하나의 트랜잭션이라고 한다.

3. 논리적 설계 [21년 1회] [20년 2회 필기]

목표 DBMS에 맞추어 논리적 모델로 설계한다.

- 트랜잭션 인터페이스 설계
- 스키마 평가 및 정제
- 목표 DBMS에 맞는 스키마 설계
- 정규화 과정 수행

📖 논리적 설계

▲ 관계형 DBMS

4. 물리적 설계 [21년 1회] [21년 1, 2, 3회 필기] [20년 4회 필기]

저장 레코드※ 양식의 설계 및 물리적 구조 데이터를 표현한다.

- 설계 시 고려사항 : 응답시간, 저장 공간의 효율성, 트랜잭션의 처리량
- 어떤 인덱스※를 만들 것인지에 대한 고려
- 성능 향상을 위한 개념 스키마의 변경 여부 검토
- 빈번한 질의와 트랜잭션들의 수행 속도를 높이기 위한 고려
- 접근 경로 설계
- 레코드 집중의 분석 및 설계
- 트랜잭션의 세부 사항 설계

📖 물리적 설계

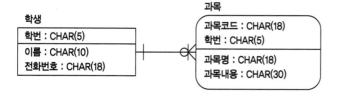

5. 구현

목표 DBMS의 DDL※로 스키마를 작성(정의)하고, 응용 프로그램을 위한 트랜잭션을 작성한다.

권쌤이 알려줌

논리적 모델 목표 DBMS의 종류에는 관계형, 계층형, 망형이 있습니다.

권쌤이 알려줌

정규화는 데이터 중복을 최소화하여 효율적으로 데이터를 저장하기 위해 데이터를 구조화하는 프로세스입니다. 이후 자세히 학습합니다.

레코드(Record)
관련된 자료의 집합
📖 이름과 학과는 한 학생의 레코드(행)를 구성하고 여러 학생의 레코드가 모여 파일을 구성한다.

	이름	학과
레코드1 →	이순신	정보
레코드2 →	홍길동	사무

인덱스(Index)
검색을 빠르게 하기 위해 쓰이는 보조적인 데이터 구조
- 책의 색인과 같은 기능을 한다.

권쌤이 알려줌

CHAR(5)는 크기가 5인 문자열 타입을 의미합니다. CHAR(10)은 크기가 10인 문자열 타입이죠.

DDL(Data Definition Language, 데이터 정의어)
데이터의 형태, 구조, 데이터베이스의 저장에 관한 내용을 정의 및 변경하는 데이터 언어

데이터베이스 설계 및 모델링

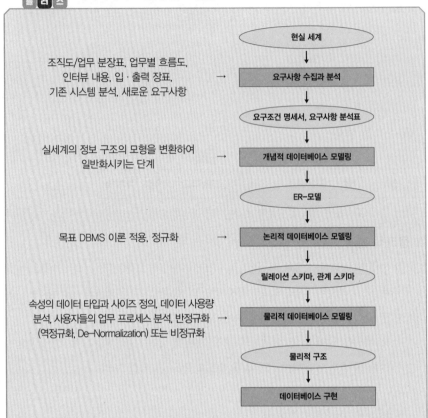

조직도/업무 분장표, 업무별 흐름도, 인터뷰 내용, 입·출력 장표, 기존 시스템 분석, 새로운 요구사항 →	현실 세계 ↓ 요구사항 수집과 분석 ↓ 요구조건 명세서, 요구사항 분석표 ↓
실세계의 정보 구조의 모형을 변환하여 일반화시키는 단계 →	개념적 데이터베이스 모델링 ↓ ER-모델 ↓
목표 DBMS 이론 적용, 정규화 →	논리적 데이터베이스 모델링 ↓ 릴레이션 스키마, 관계 스키마 ↓
속성의 데이터 타입과 사이즈 정의, 데이터 사용량 분석, 사용자들의 업무 프로세스 분석, 반정규화 (역정규화, De-Normalization) 또는 비정규화 →	물리적 데이터베이스 모델링 ↓ 물리적 구조 ↓ 데이터베이스 구현

권쌤이 알려줌

반정규화는 성능 향상과 관리의
효율성 증가를 위해 정규화 원
칙 위배 행위를 의미합니다. 이
후 자세히 학습합니다.

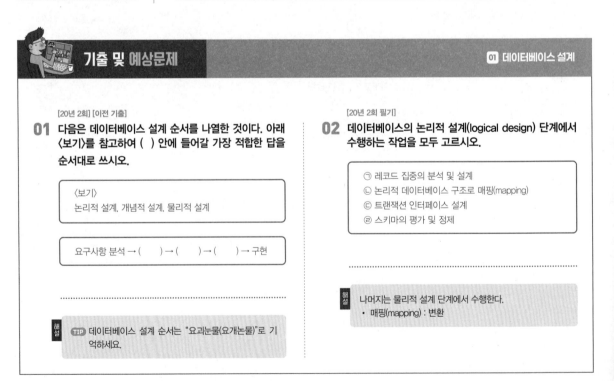

기출 및 예상문제

01 데이터베이스 설계

[20년 2회] [이전 기출]

01 다음은 데이터베이스 설계 순서를 나열한 것이다. 아래
〈보기〉를 참고하여 ( ) 안에 들어갈 가장 적합한 답을
순서대로 쓰시오.

〈보기〉
논리적 설계, 개념적 설계, 물리적 설계

요구사항 분석 → ( ) → ( ) → ( ) → 구현

해설 TIP 데이터베이스 설계 순서는 "요괴눈물(요개논물)"로 기
억하세요.

[20년 2회 필기]

02 데이터베이스의 논리적 설계(logical design) 단계에서
수행하는 작업을 모두 고르시오.

ⓐ 레코드 집중의 분석 및 설계
ⓑ 논리적 데이터베이스 구조로 매핑(mapping)
ⓒ 트랜잭션 인터페이스 설계
ⓓ 스키마의 평가 및 정제

해설 나머지는 물리적 설계 단계에서 수행한다.
• 매핑(mapping) : 변환

[21년 2회 필기] [20년 4회 필기]

03 데이터베이스 설계 시 물리적 설계 단계에서 수행하는 것을 모두 고르시오.

> ㉠ 저장 레코드 양식 설계
> ㉡ 레코드 집중의 분석 및 설계
> ㉢ 접근 경로 설계
> ㉣ 목표 DBMS에 맞는 스키마 설계

해설 나머지는 논리적 설계 단계에서 수행한다.

[21년 1회 필기]

04 데이터베이스 설계 단계 중 저장 레코드 양식 설계, 레코드 집중의 분석 및 설계, 접근 경로 설계와 관계되는 것을 〈보기〉에서 고르시오.

> 〈보기〉
> ㉠ 논리적 설계 ㉢ 요구 조건 분석
> ㉡ 개념적 설계 ㉣ 물리적 설계

해설 키워드 저장 레코드, 접근 경로 → 용어 물리적 설계

[21년 3회 필기]

05 물리적 데이터베이스 설계에 대한 설명으로 옳은 것을 모두 고르시오.

> ㉠ 물리적 설계의 목적은 효율적인 방법으로 데이터를 저장하는 것이다.
> ㉡ 트랜잭션 처리량과 응답시간, 디스크 용량 등을 고려해야 한다.
> ㉢ 저장 레코드의 형식, 순서, 접근 경로와 같은 정보를 사용하여 설계한다.
> ㉣ 트랜잭션의 인터페이스를 설계하며, 데이터 타입 및 데이터 타입들 간의 관계로 표현한다.

해설 트랜잭션 인터페이스 설계는 논리적 설계 단계, 데이터 타입 및 데이터 타입들 간의 관계로 표현은 개념적 설계 단계에 대한 설명이다.

[21년 1회]

06 다음의 설명과 가장 부합하는 용어를 〈보기〉에서 찾아 쓰시오.

> ① 데이터베이스 파일의 저장 구조 및 접근 경로를 결정하고, 테이블 정의서 등이 결과로 작성되는 단계
> ② ER 다이어그램, 트랜잭션 모델링을 병행적으로 수행하는 단계
> ③ 테이블을 설계하고, 정규화 과정을 거치는 단계

> 〈보기〉
> 구현   개념적 설계   논리적 설계
> 요구 분석   물리적 설계

① ....

② ....

③ ....

해설 키워드 저장 구조, 접근 경로 → 용어 물리적 설계
키워드 ER 다이어그램, 트랜잭션 모델링 → 용어 개념적 설계
키워드 정규화 → 용어 논리적 설계

정답
01. 개념적 설계, 논리적 설계, 물리적 설계 02. ㉡, ㉢, ㉣ 03. ㉠, ㉡, ㉢
04. ㉣ 05. ㉠, ㉡, ㉢ 06. ❶ 물리적 설계 ❷ 개념적 설계 ❸ 논리적 설계

★★
02 데이터베이스 모델링

1 데이터 모델링

데이터 모델링은 업무에서 필요로 하는 데이터를 분석하고 설계하여 정보시스템을 구축하는 과정이다. 즉 데이터베이스를 구축하기 위한 분석 및 설계의 과정으로 정의할 수 있다.

데이터 모델
현실 세계의 데이터 구조를 컴퓨터 세계의 데이터 구조로 기술하는 개념적인 도구

합격자의 **암기법**

데이터 모델 표시 요소 : 연고제(연구제)
- **연**(산, Operation)
- **고**(구조, Data Structure)
- **제**(약조건, Constraint)

권쌤이 알려줌

ER 모델에서 다중값 속성은 두 개의 원으로 나타냅니다.

권쌤이 알려줌

기본키는 아이디, 학번, 주민등록번호와 같은 고유 속성을 의미합니다. 이후 자세히 학습합니다.

권쌤이 알려줌

에서 1:N은 '학생 1명은 여러 개의 과목을 수강할 수 있다.'를 의미합니다.

1. 데이터 모델*의 종류

종류	설명
개념적 데이터 모델	현실 세계를 추상적으로 표현 **예** ER 모델
논리적 데이터 모델	개념적 데이터 모델을 컴퓨터가 이해할 수 있도록 표현 **예** 관계형 데이터 모델
물리적 데이터 모델	저장 레코드 양식의 설계 및 물리적 구조 데이터 표현

2. 데이터 모델에 표시할 요소   [21년 1회] [20년 4회 필기]

요소	설명
구조(Data Structure)	개체 간의 관계
연산(Operation)	데이터를 처리하는 방법
제약조건(Constraint)	실제 데이터의 논리적인 제약조건

② ER 모델(Entity-Relationship Model, ER Diagram, 개체관계도)

ER 모델은 개체와 개체 간의 관계를 도식화한 개체관계도이다.

- 1976년 P.Chen이 처음으로 제안했다.

▼ ER 모델의 구성 요소   [21년 1, 2회 필기] [20년 2, 4회 필기]

요소	개체	관계	속성	기본키 속성	연결, 링크
기호	사각형	마름모	타원, 원	(타원)	선

예 학생과 과목 간의 관계를 나타낸 ER 모델

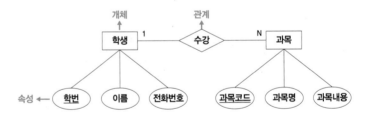

1. 개체(Entity)

데이터베이스에 표현하려고 하는 현실 세계의 대상체이다.

- 파일 시스템의 레코드(Record)이다.

예 학생 개체

▲ 학생 개체

2. 속성(Attribute)

개체의 성질, 분류, 식별, 수량, 상태 등을 나타낸다.

- 파일 시스템의 데이터 항목 또는 데이터 필드(Field)이다.
- 데이터베이스를 구성하는 가장 작은 논리적 단위이다.

① 속성 특성에 따른 분류

분류	설명
기본 속성※	• 업무 분석을 통해 정의한 가장 일반적인 속성 • 코드로 정의한 속성은 기본 속성에서 제외
설계 속성※	• 원래 업무에는 존재하지 않고 설계 과정에서 도출해내는 속성 • 업무 규칙화를 위해 속성을 새로 만들거나 변형하여 정의하는 속성
파생 속성※	• 다른 속성으로부터 계산이나 변형 등의 영향을 받아 발생하는 속성

② 개체 구성 방식에 따른 분류

분류	설명
기본키 속성	개체를 식별할 수 있는 속성
외래키 속성	다른 개체와의 관계에서 포함된 속성
일반 속성	기본키, 외래키에 포함되지 않고 개체에 포함되어 있는 속성

3. 관계(Relationship)

두 개체 간에 의미 있는 연결을 의미한다.

구분	설명
1:1 관계	개체집합 E1에 있는 한 개의 데이터는 개체집합 E2에 있는 한 개의 데이터와 일치하는 관계이다.
1:N 관계	개체집합 E1에 있는 각각의 데이터는 개체집합 E2에 있는 하나 이상의 데이터와 일치하나, 개체집합 E2에 있는 데이터는 개체집합 E1에 있는 데이터와 오직 하나만 일치하는 관계이다.
N:M 관계	개체집합 E1에 있는 각각의 데이터는 개체집합 E2에 있는 하나 이상의 데이터와 일치하고, 개체집합 E2에 있는 데이터도 개체집합 E1에 있는 하나 이상의 데이터와 일치하는 관계이다.

🚩 1:1 관계, 1:N 관계, N:M 관계

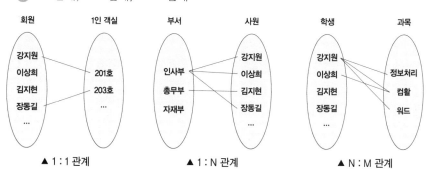

▲ 1 : 1 관계   ▲ 1 : N 관계   ▲ N : M 관계

기본 속성
🔘 수강 과목, 날짜

설계 속성
🔘 과목 코드
 – A01(기사 필기)
 – A02(기사 실기)

파생 속성
🔘 총 수강기간 = 수강날짜, 종료날짜 속성으로 계산

권쌤이 알려줌

기본키와 외래키는 이후 자세히 학습합니다.

[21년 1회]

01 다음은 데이터 모델 구성 요소에 대한 설명이다. ①, ②에 들어갈 가장 적합한 용어를 쓰시오.

> - (①) : 데이터베이스에 저장된 실제 데이터를 처리하는 방법에 대한 명세로서 데이터베이스를 조작하는 기본 도구
> - (②) : 논리적으로 표현된 개체 타입들 간의 관계로서 데이터 구조 및 정적 성질 표현
> - 제약조건 : 데이터베이스에 저장될 수 있는 실제 데이터의 논리적인 제약조건

① ....

② ....

해설 **키워드** 실제 데이터 처리, 기본 도구 → **용어** 연산
키워드 개체 타입들 간의 관계 → **용어** 구조

20년 4회 필기]

02 데이터 모델에 표시해야 할 요소 세 가지를 쓰시오.

....

해설 **TIP** 데이터 모델 표시 요소는 "연고제(연구제)"로 기억하세요.

[21년 1, 2회 필기] [20년 2, 4회 필기]

03 개체–관계 모델의 E–R 다이어그램에서 사용되는 기호와 그 의미의 연결이 옳은 것을 모두 고르시오.

> ㉠ 사각형 – 개체 타입
> ㉡ 삼각형 – 속성
> ㉢ 선 – 개체 타입과 속성을 연결
> ㉣ 오각형 – 관계 타입

....

해설 타원, 원 – 속성 / 마름모 – 관계 타입

정답
01. ① 연산(Operation) **②** 구조(Data Structure) **02.** 구조(Data Structure), 연산(Operation), 제약조건(Constraint) **03.** ㉠, ㉢

SECTION

02

논리 데이터베이스 설계

관계형 데이터베이스는 릴레이션(테이블, 표)에 데이터를 저장하여 관리하는 구조로, 가장 많이 사용되는 데이터 모델입니다. 관계형 데이터베이스 릴레이션 구조에 대해 자세히 설명합니다. 릴레이션 관련 용어를 충분히 학습하세요.

★★★

01 관계형 데이터 모델

1 관계형 데이터베이스 릴레이션 구조 [21년 1회] [21년 1, 2회 필기] [20년 2, 3, 4회 필기]

기본키(Primary Key, 주키) = 주식별자
릴레이션(Relation, 테이블) = 개체 (Entity)
속성(Attribute) = 열(Column)

[학생]

학번	이름	주소	성별
A001	홍길동	서울시 …	남
A002	이순신	대구시 …	남
A003	강지연	부산시 …	여

릴레이션 스키마(스킴, 내연)[※]
릴레이션 인스턴스(외연)[※]

튜플(Tuple) = 행(Row)

용어	설명
릴레이션(Relation)	데이터들을 표(Table) 형태로 표현한 것 📑 [학생] 릴레이션, [학생] 테이블
튜플(Tuple)	속성의 모임으로 구성된 릴레이션을 구성하는 각 행
속성(Attribute)	개체의 성질, 분류, 식별, 수량, 상태 등을 나타낸 것
도메인(Domain)	한 속성에 나타날 수 있는 값들의 범위 📑 성별 속성의 도메인은 '남' 또는 '여'로, 그 외의 값은 입력될 수 없다.
카디널리티 (Cardinality)	튜플들의 수 📑 [학생] 릴레이션의 카디널리티는 3이다.
차수(Degree, 디그리)	속성들의 수 📑 [학생] 릴레이션의 차수는 4이다.
널(Null)	'해당 없음' 등의 이유로 정보 부재를 나타내기 위해 사용하는 특수한 데이터 값

 릴레이션 특징 [21년 2회 필기] [20년 3, 4회 필기]

- 한 릴레이션에 정의된 튜플들은 모두 다르며, 순서에 무관하다.
- 튜플들은 시간에 따라 변한다.
- 릴레이션 스키마를 구성하는 속성들도 순서에 무관하다.
- 속성의 명칭은 유일해야 하지만, 속성의 값은 동일해도 된다.
- 속성은 더 이상 쪼갤 수 없는 원자 값[※]으로 구성된다.
- 릴레이션을 구성하는 튜플을 유일하게 식별하기 위한 속성들의 부분 집합을 키(Key)로 설정한다.

권쌤이 알려줌

관계형 데이터베이스는 데이터를 테이블 형태로 저장하는 방법으로, 각 테이블 간의 관계를 설정합니다. 하나의 테이블에 수만 개의 데이터를 저장한다면 비효율적이지요. 여러 테이블을 생성하고 각 테이블을 연결하여 사용한다면 데이터 중복을 최소화하고, 데이터 관리도 수월합니다.

릴레이션 스키마(스킴, 내연)
속성 이름들(릴레이션 틀, 구조)

릴레이션 인스턴스(외연)
튜플들의 집합(릴레이션 실제값)

권쌤이 알려줌

도메인을 사용하는 이유는 테이블 내 저장되는 데이터 값이 본래 의도했던 값만 저장하고 관리하기 위함입니다.

권쌤이 알려줌

널(Null)은 데이터 값이 존재하지 않는다는 것을 의미하며, 공백( )이나 0(zero)이 아닙니다.

원자 값
속성 값은 분해되거나 다중값을 가져서는 안 된다.
- 성별 속성 값이 남여가 되어서는 안 되며 남 또는 여로 입력해야 한다.

2 키(Key)

릴레이션에서 튜플을 유일하게 구별하는 속성 또는 속성들의 집합이다.

- 식별자(Identifier)라고도 한다.

1. 키의 특성

특성	설명
유일성(Uniqueness)	하나의 키 값으로 하나의 튜플을 유일하게 식별할 수 있다.
최소성(Minimality)	필요한 최소의 속성으로 키를 구성해야 한다.

2. 키 종류 [21년 3회 필기] [20년 2, 4회 필기]

종류	설명
슈퍼키 (Super Key)	• 한 릴레이션 내에 있는 속성 또는 속성들의 집합 • 유일성은 만족하지만, 최소성은 만족하지 못함
후보키 (Candidate Key)	• 한 릴레이션 내에 있는 모든 튜플을 유일하게 식별할 수 있는 속성 또는 속성들의 집합 • 유일성과 최소성을 모두 만족함 예 학번, 주민등록번호
기본키 (Primary Key)	• 후보키 중에서 특별히 선정된 키 • 중복이 되어서는 안되며, 널(Null) 값을 가질 수 없음 예 학번
대체키 (Alternate Key)	• 후보키 중에서 기본키를 제외한 후보키 • 후보키가 둘 이상인 경우 그 중 하나를 기본키로 지정하면, 나머지 후보키들은 대체키가 됨 예 주민등록번호
외래키 (Foreign Key)	• 다른 릴레이션의 기본키를 참조하는 속성 또는 속성들의 집합 • 참조 릴레이션의 기본키와 동일 • 릴레이션들 간의 관계를 나타내기 위해 사용

권쌤이 알려줌

합격자의 **암기법**

- 키워드 유일성 O, 최소성 X →
  용어 슈퍼키
- 키워드 유일성 O, 최소성 O →
  용어 후보키

예제1 **[회원] 릴레이션의 키의 종류**

학번	이름	주소	주민등록번호	전공
K001	홍길동	서울	111111	컴퓨터
K002	이순신	대구	222222	수학
K003	강감찬	부산	333333	물리

해설1

- 슈퍼키 : (학번, 이름), (학번, 주소),
  (학번, 주민등록번호), (학번, 전공), …
- 후보키 : (학번), (주민등록번호)
- 기본키 : (학번)
- 대체키 : (주민등록번호)

예제2   [성적관리] 릴레이션의 외래키

관계 형성을 통한 상위 테이블의
기본키(PK) 전이

기본키   [학생관리]   외래키   [성적관리]

학번	이름	번호	주소
K001	홍길동	011-111-1111	서울 구로구
K002	이순신	012-111-1111	서울 영등포구
K003	강감찬	013-111-1111	서울 강남구
K004	선동열	014-111-1111	서울 서초구
K005	박찬호	015-111-1111	서울 종로구

학번	과목	담당교수	성적
K001	자료구조	박세리	A
K002	데이터베이스	이미연	B
K005	컴퓨터구조	강동원	C

권쌤이 알려줌

기본키는 속성에 밑줄로 표시합니다.

해설2

[학생관리] 릴레이션과 [성적관리] 릴레이션의 관계를 나타내기 위해 [학생관리] 릴레이션의 기본키인 학번 속성을 참조하는 [성적관리] 릴레이션의 학번 속성을 외래키로 지정한다.

권쌤이 알려줌

[성적관리] 릴레이션에서 학번 'K001'은 과목이 '자료구조'이고, 담당교수는 '박세리', 성적은 'A'입니다. 그리고 외래키인 학번 'K001'은 [학생관리] 릴레이션의 기본키인 학번 속성 'K001'을 참조하므로, 이름은 '홍길동', 번호는 '011-111-1111', 주소는 '서울 구로구'라는 관계가 형성되어 있습니다.

③ 무결성 제약조건

1. 무결성(Integrity)

데이터의 정확성과 일관성을 유지하고 보증하는 것이다.

- 데이터베이스 내 부정확한 데이터의 삽입 또는 갱신을 방지하기 위한 제약조건을 의미한다.
- 정식 허가를 받은 사용자에 의한 삽입 또는 갱신으로부터 데이터베이스를 보호한다.
- (예) 기사퍼스트 회원(정식으로 허가받은 사용자)이 회원 정보 변경 시, 본인 아이디가 중복되거나 Null 값을 입력할 경우 개체 무결성을 위배하게 된다.

2. 무결성 종류   [21년 1, 2, 3회 필기] [20년 2, 3회 필기]

종류	설명
참조 무결성 (Referential Integrity)	릴레이션은 참조할 수 없는 외래키 값을 가질 수 없다.
개체 무결성 (Entity Integrity)	한 릴레이션의 기본키를 구성하는 속성값은 널(Null) 값이나 중복 값을 가질 수 없다.
도메인 무결성 (Domain Integrity)	각 속성 값은 반드시 정의된 도메인에 속한 값이어야 한다.

3. 무결성 규정   [21년 3회 필기]

데이터베이스의 무결성이 유지된다는 것을 판단하기 위한 규정이다.

- 계속적으로 변하는 데이터베이스의 무결성 유지는 상당히 어려운 문제이다. 따라서 실제적으로 무결성 규정 또는 무결성 제약을 미리 정해 놓고 이것들이 위배되지 않는 한, 무결성이 유지되는 것으로 간주한다.

권쌤이 알려줌

- 참조 무결성 : [성적관리] 릴레이션의 외래키(학번)에 'K006' 값을 삽입할 경우, [학생관리] 릴레이션의 기본키(학번)에 'K006' 값이 없으므로 참조할 수 없죠. 따라서 참조 무결성에 위배하게 됩니다.
- 개체 무결성 : [학생관리] 릴레이션의 기본키(학번)에 'K001' 값을 삽입하거나 Null 값을 가져서는 안 됩니다. 왜냐하면 동일한 학번을 가지거나 학번이 없는 학생은 존재할 수 없기 때문입니다.
- 도메인 무결성 : 성적 속성은 'A~F' 외의 값을 입력할 수 없습니다.

권쌤이 알려줌

현실 세계의 실제 값을 컴퓨터 세계로 저장할 때, 무결성 규정에 어긋나지 않는지 확인합니다.

종속성(Dependency)
응용 프로그램과 데이터 간 상호 의존 관계
· 데이터를 변경하면 응용 프로그램도 같이 변경하여야 하는 것

· 대상 : 도메인, 키, 종속성※, 관계성 등
· 종류 : 도메인 무결성 규정, 릴레이션 무결성 규정

종류	설명
도메인 무결성 규정 (Domain Integrity Rules)	· '각 속성 값은 반드시 정의된 도메인에 속한 값이어야 한다.'라는 도메인 무결성에 관한 규정이다. · 삽입이나 갱신 연산에 적용된다.
릴레이션 무결성 규정 (Relation Integrity Rules)	· 한 튜플이 릴레이션에 삽입될 수 있는가, 한 릴레이션과 또 다른 릴레이션의 튜플 간의 관계는 적절한가에 대한 규정이다. · 릴레이션을 조작하는 과정에서의 의미적 관계(Semantic Relationship)를 명세한 것이다. · 삽입, 갱신, 삭제 연산의 수행 전과 후에 대한 관계를 정의한 것이다.

 Mapping Rule(사상)

Mapping Rule(사상)은 ER 다이어그램에서 관계형 데이터베이스 이론에 기반하여 릴레이션 스키마로 변환하는 과정이다.

▼ 변환 방법

ER 다이어그램 → 릴레이션 스키마
개체 → 릴레이션
속성 → 속성
주식별자 → 기본키
관계 → 외래키

예제 교수와 학생 간의 관계를 나타낸 ER 다이어그램을 릴레이션 스키마로 변환하시오.

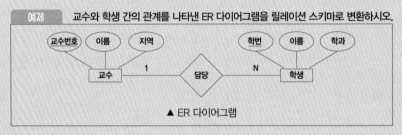

▲ ER 다이어그램

정답 및 해설

1. ERD → 릴레이션 스키마

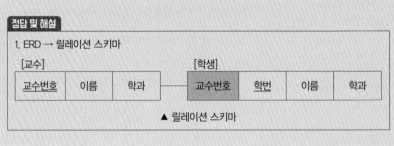

▲ 릴레이션 스키마

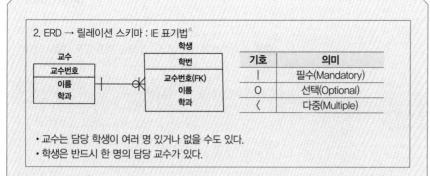

기호	의미
		필수(Mandatory)
O	선택(Optional)
〈	다중(Multiple)

• 교수는 담당 학생이 여러 명 있거나 없을 수도 있다.
• 학생은 반드시 한 명의 담당 교수가 있다.

IE(Information Engineering Notation) 표기법
ER 다이어그램의 표기법 중 하나

권쌤이 알려줌

IE 표기법의 관계는 개체 타입들을 연결하는 실선 위에 기호를 사용하여 표현합니다.

기출 및 예상문제

[20년 2회 필기]
01 하나의 애트리뷰트가 가질 수 있는 원자 값들의 집합을 의미하는 것은 무엇인지 쓰시오.

....

해설 [키워드] 원자 값들의 집합 → [풀이] 도메인

[21년 2회 필기]
02 관계 데이터베이스 모델에서 차수(Degree)의 의미를 〈보기〉에서 고르시오.

〈보기〉
㉠ 튜플의 수   ㉡ 테이블의 수
㉢ 데이터베이스의 수   ㉣ 애트리뷰트의 수

....

해설 차수(Degree) : 애트리뷰트(속성)의 수

[21년 1회] [21년 1회 필기]
03 아래 [학생] 테이블의 Cardinality와 Degree를 구하시오.

[학생]

학번	이름	학과	학점
0001	김길현	전기	3.5
0002	이상인	컴퓨터	4.1
0003	남기욱	전자	2.7
0004	권지온	컴퓨터	3.6
0005	김상현	전자	4.0

① Cardinality ....

② Degree ....

해설
• 카디널리티(Cardinality) : 튜플들의 수
• 차수(Degree) : 속성들의 수

[20년 3회 필기]
04 아래 테이블의 Relation, Attribute, Tuple을 구하시오.

고객ID	고객이름	거주도시
S1	김상길	대구
S2	현소희	서울
S3	이지상	부산
S4	박상훈	서울
S5	서민아	울산

① Relation ....

② Attribute ....

③ Tuple ....

> **해설**
> • 릴레이션(Relation) = 테이블(Table)
> • 속성(Attribute) = 열(Column)
> • 튜플(Tuple) = 행(Row)

[20년 4회 필기]

05 한 릴레이션 스키마가 4개 속성, 2개 후보키 그리고 그 스키마의 대응 릴레이션 인스턴스가 7개 튜플을 갖는다면 그 릴레이션의 차수(Degree)를 구하시오.

....

> **해설**
> 차수(Degree) : 속성들의 수

[21년 1회 필기]

06 관계 데이터 모델에서 릴레이션(relation)에 관한 설명으로 옳은 것을 모두 고르시오.

> ㉠ 릴레이션의 각 행을 스키마(schema)라 하며, 예로 도서 릴레이션을 구성하는 스키마에는 도서번호, 도서명, 저자, 가격 등이 있다.
> ㉡ 릴레이션의 각 열을 튜플(tuple)이라 하며, 하나의 튜플은 각 속성에서 정의된 값을 이용하여 구성된다.
> ㉢ 도메인(domain)은 하나의 속성이 가질 수 있는 같은 타입의 모든 값의 집합으로 각 속성의 도메인은 원자 값을 갖는다.
> ㉣ 속성(attribute)은 한 개의 릴레이션의 논리적인 구조를 정의한 것으로 릴레이션의 이름과 릴레이션에 포함된 속성들의 집합을 의미한다.

....

> **해설**
> • 릴레이션의 각 행을 튜플(Tuple)이라 한다.
> • 릴레이션의 각 열을 속성(Attribute)이라 한다.
> • ㉣은 릴레이션 스키마(Relation Schema)에 대한 설명이다.

[21년 2회 필기] [20년 3회 필기]

07 릴레이션에 대한 설명으로 틀린 것을 모두 고르시오.

> ㉠ 튜플들의 삽입, 삭제 등의 작업으로 인해 릴레이션은 시간에 따라 변한다.
> ㉡ 한 릴레이션에 포함된 튜플들은 모두 상이하다.
> ㉢ 애트리뷰트는 논리적으로 쪼갤 수 없는 원자 값으로 저장한다.
> ㉣ 한 릴레이션에 포함된 튜플 사이에는 순서가 있다.
> ㉤ 모든 속성 값은 원자 값을 갖는다.
> ㉥ 한 릴레이션을 구성하는 속성 사이에는 순서가 존재한다.

....

> **해설**
> • 한 릴레이션에 포함된 튜플 사이에는 순서가 없다.
> • 한 릴레이션을 구성하는 속성 사이에는 순서가 없다.

[20년 4회 필기]

08 A1, A2, A3 3개 속성을 갖는 한 릴레이션에서 A1의 도메인은 3개 값, A2의 도메인은 2개 값, A3의 도메인은 4개의 값을 갖는다. 이 릴레이션에 존재할 수 있는 가능한 튜플(Tuple)의 최대 수를 구하시오.

....

> **해설**
> 릴레이션 특징 : 한 릴레이션에 정의된 튜플들은 모두 다르다.
> → 3 X 2 X 4 = 24

[21년 3회 필기] [20년 4회 필기]

09 다음의 설명과 가장 부합하는 용어를 쓰시오.

> 한 릴레이션 내의 속성들의 집합으로 구성된 키로서, 릴레이션을 구성하는 모든 튜플에 대한 유일성은 만족시키지만 최소성은 만족시키지 못한다.

....

> **해설**
> **키워드** 유일성 O, 최소성 X → **용어** 슈퍼키

[20년 2회 필기]

10 다음 설명의 ( ) 안에 들어갈 적합한 용어를 쓰시오.

> 후보키는 릴레이션에 있는 모든 튜플에 대해 유일성과
> ( )을(를) 모두 만족시켜야 한다.

해설 후보키(Candidate Key)는 유일성과 최소성을 모두 만족한다.

[20년 2회 필기]

11 다음 두 릴레이션에서 외래키로 사용된 것을 쓰시오.
(단, 밑줄 친 속성은 기본키이다.)

> 과목(과목번호, 과목명)
> 수강(수강번호, 학번, 과목번호, 학기)

해설 외래키(Foreign Key)는 다른 릴레이션을 참조할 때 참조 기준이 되는 속성으로서, 참조하고자 하는 릴레이션의 기본키와 동일하다.

[20년 2회 필기]

12 데이터 무결성 제약조건 중 "개체 무결성 제약" 조건에 대한 설명으로 옳은 것을 모두 고르시오.

> ㉠ 릴레이션 내의 튜플들이 각 속성의 도메인에 지정된 값만을 가져야 한다.
> ㉡ 기본키에 속해 있는 애트리뷰트는 널 값이나 중복 값을 가질 수 없다.
> ㉢ 릴레이션은 참조할 수 없는 외래키 값을 가질 수 없다.
> ㉣ 외래키 값은 참조 릴레이션의 기본키 값과 동일해야 한다.

해설 ㉠은 도메인 무결성, ㉢, ㉣은 참조 무결성에 대한 설명이다.

[21년 1회 필기]

13 릴레이션 R1에 속한 애트리뷰트의 조합인 외래키를 변경하려면 이를 참조하고 있는 릴레이션 R2의 기본키도 변경해야 한다. 이와 관련된 무결성은 무엇인지 쓰시오.

해설 키워드 외래키 → 용어 참조 무결성

[21년 2, 3회 필기] [20년 3회 필기]

14 릴레이션에서 기본 키를 구성하는 속성은 널(Null) 값이나 중복 값을 가질 수 없다는 것을 의미하는 무결성은 무엇인지 쓰시오.

해설 키워드 기본 키, 널(NULL) 값이나 중복 값 X → 용어 개체 무결성

[21년 3회 필기]

15 데이터베이스의 무결성 규정(Integrity Rule)과 관련한 설명으로 옳은 것을 모두 고르시오.

> ㉠ 무결성 규정에는 데이터가 만족해야 될 제약 조건, 규정을 참조할 때 사용하는 식별자 등의 요소가 포함될 수 있다.
> ㉡ 무결성 규정의 대상으로는 도메인, 키, 종속성 등이 있다.
> ㉢ 정식으로 허가 받은 사용자가 아닌 불법적인 사용자에 의한 갱신으로부터 데이터베이스를 보호하기 위한 규정이다.
> ㉣ 릴레이션 무결성 규정(Relation Integrity Rules)은 릴레이션을 조작하는 과정에서의 의미적 관계(Semantic Relationship)를 명세한 것이다.

해설 무결성 규정은 정식으로 허가 받은 사용자에 의한 갱신으로부터 데이터베이스를 보호하기 위한 규정이다.

[정답]
01. 도메인(Domain) 02. ㉣ 03. ❶5 ❷4 04. ❶1 ❷3 ❸5 05. 4 06. ㉢ 07. ㉣, ㉑ 08. 24 09. 슈퍼키(Super Key) 10. 최소성 11. 과목번호 12. ㉡ 13. 참조 무결성(Referential Integrity) 14. 개체 무결성(Entity Integrity) 15. ㉠, ㉡, ㉣

권쌤이 알려줌

데이터 중복으로 인해 테이블 조작 시 불일치가 발생하는 것을 이상 현상이라고 합니다. 이러한 이상 현상 발생 가능성을 줄이기 위한 행위를 정규화라고 합니다.

합격자의 암기법

이상 현상의 종류 :
삽살개(삽삭갱)
· 삽(입 이상)
· 살(삭제 이상)
· 개(갱신 이상)

★★★
02 정규화

1 이상(Anomaly) [20년 4회] [21년 1, 2, 3회 필기] [20년 3회 필기]

이상은 릴레이션에서 일부 속성들의 종속으로 인해 데이터의 중복이 발생하여 테이블 조작 시 불일치가 발생하는 것이다.

종류	설명
삽입 이상 (Insertion Anomaly)	불필요한 정보를 함께 저장하지 않고는 어떤 정보를 저장하는 것이 불가능한 현상이다.
삭제 이상 (Deletion Anomaly)	유용한 정보를 함께 삭제하지 않고는 어떤 정보를 삭제하는 것이 불가능한 현상이다.
갱신 이상 (Update Anomaly)	반복된 데이터 중에 일부만 수정하면 데이터의 불일치가 발생하는 현상이다.

예제 [회원] 릴레이션의 이상 현상

[회원]

회원번호	이름	주소	이메일	주민번호	수강과목	과목내용
K001	이상희	서울	kkk	111	정보처리	A
K001	이상희	서울	kkk	111	컴활	B
K002	김시현	광주	ccc	222	사무자동화	C
K002	김시현	광주	ccc	222	컴활	B
K002	김시현	광주	ccc	222	워드	D

해설

① 갱신 이상 : 이상희라는 사람의 주소를 변경할 경우, 모든 속성의 주소를 변경해야 한다. 만약 하나만 변경할 경우, 데이터의 불일치가 발생한다.
② 삽입 이상 : MOS라는 과목을 추가할 경우, 불필요한 회원정보까지 추가해야 한다.
③ 삭제 이상 : 이상희라는 사람의 데이터를 삭제할 경우, 정보처리라는 과목까지 삭제되어 버린다.

2 정규화(Normalization)

무손실 분해
분해 이후에도 의미 있는 연결이 유지되어야 한다.

정규화란 이상 현상 발생 가능성을 줄이기 위한 릴레이션의 무손실 분해[※] 행위이다.

· 정규화를 하는 이유는 데이터의 중복을 방지하고 보다 효율적으로 데이터를 저장하기 위함이다.

| 과정 | 1NF → 2NF → 3NF → BCNF → 4NF → 5NF |

▼ **정규화의 특징** [21년 3회 필기] [20년 3, 4회 필기]

· 정규화의 목적은 논리적 데이터베이스 구조상에 있어 삽입, 수정, 삭제 결과로 발생하는 이상 현상을 제거하는 데 있다.

- 릴레이션을 분리함으로써 삽입/삭제/갱신 이상의 발생 가능성을 줄인다.
- 릴레이션을 분리하면 일반적으로 연산 시간이 증가하는 단점이 있다.
- 상위 단계 정규형은 이전 단계의 정규형을 만족한다.
- 정규형은 차수가 높아질수록(제1정규형 → 제5정규형) 만족시켜야 할 제약 조건이 증가된다.

권쌤이 알려줌

현재 테이블이 3정규형 상태라면 1정규형, 2정규형은 자동으로 만족합니다.

3 정규화 과정

1. 제1정규형(1NF) [21년 1회 필기] [20년 3회 필기]

반복되는 속성을 제거하여 모든 속성이 원자 도메인만으로 되어 있는 정규형이다.

- 제1정규형에 위배되는 테이블은 중복 발생으로 공간이 낭비되고, 이상 발생으로 무결성이 위배될 수 있다.

예제

[회원]

회원번호	이름	주소	수강과목	과목내용
K001	이상희	서울	정보처리 컴활	A B
K002	김시현	광주	사무자동화	C

[회원]

회원번호	이름	주소
K001	이상희	서울
K002	김시현	광주

[수강]

회원번호	수강과목	과목내용
K001	정보처리	A
K001	컴활	B
K002	사무자동화	C

해설

회원번호 'K001'은 수강과목('정보처리', '컴활')과 과목내용('A', 'B') 속성 값이 원자 도메인이 아니므로 제1정규형을 만족하지 못한다. 따라서 [회원] 테이블을 [회원] 테이블과 [수강] 테이블로 분리하여 제1정규형을 만족하도록 한다.

2. 제2정규형(2NF) [21년 2회] [20년 2회 필기]

제1정규형이고, 부분 함수적 종속을 제거하여 완전(충분한) 함수적 종속을 만족하는 정규형이다.

① 함수적 종속 [21년 3회 필기]

어떤 릴레이션 R에서 X와 Y를 각각 R의 속성 집합의 부분 집합이라고 할 경우, 속성 X의 값 각각에 대하여 시간에 관계없이 항상 속성 Y의 값이 오직 하나만 연관되어 있을 때, Y는 X에 함수적 종속이라 한다.

- X를 결정자, Y를 종속자라고 한다.
- 표기법 : X → Y

권쌤이 알려줌

함수적 종속(함수 종속)은 '회원
번호'를 알면 '이름'을 알 수 있다
는 것으로 이해하세요.
• 회원번호(결정자) → 이름(종
속자)

예제   [회원] 릴레이션의 함수적 종속

[회원]

회원번호	이름	주소
K001	이상희	서울
K002	김시현	광주

해설

[회원] 테이블에서 이름, 주소는 회원번호에 함수적 종속이다.
- 함수적 종속

회원번호 → 이름
회원번호 → 주소

또는   회원번호 → 이름, 주소

② 부분/완전 함수적 종속

구분	설명
부분 함수적 종속	속성 Y가 속성 X에 함수적 종속이면서, 속성 집합 X의 진부분 집합에 대해서도 함수적 종속일 때, Y는 X의 부분 함수적 종속이라 한다.
완전 함수적 종속	속성 Y가 속성 X에 함수적 종속이면서, 속성 집합 X의 진부분 집합에는 함수적 종속이 아닐 때, Y는 X의 완전 함수적 종속이라 한다.

권쌤이 알려줌

부분/완전 함수적 종속은 [예제]
를 통해 개념을 이해하세요.

예제1   부분 함수적 종속

[성적]

회원번호	수강과목	성적	이름
K001	정보필기	80	이상희
K002	정보필기	90	김시현
K002	정보실기	70	김시현
K001	정보실기	100	이상희

해설1

[성적] 테이블에서 성적은 기본키(회원번호, 수강과목)를 모두 알고 있어야 결정된다. 기본키의 일부인
회원번호만 알거나 수강과목만 알아서는 성적을 결정할 수 없다. 완전 함수적 종속은 어떤 속성이 기
본키에 대해 완전히 종속될 때를 의미한다. 하지만 이름은 회원번호만 알면 결정되므로 기본키(회원번
호, 수강과목) 중 부분에 대해서만 함수적 종속 관계이다. 이런 경우를 부분 함수적 종속이라 한다. 따
라서 [성적] 테이블에서 부분 함수적 종속을 제거하여 완전 함수적 종속 관계를 만족하도록 제2정규형
을 수행해야 한다.

- 함수적 종속

회원번호, 수강과목 → 성적
회원번호 → 이름

- 부분 함수적 종속

회원번호 → 이름

- 완전 함수적 종속

회원번호, 수강과목 → 성적

[성적]

회원번호	수강과목	성적	이름
K001	정보필기	80	이상희
K002	정보필기	90	김시현
K002	정보실기	70	김시현
K001	정보실기	100	이상희

→

[성적]

회원번호	수강과목	성적
K001	정보필기	80
K002	정보필기	90
K002	정보실기	70
K001	정보실기	100

[회원]

회원번호	이름
K001	이상희
K002	김시현

해설2

부분 함수적 종속이 존재하는 이름 속성을 분리하여 [성적] 테이블은 완전 함수적 종속 상태가 되었다.

3. 제3정규형(3NF)

제2정규형이고, 이행적 함수 종속 관계를 제거하여 비이행적 함수 종속 관계를 만족하는 정규형이다.

▼ 이행적 함수 종속   [20년 2, 3회 필기]

X → Y이고, Y → Z인 경우, X → Z는 이행적 함수 종속 관계이다.

예제1   이행적 함수 종속

[신청]

신청번호	제품번호	회원번호	회원취미
1	A1	K001	독서
2	B2	K002	영화
3	C3	K003	음악
4	A1	K004	축구

해설1

[신청] 테이블에서 회원번호는 신청번호에 함수적 종속이고, 회원취미는 회원번호에 함수적 종속일 때 회원취미는 신청번호에 이행적 함수 종속이다.

– 함수적 종속	– 이행적 함수 종속
신청번호 → 회원번호, 회원번호 → 회원취미	신청번호 → 회원취미

예제2   비이행적 함수 종속

[신청]

신청번호	제품번호	회원번호	회원취미
1	A1	K001	독서
2	B2	K002	영화
3	C3	K003	음악
4	A1	K004	축구

→

[신청]

신청번호	제품번호	회원번호
1	A1	K001
2	B2	K002
3	C3	K002
4	A1	K001

[회원]

회원번호	회원취미
K001	독서
K002	영화
K003	음악
K004	축구

권쌤이 알려줌

함수적 종속은 1:1 대응이고, 다치 종속은 1:N 대응으로 생각하면 쉽습니다.

• 함수적 종속 : 릴레이션에 아이디, 주민등록번호 속성이 있을 때, 아이디 속성을 알면 주민등록번호 속성을 알 수 있다.
– 함수적 종속 표현 : 아이디 → 주민등록번호

• 다치 종속 : 릴레이션에 아이디, 수강과목 속성이 있을 때, 하나의 아이디는 여러 개의 과목을 수강할 수 있다.
– 다치 종속 표현 : 아이디 ⟶→ 수강과목

권쌤이 알려줌

다치 종속은 이상 현상이 발생할 수 있으므로 무손실 분해되어야 합니다.

조인(JOIN)
두 개 이상의 테이블을 연결하여 데이터를 검색하는 방법

> **해설2**
>
> 회원번호, 회원취미 속성을 [회원] 테이블로 분리하여 [신청] 테이블은 비이행적 함수 종속 상태가 되었다.

4. BCNF(Boyce/Codd Normal Form) [21년 1, 2회] [20년 3, 4회]

제3정규형이고, 결정자가 후보키가 아닌 함수적 종속을 제거하여 모든 결정자가 후보키인 정규형이다.

5. 제4정규형(4NF)

BCNF이고, 다치(다중값) 종속을 제거한 정규형이다.

▼ 다치 종속

릴레이션 R에서 속성 X의 값에 대해 속성 Y의 값이 여러 개가 연관되어 있을 때 다치 종속이라 한다.

– 표기법: X ⟶→ Y

6. 제5정규형(5NF) [21년 3회 필기]

제4정규형이고, 조인* 종속성을 이용한 정규형이다.

▼ 조인 종속

테이블을 분해한 결과를 다시 조인(JOIN)했을 때 원래의 테이블과 동일하게 복원되는 것을 조인 종속이라 한다.

학습 플러스 정규화 과정 정리

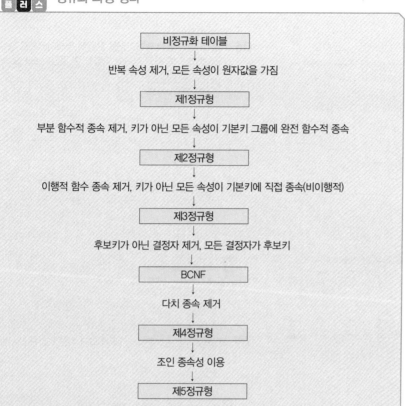

비정규화 테이블

↓ 반복 속성 제거, 모든 속성이 원자값을 가짐

제1정규형

↓ 부분 함수적 종속 제거, 키가 아닌 모든 속성이 기본키 그룹에 완전 함수적 종속

제2정규형

↓ 이행적 함수 종속 제거, 키가 아닌 모든 속성이 기본키에 직접 종속(비이행적)

제3정규형

↓ 후보키가 아닌 결정자 제거, 모든 결정자가 후보키

BCNF

↓ 다치 종속 제거

제4정규형

↓ 조인 종속성 이용

제5정규형

 합격자의 암기법

정규화 절차 :
두부이결다줘(도부이결다조)
- **두**(도메인이 원자값)
- **부**(분 함수적 종속 제거)
- **이**(행적 함수 종속 제거)
- **결**(결정자가 후보키)
- **다**(치 종속 제거)
- **줘**(조인 종속성)

기출 및 예상문제

02 정규화

01 [21년 3회 필기] [20년 3회 필기]
릴레이션 조작 시 데이터들이 불필요하게 중복되어 예기치 않게 발생하는 곤란한 현상을 의미하는 용어를 쓰시오.

해설 키워드 중복, 곤란한 현상 → 용어 이상

02 [20년 4회] [21년 1, 2회 필기]
릴레이션에서 일부 속성들의 종속으로 인해 데이터의 중복이 발생하여 테이블 조작 시 불일치가 발생하는 것을 이상(Anomaly) 현상이라고 한다. 이러한 이상(Anomaly) 현상의 종류 세 가지를 쓰시오.

해설 TIP 이상 현상의 종류는 "삽살개(삽삭갱)"로 기억하세요.

[21년 3회 필기] [20년 3회 필기]
03 정규화에 대한 설명으로 틀린 것을 모두 고르시오.

> ⊙ 어떠한 릴레이션이라도 데이터베이스 내에서 표현 가능하게 만든다.
> ⓒ 데이터 삽입 시 릴레이션을 재구성할 필요성을 줄인다.
> ⓒ 중복을 배제하여 삽입, 삭제, 갱신 이상의 발생을 야기한다.
> ⓔ 효과적인 검색 알고리즘을 생성할 수 있다.
> ⓜ 데이터베이스의 개념적 설계 단계 이전에 수행한다.

> **해설**
> • 정규화의 목적은 삽입, 삭제, 갱신 이상의 발생을 방지한다.
> • 정규화는 데이터베이스의 논리적 설계 단계에서 수행된다.

[20년 4회 필기]
04 정규화의 필요성에 대한 설명으로 옳은 것을 모두 고르시오.

> ⊙ 데이터 구조의 안정성 최대화
> ⓒ 중복 데이터의 활성화
> ⓒ 수정, 삭제 시 이상 현상의 최소화
> ⓔ 테이블 불일치 위험의 최소화

> **해설**
> 정규화는 데이터의 중복을 최소화하여 효율적으로 데이터를 저장하기 위해 수행한다.

[21년 1회 필기]
05 어떤 릴레이션 R에 속한 모든 도메인이 원자값(Atomic Value)만으로 되어 있는 정규형은 무엇인지 쓰시오.

> **해설**
> 키워드 도메인이 원자값 → 용어 제1정규형

[20년 3회 필기]
06 다음과 같이 왼쪽 릴레이션을 오른쪽 릴레이션으로 정규화를 하였을 때 어떤 정규화 작업을 한 것인지 쓰시오.

국가	도시
대한민국	서울, 부산
미국	워싱턴, 뉴욕
중국	베이징

→

국가	도시
대한민국	서울
대한민국	부산
미국	워싱턴
미국	뉴욕
중국	베이징

> **해설**
> 제1정규형은 반복되는 속성을 제거하여 모든 속성이 원자 도메인만으로 되어 있는 정규형이다.

[20년 2회 필기]
07 정규화 과정 중 1NF에서 2NF가 되기 위한 조건을 쓰시오.

> **해설**
> 키워드 완전 함수적 종속 → 용어 제2정규형

[21년 2회]
08 아래 테이블을 참고하여 설명의 ( ) 안에 들어갈 가장 적합한 답을 쓰시오.

> 제 ( ) 정규형은 부분 함수적 종속성을 제거하여 완전 함수적 종속을 만족한다.

[수강]

학번	수강과목	이름	성적
A001	데이터베이스	이상희	80
A002	운영체제	김시현	90
A002	프로그래밍	김시현	70
A003	운영체제	권상태	100

↓

[학생]

학번	이름
A001	이상희
A002	김시현
A003	권상태

[성적]

학번	수강과목	성적
A001	데이터베이스	80
A002	운영체제	90
A002	프로그래밍	70
A003	운영체제	100

해설 키워드 부분 함수적 종속 제거, 완전 함수적 종속 → 용어 제2정규형

[21년 3회 필기]

09 어떤 릴레이션 R에서 X와 Y를 각각 R의 애트리뷰트 집합의 부분 집합이라고 할 경우 애트리뷰트 X의 값 각각에 대해 시간에 관계없이 항상 애트리뷰트 Y의 값이 오직 하나만 연관되어 있을 때 Y는 X에 함수 종속이라고 한다. 이 함수 종속의 표기로 옳은 것을 고르시오.

㉠ Y → X ㉡ Y ⊂ X
㉢ X → Y ㉣ X ⊂ Y

해설 X를 결정자, Y를 종속자라고 하며, 표기법은 X → Y이다.

[20년 2, 3회 필기]

10 이행적 함수 종속 관계를 의미하는 것을 고르시오.

㉠ A → B이고 B → C일 때, A → C를 만족하는 관계
㉡ A → B이고 B → C일 때, C → A를 만족하는 관계
㉢ A → B이고 B → C일 때, B → A를 만족하는 관계
㉣ A → B이고 B → C일 때, C → B를 만족하는 관계

해설 A → B이고 B → C일 때, A → C는 이행적 함수 종속 관계이다.

[20년 3회 필기]

11 릴레이션 R의 모든 결정자가 후보키이면 그 릴레이션 R은 어떤 정규형에 속하는지 쓰시오.

해설 키워드 결정자, 후보키 → 용어 BCNF

[21년 1, 2회 필기] [20년 4회 필기]

12 제3정규형에서 보이스코드 정규형(BCNF)으로 정규화하기 위한 작업을 고르시오.

㉠ 원자값이 아닌 도메인을 분해
㉡ 부분 함수 종속 제거
㉢ 이행 함수 종속 제거
㉣ 결정자가 후보키가 아닌 함수 종속 제거
㉤ 다치 종속 제거

해설 키워드 결정자, 후보키 → 용어 보이스/코드 정규형(BCNF)

[21년 3회 필기]

13 이전 단계의 정규형을 만족하면서 후보키를 통하지 않는 조인 종속(JD : Join Dependency) 제거해야 만족하는 정규형은 무엇인지 쓰시오.

해설 키워드 조인 종속 → 용어 제5정규형

정답
01. 이상(Anomaly) 02. 갱신 이상(Update Anomaly), 삽입 이상(Insertion Anomaly), 삭제 이상(Deletion Anomaly) 03. ㉢, ㉤ 04. ㉠, ㉢, ㉣ 05. 제1정규형(1NF) 06. 제1정규형(1NF) 07. 1NF를 만족하고 키가 아닌 모든 속성이 기본키에 대하여 완전 함수적 종속 관계를 만족해야 한다. 08. 2 09. ㉢ 10. ㉠ 11. BCNF(Boyce/Codd Normal Form) 12. ㉣ 13. 제5정규형(5NF)

권쌤이 알려줌

논리적 설계와 물리적 설계의 결과물을 품질 기준에 맞게 검토합니다.

권쌤이 알려줌

논리 데이터 모델의 품질 기준은 물리 데이터 모델의 품질 기준과 동일합니다.

03 논리 데이터 모델 품질 검토

1 논리 데이터 모델 품질 검토

논리 데이터 모델과 물리 데이터 모델은 모든 이해 관계자들이 가장 관심을 갖고 검토하는 산출물이므로, 검토 과정은 향후의 모든 공정에 대해 영향을 미칠 수 있는 매우 의미 있는 작업이다.

▼ 데이터 모델의 품질 기준(논리, 물리)

품질 기준	설명
정확성	데이터 모델이 표기법에 따라 정확하게 표현되었고, 업무 영역 또는 요구사항이 정확하게 반영되어 있음
완전성	요구사항 및 업무 영역 반영에 있어서 누락이 없음
준거성	제반 준수 요건들이 누락 없이 정확하게 준수되어 있음 예 데이터 표준, 표준화 규칙, 법적 요건을 준수하였는가?
최신성	데이터 모델이 현행 시스템의 최신 상태를 반영하고 있고, 이슈 사항들이 지체 없이 반영되고 있음
일관성	여러 영역에서 공통 사용되는 데이터 요소가 전사 수준에서 한 번만 정의되고, 이를 여러 다른 영역에서 참조 · 활용 되면서 표현상의 일관성을 유지하고 있음
활용성	작성된 모델과 그 설명 내용이 이해관계자에게 의미를 충분하게 전달할 수 있으면서, 업무 변화 시에 설계 변경이 최소화되도록 유연하게 설계되어 있음

기출 및 예상문제

03 논리 데이터 모델 품질 검토

01 다음은 논리 데이터 모델의 품질 기준에 대한 설명이다. 설명과 가장 부합하는 기준을 〈보기〉에서 고르시오.

> ① 요구사항 및 업무 영역 반영에 있어서 누락이 없다.
> ② 작성된 모델과 그 설명 내용이 이해관계자에게 의미를 충분하게 전달할 수 있으면서, 업무 변화 시에 설계 변경이 최소화되도록 유연하게 설계되어 있다.

> 〈보기〉
> ㉠ 완전성　　　㉡ 정확성
> ㉢ 활용성　　　㉣ 일관성
> ㉤ 최신성　　　㉥ 준거성

① ....
② ....

해설
키워드 누락 없음 → 용어 완전성
키워드 설계 변경 최소화, 유연 → 용어 활용성

정답
01. ① ㉠ ② ㉢

SECTION

03 물리 데이터베이스 설계

논리 데이터 모델링의 결과를 데이터베이스 저장 구조에 맞게 변환하는 과정을 물리 데이터 모델링이라고 합니다. 물리 데이터 저장소 구성을 위한 인덱스, 뷰 등 데이터베이스 객체 설계에 대해 학습합니다.

01 논리-물리 모델 변환

1 물리 데이터 모델링하기(논리-물리 모델 변환)

1. 단위 개체(Entity)를 테이블(Table)로 변환

테이블은 데이터를 저장하는 데이터베이스의 가장 기본적인 객체(Object)로, 로우(Row, 행)와 칼럼(Column, 열)으로 구성되어 있다.

논리 데이터 모델	물리 데이터 모델
개체(Entity)	테이블(Table)
속성(Attribute)	컬럼(Column)
주 식별자(Primary UID)	기본키(Primary Key)
보조(대체) 식별자(Secondary UID, Alternate UID)	대체키(Unique Key)
관계(Relationship)	외래키(Foreign Key)

권쌤이 알려줌

컴퓨터 세계의 데이터를 데이터베이스에 저장하기 위한 설계를 학습합니다. 즉 학생 개체를 [학생] 테이블로, [학생] 테이블의 속성은 '학번', '이름', '주소', '성별'로 설계하는 것이죠.

2. 슈퍼타입과 서브타입을 테이블로 변환

- 서브타입에 적은 양의 속성이나 관계를 가진 경우에는 서브타입을 슈퍼타입에 통합하여 하나의 테이블로 만든다.
- 서브타입에 많은 양의 속성이나 관계를 가진 경우에는 슈퍼타입 속성들을 각 서브타입에 추가하여 각각의 서브타입마다 하나의 테이블로 만든다.
- 전체 데이터 처리가 빈번히 발생하거나, 서브타입의 처리가 독립적이거나, 테이블 통합 시 칼럼 수가 너무 많아지는 경우에는 슈퍼타입과 서브타입을 각각 테이블로 만든다.

권쌤이 알려줌

슈퍼타입은 공통 속성(사원의 속성), 서브타입은 자신만의 속성(정규직, 임시직의 속성)을 의미합니다. 부모-자식 관계가 아니며, 논리 데이터 모델에서 이용되는 형태입니다.

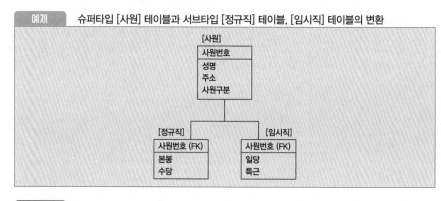

예제 | 슈퍼타입 [사원] 테이블과 서브타입 [정규직] 테이블, [임시직] 테이블의 변환

정답 및 해설

1. 슈퍼타입 기준 테이블 변환
   - [정규직] 테이블과 [임시직] 테이블을 [사원] 테이블로 통합해서 변환한다.
   - [사원] 테이블 : 사원번호, 성명, 주소, 사원구분, 본봉, 수당, 일당, 특근
2. 서브타입 기준 테이블 변환
   - [정규직] 테이블 : 사원번호, 성명, 주소, 사원구분, 본봉, 수당
   - [임시직] 테이블 : 사원번호, 성명, 주소, 사원구분, 일당, 특근

3. 속성을 칼럼으로 변환

- Primary UID을 Primary Key로 변환한다.
- Secondary(Alternate) UID을 Unique Key로 변환한다.

4. 관계를 외래키(Foreign Key)로 변환

- 1:1 관계 : 개체 A의 기본키를 개체 B의 외래키로 선언한다.
- 1:N 관계 : 개체 A의 기본키를 개체 B의 외래키로 선언하거나 별도의 테이블로 표현한다.
- N:M 관계 : 개체 A와 B의 기본키를 모두 포함하는 별도의 테이블로 표현한다.

5. 칼럼 유형(Type)과 길이(Length)를 정의(데이터 타입 설정)

정의된 각 칼럼에 대해 적용 DBMS에서 제공하는 데이터 유형 중 적절한 유형을 정의하고, 해당 데이터의 최대 길이를 파악하여 길이를 설정한다.

▼ Oracle에서 자주 사용되는 데이터 유형

유형	설명
CHAR	고정길이 문자열 Data(최대 2,000Byte까지 저장 가능)
VARCHAR2	가변길이 문자열 Data(최대 4,000Byte까지 저장 가능)
NUMBER	38자리 수의 숫자 저장 가능
DATE	날짜 값 저장

6. 반정규화(Denormalization, 비정규화, 역정규화)

정규화한 테이블의 연산 성능이 비효율적일 경우 반정규화를 수행한다.

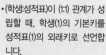

권쌤이 알려줌

- (학생:성적표)이 (1:1) 관계가 성립할 때, 학생(1)의 기본키를 성적표(1)의 외래키로 선언합니다.
- (교수:학생)이 (1:N) 관계가 성립할 때, 교수(1)의 기본키를 학생(N)의 외래키로 선언합니다.
- (학생:과목)이 (N:M) 관계가 성립할 때, 학생(N)의 기본키와 과목(M)의 기본키를 모두 포함하는 별도의 테이블로 표현합니다.

권쌤이 알려줌

Oracle은 관계형 데이터베이스 관리 시스템의 하나로, 데이터베이스 응용 프로그램입니다.

권쌤이 알려줌

CHAR(5)는 크기가 5인 고정길이 문자열 타입을 의미합니다.

01 논리 데이터 모델에서 정의된 엔티티를 물리 데이터 모델의 테이블로 변환할 때, 논리 데이터 모델의 각 구성 요소가 물리 데이터 모델의 어떤 요소로 변환되는지 ①, ②에 들어갈 가장 적합한 용어를 쓰시오.

논리 데이터 모델	물리 데이터 모델
개체	테이블
속성	컬럼
주 식별자	(①)
보조 식별자	대체키
관계	(②)

① _____

② _____

 해설
• 기본키 : 후보키 중에서 특별히 선정된 키
• 외래키 : 다른 릴레이션의 기본키를 참조하는 속성 또는 속성들의 집합

정답
01. ❶ 기본키(Primary Key), **❷** 외래키(Foreign Key)

★★
02 반정규화

[21년 1회] [20년 1회] [20년 4회 필기]

1 반정규화(비정규화, 역정규화, Denormalization)

반정규화는 데이터 중복의 최소화와 데이터의 일관성, 안정성 등을 보장하기 위해 정규화된 데이터 모델을 시스템 성능 향상, 개발 과정의 편의성, 운영의 단순화를 목적으로 수행되는 의도적인 정규화 원칙 위배 행위를 의미한다.

- 데이터 모델을 중복(추가), 통합(병합), 분리(분할)하는 과정이다.
- 반정규화된 데이터 구조는 성능과 관리의 효율성이 증가하는 장점이 있다.
- 데이터의 일관성 및 정합성※ 저하와 유지를 위한 비용이 별도로 발생하여 과도할 경우 오히려 성능에도 나쁜 영향을 미칠 수 있다.

권쌤이 알려줌

반정규화는 정규화된 데이터 모델의 성능 저하를 해결하기 위해 의도적으로 정규화 원칙을 위배한 행위를 의미합니다. 검색량이 많은 데이터는 같은 테이블에 있는 것이 검색 속도가 더 빠르겠지요.

1. 테이블 분할 [21년 2회 필기]

하나의 테이블을 수직 혹은 수평으로 분할하는 것이다.

예 테이블 분할

아이디	이름	지역	회원구분
1	남하준	서울	Y
2	표미희	서울	N
3	노윤자	대전	Y
4	신우선	대구	N

수평 분할 ◀ - - - (3행과 4행 사이)

수직 분할 (지역 컬럼 왼쪽 경계)

종류	설명
수평 분할 (Horizontal Partitioning)	• 레코드(Record)를 기준으로 테이블을 분할한다. • 하나의 테이블에 데이터가 너무 많이 있고, 레코드 중에서 특정 한 덩어리의 범위만을 주로 액세스하는 경우에 사용한다. • 분할된 각 테이블은 서로 다른 디스크에 위치시켜 물리적인 디스크의 효용성을 극대화할 수 있다.
수직 분할 (Vertical Partitioning)	• 속성(Attribute)을 기준으로 분할한다. • 하나의 테이블에 속성이 너무 많이 있는 경우 속성을 기준으로 테이블을 분할한다. • 갱신이 자주 일어나는 속성, 자주 조회되는 속성, 크기가 큰 속성, 보안을 적용해야 하는 속성을 분할한다.

2. 중복 테이블 생성 [20년 2회]

작업의 효과적인 수행을 위해 별도의 통계 테이블을 두거나 중복 테이블을 추가하는 것이다.

- 다수의 테이블 등과 같이 많은 범위를 자주 처리해야 하는 경우
- 특정 범위의 데이터만 자주 처리되는 경우
- 요약 자료만 주로 요구되는 경우

집계 테이블 추가	집계 데이터를 위해 테이블을 추가
진행 테이블 추가	이력 관리 등을 목적으로 테이블을 추가
특정 부분만을 포함하는 테이블 추가	특정 범위의 데이터만 자주 처리되는 경우 그 범위만 테이블로 추가

3. 중복 속성 생성

자주 사용하는 속성을 추가로 생성한다.

- 빈번하게 조인(JOIN)을 일으키는 속성의 경우
- 접근 경로가 복잡할 경우
- 액세스의 조건으로 자주 사용 될 경우
- 기본키 여러 개의 칼럼으로 구성되어 있는 경우

4. 테이블 통합

대부분의 처리가 두 개 이상의 테이블에 대해 항상 같이 일어나는 경우 테이블을 통합한다.

- 종류 : 1:1 관계 테이블 통합, 1:N 관계 테이블 통합, 슈퍼타입-서브타입 테이블 통합 등

5. 테이블 제거

테이블 재정의 또는 칼럼의 중복화로 더이상 액세스 되지 않는 테이블이 발생할 경우 테이블을 제거한다.

- 관리 소홀로 인해, 유지보수 단계에서 많이 발생하는 현상

[20년 1회]

01 비정규화(Denormalization)에 대해 간략히 서술하시오.

해설 키워드 정규화 원칙 위배 행위 → 용어 비정규화

[21년 1회] [20년 4회 필기]

02 시스템의 성능 향상, 개발 과정의 편의성 등을 위해 정규화된 데이터 모델을 분할, 통합, 추가하는 과정으로, 의도적으로 정규화 원칙을 위배하는 행위를 일컫는 용어는 무엇인지 쓰시오.

해설 키워드 분할, 통합, 추가, 정규화 원칙 위배 행위 → 용어 반정규화

[21년 2회 필기]

03 병렬 데이터베이스 환경 중 수평분할에서 활용되는 분할 기법이 아닌 것을 모두 고르시오.

> ㉠ 라운드–로빈　　　㉡ 범위 분할
> ㉢ 예측 분할　　　　　㉣ 해시 분할

해설 수평 분할은 레코드를 기준으로 테이블을 분할하는 것으로, 예측 분할은 존재하지 않는 방식이다.
TIP 그 외 분할 기법은 이후 자세히 학습합니다.

[20년 2회 필기]

04 반정규화(Denormalization) 유형 중 중복 테이블을 추가하는 방법에 해당하는 것을 모두 고르시오.

> ㉠ 빌드 테이블의 추가
> ㉡ 집계 테이블의 추가
> ㉢ 진행 테이블의 추가
> ㉣ 특정 부분만을 포함하는 테이블 추가

해설 중복 테이블 추가 방법 : 집계 테이블 추가, 진행 테이블 추가, 특정 부분만 포함하는 테이블 추가

정답
01. 시스템의 성능 향상, 개발 과정의 편의성, 운영의 단순화를 목적으로 수행되는 의도적인 정규화 원칙 위배 행위를 말한다. 02. 반정규화 (Denormalization, 비정규화, 역정규화) 03. ㉢ 04. ㉡, ㉢, ㉣

---

03 테이블 제약조건

1 테이블 제약조건 설계

1. 삭제 제약조건(Delete Constraint)

참조된 기본키의 값이 삭제될 경우의 처리내용을 정의한다.

권쌤이 알려줌

테이블 제약 조건은 참조 무결성을 관리하기 위한 제약조건입니다.

구분	설명	
Cascade	참조한 테이블에 있는 외래키와 일치하는 모든 Row가 삭제된다.	연쇄
Restricted	참조한 테이블에 있는 외래키에 없는 것만 삭제가 가능하다.	제한
Nullify	참조한 테이블에 정의된 외래키와 일치하는 것은 Null로 수정된다.	무효

합격자의 **맘기법**

삭제/수정 제약조건
- 키워드 외래키와 일치하는 모든 Row 삭제/수정 → 용어 Cascade
- 키워드 외래키에 없는 것만 삭제/수정 → 용어 Restricted
- 키워드 외래키와 일치하는 것을 Null로 삭제/수정 → 용어 Nullify

예제　부서 테이블에서 기본키인 부서코드 125를 삭제할 경우

[부서] (부모, 상위)		[사원] (자식, 하위)		
부서코드	**부서명**	**사원번호**	**이름**	**부서코드**
101	영업부	05-121	김철수	101
125	관리부	05-122	홍길동	101
146	생산1부	05-123	강만규	125
150	생산2부	05-124	이재천	146

정답 및 해설

1. Cascade : 사원 테이블에 있는 부서코드 125도 삭제된다.
2. Restricted : 사원 테이블에 부서코드 125가 있으므로 모두 삭제되지 않는다.
3. Nullify : 사원 테이블에 있는 부서코드 125는 Null로 수정된다.

2. 수정 제약조건(Update Constraint)

참조된 기본키의 값이 수정될 경우의 처리내용을 정의한다.

구분	설명	
Cascade	참조한 테이블에 있는 외래키와 일치하는 모든 Row가 수정된다.	연쇄
Restricted	참조한 테이블에 있는 외래키에 없는 것만 수정이 가능하다.	제한
Nullify	참조한 테이블에 정의된 외래키와 일치하는 것은 Null로 수정된다.	무효

예제　부서 테이블에서 기본키인 부서코드 125를 100으로 수정할 경우

[부서] (부모, 상위)		[사원] (자식, 하위)		
부서코드	**부서명**	**사원번호**	**이름**	**부서코드**
101	영업부	05-121	김철수	101
125	관리부	05-122	홍길동	101
146	생산1부	05-123	강만규	125
150	생산2부	05-124	이재천	146

정답 및 해설

1. Cascade : 사원 테이블에 있는 부서코드 125도 100으로 수정된다.
2. Restricted : 사원 테이블에 부서코드 125가 있으므로 모두 수정되지 않는다.
3. Nullify : 사원 테이블에 부서코드 125는 Null로 수정된다.

01 다음은 테이블 제약조건에 대한 설명이다. ( ) 안에 공통적으로 들어갈 가장 적합한 용어를 쓰시오.

구분	설명
삭제 제약조건 (Delete Constraint)	( ) : 참조한 테이블에 있는 외래키와 일치하는 모든 Row가 삭제된다.
	Restricted : 참조한 테이블에 있는 외래키에 없는 것만 삭제가 가능하다.
	Nullify : 참조한 테이블에 정의된 외래키와 일치하는 것은 Null로 수정된다.
수정 제약조건 (Update Constraint)	( ) : 참조한 테이블에 있는 외래키와 일치하는 모든 Row가 수정된다.
	Restricted : 참조한 테이블에 있는 외래키에 없는 것만 수정이 가능하다.
	Nullify : 참조한 테이블에 정의된 외래키와 일치하는 것은 Null로 수정된다.

해설   키워드 외래키와 일치하는 모든 Row 삭제/수정 → 용어 Cascade

정답
01. Cascade

★ ★

04   인덱스

1 인덱스(Index) 설계

1. 인덱스   [21년 1, 3회 필기]

검색을 빠르게 하기 위해 〈키 값, 포인터〉 쌍으로 구성된 보조적인 데이터 구조이다.

- 키(Key) : 레코드를 식별하거나 저장 위치를 계산해 낼 수 있는 정보를 가지고 있는 필드 예 이름
- 포인터 : 물리적 주소 예 주소

예 [회원] 릴레이션의 이름 속성에 대한 인덱스

[인덱스]

이름	주소
강고인	5
김영희	3
김철수	1
류용신	6
박순섭	4
홍길동	2
⋮	⋮

[회원]

고객번호	이름	성별	전화번호	취미
98001	김철수	남	111-2323	등산
98002	홍길동	남	731-4325	낚시
98003	김영희	여	456-1763	등산
98004	박순섭	여	345-4352	여행
98005	강고인	남	633-2156	낚시
98006	류용신	여	356-2323	여행
⋮	⋮	⋮	⋮	⋮

권쌤이 알려줌

인덱스는 빠른 검색을 위한 보조적인 데이터 구조로, 책의 목차(색인)와 유사한 기능을 합니다. 인덱스를 정의하면 테이블 검색 속도는 빨라지나 삽입, 삭제 시 인덱스도 수정하므로 수행 속도가 느려질 수 있습니다. 그리고 인덱스 저장을 위한 기억 공간을 차지하므로 불필요한 인덱스는 기억 공간을 낭비하게 됩니다.

권쌤이 알려줌

인덱스를 사용하면 이름이 정렬되어 있으므로, 순차 검색(Table Scan, 전체 테이블 스캔)을 할 필요 없이 이진 검색(Binary Search)과 같은 알고리즘에 의해 적은 횟수의 검색만으로 원하는 튜플을 찾을 수 있습니다.

▼ 인덱스 설계 시 고려사항

- 인덱스는 추가적인 저장 공간이 필요함을 고려해야 한다.
- 지나치게 많은 인덱스는 오버헤드로 작용한다.
- 가능한 한 수정이 빈번하지 않은 칼럼을 선정한다.

2. 인덱스 종류

권쌤이 알려줌

B 트리 인덱스는 루트 노드(블록)에서 브랜치 노드(블록)로 키 값의 크기를 비교해 나가면서 리프 노드(블록)에서 찾고자 하는 데이터를 검색하는 방법입니다.

종류	설명
B 트리 인덱스	트리 구조로 구성하는 방법
비트맵 인덱스	인덱스 칼럼의 데이터를 bit 값인 0, 1로 변환하여 인덱스 키로 사용하는 방법
비트맵 조인 인덱스	다수의 조인된 객체로 구성하는 방법
함수 기반 인덱스	칼럼의 값 대신 칼럼에 특정 함수나 수식을 적용하여 산출된 값을 사용하는 방법
도메인 인덱스	개발자가 자신이 원하는 인덱스 타입을 생성할 수 있는 방법

학습+플러스 클러스터드 인덱스, 넌클러스터드 인덱스

1. 클러스터드 인덱스(Clustered Index)
인덱스의 순서에 따라 데이터베이스 내 튜플(행)을 정렬하여 저장되는 방식이다.
- 데이터들이 물리적으로 인접하므로 넌클러스터드 인덱스보다 검색 속도가 빠르다.
- 하나의 테이블에 단 1개만 만들 수 있다.

2. 넌클러스터드 인덱스(Non Clustered Index)
인덱스만 정렬되어 있을 뿐 데이터베이스 내 튜플(행)은 정렬되지 않는 방식이다.
- 하나의 테이블에 여러 개를 만들 수 있다.

기출 및 예상문제

04 인덱스

[21년 1회 필기]

01 데이터베이스 성능에 많은 영향을 주는 DBMS의 구성 요소로 테이블과 클러스터에 연관되어 독립적인 저장 공간을 보유하며, 데이터베이스에 저장된 자료를 더욱 빠르게 조회하기 위하여 사용되는 것은 무엇인지 쓰시오.

해설
키워드 독립적인 저장 공간, 자료를 더욱 빠르게 조회 →
용어 인덱스

[21년 3회 필기]

02 데이터베이스에서 인덱스(Index)와 관련한 설명으로 옳은 것을 모두 고르시오.

- ㉠ 인덱스의 기본 목적은 검색 성능을 최적화하는 것으로 볼 수 있다.
- ㉡ B-트리 인덱스는 분기를 목적으로 하는 Branch Block을 가지고 있다.
- ㉢ BETWEEN 등 범위(Range) 검색에 활용될 수 있다.
- ㉣ 시스템이 자동으로 생성하여 사용자가 변경할 수 없다.

해설 테이블에 기본키로 정의한 칼럼이 있을 경우, 인덱스가 자동으로 생성되며 사용자도 인덱스 생성 및 변경이 가능하다.

해설 키워드 Bit 값(0, 1)로 변환한 인덱스 키 → 용어 비트맵 인덱스

03 인덱스 종류 중 인덱스 컬럼의 데이터를 Bit 값인 0, 1로 변환하여 인덱스 키로 사용하는 방법은 무엇인지 쓰시오.

정답
01. 인덱스(Index) **02.** ㉠, ㉡, ㉢ **03.** 비트맵 인덱스

★★★
05 뷰

1 뷰(View) 설계

1. 뷰

사용자에게 접근이 허용된 자료만을 제한적으로 보여주기 위해 하나 이상의 기본 테이블로부터 유도된 가상 테이블이다.

테이블1
C1	C2	C3

테이블2
C4	C5	C6

테이블3
C7	C8	C9

뷰(View)
C1	C5	C6	C8

권쌤이 알려줌

뷰는 물리적으로는 존재하지 않는 편의를 위한 가상 테이블입니다.

권쌤이 알려줌

기사퍼스트 수강생 테이블에서 주로 정보처리기사 필기 수강생에 대한 정보를 조회한다면, 물리적으로 존재하는 수강생 전체 테이블에서 조회하기 보다는, 정보처리기사 필기 수강생 데이터만 가상 테이블로 만들어 조회하면 검색 효율이 더 좋아집니다.

2. 뷰 특징 [21년 1회] [20년 2, 3, 4회]

- 뷰의 구조는 기본 테이블과 거의 유사하다.
- 물리적으로 존재하지 않고 논리적으로만 존재한다.
- 논리적 독립성을 제공한다.
- 필요한 데이터로만 구성할 수 있어 관리가 수월하고 명령이 간단하다.
- 뷰를 통해서만 접근할 경우 뷰에 나타나지 않는 데이터는 안전하게 보호되므로 데이터 보안 효율적이다.
- 삽입, 삭제, 갱신 연산이 가능하지만 제한적이다.
- 정의된 뷰는 다른 뷰의 정의에 기초가 될 수도 있다.
- Cascade 옵션을 사용하여 하나의 뷰를 삭제하면 그 뷰를 기초로 만들어진 다른 뷰도 자동으로 삭제한다.
- 독립적인 인덱스를 가질 수 없다.

권쌤이 알려줌

뷰(View)를 생성하는 방법은 이후 자세히 학습합니다. 뷰의 정의와 특징을 기억해 두세요.

권쌤이 알려줌

뷰에 기본키가 포함될 경우에 삽입, 삭제, 갱신 연산이 가능합니다.

• 뷰에 대한 검색은 일반 테이블과 같다.
• 뷰의 정의를 변경(Alter)할 수 없다.

권쌤이 알려줌

뷰는 Alter 명령어를 사용할 수 없습니다. Alter 명령어는 이후 자세히 학습합니다.

3. 뷰 설계 순서

대상 테이블 선정	→	대상 칼럼 선정	→	뷰 정의서 작성

기출 및 예상문제

05 뷰

[20년 2회 필기]

01 뷰(view)에 대한 설명으로 옳은 것을 모두 고르시오.

⊙ 뷰는 CREATE문을 사용하여 정의한다.
ⓒ 뷰는 데이터의 논리적 독립성을 제공한다.
ⓒ 뷰를 제거할 때는 DROP문을 사용한다.
② 뷰는 저장장치 내에 물리적으로 존재한다.

해설 뷰는 저장장치 내에 물리적으로 구현되지 않는다.

[20년 3회 필기]

02 뷰(View)의 장점을 모두 고르시오.

⊙ 뷰 자체로 인덱스를 가짐
ⓒ 데이터 보안 용이
ⓒ 논리적 독립성 제공
② 사용자 데이터 관리 용이

해설 뷰는 자신만의 인덱스를 가질 수 없다.

[21년 1회 필기] [20년 4회 필기]

03 뷰(VIEW)에 대한 설명으로 거리가 먼 것을 모두 고르시오.

⊙ 뷰 위에 또 다른 뷰를 정의할 수 있다.
ⓒ 뷰에 대한 삽입, 갱신, 삭제 연산 시 제약 사항이 따르지 않는다.
ⓒ 뷰의 정의는 기본 테이블과 같이 ALTER문을 이용하여 변경한다.
② 뷰가 정의된 기본 테이블이 제거되면 뷰도 자동적으로 제거된다.
⑩ DBA는 보안 측면에서 뷰를 활용할 수 있다.

해설
• 뷰에 대한 삽입, 갱신, 삭제 연산 시 제약 사항이 따른다.
• 뷰의 정의는 기본 테이블과 달리 ALTER문을 이용하여 변경이 불가능하다.

정답
01. ⊙, ⓒ, ⓒ 02. ⓒ, ⓒ, ② 03. ⓒ, ⓒ

권쌤이 알려줌

일반적으로 PC 저장장치를 C드라이브, D드라이브처럼 논리적으로 파티션을 분리해서 관리합니다.

06 파티션

1 파티션(Partition) 설계

1. 파티션

대용량 테이블이나 인덱스를 관리하기 쉬운 논리적 단위인 파티션으로 분리하는 것이다.

- 전체 데이터의 훼손 가능성이 감소하여 데이터 가용성이 향상된다.
- 각 분할 영역을 독립적으로 백업하고 복구할 수 있다.
- 디스크 스트라이핑(Disk Striping)[※]으로 입·출력 성능을 향상시킬 수 있다.
- 테이블 간의 조인에 대한 비용이 증가한다.

2. 파티션 종류 [20년 3회 필기]

종류	설명
범위 분할 (Range Partitioning)	• 지정한 열의 값을 기준으로 분할한다. • 관리가 쉽다.
해시 분할 (Hash Partitioning)	• 해시 함수에 따라 데이터를 분할한다. • 해시 함수에 따라 데이터가 분산되므로 특정 파티션에 데이터가 집중되는 범위 분할의 단점을 보완한다.
조합 분할 (Composite Partitioning)	• 범위 분할에 의해 데이터를 분할한 후 해시 함수를 적용하여 다시 분할한다.
라운드 로빈 분할 (Round Robin Partitioning)	• 데이터를 균일하게 순차적으로 분할한다.
목록 분할 (List Partitioning)	• 지정한 열의 값에 대한 목록을 만든 후 해당 목록을 기준으로 분할한다.

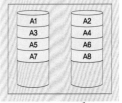

디스크 스트라이핑(Disk Striping)
2~32개의 개별 디스크에 하나의 가상적 스트라이프를 작성하여 이들 디스크를 컴퓨터의 운영 체제가 단일의 디스크 구동 장치로 인식하도록 한다. 다중 입·출력 동작이 동시에 진행될 수 있게 되어 성능이 크게 향상된다.

 권쌤이 알려줌

해시 함수는 임의 길이의 입력 데이터를 받아 고정된 길이의 출력값(해시값)으로 변환하는 함수입니다.

기출 및 예상문제   06 파티션

[20년 3회 필기]

01 물리 데이터 저장소의 파티션 설계에서 파티션 유형으로 옳은 것을 모두 고르시오.

> ㉠ 범위 분할(Range Partitioning)
> ㉡ 해시 분할(Hash Partitioning)
> ㉢ 조합 분할(Composite Partitioning)
> ㉣ 유닛 분할(Unit Processing)

해설 파티션 종류 : 범위 분할, 해시 분할, 조합 분할, 라운드 로빈 분할, 목록 분할

02 다음 설명의 ( ) 안에 공통적으로 들어갈 가장 적합한 용어를 쓰시오.

- ( )은(는) 대용량의 데이터를 효율적으로 처리하기 위하여 하나의 데이터베이스 테이블을 여러 개로 나누어 저장하는 것이다.
- ( )을(를) 통해 데이터가 분리·저장되어 데이터 조회 시간이 줄어들고 백업, 복구 등 데이터베이스 시스템 관리에 효율적이다.
- ( )의 종류에는 범위 분할, 해시 분할, 조합 분할 등이 있다.

해설 키워드 논리적 단위로 분리 → 용어 파티션

정답
01. ㉠, ㉡, ㉢ **02.** 파티션(Partition)

권쌤이 알려줌

파티션은 파티션이라는 논리적 단위를 사용하여 저장 공간을 분리하는 것이고, 클러스터는 동일한 성격의 데이터를 동일한 저장 공간에 저장하는 것입니다.

권쌤이 알려줌

인덱스는 분포도가 좁은 범위에 효율적이지만 클러스터는 분포도가 넓은 범위에 효율적입니다.
• 분포도(선택성, Selectivity) : 전체에서 선택했을 때 얼마만큼 자주 선택되어지는가에 대한 비율

07 클러스터

1 클러스터(Cluster) 설계

1. 클러스터

데이터 저장 시 동일한 성격의 데이터를 동일한 데이터 블록에 저장하는 물리적 저장 기법이다.

- 함께 자주 쓰이는 데이터가 물리적으로 동일한 위치에 저장되어 있으므로 디스크 입 · 출력이 줄어든다.
- 액세스 효율 향상(검색)을 위한 물리적 저장 방법이다.
- 검색 효율은 높여 주나 입력/수정/삭제 시는 부하가 증가한다.
- 처리 범위가 넓은 경우 단일 테이블 클러스터링, 조인이 많은 경우 다중 테이블 클러스터링을 사용한다.

2. 클러스터링 종류

단일 테이블 클러스터링	한 개의 클러스터에 하나의 테이블을 생성하는 방법
다중 테이블 클러스터링	한 개의 클러스터에 여러 개의 테이블을 생성하는 방법

기출 및 예상문제

01 데이터 저장 시 동일한 성격의 데이터를 동일한 데이터 블록에 저장하는 물리적 저장 기법을 일컫는 용어는 무엇인지 쓰시오.

해설 키워드 동일한 성격, 동일한 데이터 블록 → 풀이 클러스터

02 클러스터에 대한 설명으로 거리가 먼 것을 모두 고르시오.

㉠ 검색 효율 향상을 위한 물리적인 저장 방법 중 하나이다.
㉡ 디스크 입출력이 줄어든다.
㉢ 검색 효율은 높여주나 삽입, 수정, 삭제 시에는 부하가 증가할 수 있다.
㉣ 처리 범위가 넓은 경우 다중 테이블 클러스터링을, 조인이 많은 경우 단일 테이블 클러스터링을 사용한다.

해설 범위가 넓은 경우 단일 테이블 클러스터링을, 조인이 많은 경우 다중 테이블 클러스터링을 사용한다.

정답
01. 클러스터(Cluster) **02.** ㉣

08 디스크 구성 설계

1 디스크 구성 설계(DB 용량 설계, DB 저장 공간 설계)

1. 디스크 구성 설계

테이블에 저장할 데이터양과 인덱스, 클러스터 등이 차지하는 공간을 예측해서 설계한다.

- 테이블당 트랜잭션 양과 보존 기간 등을 고려해서 데이터베이스가 저장될 디스크의 용량을 산정할 수 있다.

2. 디스크 구성 설계 목적

- 정확한 용량을 산정하여 디스크 사용의 효율을 높인다.
- 업무량이 집중되어 있는 디스크를 분리하여 설계함으로써 집중화된 디스크에 대한 입·출력 부하를 분산한다.
- 입·출력 경합을 최소화하여 데이터의 접근 성능을 향상시킨다.
- 시스템 및 디스크의 구성에 따라 테이블 스페이스[※]의 개수와 사이즈 등을 결정한다.
- 파티션할 테이블은 별도로 분류한다.

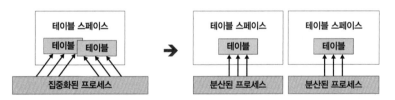

권쌤이 알려줌

테이블에 저장할 데이터양과 인덱스, 클러스터 등이 차지하는 공간을 예측에서 설계 디스크 구성합니다. 데이터베이스 용량 설계 또는 데이터베이스 저장 공간 설계라고도 합니다.

테이블 스페이스(Table Space)
- 하나의 테이블 스페이스에 여러 개의 테이블을 저장하여 관리할 수 있다.
- 데이터베이스에 저장되는 내용에 따라 테이블 스페이스는 테이블, 인덱스, 임시(Temporary) 등의 용도로 구분하여 설계할 수 있다.
- 테이블 스페이스는 데이터 용량을 관리하는 단위로 이용할 수 있다.

기출 및 예상문제　　　　　　　　　　　　　　08 디스크 구성 설계

01 다음 설명의 (　) 안에 공통적으로 들어갈 가장 적합한 용어를 쓰시오.

> 테이블이 저장되는 논리적인 영역으로, 하나의 (　)에 여러 개의 테이블을 저장하여 관리할 수 있다. 데이터베이스에 저장되는 내용에 따라 (　)은(는) 테이블, 인덱스, 임시 등의 용도로 구분하여 설계할 수 있으며, 데이터 용량을 관리하는 단위로 이용할 수 있다.

해설 [키워드] 테이블이 저장되는 논리적 영역 → [용어] 테이블 스페이스

정답
01. 테이블 스페이스(Table Space)

SECTION
04

데이터베이스 고급

트랜잭션은 데이터베이스의 작업 단위입니다. 여러 개의 트랜잭션을 동시에 실행할 때 발생하는 공유 자원에 대한 문제를 해결하기 위한 기법을 병행 제어라고 합니다. 그리고 데이터베이스 장애 발생 시 데이터베이스를 회복하는 방법과 장애 발생 대비를 위한 데이터베이스 백업에 대해 학습합니다.

권쌤이 알려줌

트랜잭션은 하나의 작업 단위입니다. 예를 들어 출금 프로세스는 '출금 금액 입력 → 출금 → 잔액 출력'이 하나의 트랜잭션이 됩니다.

병행 제어(Concurrency Control, 동시성 제어)
트랜잭션을 동시에 여러 개 수행할 때, 데이터베이스 일관성 유지를 위해 트랜잭션 간의 상호 작용을 제어하는 것

권쌤이 알려줌

트랜잭션의 ACID 특성 중 가장 중요한 것은 원자성입니다. 원자성을 만족하지 못하는 트랜잭션은 예기치 못한 부작용이 발생할 수 있습니다.
• 원자성(Atomicity) : All or Nothing

★★★

01 트랜잭션

1 트랜잭션(Transaction) [21년 3회 필기]

트랜잭션은 데이터베이스의 상태를 변화시키는 논리적 연산의 집합이다.

• 사용자의 데이터베이스 접근 기본 단위로서 병행 제어(Concurrency Control, 동시성 제어)※의 기본 단위이기도 하다.

1. 트랜잭션의 특성(ACID) [21년 2회] [20년 1회] [21년 1, 3회 필기] [20년 2, 3, 4회 필기]

특성	설명
원자성 (Atomicity)	트랜잭션이 데이터베이스에 모두 반영되거나 아니면 전혀 반영되지 않아야 된다.
일관성 (Consistency)	트랜잭션이 그 실행을 성공적으로 완료하면 항상 일관성 있는 데이터베이스 상태로 변환해야 한다.
독립성, 격리성 (Isolation)	둘 이상의 트랜잭션이 동시에 병행 실행되고 있을 때, 또 다른 하나의 트랜잭션의 연산이 끼어들 수 없다.
영속성, 지속성 (Durability)	트랜잭션의 결과는 영구적으로 반영되어야 한다.

2. 트랜잭션 상태

상태	설명
활동(Active)	트랜잭션의 실행을 시작하였거나 실행 중인 상태이다.
부분적 완료 (Partially Committed)	트랜잭션의 마지막 명령문을 성공적으로 실행한 직후의 상태이다.
실패(Failed)	트랜잭션이 정상적인 실행을 더 이상 수행할 수 없는 상태이다.
완료(Committed)	트랜잭션이 실행을 성공적으로 완료하여 커밋(Commit) 연산을 수행한 상태이다.
철회(Aborted)	트랜잭션이 실행에 실패하여 롤백(Rollback) 연산을 수행한 상태이다. • 철회한 트랜잭션은 재시작하거나 폐기할 수 있다.

실행 시작
↓
활동
↙ ↘
부분 완료 → 실패
↓ ↓
완료 철회

2 트랜잭션 스케줄(Transaction Schedule)

트랜잭션 스케줄은 여러 개의 트랜잭션이 동시에 병행 실행되는 경우, 트랜잭션의 연산 순서를 정하는 것이다.

• 트랜잭션들의 개개 연산들이 실행되는 순서를 의미한다.

1. 직렬 스케줄(Serial Schedule)

하나의 트랜잭션 연산을 모두 실행하고, 다음 트랜잭션을 수행한다.

• 인터리빙*이 허용되지 않는다.

2. 비직렬 스케줄(NonSerial Schedule)

트랜잭션들을 병행 수행하는 기법으로, 각 트랜잭션 연산들을 번갈아가며 수행한다.

• 인터리빙이 허용된다.

3. 직렬가능 스케줄(Serializable Schedule)

병행 수행을 최대한 허용하면서, 직렬 스케줄과 동일한 결과를 갖도록 실행 순서를 제어한다.

• 직렬 스케줄 결과와 비직렬 스케줄 결과가 같다.

인터리빙(Interleaving)
사전적 의미는 '끼어들기'로, 병행성 확보를 위해 여러 트랜잭션이 매우 짧은 시간동안 번갈아가면서 수행하는 것

실행 순서 →

T1	T2
read(x)	
x = x + 50	
write(x)	
	read(x)
	x = x * 2
	write(x)

▲ 직렬 스케줄

실행 순서 →

T1	T2
read(x)	
	read(x)
x = x + 50	
	x = x * 2
write(x)	
	write(x)

▲ 비직렬 스케줄

기출 및 예상문제

01 트랜잭션

[21년 3회 필기]

01 데이터베이스에서 하나의 논리적 기능을 수행하기 위한 작업의 단위 또는 한꺼번에 모두 수행되어야 할 일련의 연산들을 의미하는 용어를 쓰시오.

....

해설 키워드 논리적, 작업의 단위, 일련의 연산들 → 용어 트랜잭션

[21년 2회] [20년 2, 4회 필기]

02 트랜잭션(Transaction)의 특성에는 원자성(Atomicity), 일관성(Consistency), 독립성(Isolation), 영속성(Durability)이 있다. 이 중 원자성(Atomicity)에 대해 간략히 서술하시오.

....

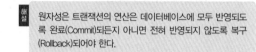

해설 [키워드] 모두 반영, 전혀 반영되지 않아야 된다. → [용어] 원자성

[20년 1회] [21년 3회 필기]

03 다음은 트랜잭션의 특성에 대한 설명이다. ①, ②에 들어갈 가장 적합한 특성을 쓰시오.

특성	설명
①	모두 반영되거나 아니면 전혀 반영되지 않아야 된다.
일관성	트랜잭션이 그 실행을 성공적으로 완료하면 언제나 일관성 있게 DB 상태로 변환한다.
②	둘 이상의 트랜잭션이 동시에 병행 실행되고 있을 때 또 다른 하나의 트랜잭션의 연산이 끼어들 수 없다.
지속성	트랜잭션의 결과는 영구적으로 반영되어야 한다.

① ....

② ....

해설 [키워드] 모두 반영, 전혀 반영되지 않아야 된다. → [용어] 원자성
[키워드] 끼어들 수 없다. → [용어] 독립성, 격리성

[20년 3회 필기]

04 Commit과 Rollback 명령어에 의해 보장받는 트랜잭션의 특성은 무엇인지 쓰시오.

....

해설 원자성은 트랜잭션의 연산은 데이터베이스에 모두 반영되도록 완료(Commit)되든지 아니면 전혀 반영되지 않도록 복구(Rollback)되어야 한다.

[21년 1회 필기]

05 트랜잭션의 특성 중 "시스템이 가지고 있는 고정요소는 트랜잭션 수행 전과 트랜잭션 수행 완료 후의 상태가 같아야 한다."라는 특성을 가지는 것은 무엇인지 쓰시오.

....

해설 [키워드] 전과 후에 같아야 한다. → [용어] 일관성

06 여러 개의 트랜잭션이 동시에 병행 실행되는 경우, 트랜잭션 연산 순서를 정하는 방법 중 하나의 트랜잭션 연산을 모두 실행하고, 다음 트랜잭션을 수행하는 방법은 무엇인지 쓰시오.

....

해설 [키워드] 모두 실행하고, 다음 트랜잭션 수행 → [용어] 직렬 스케줄

[정답]
01. 트랜잭션(Transaction) **02.** 트랜잭션이 데이터베이스에 모두 반영되거나 아니면 전혀 반영되지 않아야 된다. **03. ❶** 원자성(Atomicity), **❷** 독립성 또는 격리성(Isolation) **04.** 원자성(Atomicity) **05.** 일관성(Consistency) **06.** 직렬 스케줄(Serial Schedule)

★★★

02 병행 제어

1 병행 제어(Concurrency Control, 동시성 제어)

병행 제어는 트랜잭션을 동시에 여러 개 수행할 때, 데이터베이스 일관성 유지를 위해 트랜잭션 간의 상호 작용을 제어하는 것이다.

- 여러 개의 트랜잭션이 동시에 실행될 경우에 예기치 못한 부작용이 발생할 수 있다. 특히, 동일한 데이터를 판독(Read)하고 갱신(Update)하는 연산을 포함한 트랜잭션일 경우 병행 제어가 필수적으로 필요하다.

권쌤이 알려줌

병행 제어는 다중 사용자 환경을 지원하는 데이터베이스 시스템에서 동시에 실행되는 여러 트랜잭션 간의 간섭으로 문제가 발생하지 않도록 트랜잭션의 실행 순서를 제어하는 기법입니다.

1. 병행 제어 목적

- 데이터베이스 공유 최대화
- 시스템 활용도 최대화
- 데이터베이스 일관성 유지
- 사용자에 대한 응답시간 최소화

2. 병행 제어의 필요성

현상	설명
갱신 내용 손실 (Lost Update)	• 하나의 트랜잭션이 갱신한 내용을 다른 트랜잭션이 덮어씀으로써 갱신이 무효화가 되는 현상이다. • Dirty Write라고도 한다.
모순성 (Inconsistency)	• 복수의 사용자가 동시에 같은 데이터를 갱신할 때, 데이터베이스 내의 데이터들이 상호 일치하지 않아 모순된 결과가 발생하는 현상이다. • 불일치 분석(Inconsistent Analysis)이라고도 한다.
연쇄적인 복귀 (Cascading Rollback)	• 병행 수행되던 트랜잭션들 중 어느 하나에 문제가 생겨 롤백(Rollback)되는 경우 다른 트랜잭션들도 함께 롤백(Rollback)되는 현상이다. • 또는 다른 트랜잭션이 처리한 부분에 대해 취소가 불가능한 현상이다. (= 회복 불가, Unrecoverable)
현행 파악 오류 (Dirty Read)	• 트랜잭션의 중간 수행 결과를 다른 트랜잭션이 참조함으로써 발생하는 오류이다. • 비완료 의존성(Uncommitted Dependency)이라고도 한다.

합격자의 맘기법

병행 제어 필요성
- 키워드 갱신 무효화 → 용어 갱신 내용 손실
- 키워드 데이터 불일치 → 용어 모순성
- 키워드 전체 롤백 또는 롤백 불가능 → 용어 연쇄적인 복귀
- 키워드 중간 결과 참조 → 용어 현행 파악 오류

2 병행 제어 기법의 종류 [21년 2회 필기]

병행 제어 기법에는 로킹 기법, 타임 스탬프 순서 기법, 낙관적 기법, 다중 버전 기법이 있다.

1. 로킹(Locking) 기법 [21년 2회]

특정 트랜잭션이 데이터 항목에 대하여 잠금(Lock)을 설정하여, 잠금을 설정한 트랜잭션은 잠금을 해제(Unlock)할 때까지 데이터 항목을 독점적으로 사용하는 기법이다.

- 트랜잭션들이 사용하는 자원에 대하여 상호 배제※ 기능을 제공하는 것이다.

합격자의 맘기법

병행 제어 기법 종류 : 낙타로타(다)
- 낙(관적 기법)
- 타(임 스탬프 기법)
- 로(킹 기법)
- 타(다중 버전 기법)

상호 배제(Mutual Exclusion)
한 번에 한 개의 트랜잭션만이 공유 자원을 사용할 수 있어야 한다.

권쌤이 알려줌

병행 제어 기법 중 대표적인 것이 로킹 기법과 타임 스탬프 순서 기법입니다.

① 로킹 기법 규약

❶ 트랜잭션 T_1이 특정 데이터 항목 x에 대하여 판독 연산 Read(x)나 기록 연산 Write(x)를 수행하기 위해서는 반드시 잠금 연산 Lock(x)를 먼저 실행하여야 한다.

❷ 트랜잭션 T_1이 실행한 잠금 연산 Lock(x)에 대하여 트랜잭션 T_1의 실행 종료 이전에 잠금 해제 연산 Unlock(x)를 실행하여 잠금을 해제하여야 한다.

❸ 트랜잭션 T_1이 데이터 항목 x에 대하여 잠금 연산 Lock(x)를 실행하려할 때, x가 이미 다른 트랜잭션 T_2에 의하여 잠금이 설정되어 있을 경우 트랜잭션 T_1은 잠금 연산 Lock(x)를 설정할 수 없다.

❹ 트랜잭션 T_1는 ❸번의 경우와 같이 이미 다른 트랜잭션 T_2가 데이터 항목 x에 대하여 잠금 연산을 실행한 경우 x의 잠금 해제 연산 Unlock(x)을 실행할 수 없다.

② 로킹 연산 종류

종류	설명
공유 잠금(Shared-lock)	트랜잭션 T_1이 데이터 항목 x에 대하여 공유 잠금을 설정할 경우, 트랜잭션 T_1은 공유 잠금을 설정한 데이터 항목에 대하여 판독 연산 Read(x)은 실행할 수 있으나 기록 연산 Write(x)은 실행할 수 없다. 또한, 다른 트랜잭션 T_2는 T_1이 공유 잠금을 설정한 데이터 항목 x에 대하여 공유 잠금을 동시에 설정할 수도 있다.
전용 잠금(Exclusive-lock)	트랜잭션 T_1이 데이터 항목 x에 대하여 전용 잠금을 설정할 경우, 트랜잭션 T_1은 전용 잠금을 설정한 데이터 항목에 대하여 판독 연산 Read(x)은 물론 기록 연산 Write(x)도 실행할 수 있다. 이러한 경우, 다른 트랜잭션 T_2는 T_1이 전용 잠금을 설정한 데이터 항목 x에 대하여 어떠한 잠금도 설정할 수 없다.

③ 로킹 단위(Locking Granularity) [21년 1, 3회 필기] [20년 2, 3, 4회 필기]

로킹 기법에서 사용하는 잠금 연산의 대상을 의미한다.

- 전체 데이터베이스부터 데이터베이스를 구성하는 최소 단위인 속성까지 다양하다.
- 로킹 단위가 클 경우 동시성 제어 기법은 간단하나 동시성(병행성)의 정도가 떨어지는 단점이 있다.
- 로킹 단위가 작을 경우 동시성 제어 기법은 복잡하나 동시성(병행성)의 정도가 향상되는 장점이 있다.

권쌤이 알려줌

로킹 단위가 테이블인 경우와 속성인 경우를 비교하여 생각해 보세요. 테이블이 로킹 단위가 더 크죠?

④ 2단계 로킹 프로토콜(2PLP; Two Phase Locking Protocol)

잠금을 설정하는 확장 단계와 해제하는 축소 단계로 나누어 수행하는 기법이다.

- 로킹 기법을 이용하여 동시성 제어를 제공하는 기법 중 가장 널리 이용되고 있는 기법이다.
- 2단계 로킹 프로토콜이라는 이름은 다음과 같이 두 개의 단계로 구성되기 때문에 붙여진 것이다.

권쌤이 알려줌

2단계 로킹 프로토콜은 잠금 연산을 연속 2번 실행하고, 잠금 해제 연산을 연속 2번 실행하는 기법입니다.

단계	설명	
확장 단계 (Growing Phase)	확장 단계에서는 트랜잭션들은 잠금(Lock) 연산만을 수행할 수 있고, 해제(Unlock) 연산은 수행할 수 없다.	 ▲ 2단계 잠금
축소 단계 (Shrinking Phase)	축소 단계에서는 트랜잭션들은 해제(Unlock) 연산만을 수행할 수 있고, 잠금(Lock) 연산은 수행할 수 없다.	

2. 타임 스탬프 순서(Time Stamp Ordering) 기법 [21년 3회 필기]

시스템에서 생성하는 고유 번호인 타임 스탬프를 트랜잭션에 부여하는 기법이다.

- 시스템에 들어오는 트랜잭션의 순서대로 타임 스탬프를 미리 지정하여 동시성 제어의 기준으로 사용하는 것이다.

권쌤이 알려줌

타임 스탬프(Time Stamp)는 시간 스탬프라고도 합니다.

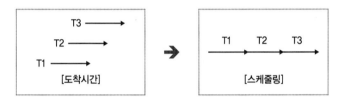

3. 낙관적 기법

읽기 전용(Read Only) 트랜잭션이 대부분인 경우 트랜잭션 간의 충돌률이 매우 낮아 병행 제어를 하지 않아도 문제가 없는 점을 이용한 기법이다.

- 검증과 확인하는 과정이 필요하여 검증 기법, 확인 기법이라고도 한다.

4. 다중 버전 기법

타임 스탬프 기법을 이용하며 버전을 부여하여 관리하는 기법이다. 즉 타임 스탬프 기법은 트랜잭션이 이용될 때 시간으로 관리하지만, 다중 버전 기법은 트랜잭션이 갱신될 때마다 버전을 부여하여 관리한다.

- 다중 버전 타임 스탬프 기법이라고도 한다.

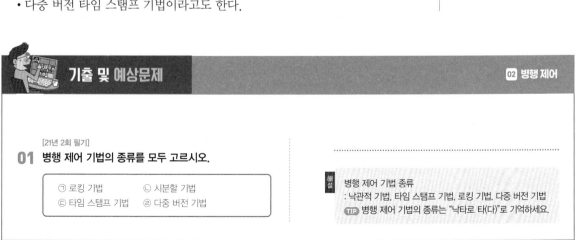

기출 및 예상문제

02 병행 제어

[21년 2회 필기]

01 병행 제어 기법의 종류를 모두 고르시오.

- ㉠ 로킹 기법
- ㉡ 시분할 기법
- ㉢ 타임 스탬프 기법
- ㉣ 다중 버전 기법

해설 병행 제어 기법 종류
: 낙관적 기법, 타임 스탬프 기법, 로킹 기법, 다중 버전 기법
TIP 병행 제어 기법의 종류는 "낙타로 타(다)"로 기억하세요.

[21년 2회]

02 다음 설명의 ( ) 안에 들어갈 가장 적합한 용어를 쓰시오.

> 동시에 여러 개의 트랜잭션을 수행할 때, 데이터베이스 일관성 유지를 위해 트랜잭션 간의 상호 작용을 제어하는 것을 병행 제어 기법이라고 한다. 병행 제어 기법 중 ( ) 기법은 트랜잭션들이 사용하는 자원에 대하여 하나의 트랜잭션이 사용하는 데이터를 다른 트랜잭션이 접근하지 못하게 상호 배제(Mutual Exclusive) 기능을 제공한다.

해설 │ 키워드 │ 다른 트랜잭션 접근 못함, 상호 배제 → │ 용어 │ 로킹 기법

[21년 1, 3회 필기] [20년 2, 3, 4회 필기]

03 병행 제어의 로킹(Locking) 단위에 대한 설명으로 옳은 것을 모두 고르시오.

> ㉠ 데이터베이스, 파일, 레코드 등은 로킹 단위가 될 수 있다.
> ㉡ 로킹 단위가 작으면 로킹 오버헤드가 감소한다.
> ㉢ 로킹 단위가 작으면 데이터베이스 공유도가 증가한다.
> ㉣ 한꺼번에 로킹 할 수 있는 객체의 크기를 로킹 단위라고 한다.
> ㉤ 로킹 단위가 작으면 병행성 수준이 낮아진다.
> ㉥ 로킹 단위가 크면 병행 제어 기법이 복잡해진다.
> ㉦ 로킹 단위가 작으면 로크(lock)의 수가 적어진다.

해설
> • 로킹 단위가 작으면 로킹 오버헤드가 증가한다.
> • 로킹 단위가 작으면 병행성 수준이 높아진다.
> • 로킹 단위가 크면 병행 제어 기법이 간단해진다.
> • 로킹 단위가 작으면 로크(lock)의 수가 많아진다.

[21년 3회 필기]

04 동시성 제어를 위한 직렬화 기법으로 트랜잭션 간의 처리 순서를 미리 정하는 방법은 무엇인지 쓰시오.

해설 │ 키워드 │ 직렬화 기법, 처리 순서(Order) 미리 정함 → │ 용어 │ 타임 스탬프 순서 기법

정답
01. ㉠, ㉢, ㉣ 02. 로킹(Locking) 03. ㉠, ㉢, ㉣ 04. 타임 스탬프 순서 (Time Stamp Ordering) 기법

---

03 장애, 회복, 백업 ★★

1 장애

장애란 시스템이 제대로 동작하지 않는 상태를 말한다.

▼ 장애의 유형

유형	설명
트랜잭션 장애	트랜잭션 수행 중 오류가 발생하여 트랜잭션 실행이 중지된 상태 예 잘못된 데이터 입력
시스템 장애	하드웨어 결함으로 정상적으로 수행을 계속할 수 없는 상태 예 정전, 하드웨어 오동작
미디어 장애	디스크 등 저장 장치의 결함으로 손상된 상태 예 디스크 헤드 손상

권쌤이 알려줌

데이터베이스 회복의 핵심 원리는 데이터 중복입니다. 즉, 데이터를 별도의 장소에 미리 복사해두고, 장애 발생 시 복사본을 이용해서 원래의 상태로 복구합니다.

2 회복(Recovery, 복구) [21년 1회 필기]

회복이란 장애가 발생했을 때 데이터베이스를 장애가 발생하기 전의 상태로 복구시키는 것을 말한다.

- DBMS의 회복 관리자(Recovery Manager)※가 담당한다.
- 회복 관리자는 덤프(Dump)※와 로그(Log)※ 등을 이용하여 회복 기능을 수행한다.

1. 덤프나 로그 방법을 이용한 가장 기본적인 회복 방법

방법	설명
redo 연산	로그에 기록된 변경 연산 이후의 값을 이용하여 변경 연산을 재실행하는 연산
undo 연산	로그에 기록된 변경 연산 이전의 값을 이용하여 변경 연산을 취소하는 연산

2. 회복 기법 [20년 4회] [20년 3회 필기]

기법		설명
로그를 이용한 회복 기법	즉시 갱신 (Immediate Update) 기법	• 트랜잭션 수행 도중에 데이터에 변경이 생기면 즉시 데이터베이스에 해당 변경 사항을 반영하는 기법이다. • 장애가 발생할 경우를 대비해서 갱신된 내용들을 모두 로그 형태로 보관한다. • 회복 작업 시 redo와 undo 작업 모두 가능하다.
	연기 갱신 (Deferred Update) 기법	• 트랜잭션이 성공적으로 완료되기 전까지 실제 데이터베이스에 적용을 연기하는 기법이다. • 데이터베이스에 즉시 반영하지 않고 로그 파일에만 기록한다. • 트랜잭션 수행 중 장애가 발생한 경우 데이터베이스에 적용되지 않은 상태이므로 로그 내용만 버린다. • 회복 작업 시 redo 작업만 가능하다. • 지연 갱신 기법이라고도 한다.
검사점(Check Point) 기법		• 트랜잭션 실행 중 주기적으로 변경되는 내용이나 시스템 상황 등에 관한 정보와 함께 검사점을 로그에 보관하는 기법이다. • 로그 전체를 분석해 회복에 너무 많은 시간이 소요되는 로그를 이용한 회복 기법의 비효율성 문제를 보완한 기법이다. • 장애 발생 시 로그 전체를 조사하지 않고 최근 검사점으로부터 회복 작업을 수행한다. • 체크 포인트 기법이라고도 한다.
미디어 회복 (Media Recovery) 기법		• 전체 데이터베이스의 내용을 일정 주기마다 다른 안전한 저장 장치에 복사해두는 덤프(Dump)를 이용하는 기법이다. • 장애가 발생하면 가장 최근에 복사해둔 덤프를 이용해 복구한다.
그림자 페이징 (Shadow Paging) 기법		• 로그를 사용하지 않고 데이터베이스를 일정 크기의 페이지로 나누어 각 페이지마다 복사하여 그림자 페이지를 보관하는 기법이다. • 변경되는 내용은 원본 페이지에만 적용하고, 장애가 발생되는 경우 그림자 페이지를 이용해 회복한다.

3 백업(Backup)

백업은 데이터베이스에 저장된 데이터를 임시로 복제해 두어, 전산 장비의 장애 발생 시 데이터를 보호하고 복구하기 위한 것이다.

회복 관리자(Recovery Manager)
장애 발생을 탐지하고 데이터베이스를 복구하는 기능을 제공한다.

덤프(Dump)
데이터베이스 전체를 다른 저장 장치에 주기적으로 복사하는 작업

로그(Log)
데이터베이스에서 데이터를 변경하기 이전 값과 변경한 이후의 값을 기록한 정보
• 로그 파일 : 로그가 저장된 파일

합격자의 **맘기법**

undo 연산, redo 연산
• 키워드 변경 연산 취소 → 용어 undo
• 키워드 변경 연산 재실행 → 용어 redo

권쌤이 알려줌

• 즉시 갱신 기법은 변경 내용을 즉시 데이터베이스에 반영하므로 변경 연산을 취소(undo)하거나 반영 도중 오류가 발생했다면, 로그에 저장된 갱신된 내용을 재실행(redo)하여 회복할 수 있습니다.
• 연기 갱신 기법은 로그에 기록된 내용을 버리거나 재실행(redo)하여 회복할 수 있습니다.

권쌤이 알려줌

데이터베이스 장애에 대비하여 데이터베이스에 저장된 데이터를 백업합니다. 이때 백업이란 또 다른 저장소에 데이터를 복사해 두는 작업을 의미합니다.

- 피해를 최소화하기 위해서는 데이터베이스를 정기적으로 백업해야 한다.
- DBMS는 데이터베이스 고장 및 중단이 발생하면 이를 복구할 수 있는 기능을 제공한다.

1. 복구 수준에 따른 백업 종류

종류	설명
물리 백업 (Physical Backup)	• 데이터베이스 파일 자체를 백업하는 방법이다. • 백업 속도가 빠르고 작업이 단순하다. • 문제 발생 시 원인 파악 및 문제 해결이 어렵다.
논리 백업 (Logical Backup)	• 데이터베이스 내의 논리적 객체들을 백업하는 방법이다. • 즉, 각 객체를 SQL문 등으로 저장하여 백업한다. • 복원 시 데이터 손상을 막고 문제 발생 시 원인 파악 및 해결이 수월하다. • 백업 및 복원 시 시간이 많이 소요된다.

2. 데이터베이스 운영 여부에 따른 백업 종류

종류	설명
콜드 백업 (Cold Backup, Closed Backup)	데이터베이스가 폐쇄(Shutdown)된 상태에서 진행하는 백업
핫 백업 (Hot Backup, Open Backup)	데이터베이스가 운영(Open)된 상태에서 진행하는 백업

3. 백업 방식

방식	설명
전체 백업(Full Backup)	데이터 전체를 백업받는 방식
증분 백업 (Incremental Backup)	백업 대상 데이터 영역 중 변경되거나 증가된 데이터만을 백업받는 방식
차등 백업 (Differential Backup)	전체 백업 이후 변경 사항을 모두 백업받는 방식

▲ 전체 백업　　　　　▲ 증분 백업　　　　　▲ 차등 백업

[21년 1회 필기]

01 트랜잭션을 수행하는 도중 장애로 인해 손상된 데이터베이스를 손상되기 이전의 정상적인 상태로 복구시키는 작업을 무엇이라 하는지 쓰시오.

해설 키워드 정상적인 상태로 복구(Recovery) → 용어 회복

[20년 3회 필기]

02 데이터베이스 로그(log)를 필요로 하는 회복 기법을 모두 고르시오.

> ㉠ 즉각 갱신 기법   ㉡ 대수적 코딩 방법
> ㉢ 타임 스탬프 기법   ㉣ 폴딩 기법

해설 로그를 필요로 하는 회복 기법에는 즉각 갱신(Immediate Update)기법과 연기 갱신(Deferred Update) 기법이 있다.

[20년 4회]

03 다음의 설명과 가장 부합하는 용어를 쓰시오.

> 트랜잭션 수행 도중 데이터를 변경하면 변경 정보를 로그 파일에 저장하고, 트랜잭션이 부분 완료되기 전이라도 모든 변경 내용을 즉시 데이터베이스에 반영하는 기법이다. 회복 시 로그 파일을 참조하여 Redo와 Undo 연산을 모두 실행한다.

해설 키워드 즉시 반영, Redo와 Undo 모두 실행 → 용어 즉시 갱신 기법

[이전 기출]

04 아래 설명에서 ①~③에 들어갈 가장 적합한 용어를 쓰시오.

회복은 장애가 발생했을 때 데이터베이스를 장애가 발생하기 전의 상태로 복구시키는 것이다.

장애의 유형은 다음과 같다.
- 트랜잭션 장애 : 트랜잭션 수행 중 오류가 발생하여 트랜잭션 실행이 중지된 상태
- (①) 장애 : 하드웨어 결함으로 정상적으로 수행을 계속할 수 없는 상태
- 미디어 장애 : 디스크 등 저장 장치의 결함으로 손상된 상태

회복 관리자는 (②), 로그(log) 등을 이용하여 회복 기능 수행한다.
- (②) : 데이터베이스 전체를 다른 저장 장치에 주기적으로 복사하는 작업
- 로그(log) : 데이터베이스에서 데이터를 변경하기 이전 값과 변경한 이후의 값을 기록한 정보

회복 기법의 종류는 다음과 같다.
- 즉시 갱신(Immediate Update) 기법 : 트랜잭션 수행 도중에 데이터에 변경이 생기면 즉시 데이터베이스에 해당 변경사항을 반영하는 기법
- 연기 갱신(Deferred Update) 기법 : 트랜잭션이 성공적으로 완료되기 전까지 실제 데이터베이스에 적용을 연기하는 기법
- (③) 기법 : 트랜잭션 실행 중 주기적으로 변경 내용이나 시스템 상황 등에 관한 정보와 함께 (③)을(를) 로그에 보관하는 기법
- 미디어 회복(Media Recovery) 기법 : 전체 데이터베이스의 내용을 일정 주기마다 다른 안전한 저장장치에 복사해두는 (②)을(를) 이용하는 기법
- 그림자 페이징(Shadow Paging) 기법 : 로그를 사용하지 않고, 데이터베이스를 일정 크기의 페이지로 나누어 각 페이지마다 복사하여 그림자 페이지를 보관하는 기법

①　_____

②　_____

③　_____

해설
- 장애의 유형 : 트랜잭션 장애, 시스템 장애, 미디어 장애
- 회복 관리자 : 덤프(Dump)와 로그(Log) 이용
- 회복 기법의 종류 : 즉시 갱신 기법, 연기 갱신 기법, 검사점 기법, 미디어 회복 기법, 그림자 페이징 기법

정답
01. 회복(Recovery, 복구) **02.** ㉠ **03.** 즉시 갱신(Immediate Update) 기법 **04. ❶** 시스템 **❷** 덤프(Dump) **❸** 검사점(Check Point)

권쌤이 알려줌

동일한 의미의 데이터를 표준화
하여 일관성 있게 데이터를 관
리하고 업무 능력을 향상시킬
수 있습니다. 날짜 데이터는 10
자리로 저장하고, 학번은 6자리
로 저장하는 것과 같이 데이터
형식을 미리 정하여 효율적으로
관리합니다.

04 데이터베이스 표준화

1 데이터베이스 표준화

데이터베이스 표준화는 데이터 정보 요소에 대한 명칭, 정의, 형식, 규칙에 대한 원칙을 수립하여 이를 전사적으로 적용하는 것이다.

- 데이터의 정확한 의미를 파악할 수 있다.

데이터 명칭	
데이터 정의	
데이터 형식	데이터 표준화 →
데이터 규칙	
데이터 표준 적용	

- 한글명
- 영문명
- 영문 약어명
- 데이터 타입
- 데이터 길이
- 소수점 이하 길이
  ⋮

구분	설명
데이터 명칭	해당 기업 내에서 데이터를 유일하게 구별해 주는 이름 예 회원번호
데이터 정의	해당 데이터가 의미하는 범위 및 자격요건 예 회원가입을 위한 8자리
데이터 형식	데이터 표현 형태 정의 예 Number(8) : 가입일자+순번
데이터 규칙	발생 가능한 데이터 값을 사전에 정의 예 2010150001 ~ 9912319999

[데이터 표준화 전 문제점]

- 데이터 중복 및 조직, 업무, 시스템별 데이터 불일치 발생
- 데이터에 대한 의미 파악 지연으로 정확한 정보 제공의 어려움
- 데이터 통합의 어려움
- 정보시스템 변경 및 유지보수 곤란

데이터 표준화 →

[데이터 표준화 후 기대효과]

- 명칭 통일로 인한 명확하고 신속한 의사소통 가능
- 필요한 데이터의 소재 파악에 소요되는 시간 및 노력 감소
- 일관된 데이터 형식 및 규칙의 적용으로 인한 데이터 품질 향상
- 정보시스템 간 데이터 인터페이스 시 데이터 변환, 정제* 비용 감소

2 데이터베이스 표준화 구성요소

1. 데이터 표준

일반적으로 데이터 표준으로 관리되는 대상에는 용어, 단어, 도메인, 코드가 있다.

- 데이터 표준화는 기본적으로 데이터 모델 및 데이터베이스에서 정의할 수 있는 모든 객체(Object)를 대상으로 수행하는 것이 이상적이지만, 주로 관리해야 될 필요성이 있는 객체(Object)만을 대상으로 데이터 표준화를 하는 것이 효율적이다.

예 데이터 표준

표준 단어 사전

한글명	영문 약어명
회원	CUST
구분	TYP
코드	CD
아이디	ID

표준 용어 사전

용어	용어 영문
회원 구분 코드	CUST_TYP_CD
회원 아이디	CUST_ID

표준 코드

코드	
회원 구분 코드	
01	개인
02	법인
03	기타

표준 도메인 사전

도메인	데이터 타입
ID	CHAR(8)

2. 데이터 표준 관리 조직

전사적으로 수립된 데이터 표준 원칙, 데이터 표준, 데이터 표준 준수 여부 관리 등을 위해서는 데이터 관리자(DA; Data Administrator)의 역할이 요구된다.

- 데이터 관리자는 하나의 기업 또는 조직 내에서 데이터에 대한 정의, 체계화, 감독 및 보안 업무를 담당하는 관리자를 의미한다.
- 데이터 관리자는 기업 또는 조직 전반에 걸쳐 존재하는 데이터에 대한 관리를 총괄하고 정보 활용에 대한 중앙 집중적인 계획 수립 및 통제를 수행한다.

권쌤이 알려줌

데이터 표준을 관리하는 사람은 데이터 관리자(DA) 입니다. 데이터베이스 관리자(DBA)와 헷갈리지 마세요!

3. 데이터 표준화 절차

데이터 표준화 요구사항 수집 → 데이터 표준 정의 → 데이터 표준 확정 → 데이터 표준 관리

기출 및 예상문제

04 데이터베이스 표준화

01 다음에 제시된 데이터 표준화 절차를 순서대로 나열하시오.

> ㉠ 데이터 표준 정의
> ㉡ 데이터 표준화 요구사항 수집
> ㉢ 데이터 표준 확정
> ㉣ 데이터 표준 관리

해설 데이터 표준화 절차 : 데이터 표준화 요구사항 수집 → 데이터 표준 정의 → 데이터 표준 확정 → 데이터 표준 관리

정답
01. ㉡, ㉠, ㉢, ㉣

SECTION
05

데이터베이스 응용

물리적으로 분산된 데이터베이스를 논리적으로 하나의 데이터베이스로 인식하는 분산 데이터베이스, 데이터베이스를 복제하여 관리하는 데이터베이스 이중화 등 데이터베이스와 관련된 여러 가지 기술에 대해 학습합니다.

권쌤이 알려줌

여러 대의 컴퓨터에 각각 데이터베이스가 분산되어 있지만, 하나의 데이터베이스로 인식하는 기법을 분산 데이터베이스라고합니다. 예를 들어 Youtube의 데이터베이스가 지역적(아시아, 유럽, 미국)으로 나눠져 분산되어 있어도, 우리는 의식할 필요 없이 Youtube 사이트에 접속해서 하나의 데이터베이스로 인식하고 동영상을 검색할 수 있습니다.

합격자의 **암기법**

분산 데이터베이스의 4대 목표 :
중위병장 = RLCF
• 중(복 투명성) = Replication
• 위(치 투명성) = Location
• 병(행 투명성) = Concurrency
• 장(애 투명성) = Failure

★★

01 분산 데이터베이스

1 분산 데이터베이스

분산 데이터베이스는 컴퓨터 네트워크상에 물리적으로 분산된 데이터베이스를 논리적인 하나의 데이터베이스로 인식하는 기법이다.

1. 분산 데이터베이스의 4대 목표 [20년 2, 3회 필기]

목표	설명
위치 투명성 (Location Transparency)	사용자가 물리적으로 저장되어 있는 곳을 알 필요 없이 논리적인 입장에서 데이터가 모두 자신의 사이트에 있는 것처럼 처리한다.
중복(복제) 투명성 (Replication Transparency)	트랜잭션은 데이터의 중복 개수나 중복 사실을 모르고도 데이터 처리가 가능하다.
병행 투명성 (Concurrency Transparency)	분산 데이터베이스와 관련된 다수의 트랜잭션들이 동시에 실현되더라도 그 트랜잭션의 결과는 영향을 받지 않는다.
장애 투명성 (Failure Transparency)	트랜잭션, DBMS, 네트워크, 컴퓨터 장애에도 불구하고 트랜잭션을 정확하게 처리한다.

2. 분산 데이터베이스 설계

① 테이블 위치 분산

데이터베이스 테이블을 각기 다른 서버에 분산시켜 배치한다.
- 테이블의 구조는 변하지 않으며, 다른 데이터베이스의 테이블과 중복되지 않는다.

 테이블 위치 분산

위치＼테이블	상품번호	주문번호	주문일자	주문고객	수량
본사	○				○
지사		○	○	○	

② 테이블 분할(Fragment) 분산

테이블의 데이터를 분할하여 분산시키는 유형이다.

구분	설명
수평 분할	행(Row)을 기준으로 분할한다. ⑩ 주문일자를 기준으로 본사는 최근 주문 목록을 관리하고, 지사는 과거 주문 목록을 관리한다.
수직 분할	열(Column)을 기준으로 분할한다. ⑩ 본사는 상품 목록을 관리하고, 지사는 주문 목록을 관리한다.

⑩ 테이블 분할 분산

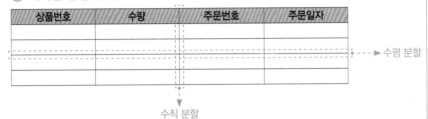

③ 테이블 복제(Replication) 분산

동일한 테이블을 다른 서버에서 동시에 생성하여 관리하는 유형이다.

구분	설명
부분 복제 (Segmentation Replication)	마스터 데이터베이스에서 테이블의 일부 내용만 다른 서버에 위치시킨다. ⑩ 본사에는 전국 고객 정보를 관리하고, 지사1은 지사1에 속한 고객 정보를 지사2는 지사2에 속한 고객 정보를 관리한다.
광역 복제 (Broadcast Replication)	마스터 데이터베이스의 테이블 내용을 각 서버에 위치시킨다. ⑩ 본사, 지사1, 지사2에서 동일한 데이터를 모두 가지고 있다.

⑩ 테이블 복제 분산

위치 ＼ 테이블	고객정보
본사	●
지사1	◑
지사2	◐

▲ 부분 복제

위치 ＼ 테이블	고객정보
본사	●
지사1	●
지사2	●

▲ 광역 복제

④ 테이블 요약(Summarization) 분산

각 서버 간 데이터가 비슷하지만 서로 다른 유형으로 존재하는 경우이다.

구분	설명
분석 요약 (Rollup Summarization)	분산되어 있는 동일한 내용의 데이터를 이용하여 통합된 데이터를 산출하는 방식 ⑩ 지사1 '키보드' 판매실적, 지사2 '키보드' 판매실적 → 본사가 통합하여 '키보드' 판매실적을 산출한다.
통합 요약 (Consolidation Summarization)	분산되어 있는 다른 내용의 데이터를 이용하여 통합된 데이터를 산출하는 방식 ⑩ 지사1 '키보드' 판매실적, 지사2 '마우스' 판매실적 → 본사가 통합하여 '키보드와 마우스' 판매실적을 산출한다.

01 [20년 2회 필기]
분산 데이터베이스 목표 중 "데이터베이스의 분산된 물리적 환경에서 특정 지역의 컴퓨터 시스템이나 네트워크에 장애가 발생해도 데이터 무결성이 보장된다."는 것과 관계있는 것은 무엇인지 쓰시오.

해설 | 키워드 장애(Failure), 무결성 보장 → 용어 장애 투명성

02 [20년 3회 필기]
분산 데이터베이스의 투명성(Transparency)에 해당하는 것을 모두 고르시오.

㉠ Location Transparency
㉡ Replication Transparency
㉢ Failure Transparency
㉣ Media Access Transparency

해설 | TIP 분산 데이터베이스의 4대 목표는 "중위병장=RLCF"로 기억하세요.

정답
01. 장애 투명성(Failure Transparency) **02.** ㉠, ㉡, ㉢

권쌤이 알려줌

데이터베이스 이중화는 데이터베이스에 장애가 발생하더라도 복제한 데이터베이스를 사용하여 장애 없이 정상적으로 운영되는 능력을 극대화시키는 기술입니다.

가용성(Availability)
시스템이 장애 없이 정상적으로 사용 가능한 정도

합격자의 암기법

변경 내용 전달 방식
• 키워드 즉시 → 용어 Eager 기법
• 키워드 종료 → 용어 Lazy 기법

02 데이터베이스 이중화

1 데이터베이스 이중화(Database Replication)

데이터베이스 이중화는 데이터베이스 중단이나 물리적 손상 발생 시 이를 복구하기 위해 동일한 데이터베이스를 복제하여 관리하는 것이다.

- 문제가 발생하면 복제된 데이터베이스를 이용하여 문제를 해결할 수 있으므로 가용성※을 극대화 시켜준다.
- 데이터베이스 이중화를 이용하면 쉽게 백업 서버를 운영할 수 있다.
- 여러 개의 데이터베이스로 분산시켜 작업(요청)을 처리할 수 있으므로 데이터베이스의 부하를 줄일 수 있다.

1. 변경 내용 전달 방식

기법	설명
Eager 기법	트랜잭션 수행 중 데이터 변경이 발생하면 이중화된 모든 데이터베이스에 즉시 전달하여 변경 내용이 즉시 적용되는 기법
Lazy 기법	트랜잭션의 수행이 종료되면 변경 내용을 새로운 트랜잭션에 작성하여 각 데이터베이스에 전달되는 기법

2. 구성 방법

① 활동-대기(Active-Standby)

활성 데이터베이스에 장애가 발생하면 대기 상태에 있던 데이터베이스가 자동으로 모든 서비스를 대신 수행한다.

- 구성 방법이 쉽고 관리하기 쉽다.

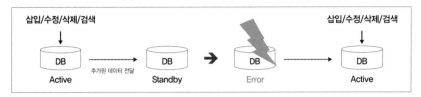

② 활동-활동(Active-Active)

두 개의 데이터베이스가 서로 다른 서비스를 제공하다가 둘 중 한 쪽 데이터베이스에 문제가 발생하면 나머지 다른 데이터베이스가 모든 서비스를 제공한다.

- 두 데이터베이스가 모두 처리하므로 처리율은 높지만, 구성 방법이 복잡하다.

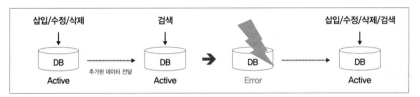

학습+플러스 이중화 시스템 복구 수준별 유형

구분	설명	복구 시간
Mirror Site	주 센터와 동일한 수준의 정보 기술 자원을 원격지에 구축하여 실시간 동시 서비스 제공	즉시
Hot Site	주 센터와 동일한 수준의 정보 기술 자원을 원격지에 구축하여 스탠바이(Standby) 상태로 유지	수시간
Warm Site	중요성이 높은 정보 기술 자원만 부분적으로 재해 복구 센터에 보유	수일

고가용성(HA; High Availability)
시스템이 오랫동안 지속적으로 정상 운영이 가능한 성질

페일오버(Failover)
서버, 시스템, 네트워크 등에서 이상이 생겼을 때 시스템 대체 작동 또는 장애 극복을 위하여 예비 시스템으로 자동 전환되는 기능

3. 클러스터링(Clustering)

두 대 이상의 시스템을 하나의 시스템처럼 운영하는 기술이다.

- 이중화 및 공유 스토리지를 사용하여 서버의 고가용성(HA)※을 제공한다.

▼ 클러스터링 종류

기법	설명
고가용성 클러스터링	두 대 이상의 시스템을 하나의 클러스터로 묶어서 한 시스템의 장애 시 클러스터 내의 다른 시스템이 신속하게 서비스를 페일오버(Failover)※해 서비스 중단을 방지한다.
병렬처리 클러스터링	전체 처리율을 높이기 위해 하나의 작업을 여러 개의 서버에서 분산하여 처리한다.

01 특정 시스템이 고장 등의 이유로 이용할 수 없는 상태가 되었을 때, 2차 시스템이 그 임무를 넘겨받아 시스템 구성요소의 기능을 중단 없이 유지될 수 있도록하기 위하여 동일 시스템을 중복하여 구성하는 방법은 무엇인지 쓰시오.

해설 키워드 중단 없이 유지, 동일 시스템을 중복하여 구성 → 용어 이중화

정답
01. 이중화(Replication) **02.** ©

02 시스템이나 컴포넌트 또는 서버와 네트워크, 프로그램 등의 정보 시스템이 상당히 오랜 기간 동안 지속적으로 정상 운영이 가능한 성질을 의미하는 용어를 〈보기〉에서 고르시오.

〈보기〉
㉠ 고효율성　　　　㉡ 고기능성
㉢ 고가용성　　　　㉣ 고유지보수성

해설 키워드 오랜 기간 동안 지속적으로 정상 운영 → 용어 고가용성 (HA; High Availability)

★★
03 스토리지

1 스토리지(Storage)

스토리지는 대용량 데이터를 저장할 수 있는 저장 장치를 말한다.

1. DAS(Direct Attached Storage)　[20년 4회 필기]

서버와 저장 장치를 직접 연결하는 방법이다.

- 각 서버는 자신이 직접 저장장치를 관리한다.
- 저장장치를 직접 연결하므로 속도가 빠르다.
- 직접 연결 방식이므로 다른 서버와 파일을 공유할 수 없다.
- 소규모 시스템에 적합하다.

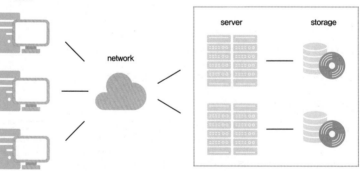

2. NAS(Network Attached Storage)

서버와 저장 장치를 네트워크로 연결하는 방법이다.

권쌤이 알려줌

데이터를 저장할 수 있는 구성 방법에 대해 학습합니다. 서버와 저장장치의 연결 방법에 따른 특징을 구분하여 기억하세요.

합격자의 암기법

스토리지 종류 : DNS
- D(AS) → Direct, 소규모
- N(AS) → Network, 중규모
- S(AN) → Storage, 대규모

- 파일 공유가 가능하다.
- 장소에 구애받지 않고 저장장치에 쉽게 접근할 수 있다.
- 접속 증가 시 성능이 저하 된다.
- 파일 시스템을 공유하기 때문에 높은 수준의 보안을 요구하는 곳에서는 문제가 된다.
- 중규모 시스템에 적합하다.

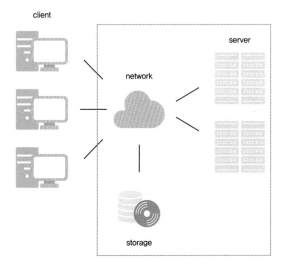

3. SAN(Storage Area Network) [21년 2회 필기]

서버와 저장 장치를 연결하는 전용 네트워크를 별도로 구성하는 방법이다.
- DAS의 빠른 처리와 NAS의 파일 공유 장점을 혼합한 방식이다.
- 파이버 채널* 스위치(FCS)를 이용하여 네트워크를 구성한다.
- 광 채널 스위치의 이점인 고속 전송과 장거리 연결 및 멀티 프로토콜 기능을 활용한다.
- 높은 트랜잭션 처리에 효과적이고, 확장성과 유연성 등이 뛰어나다.
- 별도의 네트워크를 구축해야 하므로 비용이 많이 든다.
- 대규모 시스템에 적합하다.

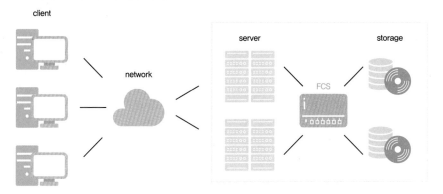

> 파이버 채널(FC; Fiber Channel)
> 데이터 전송 속도가 기가비트(Gb)인 네트워크 기술
> - 슈퍼컴퓨터 분야에 주로 사용되기 시작하였으나 지금은 기업용 자료 보관을 위한 SAN의 표준 연결 형태가 되어가고 있다.

[20년 4회 필기]

01 다음의 설명과 가장 부합하는 스토리지 시스템을 쓰시오.

- 하드디스크와 같은 데이터 저장장치를 호스트 버스 어댑터에 직접 연결하는 방식
- 저장장치와 호스트 기기 사이에 네트워크 디바이스가 있지 말아야 하고 직접 연결하는 방식으로 구성

해설 키워드 직접(Direct) 연결 → 용어 DAS

[21년 2회 필기]

02 다음의 설명과 가장 부합하는 스토리지 시스템을 쓰시오.

- 네트워크상에 광 채널 스위치의 이점인 고속 전송과 장거리 연결 및 멀티 프로토콜 기능을 활용
- 각기 다른 운영체제를 가진 여러 기종들이 네트워크 상에서 동일 저장장치의 데이터를 공유하게 함으로써, 여러 개의 저장장치나 백업 장비를 단일화시킨 시스템

해설 키워드 광 채널 스위치, 저장 장치(Storage) → 용어 SAN

정답
01. DAS(Direct Attached Storage) **02.** SAN(Storage Area Network)

권쌤이 알려줌

사용자의 의사 결정에 필요한 정보를 효율적으로 지원하기 위한 통합된 데이터를 가진 양질의 데이터베이스를 데이터 웨어하우스라고 하며, 보다 작은 규모의 데이터 웨어하우스를 데이터 마트라고 합니다. 그리고 대량의 데이터를 분석하여 의미 있는 패턴을 찾는 과정을 데이터 마이닝이라고 합니다. 데이터베이스 관련 용어를 구분하여 꼭 기억해 두세요.

빅 데이터(Big data)
기존의 데이터베이스로는 처리하기 어려울 정도로 방대한 양의 데이터

★★ 04 데이터 웨어하우스, 데이터 마트, 데이터 마이닝, OLAP

1 데이터 웨어하우스(DW; Data Warehouse)

데이터 웨어하우스는 사용자의 의사 결정에 도움을 주기 위해 시스템에서 추출/변환/통합되고 요약된 주제 중심적인 데이터베이스이다.

- 데이터베이스는 축적된 데이터를 통해 데이터의 전체 흐름을 파악하는 것이고, 데이터 웨어하우스는 쌓여있는 데이터를 빅 데이터※ 분석으로 활용하는 것이다.
- 데이터베이스는 업무 처리 중심이고, 데이터 웨어하우스는 주제 중심이다.
- 데이터베이스에서 데이터 간의 관계는 업무 처리상의 상관관계에 의해서 테이블 간의 관계가 유지되지만, 데이터 웨어하우스에서는 시간을 비롯한 여러 가지 분석 관점에 따른다.

예 금융 시스템의 데이터베이스가 저축, 대출, 신용도, 카드 등으로 구성되는 반면, 데이터 웨어하우스는 고객 및 상품 등에 관한 추세를 분석할 수 있도록 고객, 자금운용, 기획 등 주제 중심으로 구성된다.

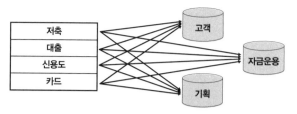

▲ [운영 데이터] 운용 중심 　　　▲ [데이터 웨어하우스] 주제 중심

2 데이터 마트(Data Mart)

데이터 마트는 데이터의 한 부분으로서, 특정 사용자가 관심을 갖는 데이터들을 담은 비교적 작은 규모의 데이터 웨어하우스이다.

- 데이터 웨어하우스와 데이터 마트의 구분은 사용자의 기능 및 제공 범위를 기준으로 한다.
- 데이터 웨어하우스는 정부 기관 또는 정부 전체의 상세 데이터를 포함하는 데 비해, 데이터 마트는 데이터 웨어하우스에 있는 일부 데이터를 가지고 특정 사용자를 대상으로 한다.
- 데이터 마트는 데이터 웨어하우스 환경에서 정의된 접근 계층으로, 데이터 웨어하우스에서 데이터를 꺼내 사용자에게 제공하는 역할을 한다.

3 데이터 마이닝(Data Mining)　[20년 1회] [20년 3회 필기]

데이터 마이닝은 많은 데이터 가운데 숨겨져 있는 유용한 상관관계를 발견하여, 미래에 실행 가능한 정보를 추출해 내고 의사 결정에 이용하는 과정을 말한다.

- 데이터 웨어하우스에 존재하는 대량의 데이터 집합으로부터 의미 있는 패턴이나 규칙을 발견한다.
- 데이터 마이닝 도구에는 OLAP(On-Line Analytical Processing)이 있다.

📖 퇴근 후 기저귀를 사러 마트에 간 고객이 맥주도 함께 구매하는 경우가 많다면, 기저귀와 맥주의 상관관계가 높다고 볼 수 있다. 그러면 기저귀 옆에 맥주를 배치하여 고객의 소비 욕구를 증대시켜 매출을 올릴 수 있다.

4 OLAP(On-Line Analytical Processing, 온라인 분석 처리, 올랩)

OLAP은 사용자가 다양한 각도에서 직접 대화식으로 정보를 분석하는 과정으로, 데이터 웨어하우스를 다차원적으로 분석하고 시각화하는 과정이다.

- OLAP은 단독으로 존재하는 정보시스템이 아니며, 데이터 웨어하우스나 데이터 마트와 같은 시스템과 상호 연관된다.
- 데이터 웨어하우스가 데이터를 저장하고 관리한다면, OLAP은 데이터 웨어하우스의 데이터를 전략적인 정보로 변환시키는 역할을 한다.

권쌤이 알려줌

데이터 마이닝을 통해 성공한 대표적 기업으로는 미국의 전자 상거래 업체 아마존과 스트리밍 사이트 넷플릭스가 거론됩니다. 아마존은 고객이 지금까지 아마존에서 검색하고 구입한 책의 목록을 통해 고객의 취향과 관심 영역을 파악해, 고객이 관심을 갖고 있는 분야의 책이 나올 때마다 잊지 않고 꼬박꼬박 알려주고 있습니다. 넷플릭스 역시 회원이 전에 보았던 영화를 바탕으로 좋아할 만한 영화를 추천하는 '시네매치(Cinematch)' 서비스를 개발해 개인화 마케팅을 진행하고 있죠.

권쌤이 알려줌

최근 OLAP은 컴퓨터를 이용하여 데이터에 직접 접근하는 데 있어 필수적인 시스템입니다.

OLTP(Online Transaction Processing, 온라인 트랜잭션 처리)

네트워크상의 여러 이용자가 실시간으로 데이터베이스를 갱신하거나 조회하는 등의 단위 작업을 처리하는 것

• 주로 신용카드 조회업무나 자동 현금 지급 등 금융 정보화 관련 부문에서 많이 이용하기 때문에 온라인 거래 처리라고도 불린다.

• OLAP은 기본적인 접근과 조회/계산/시계열/복잡한 모델링까지도 가능하다.

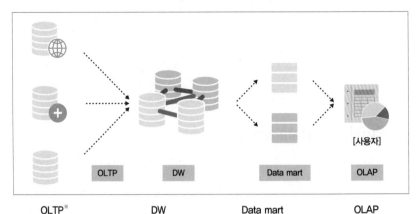

[사용자]

OLTP※	**DW**	**Data mart**	**OLAP**
온라인 거래 처리	운용 중심적으로 DB를 통합	• DW와 사용자 중간층 • 하나의 주제 중심 DW	• 분석하고 시각화 • 효율적인 의사결정
예 금융전산시스템			

1. OLAP 연산　[20년 4회 필기]

종류	설명
Drill Up(Roll-Up)	상세한 작은 범위에서 요약된 큰 범위로 단계적 접근하는 기능
Drill Down	요약된 큰 범위에서 상세한 작은 범위로 단계적 접근하는 기능
Drill Across	다른 큐브의 데이터에 접근하는 기능
Drill Through	OLAP에서 데이터 웨어하우스 또는 OTLP에 존재하는 상세 데이터에 접근하는 기능
Pivoting	보고서의 열과 행, 페이지의 차원들을 바꿔서 볼 수 있는 기능
Slicing	특정 관점으로 큐브를 잘라서 볼 수 있는 기능
Dicing	Slicing 기법에서 더 세분화하는 기능

학습 플러스 데이터 큐브(Data Cube)

큐브는 다차원을 의미하며, 데이터 큐브는 데이터들을 추상화하고 차원별로 우리가 상상하지 못하는 데이터들을 효과적으로 운용할 수 있게 해준다.

• 데이터 큐브에서 셀※은 각 차원들이 가진 멤버※ 들의 조합 수만큼 존재한다.

예 이차원 테이블의 경우 지역 차원에 대해서는 집계할 수 없다. → 데이터 큐브를 사용하여 수강생 수를 강의별, 지역별, 기간별 등 다양한 차원에서 분석한다.

셀(Cell)

하나의 데이터가 저장되는 공간으로, 데이터 큐브에서 작은 육면체를 가리킨다.

멤버(Member)

• 강의 차원 멤버
 : 정보처리기사, 정보처리산업기사, 사무자동화산업기사
• 지역 차원 멤버
 : 서울, 부산, 대구, 대전, 울산
• 기간 차원 멤버
 : 1월, 2월, 3월, 4월, …

	정보처리기사	정보처리산업기사	사무자동화산업기사
1월	100	50	200
2월	200	60	300
⋮	⋮	⋮	⋮

▲ 이차원 테이블

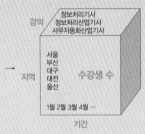

▲ 데이터 큐브

2. OLAP 종류

종류	설명
ROLAP (Relational OLAP)	• 관계형 온라인 분석 처리 • 관계형 데이터베이스를 이용하여 저장 및 분석 • 이해가 쉽고 확장성이 좋으며 대용량의 데이터를 다룰 때 적합 • 다차원 데이터를 보여주기 위한 충분한 기능을 갖고 있지 않으므로 고급 분석을 하는데 적절하지 않음
MOLAP (Multi-Dimensional OLAP)	• 다차원 온라인 분석 처리 • ROLAP의 단점을 보완한 OLAP • 특수한 구조의 다차원 데이터베이스를 이용 • 데이터가 미리 다차원화 상태로 저장되어 있기 때문에 응답이 빠름 • 다차원 데이터베이스의 차원 이외의 분석이 어렵고 유연성이 떨어짐
HOLAP (Hybrid OLAP)	• ROLAP의 특징과 MOLAP의 특징을 모두 가짐 • 다차원 데이터베이스와 관계형 데이터베이스가 함께 사용됨 • ROLAP과 MOLAP 중 선택하여 데이터를 저장할 수 있음

기출 및 예상문제

04 데이터 웨어하우스, 데이터 마트, 데이터 마이닝, OLAP

[20년 1회] [20년 3회 필기]

01 데이터 마이닝(Data Mining)에 대해 간략히 서술하시오.

....

....

> **해설** [키워드] 상관관계, 일정한 패턴 → [용어] 데이터 마이닝

[20년 4회 필기]

02 데이터 웨어하우스의 기본적인 OLAP(On-Line Analytical Processing) 연산을 모두 고르시오.

> ㉠ Translate   ㉡ Roll-Up
> ㉢ Dicing   ㉣ Drill-Down

> **해설** OLAP 연산 : Roll-Up(Drill Up), Drill Down, Drill Across, Drill Through, Pivoting, Slicing, Dicing

03 사용자의 의사 결정에 도움을 주기 위해 시스템에서 추출, 변환, 통합되고 요약된 주제 중심적인 데이터베이스로, 쌓여있는 데이터를 빅 데이터 분석으로 활용하는 것은 무엇인지 쓰시오.

> **해설** [키워드] 주제 중심적, 쌓여있는 데이터 → [용어] 데이터 웨어하우스

04 다음의 설명과 가장 부합하는 용어를 쓰시오.

> • 데이터의 한 부분으로서 특정 사용자가 관심을 갖는 데이터들을 담은 비교적 작은 규모의 데이터 웨어하우스이다.
> • 데이터 웨어하우스와 사용자 사이의 중간층에 위치한다.
> • 전체적인 데이터 웨어하우스에 있는 일부 데이터를 가지고 특정 사용자를 대상으로 한다.

> **해설** [키워드] 특정 사용자, 작은 규모의 데이터 웨어하우스 → [용어] 데이터 마트

[정답]

01. 많은 데이터 가운데 숨겨져 있는 유용한 상관관계를 발견하여, 미래에 실행 가능한 정보를 추출해 내고 의사 결정에 이용하는 과정을 말한다. **02.** ㉡, ㉢, ㉣
03. 데이터 웨어하우스(DW; Data Warehouse) **04.** 데이터 마트(Data Mart)

05 CRUD, ORM, NoSQL, DBMS 접속 기술

1 CRUD 매트릭스(Create Read Update Delete Matrix) [20년 4회 필기]

CRUD 매트릭스는 업무 프로세스와 데이터 간 상관 분석표이다.

- 행은 업무 프로세스, 열은 개체 타입으로 구성되며 행과 열이 만나는 교차점에 상태를 표시한다.
- 일반적으로 생성(Create), 이용(Read), 수정(Update, 갱신), 삭제(Delete)로 나누어 표시하여, 이를 CRUD 매트릭스라고 부른다.

권쌤이 알려줌

Insert, Select, Update, Delete는 데이터 조작어(DML)로, 이후 자세히 학습합니다.

구분	설명	
Create	하나의 업무 기능이 하나의 데이터를 생성하는 관계	Insert
Read	하나의 업무 기능이 업무 수행의 목적을 달성하기 위하여 데이터를 참조하는 관계	Select
Update	하나의 업무를 수행하는 과정에서 데이터가 수정되는 관계	Update
Delete	하나의 업무를 수행하는 과정에서 데이터가 삭제되는 관계	Delete

예제 거래 업무의 CRUD 매트릭스

개체 \ 프로세스	거래처	주문서	거래명세서	상품 정보
거래처 등록	C			
거래처 정보 변경	R, U			
상품 등록				C, U
주문 신청	R	C		R
물품 납품	R	R	C	
주문 취소		D	D	
거래처 조회	R			

해설

'거래처'의 '거래처 등록' 프로세스는 거래처 데이터를 새롭게 추가할 수 있고, '거래처 정보 변경' 프로세스는 거래처 정보를 읽어와 수정(갱신)할 수 있다.

2 ORM(Object-Relational Mapping, 객체 관계 매핑)

ORM은 객체 지향 프로그래밍의 객체와 관계형 데이터베이스를 연결(Mapping)하는 기술이다.

- 데이터베이스와 객체 지향 프로그래밍 언어 간의 호환되지 않는 데이터를 변환 및 연결하는 프로그래밍 기법이다.
- ORM을 사용하게 되면 SQL문을 쓰지 않고, 프로그래밍 언어로 객체 또는 테이블 간의 관계를 풀어낼 수 있다.

예 ORM 사용 전과 사용 후

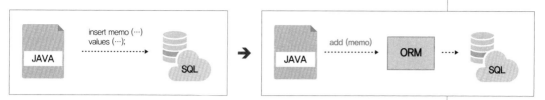

장점	• SQL문을 직접 입력하지 않고, 객체 지향적인 접근으로 인해 생산성이 증가한다. • 개발자는 직관적으로 객체 간의 관계를 파악할 수 있으며, 비즈니스 로직*에 집중할 수 있다.
단점	• ORM은 자동으로 SQL문을 작성하기 때문에 개발자가 의도한 대로 SQL문이 작성되지 않을 수 있다. • 프로젝트 복잡성이 커질수록 어려워지고, 잘못 구현되었을 경우 속도 저하가 발생한다.

3 No SQL(Not only SQL)

No SQL은 빅 데이터 처리를 위한 비관계형 DBMS이다.

• 빅 데이터로 인해 데이터를 처리하는 데 필요한 비용이 증가되어 No SQL이 등장하였다.

예 NoSQL 데이터베이스의 데이터 모델 종류

SQL Database	NoSQL Database	
Relational	Key-Value	Column-Family
	KEY → VALUE KEY → VALUE KEY → VALUE	
Analyticals (OLAP)	Graph	Document

장점	스키마가 없어 다루기가 쉽고, 부하의 분산 또한 간편하다.
단점	스키마가 없으므로 데이터에 대한 규격화된 결과값을 얻기 힘들다.

비즈니스 로직(Business Logic)
데이터베이스와 사용자 인터페이스 사이의 연결, 자료 가공 등의 정보 교환을 처리하는 알고리즘

권쌤이 알려줌

No SQL은 빅 데이터 처리를 위한 데이터베이스 관리 시스템입니다. 관계형 데이터베이스는 데이터가 테이블 형태로 저장되지만, No SQL은 보다 자유롭게 그래프 구조, 카-값 구조 등 다양한 구조를 제공하는 시스템입니다.

권쌤이 알려줌

No SQL은 관계형 데이터베이스를 사용하지 않는 것이 아니라, 관계형 데이터베이스보다 덜 제한적이고 여러 유형의 데이터베이스를 사용한다는 것입니다.

권쌤이 알려줌

프로그래밍 언어에서 DBMS에 접근하기 위한 응용 시스템에 대해 학습합니다. 개념 이해가 다소 어렵습니다. 출제 가능성이 낮으므로 한 번 읽어보면서 간략히 학습하세요.

API(Application Programming Interface)
운영체제나 프로그래밍 언어 등에 있는 라이브러리를 응용 프로그램 개발 시 이용할 수 있도록 규칙 등에 대해 정의해 놓은 인터페이스 ⓔ 안드로이드 API

SQL 매핑(SQL Mapping)
SQL문으로 호출되는 테이블이나 데이터를 프로그래밍 언어에 맞도록 변환하여 연결하는 것

4 응용 시스템 DBMS 접속 기술

1. 응용 시스템과 DBMS와의 관계

　DBMS에서 사용되는 SQL은 데이터베이스 관리 도구를 사용하여 직접 접속해서 실행이 가능하고, 응용 시스템에서도 호출 방식을 통해 사용이 가능하다.

접속 기술	설명
JDBC (Java DataBase Connectivity)	Java에서 데이터베이스에 접속할 수 있도록 하는 표준 API※
ODBC (Open DataBase Connectivity)	개발 언어에 관계없이 데이터베이스에 접근할 수 있도록 하는 표준 API
마이바티스(MyBatis)	SQL 매핑(Mapping)※ 기반 오픈 소스 접근 프레임워크 • 프로그램 코드와 SQL을 분리하여 코드를 단순화함 • SQL을 별도의 XML파일로 분리하고 Mapping을 통해서 SQL 실행

기출 및 예상문제　　　　　　　　05 CRUD, ORM, NoSQL, DBMS 접속 기술

[20년 4회 필기]
01 데이터베이스에 영향을 주는 생성, 읽기, 갱신, 삭제 연산으로 프로세스와 테이블 간에 매트릭스를 만들어서 트랜잭션을 분석하는 것은 무엇인지 쓰시오.

....

해설 키워드 생성, 읽기, 갱신, 삭제(CRUD), 매트릭스(Matrix) → 용어 CRUD 매트릭스

02 다음의 설명과 가장 부합하는 용어를 쓰시오.

관계형 데이터베이스와 객체 지향 프로그래밍 언어 간의 호환되지 않는 데이터를 변환하는 프로그래밍 기법이다. 객체 지향 언어에서 사용하는 객체를 관계형 데이터베이스로 변환하여 테이블을 구성하는데 활용된다.

....

해설 키워드 관계형(Relational) 데이터베이스, 객체(Object)지향 프로그래밍언어, 호환되지 않는 데이터 변환(Mapping) → 용어 ORM

정답
01. CRUD 매트릭스(Create Read Update Delete Matrix) **02.** ORM(Object-Relational Mapping, 객체 관계 매핑)

SECTION

06

데이터베이스 보안

데이터베이스에 저장된 데이터에 접근하는 사용자를 식별하여 데이터 접근 여부를 정하거나, 접근하고자 하는 데이터와 접근하려는 사용자에게 등급(레벨)을 부여하여 접근 여부를 정할 수 있습니다. 또는 사용자를 그룹핑하여 사용자 그룹에 역할을 부여할 수 있습니다.

★★★

01 접근 통제

1 데이터베이스 보안

데이터베이스 보안은 데이터베이스 자원이 허가받지 않은 사용자에 의해 노출, 변조, 파괴 등이 되는 것을 방지하는 것이다.

- 사용자는 원하는 작업을 수행하기 위해서 필요한 자원에 대한 허가가 있어야 한다.
- 인가된 사용자는 데이터 접근 및 수정이 가능하도록 보장되어야 한다.

2 접근 통제(Access Control, 접근 제어) [21년 1회 필기]

접근 통제는 사용자가 특정 자원에 접근할 때 접근을 요구하는 사용자에 대한 식별과 보안 정책에 근거하여 접근을 승인하거나 거부하는 것이다.

- 허가받지 않은 사용자의 자원에 대한 불법적 접근과 파괴 등의 행위를 예방하는 보안 관리의 모든 행위를 의미한다.

1. 임의 접근 통제(DAC; Discretionary Access Control, 신분 기반 정책) [21년 1회]

자원(객체*)에 접근하는 사용자(주체*)의 신원에 따라 접근 권한을 부여하는 방식이다.

- 해당 자원의 소유권을 가진 사람이 다른 사용자가 자신의 자원에 접근하려 했을 때 접근 통제 권한을 지정하고 제어할 수 있다.

예 DCL의 GRANT(권한 부여), REVOKE(권한 회수)

2. 강제 접근 통제(MAC; Mandatory Access Control, 규칙 기반 정책)

[21년 3회 필기] [20년 4회 필기]

사용자와 자원 모두 보안 레벨(등급, 수준)을 부여받아 서로의 레벨을 비교하여 접근 권한을 부여하는 방식이다.

권쌤이 알려줌

임의라는 말은 어떤 종류의 접근 권한을 갖는 사용자는 다른 사용자에게 자신의 판단에 따라 권한을 줄 수 있다는 뜻입니다.

객체
접근통제가 이뤄지는 테이블, 칼럼, 뷰 등과 같은 데이터베이스의 객체

주체
객체에 접근을 시도하는 사용자

합격자의 맘기법

접근 통제 : 신임 보강 역할
- 신(원) → 임(의)
- 보(안 레벨) → 강(제)
- 역할 → 역할 (기반)

- 보안 레이블(Security Label) 정보에 기초하여 접근 권한을 부여 및 통제한다.
- 데이터베이스 객체별로 보안 등급을 부여할 수 있고, 사용자별로 인가 등급을 부여할 수 있다.
- 제3자가 접근 통제 권한을 지정한다.

 주체보다 보안 등급이 높은 객체에 대해서는 읽기, 수정, 등록 모두 불가능하다.

3. 역할 기반 접근 통제(RBAC; Role-Based Access Control)

사용자에게 할당된 역할(Role)에 기반하여 접근 권한을 부여하는 방식이다.

- 직책에 따라 권한을 부여한다.
- 사용자가 바뀌어도 역할에는 변함없다.

 수행하는 역할을 기반으로 사용자 그룹에 권한을 부여한다.

RBAC는 사용자를 그룹화하여 해당 그룹에 여러 권한을 부여합니다.

데이터 질의어(DQL)
SELECT

데이터 조작어(DML)
INSERT, UPDATE, DELETE

데이터 정의어(DDL)
CREATE, ALTER, DROP

DML(SELECT, INSERT, UPDATE, DELETE)을 아래와 같이 분류하기도 합니다.
- 데이터 질의어(DQL) : SELECT
- 데이터 조작어(DML) : INSERT, UPDATE, DELETE

학습플러스 사용자 그룹 관리

사용자 그룹 관리는 역할 기반 접근 제어(RBAC) 그룹 관리를 기반으로, 사용자를 개별적으로 분할하지 않고 수행하는 역할을 기반으로 그룹핑하여 사용자 그룹에 권한을 부여한다.
- 사용자 그룹 관리 시 해당 사용자 그룹에 다양한 권한을 부여할 수 있다.
- 데이터 질의어(DQL)※, 데이터 조작어(DML)※, 데이터 정의어(DDL)※ 모두 부여가 가능하다.

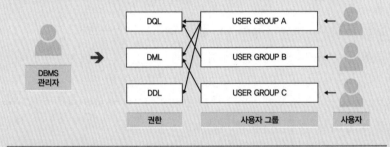

용어	설명
사용자(User)	데이터베이스에 접속하여 사용하는 대상자이다.
사용자 그룹 (User Group)	동일한 권한과 제약을 가지는 사용자들이 공통으로 사용하는 계정이다. 다수의 사용자가 동시에 접속하여 사용할 수 있다.

3 접근 제어 모델 〉 DAC 보안 모델

1. 접근 제어 행렬(Access Control Matrix, 접근 통제 행렬)

자원 보호의 일반적인 모델로, 객체에 대한 접근 권한을 행렬로써 표시한 기법이다.

- 주체 : 객체에 접근을 시도하는 사용자
- 객체 : 접근 통제가 이뤄지는 테이블, 컬럼, 뷰 등과 같은 데이터베이스의 개체

- 규칙 : 주체가 객체에 대하여 수행하는 데이터베이스 조작 **예** 입력, 수정, 삭제, 읽기 등

예 접근 제어 행렬

주체＼객체	사원	급여	상여	사원평가
김길현	ALL	ERW*	R	–
이지영	ALL	ALL	ALL	R
하영하	R	R	R	ALL

권한(E, R, W)
- E – 실행 가능(Execute)
- R – 판독 가능(Read)
- W – 기록 가능(Write)

2. 자격 목록*(Capability List, Capability Tickets)

접근 제어 행렬에 있는 각 행, 즉 주체를 중심으로 자격 목록을 구성한 것이다.

- 한 주체가 갖는 자격들의 목록이다.

자격 목록
예

김길현	
사원	ALL
급여	ERW
상여	R
사원평가	–

3. 접근 제어 목록*(ACL; Access-Control List)

접근 제어 행렬에 있는 각 열, 즉 객체를 중심으로 접근 목록을 구성한 것이다.

- 객체의 관점에서 객체에 어떤 주체가 어떤 접근 권한을 갖는지 명시한다.

접근 제어 목록
예

객체	접근 제어 목록
사원	(김길현 ALL), (이지영 ALL), (하영아 R)

4 접근 제어 모델 〉 MAC 보안 모델

1. 벨-라파듈라 모델(BLP; Bell-LaPadula Confidentiality Model) [21년 2회 필기]

기밀성을 강조한 최초의 수학적 모델이다.

- 미 육군에서 근무하던 벨-라파듈라가 고안해낸 군사용 보안 정책이다.
- 무결성*과 가용성*은 고려하지 않는다.

▼ 보안 규칙

보안 규칙	설명
단순 보안 속성 (No read up)	주체는 같거나 낮은 보안 수준의 객체만 읽을 수 있다.
성형 보안 속성 (No write down)	주체는 같거나 높은 보안 수준의 객체에만 쓸 수 있다.
특수 속성 규칙 (Strong star property rule)	주체는 동일 레벨에서 읽기와 쓰기가 가능하다.

무결성(Integrity)
데이터베이스 내 정확하고 유효한 데이터만 유지시키는 것

가용성(Availability)
데이터베이스를 장애 없이 정상적으로 사용 가능한 정도

2. 비바 무결성 모델(Biba Integrity Model)

무결성을 위한 최초의 상업적 모델이다.

- 비인가자에 의한 데이터 변형 방지만 취급한다.
- BLP 모델을 보완하였다.

▼ 보안 규칙

단순 무결성
하위 레벨 읽기 금지

무결성 제한
상위 레벨 쓰기 금지

보안 규칙	설명
단순 무결성[※] (Simple Integrity)	객체의 무결성 수준이 주체의 무결성 수준보다 높을 때만 주체는 객체를 읽을 수 있다.
무결성 제한[※] (Star Integrity)	주체의 무결성 수준이 객체의 무결성 수준보다 높을 때만 주체는 객체를 변경할 수 있다.
호출 속성 (Invocation Property)	낮은 무결성 수준을 갖는 주체는 높은 무결성 수준을 갖는 주체에게 서비스를 요청할 수 없다.

3. 클락-윌슨 무결성 모델(CWM; Clark-Wilson integrity Model)

주체가 직접 객체에 접근할 수 없고 프로그램을 통해서만 객체에 접근할 수 있는 무결성 중심의 상업적 모델이다.

▼ 무결성의 3가지 목표

목표	설명
비인가자의 위변조 방지	비인가자가 수정하는 것을 방지한다.
정확한 트랜잭션	내 · 외부 일치성을 유지한다.
직무 분리	인가자에 의한 부적절한 수정을 방지한다.

4. 만리장성 모델(CWM; Chinese Wall Model, Brewer-Nash Model)

주체의 이전 동작에 따라 변화할 수 있는 접근 통제를 제공하는 모델이다.

• 이해 충돌을 야기하는 주체와 객체 사이에는 정보가 흐르지 않게 한다.

• 이해 충돌을 방지하기 위해 만리장성이라 불리는 벽을 사용한다.

• MAC, DAC 개념을 모두 이용한다.

기출 및 예상문제

[21년 1회 필기]

01 정보 보안을 위한 접근 통제 정책 종류를 모두 고르시오.

> ㉠ 임의적 접근 통제   ㉡ 데이터 전환 접근 통제
> ㉢ 강제적 접근 통제   ㉣ 역할 기반 접근 통제

해설 접근 통제 종류 : 임의 접근 통제(DAC), 강제 접근 통제(MAC), 역할기반 접근 통제(RBAC)

[21년 1회]

02 다음의 설명과 가장 부합하는 용어를 쓰시오.

> 시스템 객체에 대한 접근을 사용자 개인 또는 그룹의 식별자를 기반으로 제한하는 접근 통제 방법이다. 사용자나 그룹이 객체의 소유자라면 다른 주체에 대해 자신의 판단에 의해서이 객체에 대한 접근 권한을 줄 수 있다.

해설 키워드 개인 또는 식별자, 접근(Access) 권한을 줌 → 용어 임의 접근 통제

[20년 4회 필기]

03 다음은 정보의 접근 통제 정책에 대한 설명이다. ( ) 안에 들어갈 가장 적합한 용어를 영문 약어로 쓰시오.

정책	( )	DAC	RBAC
권한 부여	시스템	데이터 소유자	중앙 관리자
접근 결정	보안등급 (Label)	신분 (Identity)	역할(Role)
정책 변경	고정적 (변경 어려움)	변경 용이	변경 용이
장점	안정적 중앙 집중적	구현 용이 유연함	관리 용이

해설 TIP 접근 통제는 "신임 보강 역할"로 기억하세요.

[21년 3회 필기]

04 정보 시스템 내에서 어떤 주체가 특정 개체에 접근하려 할 때 양쪽의 보안 레이블(Security Label)에 기초하여 높은 보안 수준을 요구하는 정보(객체)가 낮은 보안 수준의 주체에게 노출되지 않도록 하는 접근 제어 방법은 무엇인지 쓰시오.

해설 키워드 보안 레이블(Security Label) → 용어 강제 접근 통제

[21년 2회 필기]

05 다음 내용이 설명하는 접근 제어 모델을 쓰시오.

- 군대의 보안 레벨처럼 정보의 기밀성에 따라 상하 관계가 구분된 정보를 보호하기 위해 사용
- 자신의 권한보다 낮은 보안 레벨 권한을 가진 경우에는 높은 보안 레벨의 문서를 읽을 수 없고, 자신의 권한보다 낮은 수준의 문서만 읽을 수 있다.
- 자신의 권한보다 높은 보안 레벨의 문서에는 쓰기가 가능하지만, 보안 레벨이 낮은 문서의 쓰기 권한은 제한한다.

해설 키워드 군대, 기밀성 → 용어 벨-라파듈라 모델

정답
01. ㉠, ㉢, ㉣ **02.** 임의 접근 통제(DAC; Discretionary Access Control, 신분 기반 정책) **03.** MAC **04.** 강제 접근 통제(MAC; Mandatory Access Control, 규칙 기반 정책) **05.** 벨-라파듈라 모델(BLP; Bell-LaPadula Confidentiality Model)

SECTION

07

데이터베이스 전환

데이터 복제를 위해 데이터를 추출하여 수신 데이터베이스에 맞춰 변환 후 적재하는 과정을 데이터 전환이라고 합니다. 데이터 전환 수행을 위한 계획과 수행 단계를 학습합니다. 출제 가능성이 낮으니 용어 위주로 간략히 학습하세요.

권쌤이 알려줌

데이터 전환을 데이터 이행(Data Migration) 또는 데이터 이관이 라고도 합니다.

01 데이터베이스 전환

1 데이터 전환

데이터 전환이란 기존의 원천 시스템(Source System)에서 데이터를 추출(Extraction)하여 목적 시스템(Target System)의 데이터베이스에 적합한 형식과 내용으로 변환(Transformation)한 후 목적 시스템에 적재(Loading)하는 과정을 말한다.

As-Is 시스템(현행, 원천)　　　　　　　　　　　　　　　To-Be 시스템(목표)

1. ETL(Extraction, Transformation, Loading)

ETL은 소스 시스템으로부터 필요한 데이터를 추출(Extraction)하여 변환(Transformation) 작업을 거쳐 타깃 시스템으로 전송 및 적재(Loading)하는 과정이다.

권쌤이 알려줌

데이터 전환의 실행 순서는 추출 → 변환 → 적재입니다.

순차 파일(SAM; Sequential Access Method)
파일 내의 각 레코드를 논리적 순서에 따라 물리적으로 연속된 위치에 기록한 파일

① 데이터 추출(Extraction)
원천 데이터의 종류에 따라 데이터 추출 방법이 결정된다.
- 데이터베이스에서 데이터를 추출할 경우에는 SQL문을 활용하며, 데이터 추출을 위한 SQL문의 구현 방법에 따라 전환 프로그램의 성능이 좌우된다.
- 순차적 접근 방법(SAM)※ 파일에서 데이터를 추출할 경우에는 파일 오픈 후 레코드(Record) 단위로 데이터를 읽어 들여 처리한다.

② 데이터 변환(Transformation)
데이터 전환 설계서의 변환 규칙(Rule)에 따라 데이터 변환이 이루어지도록 프로그램을 구현한다.

③ 데이터 적재(Loading)
목적 데이터베이스에 맞게 변환된 데이터를 데이터베이스에 저장한다.

2. 데이터 전환 수행 단계

데이터 전환 계획 및 요건 정의 단계 → 데이터 전환 설계 단계 → 데이터 전환 개발 단계 → 데이터 전환 테스트 및 검증 단계 → 데이터 전환 단계

3. 데이터 전환 단계

추출 → 정제 → 변환 → 적재 → 검증

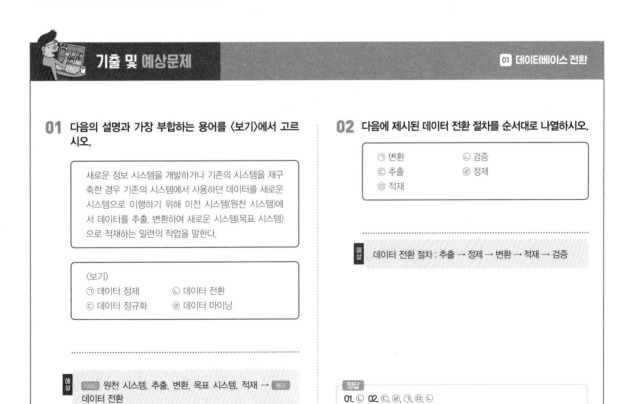

원천 시스템

Source DB → 추출 → 정제 → 변환 → 적재 → 검증 → Target DB

목표 시스템

권쌤이 알려줌

데이터 전환을 수월하게 하기 위해 불필요한 데이터는 삭제하고, 데이터 형식에 맞게 수정하는 등의 작업을 데이터 정제라고 합니다.

4. 데이터 전환 계획서 항목

- 데이터 전환 개요
- 데이터 전환 환경 구성
- 데이터 전환 일정
- 데이터 정비 방안
- 데이터 복구 대책
- 데이터 전환 대상 및 범위
- 데이터 전환 조직 및 역할
- 데이터 전환 방안
- 비상 계획

기출 및 예상문제

01 데이터베이스 전환

01 다음의 설명과 가장 부합하는 용어를 〈보기〉에서 고르시오.

새로운 정보 시스템을 개발하거나 기존의 시스템을 재구축한 경우 기존의 시스템에서 사용하던 데이터를 새로운 시스템으로 이행하기 위해 이전 시스템(원천 시스템)에서 데이터를 추출, 변환하여 새로운 시스템(목표 시스템)으로 적재하는 일련의 작업을 말한다.

〈보기〉
㉠ 데이터 정제
㉡ 데이터 전환
㉢ 데이터 정규화
㉣ 데이터 마이닝

해설 **키워드** 원천 시스템, 추출, 변환, 목표 시스템, 적재 → **용어** 데이터 전환

02 다음에 제시된 데이터 전환 절차를 순서대로 나열하시오.

㉠ 변환
㉡ 검증
㉢ 추출
㉣ 정제
㉤ 적재

해설 데이터 전환 절차 : 추출 → 정제 → 변환 → 적재 → 검증

정답
01. ㉡ 02. ㉢, ㉣, ㉠, ㉤, ㉡

02 데이터베이스 정제 및 검증

1 데이터 정제

데이터 정제는 불필요한 데이터 삭제, 데이터 교정 등과 같이 원천 시스템의 데이터를 삭제 또는 수정하는 작업이다.

- 전환에 불필요한 데이터를 사전에 정리하여 전환 시간을 축소한다.
- 원천 시스템 내의 오류 데이터 및 목적 시스템과의 데이터베이스 특성이 상이함에 따라 발생하는 데이터 교정 작업을 한다.

▼ 데이터 정제 대상 항목

정합성
데이터의 값이 서로 모순없이
일치해야 하는 것

• 전환 제외 대상	• 정합성[※] 미비	• 불필요한 데이터 필드
• 손실된 데이터	• 불일치 데이터 타입	• 오류 데이터
• 전환 테스트 결과로₩	• 발견된 오류 데이터	• 전환 과정에서의 정제

2 데이터베이스 검증

데이터베이스 검증은 원천 시스템의 데이터를 목적 시스템의 데이터로 전환하는 과정이 정상적으로 수행되었는지를 확인하는 과정이다.

권쌤이 알려줌

데이터 전환 작업이 잘 실행되었는지 검증 프로그램을 사용하여 데이터를 검증합니다. 여러 가지 검증 단계와 방법에 따라 데이터 검증 작업을 실행할 수 있습니다.

1. 검증 단계에 따른 분류

구분	설명
추출 검증	원천 데이터 추출을 검증한다.
전환 검증	변환 규칙이 정확히 적용되었는지 검증한다.
적재 검증	변환된 데이터가 목적 데이터베이스에 정확히 등록되었는지 검증한다.
업무 검증	현업 업무별 조회 화면을 통해 주요 업무 데이터를 검증한다.
통합 검증	목적 데이터베이스에 적재된 데이터와 원천 데이터의 개수, 데이터 합계 값이 맞는지 검증한다.

2. 검증 방법에 따른 분류

구분	설명
로그 검증	전환 시 수행되는 추출 및 적재 로그를 작성하여 검증한다.
기본 항목 검증	로그 검증 외 별도 검증 요청 항목을 기준으로 검증 프로그램을 작성하고 파일 또는 데이터베이스 등을 이용하여 검증한다.
응용 프로그램 검증	응용 애플리케이션을 통하여 검증한다.
응용 데이터 검증	사전 정의된 업무 규칙을 통하여 데이터 정합성을 검증한다.

3. 검증 조건 3가지

구분	설명
완전성 (Exhaustiveness)	원천 데이터의 모든 데이터는 하나도 빠짐없이 변환 규칙을 적용해서 적재되어야 한다.

데이터 값의 일관성 (Consistency)	목적 데이터베이스에 존재하는 요구사항과 제약조건을 충족시켜야 한다.
관계의 일관성 (Coherence)	원천 데이터 간 관계(Dependencies)는 보전되어 목적 데이터베이스로 이전 되어야 한다.

4. 데이터 검증 절차

① 전환 프로그램의 정상 동작을 확인한다.

② 데이터 전환 계획서와 체크리스트에 따라 전환 결과를 검증한다.

③ 데이터 전환 결과 보고서를 작성한다.

3 오류 데이터 측정

오류 데이터 측정은 오류 목록의 내용을 확인하고 오류 해결 방안을 참조하여 원천 데이터의 정제를 요청할 것인지, 아니면 전환 프로그램을 수정할 것인지 데이터 정제 여부를 결정하는 과정이다.

▼ 오류 상태

상태	설명
Open	오류가 보고되었지만 아직 분석되지 않은 상태
Assigned	영향 분석 및 수정을 위해 오류를 개발자에게 할당한 상태
Fixed	개발자가 오류를 수정한 상태
Closed	오류가 수정되었는지 확인하고 재테스트 시 오류가 발견되지 않은 상태 • 만약 수정된 오류가 만족스럽지 않을 경우 오류의 상태를 'Open'으로 변경
Deferred	오류 우선순위가 낮게 분류되어 오류 수정을 연기한 상태
Classified	보고된 오류가 프로젝트 팀에 의한 오류가 아니라고 판단된 상태

4 데이터 정제 요청서

데이터 정제 요청서는 오류 내역 중 원천 데이터의 정제가 필요한 부분과 전환 프로그램의 수정이 필요한 부분으로 나누어 작성한다.

• 전환 시 발생한 오류를 해결하기 위한 데이터 정체 요청 내용을 작성한다.

• 가능한 해결 방안을 같이 작성하여 정제 검토 시 빠른 의사 결정을 내릴 수 있도록 도움을 준다.

5 데이터 정제 보고서

데이터 정제 보고서는 정제 요청서에 의해 정제된 원천 데이터를 확인하고 검증한 후 검증된 결과를 문서로 작성한 것이다.

• 정제를 요청한 원천 데이터와 정제된 데이터 항목을 육안으로 일일이 비교한다.

• 정제된 데이터를 데이터 전환 프로그램으로 전환하여 기존 오류가 재발생되었

는지를 확인하고 최종 목적 데이터베이스에 적재된 데이터를 확인한다.

- 정제 결과를 확인한 후 정제된 결과를 반영한 정제 보고서를 작성한다.

---

01 데이터 검증 단계 중 목적 데이터베이스에 적재된 데이터와 원천 데이터의 개수, 데이터 합계 값이 맞는지 검증하는 단계를 〈보기〉에서 고르시오.

〈보기〉
㉠ 전환 검증   ㉡ 업무 검증
㉢ 통합 검증   ㉣ 추출 검증

해설 키워드 원천 데이터의 개수, 데이터 합계 값 → 용어 통합 검증

02 다음은 오류 상태에 대한 설명이다. 설명과 가장 부합하는 용어를 〈보기〉에서 고르시오.

① 개발자가 오류를 수정한 상태
② 영향 분석 및 수정을 위해 오류를 개발자에게 할당한 상태
③ 오류가 보고되었지만 아직 분석되지 않은 상태

〈보기〉
㉠ Closed   ㉡ Assigned
㉢ Classified   ㉣ Open
㉤ Deferred   ㉥ Fixed

① _____

② _____

③ _____

해설 키워드 오류 수정 → 용어 Fixed
키워드 개발자에게 할당 → 용어 Assigned
키워드 분석되지 않은 상태 → 용어 Open

정답
01. ㉢   02. ❶ ㉥ ❷ ㉡ ❸ ㉣

SECTION

08

자료 구조

자료 구조란 효율적인 접근 및 수정을 가능케 하는 자료의 조직, 관리, 저장을 의미합니다. 개발하고 자 하는 응용 소프트웨어의 기능에 적합한 자료 구조를 선택해 높은 성능의 소프트웨어를 개발할 수 있습니다.

★★
01 검색

검색은 여러 데이터 중에서 원하는 데이터를 찾는 것이다.

> 권쌤이 알려줌
>
> 데이터 저장소에서 원하는 데이터를 찾는 방법에 대해 학습합니다.

1 선형 검색(순차 검색, Full Table Scan)

모든 레코드를 대상으로 순차적으로 검색한다.

- 레코드들이 정렬되어 있지 않을 때 사용하며, 처리 속도가 느리다.

2 이진 검색(이분 검색, Binary Search) [21년 1회 필기]

중간 값을 비교하여 검색한다.

- 레코드들이 정렬되어 있어야 하며, 항상 정렬 상태를 유지하고 있어야 한다.
- 데이터가 추가되거나 삭제되면 테이블을 재정렬해야 하므로 비용이 많이 든다.
- 비교횟수를 거듭할 때마다 검색 대상이 되는 데이터의 수가 절반으로 줄어들 어 검색 효율이 좋고 탐색 시간이 적게 소요된다.

 이름순으로 정렬되지 않은 테이블 → 선형 검색에서 사용

고객번호	이름	성별	전화번호	취미
98001	김철수	M	111-2323	등산
98002	홍길동	M	731-4325	낚시
98003	김영희	F	456-1763	등산
98004	박순섭	F	345-4352	여행
98005	강고인	M	633-2156	낚시
98006	류용신	F	356-2323	여행

 이름순으로 정렬된 테이블 → 이진 검색에서 사용

고객번호	이름	성별	전화번호	취미
98005	강고인	M	633-2156	낚시
98003	김영희	F	456-1763	등산
98001	김철수	M	111-2323	등산

98006	류용신	F	356-2323	여행
98004	박순섭	F	345-4352	여행
98002	홍길동	M	731-4325	낚시

[21년 3회]

3 인덱스(Index) 검색

인덱스(Index)
빠른 검색을 위해 〈키 값, 포인터〉 쌍으로 구성된 보조적인 데이터 구조
• 키(Key) : 레코드를 식별하거나 저장 위치를 계산할 수 있는 정보를 가지고 있는 칼럼
⑩ 이름
• 포인터(Pointer) : 물리적 주소
⑩ 주소
• 책 마지막에 있는 인덱스(키워드, 찾아보기)를 생각하면 됩니다.

검색의 기준이 되는 칼럼을 뽑아 인덱스※로 지정하여 검색한다.

• 인덱스는 찾고자 하는 데이터의 주소 값을 저장하므로 테이블에 대한 검색 속도를 향상시킨다.
• 인덱스는 기억 공간을 차지한다.
• 인덱스는 항상 정렬 상태를 유지하고 있어야 하며, 데이터가 추가되거나 삭제되면 인덱스도 재정렬해야 하므로 비용이 많이 든다.

⑩ 이름 칼럼을 인덱스로 지정한 테이블

4 해싱(Hashing) 검색

해싱(Hashing)
임의 길이의 입력 데이터를 받아 고정된 길이의 출력값(해시값)으로 변환하는 것

해싱※ 함수를 사용하여 검색한다.

• 해싱 함수를 이용하여 데이터를 해시 테이블에 저장하는 키-주소 변환 방법이다.
• 데이터 검색 시 해싱 함수를 이용하여 해시 테이블에 접근해 데이터를 찾는다.
• 검색 속도는 가장 빠르지만 기억 공간의 낭비가 발생한다.
• 삽입, 삭제 작업의 빈도가 높을 때 유리한 방식이다.
• 직접 접근 파일(DAM)※을 구성할 때 사용되는 방식이다.

직접 접근 파일(DAM;
Direct Access Method)
해싱 함수를 사용하여 레코드 키(해시값)에 의한 주소 계산을 통해 레코드에 접근할 수 있도록 구성한 파일

⑩ 하나의 버킷에 2개의 슬롯으로 구성된 해시 테이블

1. 해싱 관련 용어

용어	설명
해싱 함수	해시 테이블의 주소를 생성해 내는 함수
해시 테이블	해싱 함수에 의하여 참조되는 테이블
버킷(Bucket)	하나의 주소를 갖는 파일의 한 구역
슬롯(Slot)	n개의 슬롯이 모여 하나의 버킷을 형성
충돌(Collision)	서로 다른 2개 이상의 레코드가 같은 주소를 갖는 현상
시노님(Synonym)	같은 주소를 갖는 레코드의 집합
오버플로(Overflow)	버킷 내 기억 공간이 없는 현상

2. 해싱 함수 [21년 1회 필기] [20년 4회 필기]

함수	설명
제산법 (Division)	키를 임의의 양의 정수로 나눈 나머지를 그 키의 레코드 주소로 결정하는 방법
폴딩 (Folding)	키를 여러 부분으로 나누고, 나누어진 각 부분의 값을 모두 더하거나 보수(XOR)®를 취한 결과 값을 레코드 주소로 결정하는 방법
계수 분석 (Digit Analysis, 숫자 분석)	키값을 구성하는 숫자의 분포를 파악하여 균등한 분포의 숫자를 선택하여 레코드 주소를 결정하는 방법
제곱법 (Mid-Square)	키값을 제곱한 값의 중간 부분 값을 선택하여 레코드 주소로 결정하는 방법
기수 변환 (Radix Transformation)	주어진 키값을 다른 진법으로 변환하여 얻은 결과 값을 레코드 주소로 결정하는 방법

권쌤이 알려줌

앞의 예에서 레코드1이 저장된 상태에서 레코드5가 해싱 함수에 의해 주소 1이 되므로 충돌(Collision)이 발생하고, 레코드1 다음 슬롯에 저장됩니다.

합격자의 **암기법**

해싱 함수의 종류
• 키워드 나머지 → 용어 제산법
• 키워드 모두 더하거나 보수(XOR) → 용어 폴딩
• 키워드 숫자 분포 → 용어 계수 분석
• 키워드 제곱 → 용어 제곱법
• 키워드 진법 → 용어 기수 변환

XOR(배타적 논리합)
두 비트가 같으면 0, 다르면 1이 된다.

기출 및 예상문제

01 검색

[21년 1회 필기]

01 이진 검색 알고리즘에 대한 설명으로 거리가 먼 것을 모두 고르시오.

> ㉠ 탐색 효율이 좋고 탐색 시간이 적게 소요된다.
> ㉡ 검색할 데이터가 정렬되어 있어야 한다.
> ㉢ 피보나치 수열에 따라 다음에 비교할 대상을 선정하여 검색한다.
> ㉣ 비교횟수를 거듭할 때마다 검색 대상이 되는 데이터의 수가 절반으로 줄어든다.

해설 나머지는 피보나치 검색(Fibonacci Search)에 대한 설명이다.
• 피보나치 검색(Fibonacci Search) : 피보나치 수열에 따라 다음 비교 대상을 선정하여 검색하는 방식

[20년 4회 필기]

02 해싱 함수 중 레코드 키를 여러 부분으로 나누고, 나눈 부분의 각 숫자를 더하거나 XOR한 값을 홈 주소로 사용하는 방식이 무엇인지 쓰시오.

해설 키워드 각 숫자를 더하거나 XOR한 값 → 용어 폴딩

03 [21년 1회 필기]
다음 〈보기〉에서 해싱 함수(Hashing Function)의 종류를 모두 고르시오.

〈보기〉
㉠ 제곱법(mid-square)
㉡ 숫자분석법(digit analysis)
㉢ 개방주소법(open addressing)
㉣ 제산법(division)

해설
해싱 함수의 종류
: 제산법, 폴딩, 숫자 분석(계수 분석), 제곱법, 기수 변환

04 [21년 3회]
다음 설명의 ( ) 안에 공통적으로 들어갈 가장 적합한 용어를 쓰시오.

파일검색의 접근 기법에는 순차, ( ), 해싱이 있다. ( )은(는) 〈키 값, 포인터〉 쌍으로 구성된 구조로, 검색의 기준이 되는 칼럼을 뽑아 ( )(으)로 지정하여 검색할 수 있다.

해설 키워드 〈키 값, 포인터〉 쌍 → 용어 인덱스

정답
01. ㉢ 02. 폴딩(Folding) 03. ㉠, ㉡, ㉣ 04. 인덱스(Index)

권쌤이 알려줌

자료 구조란 필요한 데이터에 효율적인 접근 및 수정을 가능케 하는 자료의 조직, 관리, 저장을 의미합니다. 개발하고자 하는 응용 소프트웨어의 기능에 적합한 자료 구조를 선택해 높은 성능의 소프트웨어를 개발할 수 있습니다.

★★
02 자료 구조

1 자료 구조(Data Structure) [21년 3회 필기]

자료 구조는 자료(Data)를 저장하는 논리적인 방법이다.

선형 구조 (Linear Structure)	배열(Array)	
	선형 리스트(Linear List)	연속 리스트(Contiguous List)
		연결 리스트(Linked List)
	스택(Stack)	
	큐(Queue)	
	데크(Deque)	
비선형 구조 (Non-Linear Structure)	트리(Tree)	
	그래프(Graph)	

2 선형 구조

선형 구조는 일정한 순서에 의해 데이터를 순차적으로 하나씩 나열시킨 구조이다.

1. 배열(Array)

동일한 크기와 형식(Type)으로 구성된 연속적인 기억 공간을 가지는 자료 구조이다.

1	2	3	4
a[0]	a[1]	a[2]	a[3]

2. 선형 리스트(Linear List)

일정한 순서에 의해 나열된 자료 구조이다.

연속 리스트(Contiguous List)	연결 리스트(Linked List)
배열과 같이 빈 공간 없이 연속되는 기억 공간에 저장되는 자료 구조	데이터의 저장 순서는 상관없지만, 데이터 항목의 순서에 따라 각 노드※에 포인터※를 두어 서로 연결시키는 자료 구조

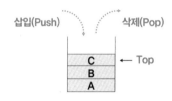

노드(Node)
데이터를 저장하는 데이터 부분과 다음 노드를 가리키는 포인터인 링크 부분으로 구성된 기억 공간
• 노드(Node) = 데이터(Data) + 링크(Link)

포인터(Pointer)
메모리의 주소를 담은 공간

3. 스택(Stack) [21년 1, 3회 필기]

리스트 한쪽으로만 삽입과 삭제가 이루어지는 후입선출(LIFO; Last In First Out) 형식의 자료 구조이다.

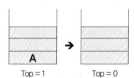

삽입(Push)　　삭제(Pop)

C ← Top
B
A

Top
가장 최근에 삽입된 자료 또는 가장 먼저 삭제될 자료를 가리키는 스택 포인터
• 삽입 : Top 값 증가
• 삭제 : Top 값 감소

오버플로(Overflow)
메모리 공간을 초과할 경우 발생

언더플로(Underflow)
메모리 공간의 최솟값 아래로 벗어날 경우 발생

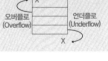

오버플로(Overflow)　　언더플로(Underflow)

예제1	삽입 알고리즘
1	Top = Top + 1
2	If(Top > M) Then
3	Stack_overflow
4	Else
5	Stack(Top) ← data

예제2	삭제 알고리즘　[21년 3회 필기]
1	If(Top = 0) Then
2	Stack_underflow
3	Else
4	data ← Stack(Top)
5	Top = Top - 1

해설1	
1	Top※ 값 1 증가
2	만약 Top 값이 스택 크기(M)보다 크면, 즉 스택이 Full이면
3	스택 오버플로※ 발생
4	그렇지 않은 경우
5	스택의 Top 위치에 자료(data) 삽입

해설2	
1	만약 Top 값이 0이면, 즉 스택이 Empty이면
2	스택 언더플로※ 발생
3	그렇지 않은 경우
4	스택의 Top 위치의 자료(data) 삭제
5	Top 값 1 감소

B
A
Top = 2, M = 3
→
C
B
A
Top = 3, M = 3

A
Top = 1
→
Top = 0

4. 큐(Queue) [21년 1회 필기]

한쪽에는 반드시 삽입, 또 다른 한쪽에는 반드시 삭제가 이루어지는 선입선출(FIFO; First In First Out) 형식의 자료 구조이다.

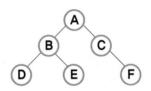

5. 데크(Deque)

스택과 큐의 장점을 조합한 구조로 양쪽 모두 삽입, 삭제가 가능한 자료 구조이다.

3 비선형 구조

비선형 구조는 하나의 데이터 뒤에 여러 개의 데이터가 존재할 수 있는 구조이다.

1. 트리(Tree)

정점(Node, 노드)과 가지(Branch, 링크, 간선)를 이용한 사이클(Cycle)이 이루어지지 않는 자료 구조이다.

2. 그래프(Graph)

정점(V; Vertex)과 간선(E; Edge)의 두 집합으로 이루어진 사이클(Cycle)이 있는 자료 구조이다.

기출 및 예상문제
02 자료 구조

[21년 3회 필기]

01 다음에 제시된 자료구조를 선형 구조와 비선형 구조로 분류하시오.

㉠ 트리(Tree)	㉡ 그래프(Graph)
㉢ 스택(Stack)	㉣ 배열(Array)
㉤ 큐(Queue)	㉥ 데크(Deque)

① 선형 구조 ....

② 비선형 구조 ....

> **해설** 키워드 일정한 순서에 의해 데이터를 순차적으로 나열시킨 구조 → 용어 선형 구조
> 키워드 하나의 데이터 뒤에 여러 개의 데이터가 존재할 수 있는 구조 → 용어 비선형 구조

[21년 1회 필기]

02 리스트 한쪽으로만 삽입과 삭제가 이루어지는 LIFO(Last In First Out) 형식의 자료구조는 무엇인지 쓰시오.

> 해설 키워드 후입선출(LIFO; Last In First Out) 형식 → 용어 스택

[21년 3회 필기]

03 다음은 스택의 자료 삭제 알고리즘이다. ⓐ에 들어갈 내용으로 옳은 것을 〈보기〉에서 고르시오. (단, Top : 스택 포인터, S : 스택의 이름)

```
If Top = 0 Then
    (  ⓐ  )
Else {
    remove S(Top)
    Top = Top - 1
}
```

〈보기〉
㉠ Overflow   ㉡ Top = Top + 1
㉢ Underflow   ㉣ Top = Top

> 해설 Top 값이 0인 경우, 즉 스택이 Empty이면 언더플로 (Underflow)가 발생한다.
> • remove S(Top) : 스택 포인터가 가리키는 자료를 삭제한다.

[21년 3회 필기]

04 순서가 A, B, C, D로 정해진 입력 자료를 스택에 입력한 후 출력한 결과로 가능한 것을 모두 고르시오.

㉠ D, C, B, A   ㉡ B, C, D, A
㉢ C, B, A, D   ㉣ D, B, C, A

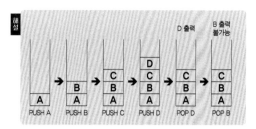

[21년 1회 필기]

05 다음 설명에 해당하는 자료구조는 무엇인지 쓰시오.

• 한쪽에는 반드시 삽입, 또 다른 한쪽에는 반드시 삭제가 이루어진다.
• First In-First Out 처리를 수행한다.
• 선형 구조이다.

> 해설 키워드 한쪽에는 삽입, 또 다른 한쪽에는 삭제, FIFO → 용어 큐

정답
01. ❶ ㉢, ㉣, ㉤, ㉥ ❷ ㉠, ㉡ 02. 스택(Stack) 03. ㉢ 04. ㉠, ㉡, ㉢ 05. 큐(Queue)

★★
03 트리와 그래프

1 트리(Tree) [21년 1회 필기] [20년 2, 3회 필기]

트리는 정점(Node, 노드)과 가지 (Branch, 링크, 간선)를 이용한 사이클 (Cycle)이 이루어지지 않는 자료 구조이다.

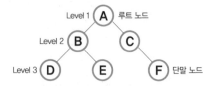

용어	설명
노드(Node)	트리를 구성하는 기본 원소 📵 A, B, C, D, E, F
가지(Branch, 링크, 간선)	노드와 노드 간의 연결선
차수(Degree)	특정 노드의 자식 수 📵 B의 차수 : 2
트리의 차수	트리의 모든 노드 중에 가장 높은 차수 📵 2
깊이(Depth)	루트에서 특정 노드 사이의 가지 개수 📵 F의 깊이 : 2
높이(Height)	트리가 가지는 최대 레벨 📵 3
루트 노드(Root Node)	트리 구조상 가장 최상위 노드 📵 A
단말 노드(Terminal node) = 리프 노드 (Leaf Node)	자식이 없는 노드 📵 D, E, F
자식 노드(Son Node)	특정 노드의 하위 노드 📵 B의 자식 노드 : D, E
부모 노드(Parent Node)	특정 노드의 상위 노드 📵 C의 부모 노드 : A
형제 노드(Brother Node, Sibling)	동일한 부모를 가지는 노드 📵 D의 형제 노드 : E

2 이진 트리(Binary Tree)

이진 트리는 각각의 노드가 최대 두 개의 자식 노드를 가지는 트리이다.

1. 이진 트리 운행법 [21년 1, 3회 필기] [20년 2, 3, 4회 필기]

트리를 구성하는 노드들을 찾아가는 방법이다.

방법	설명
Preorder(전위)	Root → Left → Right
Inorder(중위)	Left → Root → Right
Postorder(후위)	Left → Right → Root

예제 이진 트리 운행법

```
Preorder(전위) : a, b, d, e, c, f, h, g
Inorder(중위) : d, b, e, a, h, f, c, g
Postorder(후위) : d, e, b, h, f, g, c, a
```

권쌤이 알려줌

이진 트리의 운행법은 다음과 같습니다.

```
      a
     / \
    b   c
```

• Preorder(전위)
 : a → b → c
• Inorder(중위)
 : b → a → c
• Postorder(후위)
 : b → c → a

정답 및 해설1 Preorder(전위) : a, b, d, e, c, f, h, g

과정	1	2	3
이진 트리			
운행 순서	a	a, b, d, e	a, b, d, e, c

과정	4	5	
이진 트리			
운행 순서	a, b, d, e, c, f, h	a, b, d, e, c, f, h, g	

정답 및 해설2 Inorder(중위) : d, b, e, a, h, f, c, g

과정	1	2	3
이진 트리			
운행 순서		d, b, e	d, b, e, a

과정	4	5	6
이진 트리			
운행 순서		d, b, e, a, h, f	d, b, e, a, h, f, c, g

정답 및 해설3   Postorder(후위) : d, e, b, h, f, g, c, a

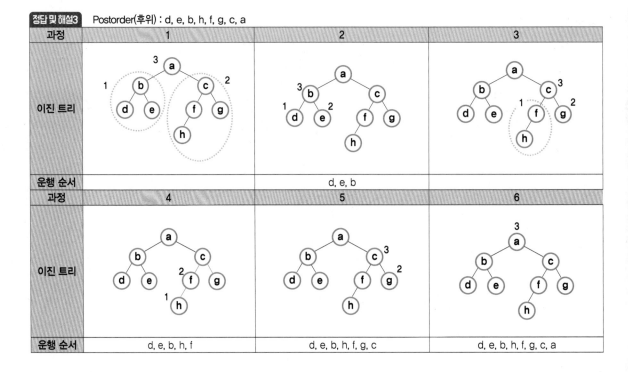

과정	1	2	3
이진 트리			
운행 순서		d, e, b	

과정	4	5	6
이진 트리			
운행 순서	d, e, b, h, f	d, e, b, h, f, g, c	d, e, b, h, f, g, c, a

2. 수식 표기법 변환   [21년 1, 2회 필기] [20년 4회]

산술식을 계산하기 위해 기억 공간에 기억시키는 방법으로 이진 트리를 많이 이용한다.

표기법	설명
PreFix(전위 표기법)	연산자 → Left 피연산자 → Right 피연산자
InFix(중위 표기법)	Left 피연산자 → 연산자 → Right 피연산자
PostFix(후위 표기법)	Left 피연산자 → Right 피연산자 → 연산자

예제1   중위식(InFix)을 후위식(PostFix)으로 변환

```
A / B ** C + D * E - A * C
```

정답 및 해설1   ABC**/DE*+AC*-

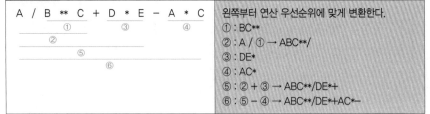

왼쪽부터 연산 우선순위에 맞게 변환한다.
① : BC**
② : A / ① → ABC**/
③ : DE*
④ : AC*
⑤ : ② + ③ → ABC**/DE*+
⑥ : ⑤ - ④ → ABC**/DE*+AC*-

예제2   중위식(InFix)을 전위식(PreFix)으로 변환

```
A * B + C - D / E
```

권쌤이 알려줌

수식 표기법 변환은 다음과 같습니다.

```
    +
   / \
  a   b
```

• PreFix(전위 표기법)
: + a b
• InFix(중위 표기법)
: a + b
• PostFix(후위 표기법)
: a b +

권쌤이 알려줌

** 연산자는 거듭제곱을 의미합니다.
예) $2**3 = 2^3 = 8$

권쌤이 알려줌

연산의 우선순위는 아래와 같습니다.
• 괄호 → ** → *, / → +, -

정답 및 해설2 ─+*ABC/DE

A * B + C ─ D / E	왼쪽부터 연산 우선순위에 맞게 변환한다.
①　　　　　②	① : *AB
③	② : /DE
④	③ : ① + C → +*ABC
	④ : ③ ─ ② → ─+*ABC/DE

예제3 　전위식(PreFix)을 후위식(PostFix)으로 변환

─　/　*　A　+　B　C　D　E

정답 및 해설3 ABC+*D/E─

─　/　*　A　+　B　C　D　E	왼쪽에서 PreFix 표기인 연산자, 피연산자, 피연산자 구조를 찾아 변환한다.
①	① : BC+
②	② : * A ① → ABC+*
③	③ : / ② D → ABC+*D/
④	④ : ─ ③ E → ABC+*D/E─

예제4 　후위식(PostFix)을 중위식(InFix)으로 변환

A　B　C　─　/　D　E　F　+　*　+

정답 및 해설4 A/(B─C)+D*(E+F)

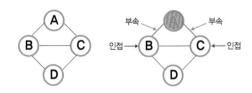

((A　(B　C　─)　/)　(D　(E　F　+)　*)　+)	왼쪽에서 PostFix 표기인 피연산자, 피연산자, 연산자 구조를 찾아서 괄호로 묶는다.
①　　　　　　③	① : (B─C)
②　　　　　　④	② : (A ① /) → (A/(B─C))
⑤	③ : (E+F)
	④ : (D ③ *) → (D*(E+F))
	⑤ : (② ④ +) → ((A/(B─C))+(D*(E+F)))
	→ 필요 없는 괄호 없애기

3 그래프(Graph)

그래프는 정점(V; Vertex)과 간선(E; Edge)의 두 집합으로 이루어진 사이클(Cycle)이 있는 자료 구조이다.

권쌤이 알려줌

정점은 컴퓨터, 간선은 통신 케이블, 즉 그래프는 컴퓨터와 통신 케이블이 연결된 네트워크와 같습니다.

권쌤이 알려줌

A–B–D–B–C는 정점 B가 중복
되므로 단순 경로가 아닙니다.

용어	설명
인접(Adjacent), 부속(Incident)	정점 A와 인접한 정점은 B와 C이고, 정점 A에 부속된 간선은 (A, B)와 (A, C)이다.
차수(Degree)	정점에 부속된 간선의 수 예 B의 차수 : 3
경로(Path)	그래프에서 간선으로 연결된 정점을 순서대로 나열한 것 예 A에서 C까지 경로: A–C, A–B–C, A–B–D–C ① 경로 길이(Path Length) : 경로상에 있는 간선의 수 예 A–B–C 경로 길이 : 2 ② 단순 경로(Simple Path) : 모두 다른 정점으로 구성된 경로 　　예 A에서 C까지 단순 경로 : A–B–C
사이클(Cycle)	경로의 시작 정점과 마지막 정점이 같은 경로 예 A–B–D–C–A, 예 A–B–C–A

 그래프의 최대 간선 수 [20년 4회 필기]

1. 정점이 n개인 무방향 그래프에서 최대 간선 수 : n(n−1)/2개
2. 정점이 n개인 방향 그래프에서 최대 간선 수 : n(n−1)개

예제 정점이 3개인 경우 무방향 그래프와 방향 그래프의 최대 간선 수를 구하시오.

정답 및 해설

무방향　　　　방향

1. 무방향 그래프 : 3(3−1)/2 = 3개
2. 방향 그래프 : 3(3−1) = 6개

▼ **그래프 탐색** [21년 3회 필기]

깊이 우선 탐색 (DFS; Depth First Search)	너비 우선 탐색 (BFS; Breadth First Search)
노드의 자식들을 우선으로 탐색하는 방법이다. 예	노드의 인접한 모든 정점들을 우선으로 탐색하는 방법이다. 예
탐색 순서 : 0 → 1 → 3 → 4 → 2 → 5 → 7 → 6	탐색 순서 : 0 → 1 → 2 → 3 → 4 → 5 → 6 → 7

학습 플러스 그래프를 인접 행렬※로 표현하기

인접 행렬은 그래프에서 어느 정점들이 간선으로 연결되었는지 나타내는 정사각 행렬이다. 그래프의 두 정점을 연결한 간선의 유무를 인접 행렬로 표현할 수 있다.
• 두 정점이 인접되어 있으면 1, 인접되어 있지 않으면 0으로 작성한다.

> 인접 행렬
> 그래프의 구조를 표현하기 위해 정점 수만큼의 열과 행을 가진 행렬을 이용하는 방법

무방향 그래프	방향 그래프
A—B—C 의 그래프 　　A B C A　0 1 1 B　1 0 1 C　1 1 0	A→B→C 의 그래프 　　A B C A　0 1 1 B　1 0 1 C　0 0 0

기출 및 예상문제

01 트리와 그래프

01 [21년 1회 필기]
그래프의 특수한 형태로 노드(Node)와 선분(Branch)으로 되어 있고, 정점 사이에 사이클(Cycle)이 형성되어 있지 않으며, 자료 사이의 관계성이 계층 형식으로 나타나는 비선형 구조는 무엇인지 쓰시오.

....

> **해설** [키워드] 정점 사이에 사이클이 형성되지 않음 → [용어] 트리

02 [20년 2회 필기]
다음 트리의 차수(degree)와 단말 노드(terminal node)의 수를 구하시오.

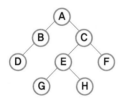

① 차수 ....

② 단말 노드 ....

> **해설**
> • 트리의 차수 : 트리의 모든 노드 중 가장 높은 차수
> → 2 (A, C, E의 차수 : 2)
> • 단말 노드 : 자식이 없는 노드
> → 4 (D, F, G, H)

03 [20년 3회 필기]
다음 트리의 차수(degree)를 구하시오.

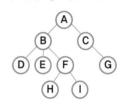

....

> **해설** 트리의 차수 : 트리의 모든 노드 중 가장 높은 차수
> → 3 (B의 차수 : 3)

04 다음 트리의 터미널 노드 수를 구하시오.

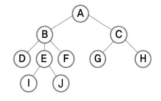

> **해설** 터미널 노드(Terminal Node, 단말 노드) : 자식이 없는 노드
> → D, F, G, H, I, J

[20년 2회 필기]

05 다음 트리를 전위 순회(preorder traversal)한 결과를 쓰시오.

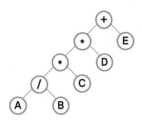

> **해설** Preorder(전위) : Root → Left → Right
> • 전위 순회는 중간 노드를 방문하고 왼쪽 서브 트리를 순회한 후 오른쪽 서브 트리를 순회한다.

[20년 3회 필기]

06 다음 트리를 Preorder 운행법으로 운행할 경우 가장 먼저 탐색되는 것을 쓰시오.

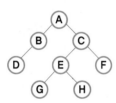

> **해설** 운행 순서 : A → B → D → C → E → G → H → F

[21년 1회 필기]

07 다음 트리를 Preorder 운행법으로 운행할 경우 다섯 번째로 탐색되는 것을 쓰시오.

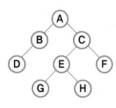

> **해설** 운행 순서 : A → B → D → C → E → G → H → F

[21년 3회 필기] [20년 4회 필기]

08 다음 트리에 대한 INORDER 운행 결과를 쓰시오.

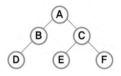

> **해설** Inorder(중위) : Left → Root → Right
> • 중위 순회는 왼쪽 서브 트리를 순회한 후 중간 노드를 방문하고 오른쪽 서브 트리를 순회한다.

[21년 2회 필기] [20년 4회 필기]

09 다음 Postfix 연산식에 대한 연산 결과를 구하시오.

> 3 4 * 5 6 * +

> **해설** PostFix(후위 표기법) : Left 피연산자 → Right 피연산자 → 연산자
> InFix(중위 표기법) : Left 피연산자 → 연산자 → Right 피연산자
> **산출문**
> ((3 4 *) (5 6 *) +)
> ① ②
> ③
> **풀이**
> ① : (3 * 4)
> ② : (5 * 6)
> ③ : (① + ②) → ((3 * 4) + (5 * 6))
> → 필요 없는 괄호 없애기 : (3 * 4) + (5 * 6) = 12 + 30 = 42
> **TIP** 위 연산식을 계산하기 위해서는 InFix(중위 표기법)로 변환해야 합니다.

[21년 1회 필기]

10 다음 전위식(prefix)을 후위식(postfix)으로 표현하시오.

> − / * A + B C D E

PreFix(전위 표기법) : 연산자 → Left 피연산자 → Right 피연산자
PostFix(후위 표기법) : Left 피연산자 → Right 피연산자 → 연산자

산술문

$-/*A+BCDE$
　①
　②
　③
　④

풀이

① : B C +
② : * A ① → A B C + *
③ : / ② D → A B C + * D /
④ : - ③ E → A B C + * D / E -

 InFix(중위 표기법) : Left 피연산자 → 연산자 → Right 피연산자
PostFix(후위 표기법) : Left 피연산자 → Right 피연산자 → 연산자

산술문

$(((A+B)*C)+(D+E))$
　①　　　③
　②
　④

풀이

① : (A B +)
② : (① * C) → ((A B +) C *)
③ : (D E +)
④ : (② + ③) → (((A B +) C *)(D E +) +)
→ 필요 없는 괄호 없애기 : A B + C * D E + +

[20년 4회 필기]

11 n개의 노드로 구성된 무방향 그래프의 최대 간선 수를 구하는 공식을 쓰시오.

해설
• 정점이 n개인 무방향 그래프에서 최대 간선 수 : n(n−1)/2개
• 정점이 n개인 방향 그래프에서 최대 간선 수 : n(n−1)개

[21년 3회 필기]

12 다음 그래프에서 정점 A를 선택하여 깊이우선탐색 (DFS)으로 운행한 결과를 순서대로 나열하시오.

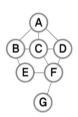

해설
깊이 우선 탐색(DFS; Depth First Search)은 노드의 자식들을 우선으로 탐색하는 방법이다.

---

13 다음 중위식(InFix)을 후위식(Postfix)으로 표현하시오.

$(A+B)*C+(D+E)$

---

14 다음과 같은 그래프에서 인접행렬이 옳게 된 것을 〈보기〉에서 고르시오.

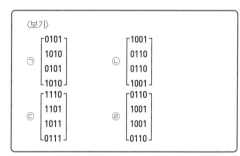

〈보기〉

⑦
$\begin{bmatrix} 0101 \\ 1010 \\ 0101 \\ 1010 \end{bmatrix}$
ⓛ
$\begin{bmatrix} 1001 \\ 0110 \\ 0110 \\ 1001 \end{bmatrix}$

ⓒ
$\begin{bmatrix} 1110 \\ 1101 \\ 1011 \\ 0111 \end{bmatrix}$
ⓔ
$\begin{bmatrix} 0110 \\ 1001 \\ 1001 \\ 0110 \end{bmatrix}$

해설

	1	2	3	4
1	0	1	1	0
2	1	0	0	1
3	1	0	0	1
4	0	1	1	0

정답

01. 트리(Tree) 02. ❶ 2 ❷ 4 03. 3 04. 6 05. + * * / A B C D E
06. A 07. E 08. D, B, A, E, C, F 09. 42 10. A B C + * D / E −
11. n(n−1)/2 12. A, B, E, F, G, C, D 13. A B + C * D E + + 14. ⓔ

SECTION

09

알고리즘

1부터 10까지의 합계를 구하는 방법은 여러 가지가 있습니다. 배열에 1에서 10까지 저장하여 배열 값을 모두 더할 수 있고, 변수 하나를 선언하여 해당 변수를 증가시키며 합계를 구할 수 있습니다. 이와 같이 어떠한 주어진 문제를 풀기 위한 방법을 알고리즘이라고 합니다.

권쌤이 알려줌

소프트웨어 개발 시 순서도(알고리즘)를 먼저 작성하고, 작성된 순서도를 참고하여 프로그램을 코딩합니다. 일반적인 소프트웨어 개발 전체 절차는 다음과 같습니다.
• 프로그램 개발 의뢰 → 분석 → 순서도(알고리즘) 작성 → 프로그램 코딩 → 테스트(디버깅) → 완성

의사코드(Pseudocode)
일반적인 언어로 코드를 흉내를 내어 알고리즘으로 써놓은 코드

---

01 알고리즘

1 알고리즘(Algorithm)

알고리즘은 어떠한 주어진 문제를 풀기 위한 절차나 방법이다.

• 컴퓨터 프로그램을 기술할 때 실행 명령어들의 순서를 의미한다.
• 동일한 문제를 풀 때 결과는 같아도 알고리즘에 따라 실행 속도나 오차 및 오류 등에 차이가 있을 수 있다.
• 알고리즘은 명확해야 하므로 프로그래머들은 주로 순서도(Flowchart)나 의사코드(Pseudocode)[※] 등을 이용하고 있다.

1. 알고리즘의 조건

조건	설명
입력	알고리즘은 0 또는 그 이상의 외부에서 제공된 자료가 존재한다.
출력	알고리즘은 최소 1개 이상의 결과를 가진다.
명확성	알고리즘의 각 단계는 명확하여 애매함이 없어야 한다.
유한성	알고리즘은 단계들을 유한한 횟수를 거친 후 문제를 해결하고 종료해야 한다.
효과성	알고리즘의 모든 연산은 사람이 종이와 연필을 이용하여 유한한 시간 안에 정확하게 수행할 수 있을 정도로 충분히 단순해야 한다.

2. 알고리즘의 기법 [20년 3회 필기]

기법	설명
분할 정복법 (Divide and Conquer)	여러 알고리즘의 기본이 되는 해결 방법으로, 기본적으로는 엄청나게 크고 방대한 문제를 조금씩 나눠가면서 쉽게 풀 수 있는 문제 단위로 나눈 다음, 그것들을 다시 합쳐서 해결하는 알고리즘 설계 기법
동적 계획법 (DP; Dynamic Programming)	접근 방식은 기본적으로 분할 정복 알고리즘과 비슷하며, 특정 범위까지의 값을 구하기 위해서 그것과 다른 범위까지의 값을 이용하여 효율적으로 값을 구하는 알고리즘 설계 기법 ⑩ 피보나치 수열 : 1, 1, 2, 3, 5, 8, …

합격자의 암기법

알고리즘 기법 :
동백씨 그분 알죠
• 동(적 계획법)
• 백(트래킹)
• 씨
• 그(리디 알고리즘)
• 분(할 정복법)
• 알(고리즘 기법)
• 죠

그리디 알고리즘 (Greedy Algo- rithm, 욕심쟁이 알고리즘)	'매 선택에서 지금 이 순간 당장 최적인 답을 선택하여 적합한 결과를 도출하자'라는 모토를 가지는 알고리즘 설계 기법 • 종합적으로 최적이라는 보장은 없다. 예 매 순간 최적을 따라가면 1-1-1-100의 순서로 가는데, 중간에 1-1-10-10으로 움 직이는 것이 전체적으로 더 짧은 길이 될 수 있다.
백트래킹 (Backtracking)	모든 경우의 수를 전부 고려하는 해결 방법으로, 상태 공간을 트리로 나타낼 수 있을 때 적합한 알고리즘 설계 기법 • 일종의 트리 탐색 알고리즘이라고 봐도 된다. • 방식에 따라 깊이 우선 탐색(DFS)과 너비 우선 탐색(BFS) 등이 있다.

2 알고리즘의 효율성 평가

알고리즘의 복잡한 정도를 나타내는 척도인 시간 복잡도와 공간 복잡도로 알고리즘의 효율성을 평가한다.

• Big-O 표기법(Big O Notation)을 주로 사용한다.

• 복잡도가 높을수록 효율성은 저하된다.

1. 시간 복잡도(Time Complexity) [21년 2, 3회 필기] [20년 2회 필기]

프로그램을 실행시켜 완료하는 데 걸리는 시간을 계산한 것이다.

• 얼마나 많은 시간이 필요한가?

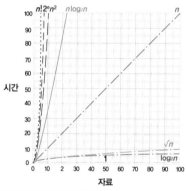

구분	설명
$O(n)$	• 입력 자료의 크기 n에 대하여 대략 크기 n에 비례하는 수의 연산을 수행 • 입력 자료를 차례로 하나씩 모두 처리하는 선형 복잡도 예 순차 검색
$O(n^2)$	• 제곱형 복잡도 • 이중 for문 등 이중 루프 구조의 복잡도 예 선택 정렬, 버블 정렬, 삽입 정렬
$O(1)$	• 상수형 복잡도 • 자료 크기[*]와 무관하게 항상 같은 속도를 가짐 예 해시 함수
$O(\log_2 n)$	• 로그형 복잡도 예 이진 검색
$O(n\log_2 n)$	• 선형 로그형 복잡도 예 퀵 정렬, 힙 정렬, 병합(합병) 정렬

권쌤이 알려줌

알고리즘 효율성은 데이터 개수(n)가 주어졌을 때 덧셈, 뺄셈, 곱셈과 같은 연산의 횟수를 의미합니다.

자료 크기
데이터 양

2. 공간 복잡도(Space Complexity)

기억 공간의 소요량을 계산한 것이다.

• 얼마나 많은 메모리 공간이 필요한가?

[20년 3회 필기]

01 알고리즘 설계 기법으로 거리가 먼 것을 모두 고르시오.

> ㉠ Divide and Conquer　　㉡ Greedy
> ㉢ Static Block　　㉣ Backtracking

해설 알고리즘 기법
- 동적 계획법(Dynamic Programming, DP)
- 백트래킹(Backtracking)
- 그리디 알고리즘(Greedy Algorithm, 욕심쟁이 알고리즘)
- 분할 정복법(Divide and Conquer)
TIP 알고리즘 기법 종류는 "동백씨 그분 알죠?"로 기억하세요.

[21년 2회 필기] [20년 2회 필기]

02 정렬된 N개의 데이터를 처리하는데 $O(N\log_2 N)$의 시간이 소요되는 정렬 알고리즘을 모두 고르시오.

> ㉠ 선택 정렬　　㉡ 삽입 정렬
> ㉢ 버블 정렬　　㉣ 합병 정렬

해설 나머지는 정렬된 N개의 데이터를 처리하는데 $O(N_2)$의 시간이 소요된다.

[20년 2회 필기]

03 알고리즘 수행시간이 입력 데이터 수와 관계없이 일정한 시간 복잡도를 쓰시오.

해설 **키워드** 수행시간 일정 → **용어** O(1) (상수형 복잡도)

[21년 3회 필기]

04 최악의 경우 검색 효율이 가장 나쁜 트리 구조를 고르시오.

> ㉠ 이진 탐색 트리　　㉡ AVL 트리
> ㉢ 2–3 트리　　㉣ 레드–블랙 트리

해설 이진 탐색 트리는 트리가 한쪽으로 치우쳐 있는 경우(최악의 경우), 시간 복잡도는 O(n)이 된다.
②, ③, ④는 균형 이진 탐색 트리(Balanced Binary Search Tree)로, 최악의 경우에도 $O(\log_2 n)$으로 유지된다.
- 편향 이진 트리 : 한쪽으로 치우쳐진 트리
- 균형 이진 탐색 트리 : 왼쪽 서브 트리 높이와 오른쪽 서브 트리 높이 차이가 1 이하인 트리(트리가 한쪽으로 치우치는 것을 방지한다.)

▲ 편향 이진 트리　　　▲ 균형 이진 탐색 트리

정답
01. ㉢ **02.** ㉣ **03.** O(1) **04.** ㉠

---

02 정렬 알고리즘

1 선택 정렬(Selection Sort) [21년 1회 필기] [20년 3회 필기]

선택 정렬은 자료 배열 중에 최솟값(또는 최댓값)을 찾아 그 값을 첫 번째 위치에 놓고, 첫 번째 위치를 제외한 나머지 자료 배열 중에서 최솟값을 찾아 두 번째 위치에 놓는 과정을 반복하는 정렬 방법이다.

- 오름차순의 경우 최솟값이 첫 번째 위치부터 마지막 위치까지 차례대로 정렬된다.
- 내림차순의 경우 최댓값이 첫 번째 위치부터 마지막 위치까지 차례대로 정렬된다.

권쌤이 알려줌

데이터를 오름차순 또는 내림차순으로 정렬하는 알고리즘에 대해 학습합니다. 정렬 알고리즘에 따라 데이터가 정렬되는 순서가 다릅니다. 소프트웨어의 기능에 맞는 정렬 알고리즘을 선택하여 효율적으로 개발할 수 있습니다.

권쌤이 알려줌

선택 정렬은 첫 자리부터 정렬됩니다.

예제 선택 정렬 – 오름차순

- 정렬 방법 : 기준 값과 비교 값을 비교하여, 비교 값이 기준 값보다 작은 경우에만 기준 값과 비교 값을 교환한다.
- 예 아래 Pass 1에서 비교 값(70)이 기준 값(100)보다 작으므로 기준 값(100)과 비교 값(70)을 교환한다.

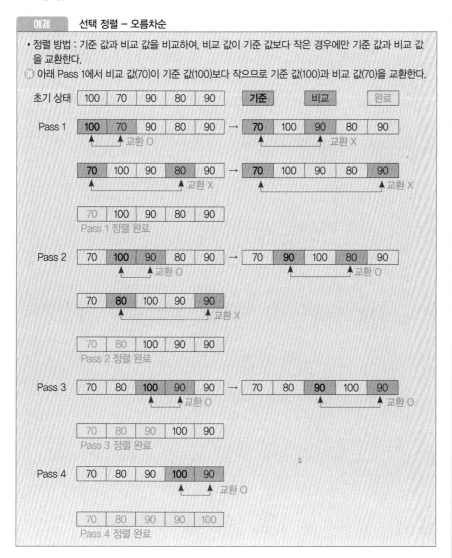

권쌤이 알려줌

버블 정렬은 마지막 자리부터 정렬됩니다.

권쌤이 알려줌

버블 정렬은 물 속의 물방울(버블)이 수면 위로 하나씩 올라가듯이 정렬됩니다.

2 버블 정렬(Bubble Sort) [21년 2, 3회 필기]

버블 정렬은 자료 배열 중 인접한 두 요소를 비교하여 교체하는 정렬 방법이다.

- 오름차순의 경우 최댓값이 마지막 위치부터 첫 번째 위치까지 차례대로 정렬된다.
- 내림차순의 경우 최솟값이 마지막 위치부터 첫 번째 위치까지 차례대로 정렬된다.

예제 　버블 정렬 - 오름차순

- 정렬 방법 : 두 수를 비교하여 오른쪽 값이 왼쪽 값보다 작은 경우에만 왼쪽 값과 오른쪽 값을 교환한다.
- 📌 아래 Pass 1에서 오른쪽 값(70)이 왼쪽 값(100)보다 작으므로 왼쪽 값(100)과 오른쪽 값(70)을 교환한다.

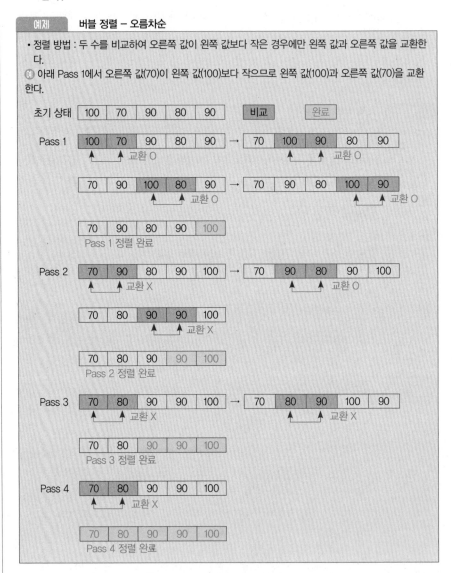

3 삽입 정렬(Insertion Sort) [20년 4회 필기]

삽입 정렬은 자료 배열의 모든 요소를 앞에서부터 차례대로 이미 정렬된 배열 부분과 비교하여, 자신의 위치를 찾아 삽입하는 정렬 방법이다.

예제 삽입 정렬 – 오름차순

• 정렬 방법 : 기준 값과 비교 값을 비교하여 기준 값이 비교 값보다 작은 경우에만 배열 요소를 오른쪽으로 이동한 후 기준 값을 삽입한다.

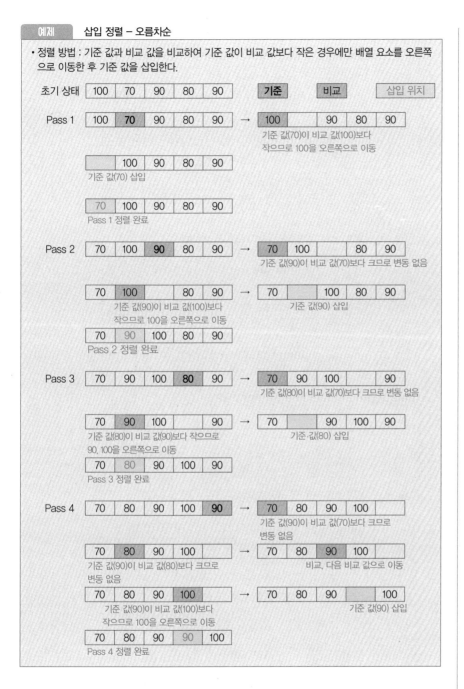

권쌤이 알려줌

삽입 정렬은 기준이 되는 데이터를 올바른 위치에 삽입해야 하므로, 삽입 시 오른쪽으로 한 칸씩 이동합니다.

권쌤이 알려줌

Pass 1에서 두 번째 값을 Key로 선택합니다.

4 퀵 정렬(Quick Sort) [21년 1회 필기]

퀵 정렬은 기준점(Pivot, 피벗)을 기준으로 좌우를 비교하여 정렬하는 방법이다.

• 오름차순의 경우 기준점(Pivot)보다 작은 자료는 왼쪽, 큰 자료는 오른쪽에 위치한다.

• 내림차순의 경우 기준점(Pivot)보다 큰 자료는 왼쪽, 작은 자료는 오른쪽에 위치한다.

권쌤이 알려줌

퀵 정렬은 분할 정복법으로, 평균적으로 매우 빠릅니다.

예제 **퀵 정렬 – 오름차순**

- 정렬 방법 : Pivot과 Left 또는 Pivot과 Right를 비교하여 Left에는 Pivot보다 작은 값을, Right에는 Pivot보다 큰 값을 위치시킨다.

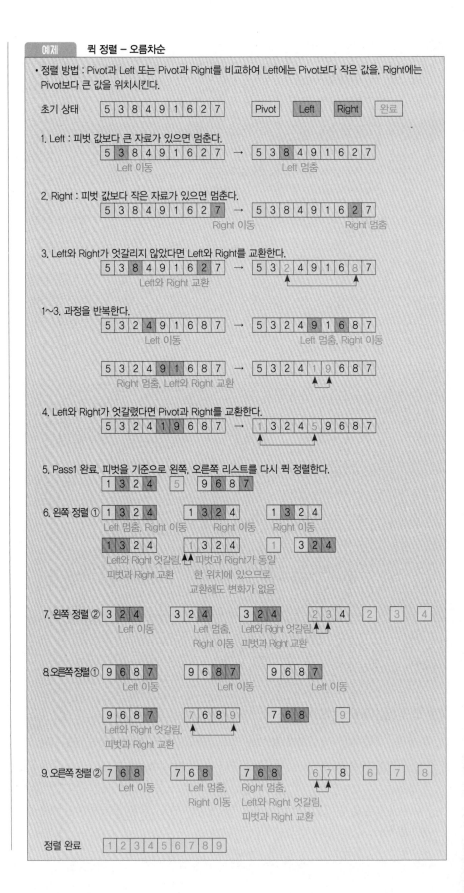

초기 상태　5 3 8 4 9 1 6 2 7　　Pivot　Left　Right　완료

1. Left : 피벗 값보다 큰 자료가 있으면 멈춘다.
5 3 8 4 9 1 6 2 7 → 5 3 8 4 9 1 6 2 7
　Left 이동　　　　　　　Left 멈춤

2. Right : 피벗 값보다 작은 자료가 있으면 멈춘다.
5 3 8 4 9 1 6 2 7 → 5 3 8 4 9 1 6 2 7
　　　　Right 이동　　　　　　　Right 멈춤

3. Left와 Right가 엇갈리지 않았다면 Left와 Right를 교환한다.
5 3 8 4 9 1 6 2 7 → 5 3 2 4 9 1 6 8 7
　Left와 Right 교환

1~3. 과정을 반복한다.
5 3 2 4 9 1 6 8 7 → 5 3 2 4 9 1 6 8 7
　Left 이동　　　　　　　Left 멈춤, Right 이동

5 3 2 4 9 1 6 8 7 → 5 3 2 4 1 9 6 8 7
　Right 멈춤, Left와 Right 교환

4. Left와 Right가 엇갈렸다면 Pivot과 Right를 교환한다.
5 3 2 4 1 9 6 8 7 → 1 3 2 4 5 9 6 8 7

5. Pass1 완료. 피벗을 기준으로 왼쪽, 오른쪽 리스트를 다시 퀵 정렬한다.
1 3 2 4　5　9 6 8 7

6. 왼쪽 정렬 ①　1 3 2 4　　1 3 2 4　　1 3 2 4
　Left 멈춤, Right 이동　Right 이동　Right 이동

1 3 2 4　　1 3 2 4　　1　3 2 4
Left와 Right 엇갈림, ↑↑ 피벗과 Right가 동일
피벗과 Right 교환　한 위치에 있으므로
교환해도 변화가 없음

7. 왼쪽 정렬 ②　3 2 4　　3 2 4　　3 2 4　　2 3 4　2　3　4
　Left 이동　　Left 멈춤,　Left와 Right 엇갈림, ↑↑
　　　　　　Right 이동　피벗과 Right 교환

8. 오른쪽 정렬 ①　9 6 8 7　　9 6 8 7　　9 6 8 7
　Left 이동　　　　Left 이동　　　Left 이동

9 6 8 7　　7 6 8 9　　7 6 8　　9
Left와 Right 엇갈림,
피벗과 Right 교환

9. 오른쪽 정렬 ②　7 6 8　　7 6 8　　7 6 8　　6 7 8　6　7　8
　Left 이동　　Left 멈춤,　Right 멈춤,　↑↑
　　　　　　Right 이동　Left와 Right 엇갈림,
　　　　　　　　　　피벗과 Right 교환

정렬 완료　1 2 3 4 5 6 7 8 9

5 2-Way 병합 정렬(합병 정렬, Merge Sort)

2-Way 병합 정렬은 자료 배열을 균등한 크기로 분할하고 분할된 부분 자료 배열을 정렬한 다음, 두 개의 정렬된 부분 자료 배열을 병합하는 과정을 반복하여 정렬하는 방법이다.

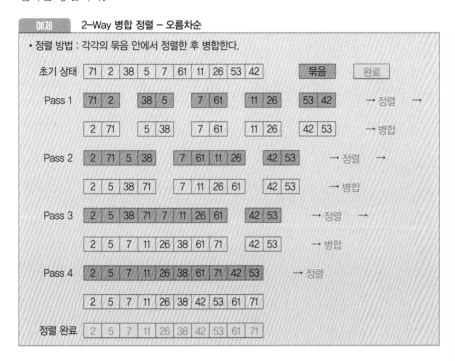

예제 2-Way 병합 정렬 – 오름차순

6 힙 정렬(Heap Sort) [21년 2회 필기]

힙 정렬은 완전 이진 트리*의 일종으로 자료 배열로 힙(Heap)을 구성하고, 가장 큰 값을 갖는 루트 노드를 제거하는 과정을 반복하여 정렬하는 방법이다.

- 최대힙은 최댓값을 루트에 배치하여 내림차순으로 정렬한 힙이다.
- 최소힙은 최솟값을 루트에 배치하여 오름차순으로 정렬한 힙이다.

> 완전 이진 트리
> (Complete Binary Tree)
> 왼쪽 자식 노드부터 채워져 마지막 레벨을 제외하고 모든 자식 노드가 채워져 있는 트리

예제 힙 정렬 – 최대힙

1. 초기 힙 구성
최댓값(또는 최솟값)을 찾아 루트 노드에 배치한다.

- 정렬 방법 : 자료 배열의 요소를 하나씩 트리에 삽입해 부모 노드 값과 삽입한 노드 값을 비교하여, 삽입한 노드 값이 부모 노드 값보다 큰 경우 부모 노드 값과 삽입한 노드 값을 교환한다.
- ⓔ 아래 삽입한 노드 값(10)이 부모 노드 값(4)보다 크므로, 부모 노드 값(4)과 삽입한 노드 값(10)을 교환한다. → 삽입한 노드 값(10)이 교환된 후 부모 노드 값(9)보다 크므로, 부모 노드 값(9)과 삽입한 노드 값(10)을 한 번 더 교환한다.

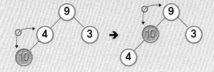

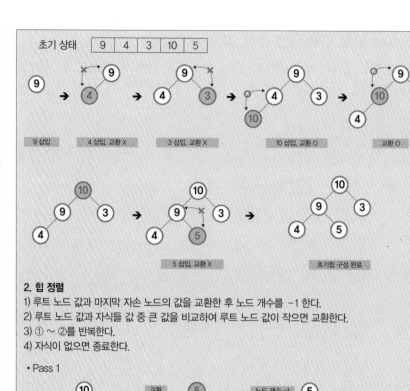

2. 힙 정렬

1) 루트 노드 값과 마지막 자손 노드의 값을 교환한 후 노드 개수를 −1 한다.
2) 루트 노드 값과 자식들 값 중 큰 값을 비교하여 루트 노드 값이 작으면 교환한다.
3) ① ~ ②를 반복한다.
4) 자식이 없으면 종료한다.

권쌤이 알려줌

초기 힙 정렬 시 이미 최댓값은 루트 노드에 위치하므로, Pass 1에서는 비교할 필요 없이 루트 노드 값과 마지막 자손 노드 값을 교환한 후 노드 개수−1을 합니다.

권쌤이 알려줌

노드 개수−1을 하면서 삭제된 노드의 값을 배열에 삽입합니다.

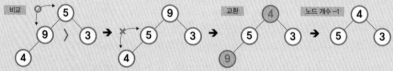

• Pass 1

Pass1 정렬 완료

				10

• Pass 2

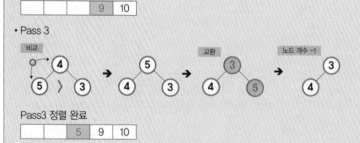

자식 노드들 중 큰 값과 부모 노드와 비교

Pass2 정렬 완료

			9	10

• Pass 3

Pass3 정렬 완료

		5	9	10

• Pass 4

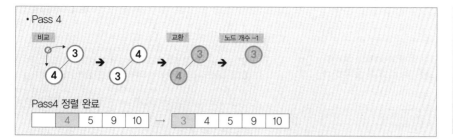

Pass4 정렬 완료

	4	5	9	10	→	3	4	5	9	10

기출 및 예상문제

[20년 3회 필기]

01 다음 자료에 대하여 선택(Selection) 정렬을 이용하여 오름차순으로 정렬하고자 한다. 3회전 후의 결과를 쓰시오.

37, 14, 17, 40, 35

해설
- 1회전 : 37, 14, 17, 40, 35 → <u>14</u>, <u>37</u>, 17, 40, 35
- 2회전 : 14, 37, 17, 40, 35 → 14, <u>17</u>, <u>37</u>, 40, 35
- 3회전 : 14, 17, 37, 40, 35 → 14, 17, <u>35</u>, 40, <u>37</u>
- 4회전 : 14, 17, 35, 40, 37 → 14, 17, 35, <u>37</u>, <u>40</u>

[21년 1회 필기]

02 다음 자료에 대하여 "Selection Sort"를 사용하여 오름차순으로 정렬한 경우 PASS 3의 결과를 쓰시오.

초기 상태 : 8, 3, 4, 9, 7

해설
- 1회전 : 8, 3, 4, 9, 7 → <u>3</u>, <u>8</u>, 4, 9, 7
- 2회전 : 3, 8, 4, 9, 7 → 3, <u>4</u>, <u>8</u>, 9, 7
- 3회전 : 3, 4, 8, 9, 7 → 3, 4, <u>7</u>, 9, <u>8</u>
- 4회전 : 3, 4, 7, 9, 8 → 3, 4, 7, <u>8</u>, <u>9</u>

[21년 2회 필기]

03 다음 자료를 버블 정렬을 이용하여 오름차순으로 정렬할 경우 Pass 2의 결과를 쓰시오.

9, 6, 7, 3, 5

해설
- 1회전 : 9, 6, 7, 3, 5 → <u>6, 9</u>, 7, 3, 5 → 6, <u>7, 9</u>, 3, 5 → 6, 7, <u>3, 9</u>, 5 → 6, 7, 3, <u>5, 9</u>
- 2회전 : 6, 7, 3, 5, 9 → 6, 7, 3, 5, 9 → 6, <u>3, 7</u>, 5, 9 → 6, 3, <u>5, 7</u>, 9 → 6, 3, 5, 7, 9
- 3회전 : 6, 3, 5, 7, 9 → <u>3, 6</u>, 5, 7, 9 → 3, <u>5, 6</u>, 7, 9 → 3, 5, 6, 7, 9
- 4회전 : 3, 5, 6, 7, 9

[21년 3회 필기]

04 다음 자료를 버블 정렬을 이용하여 오름차순으로 정렬할 경우 Pass 3의 결과를 쓰시오.

9, 6, 7, 3, 5

해설
- 1회전 : 9, 6, 7, 3, 5 → <u>6, 9</u>, 7, 3, 5 → 6, <u>7, 9</u>, 3, 5 → 6, 7, <u>3, 9</u>, 5 → 6, 7, 3, <u>5, 9</u>
- 2회전 : 6, 7, 3, 5, 9 → 6, 7, 3, 5, 9 → 6, <u>3, 7</u>, 5, 9 → 6, 3, <u>5, 7</u>, 9 → 6, 3, 5, 7, 9
- 3회전 : 6, 3, 5, 7, 9 → <u>3, 6</u>, 5, 7, 9 → 3, <u>5, 6</u>, 7, 9 → 3, 5, 6, 7, 9
- 4회전 : 3, 5, 6, 7, 9

[20년 4회 필기]

05 다음 초기 자료에 대하여 삽입 정렬(Insertion Sort)을 이용하여 오름차순 정렬할 경우 1회전 후의 결과를 쓰시오.

> 초기 자료 : 8, 3, 4, 9, 7

해설
- 1회전 : 8, 3, 4, 9, 7 → 3, 8, 4, 9, 7
- 2회전 : 3, 8, 4, 9, 7 → 3, 4, 8, 9, 7
- 3회전 : 3, 4, 8, 9, 7 → 3, 4, 8, 9, 7
- 4회전 : 3, 4, 8, 9, 7 → 3, 4, 7, 8, 9

[21년 1, 2회 필기]

06 다음 설명에 가장 적합한 정렬 알고리즘을 〈보기〉에서 고르시오.

> ① 레코드의 키 값을 분석하여 같은 값끼리 그 순서에 맞는 버킷에 분배하였다가 버킷의 순서대로 레코드를 꺼내어 정렬한다.
> ② 주어진 파일에서 인접한 두 개의 레코드 키 값을 비교하여 그 크기에 따라 레코드 위치를 서로 교환한다.
> ③ 레코드의 많은 자료 이동을 없애고 하나의 파일을 부분적으로 나누어 가면서 정렬한다.
> ④ 임의의 레코드 키와 매개변수(h) 값만큼 떨어진 곳의 레코드 키를 비교하여 서로 교환해 가면서 정렬한다.
> ⑤ 정렬할 입력 레코드들로 힙을 구성하고 가장 큰 키 값을 갖는 루트 노드를 제거하는 과정을 반복하여 정렬하는 기법이다.

> 〈보기〉
> ㉠ 퀵 정렬   ㉡ 버블 정렬
> ㉢ 쉘 정렬   ㉣ 기수 정렬
> ㉤ 힙 정렬

① ....
② ....
③ ....
④ ....
⑤ ....

해설
- 키워드 버킷 → 용어 기수 정렬(Radix Sort)
- 키워드 인접 → 용어 버블 정렬(Bubble Sort)
- 키워드 부분적으로 나누어(분할 정복법) → 용어 퀵 정렬(Quick Sort)
- 키워드 값만큼 떨어진 곳(삽입정렬 보완)→ 용어 쉘 정렬(Shell Sort)
- 키워드 힙 → 용어 힙 정렬(Heap Sort)

07 다음과 같이 오름차순 정렬되었을 경우 사용된 정렬 기법은 무엇인지 〈보기〉에서 고르시오.

> 초기 상태 : 8, 3, 4, 9, 7
> 1 PASS : 3, 8, 4, 9, 7
> 2 PASS : 3, 4, 8, 9, 7
> 3 PASS : 3, 4, 7, 9, 8
> 4 PASS : 3, 4, 7, 8, 9

> 〈보기〉
> ㉠ Bubble sort
> ㉡ Selection sort
> ㉢ Quick sort
> ㉣ Insertion sort

해설
선택 정렬(Selection sort) : 가장 작은 값을 찾아 맨 앞에 위치한 값과 교체하고, 맨 처음 위치를 뺀 나머지 리스트를 같은 방법으로 교체하는 방법

08 입력 데이터가 R=(21, 53, 1, 99, 47, 25, 30, 2)일 때 2-Way Merge Sort의 2회전 후 결과를 쓰시오.

해설
- 1회전 : (21, 53), (1, 99), (47, 25), (30, 2)
  → (21, 53), (1, 99), (25, 47), (2, 30)
- 2회전 : ((21, 53), (1, 99)), ((25, 47), (2, 30))
  → (1, 21, 53, 99), (2, 25, 30, 47)
- 3회전 : ((1, 21, 53, 99), (2, 25, 30, 47))
  → 1, 2, 21, 25, 30, 47, 53, 99

정답
01. 14, 17, 35, 40, 37 02. 3, 4, 7, 9, 8 03. 6, 3, 5, 7, 9 04. 3, 5, 6, 7, 9 05. 3, 8, 4, 9, 7 06. ❶ ㉣ ❷ ㉡ ❸ ㉠ ❹ ㉢ ❺ ㉤ 07. ㉡ 08. 1, 21, 53, 99, 2, 25, 30, 47

01 두 릴레이션에 저장된 튜플 간에 데이터 일관성을 유지하기 위한 것으로서, 릴레이션 R1에 저장된 튜플이 릴레이션 R2에 있는 튜플을 참조하려면 참조되는 튜플이 반드시 R2에 존재해야 한다는 조건은 무엇인지 쓰시오.

....

02 다음의 설명에 가장 부합하는 정규형을 쓰시오.

> • 보이스(R.F. Boyce)와 코드(E.F. Codd)가 개발한 정규형으로 제3정규형을 확장한 것이다.
> • 결정자가 후보키가 아닌 함수적 종속을 제거해서 모든 결정자가 후보키이어야 한다.

....

03 다음의 설명과 가장 부합하는 용어를 쓰시오.

> 하나 이상의 기본 테이블로부터 유도된 가상 테이블로, 논리적 독립성을 제공하여 필요한 데이터로만 구성되어 있어 관리가 용이하다. 구조가 기본 테이블과 거의 유사하지만 삽입, 삭제, 갱신 연산이 제한적이다.

....

04 트랜잭션은 사용자의 데이터베이스 접근 기본 단위로, 다음과 같은 4가지 특성을 가진다. ①~④에 들어갈 가장 적합한 트랜잭션의 특성을 쓰시오.

특성	설명
①	모두 반영되거나 아니면 전혀 반영되지 아니어야 된다.
②	트랜잭션의 결과는 영구적으로 반영해야 한다.
③	트랜잭션이 그 실행을 성공적으로 완료하면 일관적인 데이터베이스 상태를 유지해야 한다.
④	둘 이상의 트랜잭션이 동시에 병행 실행되고 있을 때 또 다른 하나의 트랜잭션의 연산이 끼어들 수 없다.

① ....
② ....
③ ....
④ ....

05 다음 설명에 가장 적합한 병행 제어 기법을 〈보기〉에서 고르시오.

> ① 특정 트랜잭션이 데이터 항목에 대하여 잠금을 설정하여, 잠금을 설정한 트랜잭션은 잠금을 해제할 때까지 데이터 항목을 독점적으로 사용하는 기법
> ② 읽기 전용 트랜잭션이 대부분인 경우 트랜잭션 간의 충돌률이 매우 낮아 병행 제어를 하지 않아도 문제가 없는 점을 이용한 기법
> ③ 트랜잭션이 갱신될 때마다 버전을 부여하여 관리하는 기법
> ④ 시스템에서 생성하는 고유 번호인 타임 스탬프를 트랜잭션에 부여하는 기법

> 〈보기〉
> ㉠ 다중 버전 기법　　㉡ 낙관적 기법
> ㉢ 로킹 기법　　㉣ 시간 스탬프 순서 기법

① ....
② ....
③ ....
④ ....

06 다음은 분산 데이터베이스의 4대 목표에 대한 설명이다. 각 설명에 대한 가장 적합한 답을 쓰시오.

구분	설명
①	사용자가 물리적으로 저장되어 있는 곳을 알 필요 없이 논리적인 입장에서 데이터가 모두 자신의 사이트에 있는 것처럼 처리한다.
②	분산 데이터베이스와 관련된 다수의 트랜잭션들이 동시에 실현 되더라도 그 트랜잭션의 결과는 영향을 받지 않는다.
③	트랜잭션이 데이터의 중복 개수나 중복 사실을 모르고도 데이터 처리가 가능하다.
④	트랜잭션, DBMS, 네트워크, 컴퓨터 장애에도 불구하고 트랜잭션을 정확하게 처리한다.

① ....
② ....
③ ....
④ ....

07 다음의 설명과 가장 부합하는 접근 통제 종류를 쓰시오.

> - 조직의 사용자가 수행해야 하는 직무와 직무 권한 등급을 기준으로 객체에 대한 접근을 제어한다.
> - 접근 권한은 직무에 허용된 연산을 기준으로 허용함으로 조직의 기능 변화에 따른 관리적 업무의 효율성을 높일 수 있다.
> - 사용자가 적절한 직무에 할당되고, 직무에 적합한 접근 권한이 할당된 경우에만 접근할 수 있다.

08 스택(Stack)과 큐(Queue)의 장점을 조합한 구조로, 양쪽 모두 삽입, 삭제가 가능한 자료구조는 무엇인지 쓰시오.

[09~11] 아래의 트리(Tree)를 참고하여 각 질문에 답하시오.

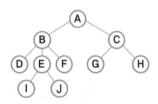

09 트리의 노드(Node) 수를 구하시오.

10 B의 차수(Degree)를 구하시오.

11 트리의 차수(Degree)를 구하시오.

12 다음 트리에 대한 Postorder 운행 결과를 쓰시오.

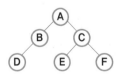

13 아래 식에 대하여 Postfix 기법으로 표현하시오.

$$(A * B) + (C * D)$$

14 다음 후위(Postfix) 표기식을 전위(Prefix) 표기식으로 표현하시오. (단, 표기식에서 +, −, *, /는 연산자이고 A, B, C, D, E는 피연산자이다.)

$$A B C * D / + E -$$

15 중위 표기법으로 표현된 다음 수식을 후위 표기법으로 표현하시오.

$$a + (b * c - d) * (e - f * g) - h$$

16 다음 전위식(prefix)을 중위식(infix)으로 표현하시오.

$$+ * A B / C D$$

17 다음의 자료를 삽입(insert) 정렬 기법을 사용하여 오름차순으로 정렬할 경우 PASS 2의 결과를 쓰시오.

$$64 \quad 28 \quad 33 \quad 76 \quad 55 \quad 12 \quad 43$$

챕터
기출예상문제 정답 및 해설

01 정답 **참조 무결성(Referential Integrity)**
해설 키워드 R1에 저장된 튜플이 R2에 있는 튜플을 참조 → 용어 참조 무결성

02 정답 **BCNF(Boyce/Codd Normal Form)**
해설 키워드 결정자, 후보키 → 용어 BCNF

03 정답 **뷰(View)**
해설 키워드 가상 테이블 → 용어 뷰

04 정답 **❶ 원자성(Atomicity) ❷ 영속성 또는 지속성(Durability)**
❸ 일관성(Consistency) ❹ 독립성 또는 격리성(Isolation)
해설 키워드 모두 반영, 전혀 반영 X → 용어 원자성
키워드 결과는 영구적 → 용어 영속성, 지속성
키워드 일관적인 상태 유지 → 용어 일관성
키워드 끼어들 수 없음 → 용어 독립성, 격리성

05 정답 **❶ ⓒ ❷ ⓛ ❸ ⑤ ❹ ⓔ**
해설 키워드 잠금(Lock) → 용어 로킹(Locking) 기법
키워드 읽기 전용 트랜잭션 → 용어 낙관적 기법
키워드 버전(Version) → 용어 다중 버전 기법
키워드 타임 스탬프(Time Stamp) → 용어 시간 스탬프 순서 기법(타임 스탬프 순서 기법)

06 정답 **❶ 위치 투명성(Location Transparency)**
❷ 병행 투명성(Concurrency Transparency)
❸ 중복(복제) 투명성(Replication Transparency)
❹ 장애 투명성(Failure Transparency)
해설 키워드 물리적 저장된 곳 알 필요 X → 용어 위치 투명성
키워드 트랜잭션들 동시에, 결과 영향 X → 용어 병행 투명성
키워드 중복 사실 몰라도 → 용어 중복(복제) 투명성
키워드 장애에도 정확히 처리 → 용어 장애 투명성

07 정답 **역할 기반 접근 통제(RBAC; Role-Based Access Control)**
해설 키워드 직무(Role) → 용어 역할 기반 접근 통제

08 정답 **데크(Deque)**
해설 키워드 양쪽 모두 삽입, 삭제가 가능 → 용어 데크

09 정답 **10**
해설 노드(Node) : 트리를 구성하는 기본 원소
→ A, B, C, D, E, F, G, H, I, J

10 정답 **3**
해설 차수(Degree) : 특정 노드의 자식 수 → D, E, F

11 정답 **3**
해설 트리의 차수 : 트리의 모든 노드 중에 가장 높은 차수
→ B의 차수 : 3

12 정답 **D B E F C A**
해설 후위 순회(Postorder Traversal) : 왼쪽 서브트리를 후위 순회하고 오른쪽 서브트리를 후위 순회한 후 중간 노드를 방문한다.

13 정답 **A B * C D + * +**
해설 InFix(중위 표기법) : Left 피연산자 → 연산자 → Right 피연산자
PostFix(후위 표기법) : Left 피연산자 → Right 피연산자 → 연산자

14 정답 **- + A / * B C D E**
해설 PostFix(후위 표기법) : Left 피연산자 → Right 피연산자 → 연산자
PreFix(전위 표기법) : 연산자 → Left 피연산자 → Right 피연산자
❶ 피연산자, 피연산자, 연산자 구조를 찾아서 괄호로 묶는다.
: ((A ((B C *) D /) +) E -)
❷ 연산자를 피연산자의 앞으로 옮긴다.
: - (+ (A / (* (B C) D)) E)
❸ 필요 없는 괄호를 제거한다.
: - + A / * B C D E

15 정답 **a b c * d - e f g * - * + h -**
해설 InFix (중위 표기법) : Left 피연산자 → 연산자 → Right 피연산자
PostFix (후위 표기법) : Left 피연산자 → Right 피연산자 → 연산자
❶ 피연산자, 연산자, 피연산자 구조를 찾아서 괄호로 묶는다.
: ((a + (((b * c) - d) * (e - (f * g)))) - h)
TIP (e - f * g)의 경우 -보다 *의 우선순위가 더 높으므로, (f * g)를 먼저 묶습니다.
❷ 연산자를 괄호의 뒤로 옮긴다.
: ((a (((b c) * d) - (e (f g) *) -) *) + h) -
❸ 필요 없는 괄호를 제거한다.
: a b c * d - e f g * - * + h -

16 정답 **(A * B) + (C / D)**
해설 PreFix(전위 표기법) : 연산자 → Left 피연산자 → Right 피연산자
InFix (중위 표기법) : Left 피연산자 → 연산자 → Right 피연산자
❶ 연산자, 피연산자, 피연산자 구조를 찾아서 괄호로 묶는다.
: (+ (* A B) (/ C D))
❷ 연산자를 피연산자의 가운데로 옮긴다.
: ((A * B) + (C / D))
❸ 필요 없는 괄호를 제거한다.
: (A * B) + (C / D)

17 정답 **28 33 64 76 55 12 43**
해설 삽입 정렬 : 두 번째 키부터 시작하며 왼쪽의 키들과 비교하여 삽입할 위치를 지정한 후 키를 한 칸씩 뒤로 옮기고 지정한 자리에 키를 삽입하여 정렬하는 방법
• 1회전 : 64 28 33 76 55 12 43 → 28 64 33 76 55 12 43
• 2회전 : 28 64 33 76 55 12 43 → 28 33 64 76 55 12 43
• 3회전 : 28 33 64 76 55 12 43 → 28 33 64 76 55 12 43
• 4회전 : 28 33 64 76 55 12 43 → 28 33 55 64 76 12 43
• 5회전 : 28 33 55 64 76 12 43 → 12 28 33 55 64 76 43
• 6회전 : 12 28 33 55 64 76 43 → 12 28 33 43 55 64 76

통합 구현

- [통합 구현] 챕터는 두 시스템 간의 데이터 전송을 위한 연계(인터페이스)의 개념과 방식 등을 학습합니다.
- 송신 시스템에서 데이터를 전송하면 수신 시스템에서 시스템의 형식에 맞게 데이터를 변환하여 저장합니다. 송·수신 시스템 사이에서 연계 서버(중계 서버)를 두어 모니터링할 수 있습니다.
- 서로 다른 종류의 시스템 간 상호작용을 위해 각 기능에 적합한 연계 방법을 활용하고, 표준화된 인터페이스를 사용하여 데이터 교환에 일관성을 제공할 수 있습니다.

▶ 인터페이스 요구사항

- 키워드 수행될 기능과 관련된 사항 → 용어 기능 인터페이스 요구사항
- 키워드 제약 조건 → 용어 비기능 인터페이스 요구사항

▶ 인터페이스 연계 방식

- 키워드 중간 매개체 X → 용어 직접 연계 방식
- 키워드 중간 매개체 O → 용어 간접 연계 방식

▶ EAI 구축 유형

- 키워드 직렬 인터페이스 → 용어 Point-to-Point(PPP)
- 키워드 허브 시스템을 통해 중앙 집중형 방식 → 용어 Hub & Spoke
- 키워드 미들웨어를 두어 처리 → 용어 Message Bus
- 키워드 그룹 내는 Hub & Spoke, 그룹 외는 Message Bus 방식 → 용어 Hybrid

▶ IPC(Inter-Process Communication)

- 키워드 소켓 생성, 포트 할당 → 용어 소켓(Socket)
- 키워드 두 프로세스 사이 연결 → 용어 파이프(Pipe)
- 키워드 공유 자원 접속 제어 신호 → 용어 세마포어(Semaphore)
- 키워드 병행 프로세스 간에 통신이나 동기화 신호 → 용어 시그널(Signal)

▶ 웹 서비스의 구성 요소

- 키워드 공용 등록부 → 용어 UDDI
- 키워드 메시지 교환 통신 규약 → 용어 SOAP
- 키워드 웹 서비스 상세 정보 기술 → 용어 WSDL

SECTION 01

연계 메커니즘 구성

통합 구현은 사용자의 요구사항을 해결하고, 새로운 서비스 창출을 위해 단위 모듈 간의 연계와 통합을 의미합니다. 모듈 간의 연계를 위한 인터페이스 요구사항 종류와 관련 용어에 대해 학습합니다. 관련 용어 위주로 학습하세요.

01 인터페이스 요구사항

1 인터페이스 요구사항

인터페이스 요구사항은 목표 시스템과 외부 환경이 상호작용할 수 있도록 연결하기 위한 조건이나 특성 및 규약 등에 대한 요건을 기술한 것이다.

1. 시스템 인터페이스 요구사항

목표 시스템 운용 환경과 다른 소프트웨어 및 하드웨어 장치들과의 연결성에 대한 요구사항이다.

- 내·외부에 존재하는 시스템들끼리 서로 연동하여 상호 작용하기 위한 접속 방법이나 규칙에 대한 요구사항이다.

① 기능 인터페이스 요구사항

내·외부 시스템 연계를 통해 수행될 기능과 관련된 사항으로, 입·출력 및 처리 과정과 목표 시스템을 구현하기 위해 소프트웨어가 가져야 하는 기능적 속성에 대한 요구사항이다.

예 기능 인터페이스 요구사항 정의서

요구사항 분류		시스템 인터페이스 요구사항	요구사항 번호	SIR-001
요구사항 명칭		CRM과 VOC 연계		
요구사항 상세 설명	정의	CRM 시스템과 VOC 시스템 간의 인터페이스		
	세부 내용	VOC 시스템을 통해 수집된 고객 불만 정보를 CRM 시스템에 매일 1회 전달함		
산출 정보		CRM 시스템의 고객 불만 정보 테이블, 전송 로그		
요구사항 출처		CRM 업무 담당자 인터뷰		

 학습플러스 CRM(Customer Relationship Management, 고객 관계 관리)

CRM은 기업이 고객 관계를 관리하기 위해 필요한 방법론이나 소프트웨어이다.
- 현재의 고객과 잠재 고객에 대한 정보를 분석해 마케팅 정보로 변환함으로써 고객의 구매 관련 행동을 지수화하고, 이를 바탕으로 마케팅 프로그램을 개발/실현/수정하는 고객 중심의 경영 기법을 의미한다.

VOC(Voice of Customer, 고객의 소리)

VOC는 콜센터에 접수되는 고객의 불만 사항에 대해 접수부터 처리까지 상황을 실시간으로 관리하고, 처리 결과를 관서별로 지표화하여 관리 및 평가함으로써 고객의 체감 서비스를 향상하는 고객 관리 시스템이다.

② 비기능 인터페이스 요구사항

시스템의 기능에 관련되지 않는 사항으로, 시스템이 기능 요구사항을 만족시키면서 정상적으로 작동하기 위한 시스템 내·외부의 제약 조건을 의미한다.

- 비기능 요구사항에는 성능, 사용의 용이성, 신뢰도, 보안성, 운용상의 제약, 안전성 등으로 행위적 특성이나 시스템 전반과 관련된 요구사항이 포함된다.

예 비기능 인터페이스 요구사항 정의서

요구사항 분류		시스템 인터페이스 요구사항	요구사항 번호	SIR-002
요구사항 명칭		인터페이스 보안		
요구사항 상세 설명	정의	인터페이스 보안		
	세부 내용	인터페이스를 위한 연계 서버와 업무 서버 사이에 침입 차단 시스템 등 보안 장비를 활용하여 보안을 강화해야 함		
산출 정보		인터페이스 보안 방안		
요구사항 출처		보안 담당자 인터뷰		

2. 사용자 인터페이스 요구사항

사용자가 해당 시스템을 사용하는 데 있어서 경험 및 편의성에 대한 요구사항이다.

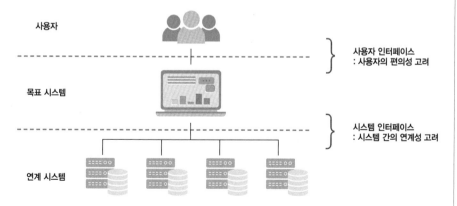

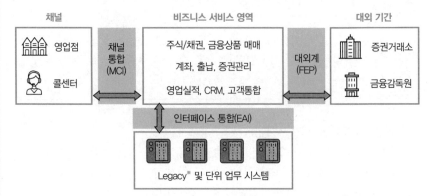

예 증권 시스템 대내외 인터페이스 구성 사례

Legacy System(레거시 시스템)
과거에 개발되어 현재에도 사용 중인 낡은 하드웨어나 소프트웨어

① MCI(Multi Channel Integration, 채널 통합 · 연계 솔루션)

모든 고객 접점과 기업 내부 시스템 간 인터페이스를 통합하는 기술이다.

② FEP(Front End Processor, 전치 프로세서)

입력되는 데이터를 컴퓨터의 프로세서가 처리하기 전에 미리 처리하여 프로세서가 처리하는 시간을 줄여주는 프로그램이나 하드웨어이다.

- 통신 제어를 위한 처리 시스템으로, 통신 기능이나 네트워크 기능을 분담하기 위한 전용 컴퓨터이다.
- 시스템 간 통신을 할 때 연계 솔루션(MCI, EAI, FEP)을 사용하는데 대외 거래는 FEP를 사용한다.
- 대외 인터페이스 기술 기반 표준화를 통해 신규 및 변경 구축되는 대외 채널에 대한 신속한 대응이 가능하다.

③ EAI(Enterprise Application Integration, 기업 애플리케이션 통합 솔루션)

기업 내 각종 애플리케이션 및 플랫폼 간의 정보 전달, 연계, 통합 등 상호 연동이 가능하게 해주는 솔루션이다.

- 비즈니스 간 통합 및 연계성을 증대시켜 효율성 및 각 시스템 간의 확장성을 높여준다.

01 다음의 설명과 가장 부합하는 용어를 쓰시오.

> 기업이 고객 관계를 관리해 나가기 위해 필요한 방법론이나 소프트웨어 등을 가리키는 용어이다. 현재의 고객과 잠재 고객에 대한 정보 자료를 정리, 분석해 마케팅 정보로 변환함으로써 고객의 구매 관련 행동을 지수화하고, 이를 바탕으로 마케팅 프로그램을 개발, 실현, 수정하는 고객 중심의 경영 기법을 의미한다.

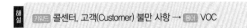

해설 키워드 콜센터, 고객(Customer) 불만 사항 → 용어 VOC

03 모든 고객 접점과 기업 내부 시스템 간 인터페이스를 통합하는 기술은 무엇인지 쓰시오.

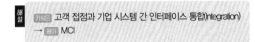

해설 키워드 고객 접점과 기업 시스템 간 인터페이스 통합(Integration) → 용어 MCI

해설 키워드 고객 관계(Relationship) 관리, 고객 중심의 경영 기법 → 용어 CRM

[이전 기출]

02 콜센터에 접수되는 고객 불만사항을 접수부터 처리가 완료될 때까지 처리상황을 실시간으로 관리하고, 처리 결과를 관서별로 지표화하여 관리·평가함으로써 고객의 체감서비스를 향상시키는 고객 관리 시스템은 무엇인지 쓰시오.

정답
01. CRM(Customer Relationship Management, 고객 관계 관리)
02. VOC(Voice of Customer, 고객의 소리) **03.** MCI(Multi Channel Integration, 채널 통합·연계 솔루션)

02 　인터페이스 시스템

1 인터페이스 시스템(연계 시스템)

인터페이스 시스템을 구성하는 시스템에는 송신 시스템과 수신 시스템이 있으며, 연계 방식에 따라 중계 서버를 둘 수 있다.

권쌤이 알려줌

연계 시스템은 송·수신 시스템 간 데이터 전송을 위해 구성되는 시스템입니다.

어댑터(Adapter)
다른 전기나 기계 장치를 서로 연결해서 작동할 수 있도록 만들어 주는 연결 도구

1. 송신 시스템 [21년 2회 필기]

연계할 데이터를 데이터베이스와 애플리케이션으로부터 연계 테이블 또는 파일 형태(연계 데이터)로 생성하여 송신하는 시스템이다.

2. 연계 서버(중계 서버)

　송신 시스템과 수신 시스템 사이에서 데이터를 송·수신하고, 연계 데이터의 송·수신 현황을 모니터링하는 시스템이다.

　• 연계 데이터의 보안 강화 및 다중 플랫폼 지원 등이 가능하다.

3. 수신 시스템

　수신한 연계 테이블 또는 파일의 데이터(연계 데이터)를 수신 시스템에서 관리하는 데이터 형식에 맞게 변환하여 데이터베이스에 저장하거나 애플리케이션에서 활용할 수 있도록 제공하는 시스템이다.

 연계 데이터(인터페이스 데이터, 송·수신 데이터)

> 연계 데이터는 송·수신되는 데이터로 속성, 길이, 타입 등이 포함되며, 규격화된 표준 형식(표준 전문)에 따라 전송된다.
>
> **예** 송·수신 형식 구성
>
> | Header | | | Body | Footer |
> |---|---|---|---|---|
> | **전문 공통부(고정)** | | | **전문 개별부(가변)** | **전문 종료부(고정)** |
> | 전문 길이 | 시스템 공통부 | 거래 공통부 | 데이터부 | 전문 종료부 |
>
> • 전문 공통부* : 인터페이스 표준 항목을 포함한다.
> • 전문 개별부 : 송·수신 시스템에서 업무 처리에 필요한 데이터를 포함한다.
> • 전문 종료부 : 전송 데이터의 끝을 표시하는 문자를 표현한다.

전문 공통부(인터페이스 표준 항목, 공통 항목)
• 전문 길이 : 메시지의 길이
• 시스템 공통부 : 시스템 정보
• 거래 공통부 : 전송 관리에 필요한 공통 정보

기출 및 예상문제

02 인터페이스 시스템

[21년 2회 필기]

01 시스템 인터페이스를 구성하는 시스템으로 연계할 데이터를 데이터베이스와 애플리케이션으로부터 연계 테이블 또는 파일 형태로 생성하여 송신하는 시스템은 무엇인지 쓰시오.

해설 **키워드** 송신하는 시스템 → **용어** 송신 시스템

02 다음은 연계 데이터 송·수신 형식 구성에 대한 설명이다. (　) 안에 들어갈 가장 적합한 용어를 쓰시오.

• (　) : 인터페이스 표준 항목을 포함한다.
• 전문 개별부 : 송·수신 시스템에서 업무 처리에 필요한 데이터를 포함한다.
• 전문 종료부 : 전송 데이터의 끝을 표시하는 문자를 표현한다.

해설 **키워드** 인터페이스 표준 항목 → **용어** 전문 공통부

정답
01. 송신 시스템 02. 전문 공통부

★ ★ ★

03 인터페이스 상세 설계

1 직접 연계 방식

직접 연계 방식은 중간 매개체 없이 송신 시스템과 수신 시스템을 직접 연계하는 방식이다.

- 종류 : DB Link, API, 화면 링크, DB Connection Pool, JDBC

1. 장/단점

장점	• 연계 및 통합 구현이 단순하며 쉽다. • 개발 소요 비용 및 기간이 짧다. • 중간 매개체가 없으므로, 데이터 연계 처리 성능이 대체로 좋다.
단점	• 시스템 간의 결합도가 높아 시스템 변경에 민감하다. • 시스템 변경으로 인해 장애가 발생할 수 있다. • 보안을 위한 암·복호화 처리, 비즈니스 로직 적용 등이 불가능하다. • 연계 및 통합 가능한 시스템 환경이 제한적이다.

2. 종류

종류	설명
DB Link	• 현재의 데이터베이스에서 다른 데이터베이스에 접속하기 위한 접속 설정을 정의하는 객체이다. • 데이터베이스에서 제공하는 DB Link 객체를 이용한다.
API 또는 Open API	• 운영체제나 프로그래밍 언어 등에 있는 라이브러리※를 응용 프로그램 개발 시 이용할 수 있도록 규칙 등에 대해 정의해 놓은 인터페이스이다. • 송신 시스템의 데이터베이스와 연결하여 데이터를 제공하는 인터페이스 프로그램이다.
화면 링크 (Link)	• 웹 애플리케이션 화면에서 하이퍼링크※를 이용한다.
DB Connection Pool	• 데이터베이스 요청이 필요할 때 연결을 재사용할 수 있도록 관리되는 데이터베이스 연결의 캐시※이다. • 수신 시스템에서 송신 시스템으로 연결되는 커넥션 풀(Connection Pool)을 생성한다.
JDBC	• 데이터베이스에서 자료를 쿼리※하거나 업데이트하는 방법을 제공하며, 자바에서 데이터베이스에 접속할 수 있도록 하는 자바 API이다. • 데이터베이스 접근하여 데이터를 삽입/삭제/수정/조회할 수 있도록 한다.

 Pooling(풀링, 통합, 공동) 기법

Pooling 기법은 미리 여러 개의 DB Connection을 생성해서 보관하고, Connection이 필요할 때마다 Connection Pool로부터 하나씩 꺼내서 사용하고, 사용이 끝나면 다시 Connection을 보관하는 방식이다.
- Connection Pool이 DB의 연결과 해제를 직접 관리한다.
- 매번 새로운 접속을 통해서 DB에서 정보를 가지고 오는 것은 시스템에 큰 무리를 주기 때문에 DB를 제어하기 전에 사용자 지정 개수만큼 Connection을 만들어놓고 Pool에 넣어 놓았다가 필요할 때마다 가져다 쓰고 사용을 다하면 다시 Pool에 넣어놓고 사용하는 식으로 시스템을 효율적으로 운영한다.

 합격자의 맘기법

인터페이스 연계 방식
- 키워드 중간 매개체 X → 용어 직접 연계 방식
- 키워드 중간 매개체 O → 용어 간접 연계 방식

라이브러리(Library)
자주 사용하는 함수를 미리 작성하여 저장시켜둔 것

하이퍼링크(Hyperlink)
하이퍼텍스트 문서 내 한 곳에서 다른 곳으로 건너뛸 수 있게 하는 요소
- 하이퍼링크를 클릭하면 현재 페이지의 다른 부분으로 가거나 전혀 다른 페이지로 이동하게 해주는 아이콘, 이미지, 텍스트 등을 일컫는다.
- 대부분의 하이퍼링크는 웹 페이지에서 밑줄이 그어져 있거나 밑줄과 색깔이 함께 표시된다.

캐시(Cache)
데이터나 값을 미리 복사해 놓는 임시 장소

쿼리(Query)
데이터베이스에게 데이터를 요청하는 것

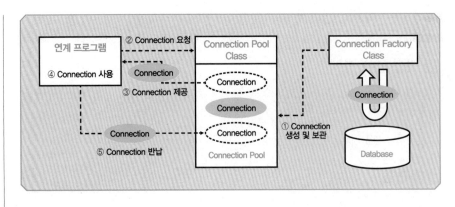

2 간접 연계 방식

간접 연계 방식은 송신 시스템과 수신 시스템 사이에 중간 매개체를 활용하여 연계하는 방식이다.

- 종류 : EAI, ESB, 웹 서비스, 소켓

1. 장/단점

프로토콜(Protocol)
데이터를 원활히 주고받기 위하여 약속한 여러 가지 통신 규약

장점	• 서로 상이한 네트워크, 프로토콜[※] 등 다양한 환경을 연계 및 통합할 수 있다. • 시스템 간 인터페이스 변경 시에도 장애나 오류 없이 서비스가 가능하다. • 보안이나 업무 처리를 위한 로직을 자유롭게 반영할 수 있다.
단점	• 연계 아키텍처 및 메커니즘이 복잡하고, 중간 매개체로 인해 성능 저하 요소가 존재한다. • 개발 및 적용을 위한 테스트 기간이 상대적으로 장기간 소요된다.

2. 종류 [21년 1회] [21년 1회 필기]

클라이언트(Client)
네트워크를 통하여 서버(Server)라는 원격 서비스에 접속할 수 있는 응용 프로그램이나 서비스

종류	설명
EAI (Enterprise Application Integration, 기업 애플리케이션 통합 솔루션)	• 기업에서 운영되는 서로 다른 애플리케이션 및 플랫폼 간의 정보 전달, 연계, 통합 등 상호 연동을 가능하게 해주는 솔루션이다. • 비즈니스 간 통합 및 연계성을 증대시켜 효율성과 각 시스템 간의 확장성을 높여준다. • 실제 송 · 수신 처리와 진행 현황을 모니터링 및 통제하는 EAI 서버와 송 · 수신 시스템에 설치되는 클라이언트[※]를 이용한다.
ESB (Enterprise Service Bus)	• 애플리케이션 간 연계, 데이터 변환, 웹 서비스 지원, 자원 연결 및 통합 등 표준 기반의 인터페이스를 제공하는 솔루션이다. • EAI에 표준화와 분산화를 결합한 것으로, EAI와 유사하지만 애플리케이션보다는 서비스 중심의 통합을 지향한다. • 특정 서비스에 국한되지 않고, 범용적으로 사용하기 위하여 애플리케이션과의 결합도를 약하게 유지한다. • 관리 및 보안 유지가 쉽고, 높은 수준의 품질 지원이 가능하다. Application ↕ Application ↕ ━━━━━ ESB ━━━━━ ↕ Application ↕ Application ↕ Application

웹 서비스 (Web Service)	• 네트워크상에서 서로 다른 종류의 컴퓨터들 간에 상호 작용을 하기 위한 소프트웨어 시스템이다. • 웹 서비스는 UDDI, SOAP, WSDL 프로토콜을 이용하여 시스템 간 연계를 제공한다.

소켓
(Socket)
	• 네트워크 통신에서 데이터를 송·수신할 수 있는 통신 접속점이다.
	• 소켓을 생성하여 포트※를 할당하고, 클라이언트의 요청을 연결하여 통신한다.
	• 네트워크 프로그램의 기반 기술이 된다.
	
	📌 서버-클라이언트 환경을 만들기 위한 과정
	
	① 서버(Server)
	  socket 생성(socket) → socket 연결(bind) → 클라이언트의 연결을 기다림(listen) → 클라이언트의 연결을 받아들임(accept) → 클라이언트의 명령을 받아 적절한 서비스 수행(read, write) → socket 종료(close)
	
	② 클라이언트(Client)
	  socket 생성(socket) → 서버에 연결 시도(connect) → 서버에 각종 명령 전달(read, write) → socket 종료(close)

포트(Port)
컴퓨터 간 상호 통신을 위해 프로토콜에서 이용하는 가상의 연결단

병목 현상
시스템의 가용 자원 중 부하가 많이 걸려 전체 시스템 효율의 저하를 초래하는 현상

학습플러스 EAI 구축 유형 [20년 3회] [21년 2회 필기] [20년 2, 4회 필기]

유형	개념도	설명	특징
Point-to-Point (PPP)		두 대의 컴퓨터가 직렬 인터페이스를 이용하여 통신할 때 사용하는 방식	• 가장 기본적인 애플리케이션 통합 방식 • 상대적 저렴하게 통합 가능 • 변경 및 재사용 어려움
Hub & Spoke		단일 접점인 허브 시스템을 통해 데이터를 전송하는 중앙 집중형 방식	• 확장, 유지보수 용이 • 허브 장애 시 시스템 전체에 영향을 줌
Message Bus (ESB 방식)		애플리케이션 사이에 미들웨어를 두어 처리하는 방식	• 확장성 및 대용량 처리 우수
Hybrid		그룹 내에서는 Hub & Spoke 방식으로 연결하고, 그룹 간에는 Message Bus 방식으로 사용하는 방식	• 데이터 병목 현상※ 최소화

IPC(Inter-Process Communication) [21년 1회]

IPC는 컴퓨터 프로세스 간 통신을 의미하는 용어로, 운영체제에서 실행 중인 프로세스 간 통신을 가능하게 하는 기술이다.
• 주요 기법에는 공유 메모리* 기법, 메시지 전달 기법이 있으며 메시지 전달 기법에 기반을 둔 기법들에는 소켓, 파이프, 세마포어, 시그널 등이 있다.

소켓(Socket)	소켓을 생성하여 포트를 할당하고, 클라이언트의 요청을 연결하여 통신하는 것
파이프(Pipe)	한 프로세스 출력(Only Write)이 다른 프로세스 입력(Only Read)으로 사용될 수 있도록 두 프로세스 사이를 연결시키는 것
세마포어 (Semaphore)	복수의 작업을 동시에 병행하여 수행하는 공유 자원에 대한 접속을 제어하기 위하여 사용되는 신호
시그널(Signal)	병행 프로세스 간에 통신이나 동기화를 위해 주고받는 신호

공유 메모리(Shared Memory)
프로세스 간 메모리 영역을 공유해서 사용하는 것

권쌤이 알려줌

공유 자원을 동시에 사용할 수 없을 때, 한 프로세스가 사용하고 있는 동안 세마포어를 세워 다른 프로세스를 대기시키고 사용이 끝나면 해제시키는 방법으로 사용합니다.

3 연계 처리 유형과 주기

1. 연계 처리 유형

업무의 성격 및 전송량을 고려하여 정의한다.

유형	설명
실시간 방식	사용자가 요청한 내용을 바로 처리해야 하는 경우
지연 처리 방식	매 건 단위로 처리하여 비용이 많이 발생하는 경우
배치 방식	대량의 데이터를 처리하는 경우

2. 연계 주기(발생 주기)

업무의 성격 및 전송량을 고려하여 매일, 수시, 주 1회 등으로 정의한다.

4 통신 유형

구분	통신 유형	설명
실시간	단방향(Notify)	• 데이터를 이용하고자 하는 시스템에서 거래 요청 • 데이터를 전송하는 상대 시스템의 응답이 필요 없는 업무에 사용
	동기(Sync)	• 데이터를 이용하고자 하는 시스템에서 거래를 요청하고 응답이 올 때까지 대기(Request-Reply) • 업무 특성상 응답을 바로 처리해야 하는 거래나 거래량이 적고 상대 시스템의 응답 속도가 빠를 경우 사용
	비동기(Async)	• 데이터를 이용하고자 하는 시스템에서 거래를 요청하는 서비스와 응답을 받아 처리하는 서비스가 분리되는 구조 • 요청을 보내고 다른 작업을 하다가 데이터가 준비되었다는 신호를 받으면 다시 처리하는 방식(Send-Receive, Send-Receive-Acknowledge, Publish-Subscribe) • 주문 업무와 같이 거래량이 많거나 데이터를 전송하는 시스템의 처리가 오래 걸리는 업무에 사용
	지연 처리 (Deferred)	• 비동기(Async), 단방향(Notify) 유형과 유사 • 순차 처리 및 지연 처리가 필요한 업무에 사용

		• 정해진 시간에 수행되는 방식	
배치	DB/File 거래	• 연계 스케줄러*에 의해 구동되는 이벤트 방식과 타이머에 의한 방식이 있음	

스케줄러(Scheduler)
시스템이 어떤 작업을 처리할지 결정하는 모듈

예 인터페이스 상세 설계

인터페이스 ID	인터페이스명	송신 시스템	수신 시스템	연계 방식	통신 유형	연계 처리 형태	연계 주기
IF-001	은행 계좌 잔액 수신	회계 시스템	은행 A	Socket	요청/응답	실시간	수시
IF-002	조직 정보 저장	인사 관리 시스템	은행 A	DB Link	단방향	배치	매일

기출 및 예상문제

03 인터페이스 상세 설계

01 [21년 1회]
기업에서 운영되는 서로 다른 플랫폼 및 애플리케이션들 간의 정보 전달, 연계, 통합을 가능하게 해 주는 솔루션으로, 크게 Point to Point, Hub & Spoke, Message Bus, Hybrid 형태의 구성으로 분류될 수 있는 것은 무엇인지 쓰시오.

해설 키워드 기업(Enterprise), 애플리케이션(Application) 간, 통합(Integration), Point to Point~Hybrid → 용어 EAI

02 [21년 1회 필기]
통신을 위한 프로그램을 생성하여 포트를 할당하고, 클라이언트의 통신 요청 시 클라이언트와 연결하는 내·외부 송·수신 연계기술은 무엇인지 쓰시오.

해설 키워드 통신, 포트 할당, 클라이언트 연결 → 용어 소켓

03 [20년 3회]
다음은 EAI 구축 유형에 대한 설명이다. ①, ②에 들어갈 가장 적합한 유형을 쓰시오.

구분	개념도	설명
①		• 두 대의 컴퓨터가 직렬 인터페이스를 이용하여 통신을 할 때 사용하는 방식
②		• 단일 접점인 허브 시스템을 통해 데이터를 전송하는 중앙 집중형 방식
Message Bus		• 애플리케이션 사이에 미들웨어를 두어 처리하는 방식
Hybrid		• (②)와 Message Bus의 혼합 • 그룹 내에서는 (②) 방식으로 연결하고, 그룹 간에는 Message Bus 방식으로 연결

① ....

② ....

해설 키워드 두 대의 컴퓨터, 직렬 → 용어 PPP
키워드 허브 시스템, 중앙 집중형 → 용어 Hub & Spoke

04 EAI(Enterprise Application Integration)의 구축 유형으로 옳은 것을 모두 고르시오.

> ㉠ Point-to-Point ㉡ Hub & Spoke
> ㉢ Message Bus ㉣ Tree

해설 EAI 구축 유형 : Point to Point, Hub & Spoke, Message Bus, Hybrid

05 EAI(Enterprise Application Integration) 구축 유형 중 Hybrid에 대한 설명으로 틀린 것을 모두 고르시오.

> ㉠ Hub & Spoke와 Message Bus의 혼합방식이다.
> ㉡ 필요한 경우 한 가지 방식으로 EAI 구현이 가능하다.
> ㉢ 데이터 병목현상을 최소화할 수 있다.
> ㉣ 중간에 미들웨어를 두지 않고 각 애플리케이션을 Point to Point로 연결한다.

해설 나머지는 Point to Point(PPP)에 대한 설명이다.

06 EAI(Enterprise Application Integration) 구축 유형에서 애플리케이션 사이에 미들웨어를 두어 처리하는 것을 모두 고르시오.

> ㉠ Message Bus ㉡ Point-to-point
> ㉢ Hub & Spoke ㉣ Hybrid

해설 Point-to-point는 중간에 미들웨어를 두지 않고 애플리케이션 간 1:1 연결을 한다.

07 다음의 설명과 가장 부합하는 용어를 쓰시오.

> • 실행 프로세스 간에 통신을 가능하게 하는 기술을 의미한다.
> • 주요 기법에는 공유 메모리 기법, 메시지 전달 기법이 있다.
> • 메시지 전달에 기반을 둔 기법들에는 시그널, 세마포어, 파이프, 소켓 등이 있다.

해설 키워드 프로세스(Process) 간 통신(Communication), 공유 메모리, 메시지 전달 기법 → 용어 IPC

08 다음은 연계 방식에 대한 설명이다. ①, ②에 들어갈 가장 적합한 연계 방식을 쓰시오.

구분	설명
①	• 중간 매개체 없이 송신 시스템과 수신 시스템이 연계되는 방식 • 연계 및 통합 구현이 단순하며 쉬움 • 시스템 간의 결합도가 높음 • 종류 : DB Link, API, JDBC 등
②	• 연계 솔루션과 같이 중간 매개체를 활용하여 연계하는 방식 • 다양한 환경을 연계 및 통합 가능 • 개발 및 적용을 위한 소요 기간이 김 • 종류 : EAI, ESB 등

① ....

② ....

해설 키워드 중간 매개체 × → 용어 직접 연계 방식
키워드 중간 매개체 ○ → 용어 간접 연계 방식

정답
01. EAI(Enterprise Application Integration, 기업 애플리케이션 통합 솔루션) 02. 소켓(Socket) 03. ❶ PPP(Point to Point) ❷ Hub & Spoke 04. ㉠, ㉡, ㉢
05. ㉣ 06. ㉠, ㉢, ㉣ 07. IPC(Inter-Process Communication, 프로세스 간 통신) 08. ❶ 직접 연계 방식 ❷ 간접 연계 방식

SECTION

02

내외부 연계 모듈 구현

네트워크를 통해 여러 시스템과 상호작용을 하기 위한 웹 서비스에 대해 학습합니다. 그리고 다양한 비즈니스 환경에서 서비스를 통합 및 재사용할 수 있는 아키텍처인 SOA에 대해 학습합니다. SOA 개념을 실현하는 대표적인 기술이 웹 서비스입니다.

★★
01 웹 서비스

1 웹 서비스(Web Service)

웹 서비스는 네트워크에서 서로 다른 종류의 컴퓨터 간에 상호 작용을 하기 위한 소프트웨어 시스템이다.

- 시스템 간 연계 프로세스로, 인터넷 전화번호부와 같은 기능을 제공하는 UDDI 에 기업이 제공하는 비즈니스 서비스를 등록하고 이를 사용자가 검색을 통해 찾은 후 직접 연결해 원하는 서비스를 받는 것이 웹 서비스 기본 원리이다.

- 기업이 제공하는 인터넷 비즈니스 서비스는 XML※ 언어에 기반을 둔 WSDL 를 이용해 표현되고, 소비자와 기업이 제공하는 서비스 간 통신은 웹 인터페이스 표준인 SOAP으로 진행된다.

> XML(eXtensible Markup Language, 확장성 마크업 언어)
> 웹 브라우저 간 HTML 문법이 호환되지 않는 문제와 SGML의 복잡함을 해결하기 위하여 개발된 다목적 마크업 언어

```
                    서비스 중개자

                       UDDI

       Find / Locate          Publish
          WSDL                  WSDL

  Perl,Java                          J2EE
  C#,C++,        SOAP               .NET
    ...           XML

  서비스 소비자                     서비스 제공자
```

1. UDDI(Universal Description, Discovery and Integration)

웹 서비스에 대한 정보를 등록하고 검색하기 위한 저장소로, 공개적으로 접근 및 검색이 가능한 레지스트리※(공용 등록부)이다.

- XML 기반의 구조화된 공용 등록부 서비스이다.
- 검색 엔진처럼 UDDI에서 인터넷 비즈니스 서비스를 검색하여 사용한다.

> 레지스트리(Registry)
> 정보 배포를 위한 관리자 역할을 하는 것
> • 레지스트리에 정보를 등록하고, 레지스트리는 받아들인 정보를 이용하여 소비자에게 배포한다.

HTTP/HTTPS
HTTP는 인터넷의 월드 와이드 웹(WWW)에서 HTML 문서를 송·수신하기 위한 표준 프로토콜이고, HTTPS는 HTTP의 암호화된 버전이다.

SMTP(Simple Mail Transfer Protocol, 간이 전자 우편 전송 프로토콜)
메일 전송에 사용되는 프로토콜

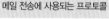

권쌤이 알려줌

SOAP의 주요 요소에서 Header는 생략 가능합니다.

2. SOAP(Simple Object Access Protocol) [20년 2회]

네트워크상에서 HTTP/HTTPS※, SMTP※ 등을 이용하여 XML 기반의 메시지를 교환하기 위한 통신 규약이다.

- 기본적으로 HTTP 기반에서 동작한다.
- XML과 동일한 텍스트 형식의 데이터 포맷으로, 다양한 플랫폼과 시스템에서 활용된다.
- 웹 서비스에서 사용되는 메시지의 형식과 처리 방법을 지정한다.

학습 플러스 SOAP의 기본 형식

- SOAP의 주요 요소

요소	설명
Envelope	• XML 문서를 SOAP 메시지로 정의 • 메시지에 대한 요소와 접근 방법 정의
Header	SOAP 메시지에 포함되는 웹 서비스 정의
Body	SOAP 메시지 포함

(예) SOAP 형식

```
<SOAP-ENV:Envelope
  xmlns:SOAP-ENV=" http://schemas.xmlsoap.org/soap/envelope/ "
  SOAP-ENV:encodingStyle=" http://schemas.xmlsoap.org/soap/
encoding/ ">
  <SOAP-ENV:body>
    <m:ProcEmplNotcNm xmlns:m=" ">
      <emplNotcNo>2015092000017</emplNotcNo>
    <m:ProcEmplNotcNm>
  </SOAP-ENV:body>
</SOAP-ENV:Envelope>
```

합격자의 암기법

웹 서비스의 구성 요소
- 키워드 공용 등록부 → 용어 UDDI
- 키워드 메시지 교환 통신 규약 → 용어 SOAP
- 키워드 웹 서비스 상세 정보 기술 → 용어 WSDL

권쌤이 알려줌

WSDL은 버전마다 주요 요소 명칭이 다릅니다.

3. WSDL(Web Service Description Language) [21년 1회]

웹 서비스와 관련된 포맷이나 프로토콜 등을 표준적인 방법으로 기술하고 게시하기 위한 언어이다.

- 웹 서비스가 제공하는 서비스에 대한 구체적인 내용이 기술되어 있는 언어 또는 파일을 의미한다.
- 클라이언트는 WSDL 파일을 읽어 서버에서 어떠한 조작이 가능한지를 파악할 수 있다.
- XML로 작성되었으며, UDDI의 기초가 되는 언어이다.
- SOAP, XML 스키마와 결합하여 인터넷에서 웹 서비스를 제공하기 위해 사용한다.

• WSDL의 기본 구조

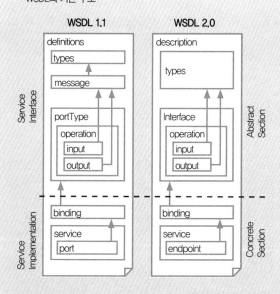

• WSDL의 주요 요소(V2.0)

요소	설명
types	자료형 정의 〈types〉 자료형 정의 〈/types〉
interface	operation을 통해 웹 서비스의 인터페이스 정의
binding	웹 서비스를 이용할 때 사용할 통신 방법 정의
service	endpoint를 통해 웹 서비스 정의
endpoint	웹 서비스의 URL과 binding 연결

 웹 프로그래밍 언어

종류	설명
HTML (HyperText Markup Language, 하이퍼텍스트 마크업 언어)	• 기본적인 웹 프로그래밍 언어로, 하이퍼텍스트※를 작성하기 위해 개발된 표준 마크업 언어
DHTML (Dynamic HTML, 동적 하이퍼텍스트 마크업 언어)	• 대화형 웹사이트를 제작할 수 있는 기술들의 집합 • HTML의 발전된 형태로, HTML에 비해 애니메이션이 강화됨

하이퍼텍스트(Hypertext)
하이퍼링크(Hyperlink)를 통해 한 문서에서 다른 문서로 즉시 접근할 수 있는 텍스트

권쌤이 알려줌

XML은 이후 자세히 학습합니다.

XML (eXtensible Markup Language, 확장성 마크업 언어)	• 웹 브라우저 간 HTML 문법이 호환되지 않는 문제와 SGML의 복잡함을 해결하기 위하여 개발된 다목적 마크업 언어 • HTML을 획기적으로 개선하여 만든 언어로, 문서 표준화가 가능함 • 구조화된 문서 제작용 언어로, 태그의 사용자 정의가 가능함
WML (Wireless Markup Language, 무선 마크업 언어)	• 무선 접속을 통해 PDA나 휴대전화 같은 이동 단말기에 표시될 수 있도록 해주는 언어
VRML (Virtual Reality Modeling Language, 가상 현실 모델링 언어)	• 웹 상에서 3차원 가상 공간을 표현하기 위한 언어
JSP (Java Server Pages, 자바 서버 페이지)	• HTML 내에 자바 코드를 삽입하여 웹 서버에서 동적으로 웹 페이지를 생성하여 웹 브라우저에 돌려주는 언어 • 자바를 이용한 서버측 스크립트이며 다양한 운영체제에서 사용 가능
애플릿 (Applet)	• HTML 내에 포함될 수 있는 쉽게 사용할 수 있는 작은 자바 프로그램
ASP (Active Server Pages)	• 서버측에서 동적으로 처리되는 페이지를 만들기 위해 마이크로소프트에서 개발한 언어 • 마이크로소프트에서 만든 운영체제에서만 실행이 가능하며, Linux 운영체제 등에서는 실행이 불가능
PHP (Professional Hypertext Preprocessor)	• 동적 웹 페이지를 만들기 위해 설계된 언어 • Linux, Unix, Windows 운영체제에서 사용 가능 • C, Java 등과 문법이 유사하여 웹 페이지 제작에 많이 사용됨

기출 및 예상문제

01 웹 서비스

01 **[20년 2회]**
다음 설명에서 ( ) 안에 공통적으로 들어갈 가장 적합한 용어를 쓰시오.

일반적으로 널리 알려진 HTTP, HTTPS, SMTP 등을 사용하여 XML 기반의 메시지를 컴퓨터 네트워크상에서 교환하는 프로토콜이다. HTTP 프로토콜 상에 ( ) Envelope, Header, Body로 구성된 하나의 XML 문서 표현되는데 복잡한 구성으로 인해 HTTP 상에서는 전달되

기 무거워, 이러한 단점을 보완하고자 ( )의 대안 중 하나인 레스트 풀(RESTful) 웹 서비스로 대체할 수 있다.

해설 키워드 XML 기반의 메시지, 교환 → 용어 SOAP

02 웹 서비스명, 제공 위치, 메시지 포맷, 프로토콜 정보 등 웹 서비스에 대한 상세 정보가 기술된 XML 형식으로 구현되어 있는 언어는 무엇인지 쓰시오.

....

> **해설** 키워드 웹 서비스(Web Service), 상세 정보 → 용어 WSDL

03 SOAP의 주요 요소를 〈보기〉에서 모두 고르시오.

> 〈보기〉
> ㉠ Public   ㉡ Envelope
> ㉢ Header   ㉣ Static
> ㉤ Body   ㉥ Void

....

> **해설** SOAP의 주요 요소 : Envelope, Header, Body

04 다음은 웹 프로그래밍 언어에 대한 설명이다. ①, ②에 들어갈 가장 적합한 용어를 쓰시오.

구분	설명
①	인터넷 웹 페이지를 만들 때 사용하는 표준 마크업 언어로, 하이퍼텍스트 기능을 이용하여 외부와 연결할 수 있다.
②	HTML 내에 자바 코드를 삽입하여 웹 서버에서 동적으로 웹 페이지를 생성하여 웹 브라우저에 돌려주는 언어이다.

① ....

② ....

> **해설** 키워드 표준 언어(Language), 하이퍼텍스트(HyperText) → 용어 HTML
> 키워드 자바(Java), 동적, 웹 페이지(Page) → 용어 JSP

> **정답**
> **01.** SOAP(Simple Object Access Protocol, 단순 객체 접근 프로토콜) **02.** WSDL(Web Services Description Language, 웹 서비스 기술 언어) **03.** ㉡, ㉢, ㉤
> **04.** ❶ HTML(HyperText Markup Language, 하이퍼텍스트 마크업 언어) ❶ JSP(Java Server Pages, 자바 서버 페이지)

02 SOA

1 SOA(Service Oriented Architecture, 서비스 지향 아키텍처)

SOA는 기업의 정보 시스템을 공유 및 재사용이 가능한 서비스 또는 컴포넌트 중심으로 구축하는 정보 기술 아키텍처이다.

- 정보를 누구나 이용 가능한 서비스로 간주하고, 연동과 통합을 전제로 아키텍처를 구축한다.
- 비즈니스 프로세스 중심으로, 프로세스의 변화에 유연하고 신속히 대응할 수 있다.
- 다양한 비즈니스 환경에서 이기종 통합 및 느슨한 결합(Loosely Coupled)으로 서비스 단위를 재사용하고, 재조립을 가능하게 하는 서비스 지향 아키텍처이다.

> **권쌤이 알려줌**
> SOA는 대규모 시스템을 구축할 때 시스템 기능을 네트워크에 연동하여 시스템 전체를 구축하는 개념입니다.

- 서비스 지향 아키텍처(SOA) 개념을 실현하는 대표적인 기술에는 웹 서비스(Web Service)가 있다.

▼ SOA 구성 요소

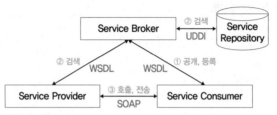

권쌤이 알려줌

SOA는 ① 서비스 생산(공개, 등록) → ② 서비스 검색 → ③ 서비스 소비(호출, 전송) 순으로 진행됩니다.

구성 요소	설명
Service Broker (서비스 중개자)	서비스 저장 및 관리를 담당하는 중재자로, 서비스에 대한 설명 정보 저장 및 검색 엔진을 제공한다.
Service Provider (서비스 제공자)	서비스 사용자가 호출 시 입력 값을 이용하여 그에 해당하는 결과를 제공한다.
Service Consumer (서비스 소비자, Service Requester, 서비스 요청자)	서비스 제공자에 의해 제공되는 하나 이상의 서비스를 사용하는 사용자이다.

기출 및 예상문제

02 SOA

01 다음의 설명과 가장 부합하는 용어를 쓰시오.

- 정보 시스템을 공유와 재사용이 가능한 서비스 단위나 컴포넌트 중심으로 구축하는 정보 기술 아키텍처이다.
- 시스템을 누구나 이용 가능한 서비스로 간주하고 연동과 통합을 전제로 아키텍처를 구축해 나간다.
- 애플리케이션을 구성하는 층에는 표현층, 프로세스층, 비즈니스층 등이 있다.

해설 키워드 시스템을 서비스(Service)로 간주, 연동과 통합, 아키텍처(Architecture) 구축 → 용어 SOA

02 SOA 구성요소 중 서비스 제공자에 의해 제공되는 하나 이상의 서비스를 사용하는 자를 무엇이라 하는지 쓰시오.

해설 키워드 서비스(Service)를 사용하는 자 → 용어 서비스 소비자

정답
01. SOA(Service Oriented Architecture, 서비스 지향 아키텍처)
02. 서비스 소비자(Service Consumer, Service Requester, 서비스 요청자)

★★

03 미들웨어

1 미들웨어(Middleware) [21년 1, 3회 필기] [20년 4회 필기]

미들웨어는 운영체제(Server)와 응용 프로그램(Client) 사이에 위치하는 컴퓨터 소프트웨어로, 응용 프로그램에 운영체제가 제공하는 서비스를 추가 및 확장하여 제공하는 역할을 한다.

- 표준화된 인터페이스를 제공함으로써 시스템 간의 데이터 교환에 일관성을 보장한다.
- 클라이언트와 서버 간의 통신을 담당한다.
- 분산 환경에서 구성원들을 연결하고 구성원들 간의 차이를 극복하기 위해 개발되었다.
- 미들웨어 종류에는 DB[※], RPC, MOM, TP-Monitor, ORB, WAS 등이 있다.

운영체제
(Server)

미들웨어

응용 프로그램
(Client)

1. 종류 [21년 1회 필기] [20년 2, 3회 필기]

종류	설명
RPC (Remote Procedure Call, 원격 프로시저 호출)	• 응용 프로그램의 프로시저를 사용하여 원격 프로시저를 마치 로컬 프로시저처럼 호출하는 방식의 미들웨어이다. • 분산 네트워크 환경에서 보다 편하게 프로그래밍을 할 수 있다.
MOM (Message Oriented Middleware, 메시지 지향 미들웨어)	• 이기종 시스템 간의 통신을 비동기 방식으로 지원하는 메시지 기반 미들웨어이다. • 즉각적인 응답을 원하는 경우가 아니라 다소 느리고 안정적인 응답을 필요로 하는 경우에 많이 사용된다.
TP-Monitor (Transaction Processing Monitor, 트랜잭션 처리 모니터)	• 최소 처리 단위인 트랜잭션[※]을 감시하여 일관성 있게 보관 및 유지하고, 트랜잭션의 완벽한 처리를 보장하기 위한 역할을 하는 트랜잭션 관리 미들웨어이다. • 항공기나 철도 예약 업무 등과 같이 사용자 수가 증가해도 빠른 응답 속도를 유지해야 하는 업무에 주로 사용된다.
ORB (Object Request Broker, 객체 요청 브로커)	• 객체 지향 미들웨어로, CORBA[※] 표준 스펙을 구현한 미들웨어이다. • 분산 객체[※] 환경에서 객체 간의 통신을 매개하는 기능을 한다. • 최근에는 TP-Monitor의 장점인 트랜잭션 처리와 모니터링 등을 추가로 구현한 제품도 있다.
WAS (Web Application Server, 웹 애플리케이션 서버)	• 사용자 또는 사용자의 요청에 따라 결과 값이 변하는 동적 콘텐츠를 처리하기 위한 웹 환경을 구현하는데 사용되는 미들웨어이다. • 안정적인 트랜잭션 처리 및 관리, 다른 이기종 시스템 간의 애플리케이션 연동 등을 지원한다.

DB(DataBase)
데이터베이스 서버와 클라이언트를 연결하기 위한 미들웨어

권쌤이 알려줌

일반적인 프로그램은 자신의 주소 공간 안에 존재하는 함수를 호출하여 사용합니다. 하지만 RPC를 사용하면 다른 주소 공간의 함수 호출을 간편하게 만들어 줍니다.

권쌤이 알려줌

MOM은 은행 창구에서의 입금이나 출금 등과 같이 즉각적인 응답이 필요한 온라인 업무에는 맞지 않으며, 여러 가지 일을 종합적으로 처리한 후에야 결과가 나오는 통계 작성 등과 같은 업무에 적합합니다.

트랜잭션(Transaction)
사용자가 요구하는 작업의 단위

CORBA(Common Object Request Broker Architecture)
분산 객체 기술의 대표적인 표준

분산 객체(Distributed Object) 기술
하나의 컴퓨터에서 실행되는 객체가 다른 컴퓨터의 객체와 통신이 가능하도록 하는 기술

JSP(Java Server Pages,
자바 서버 페이지)
자바를 이용한 서버 측 스크립트

Servlet(서블릿)
웹 기반의 요청에 대한 동적인
처리가 가능한 자바 프로그램

정적 웹 서비스
이미지, 자바스크립트 등을 처리

동적 웹 서비스
DB 접속, 외부 시스템 연동 등
을 처리

WAS의 처리 흐름

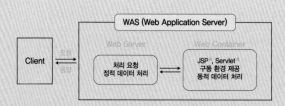

WAS는 크게 정적 웹 서비스를 처리해주는 웹 서버(Web Server)와 동적 웹 서비스를 처리해주는 웹 컨테이너(Web Container)로 구성된다.

1. 클라이언트(Client)가 정적 콘텐츠를 요청(Request)할 경우
웹 서버에서 정적 웹 서비스를 처리한 후 사용자의 웹 브라우저에 응답(Response) 형태로 전송한다.

2. 클라이언트(Client)가 동적 콘텐츠를 요청(Request)할 경우
웹 서버는 동적 웹 서비스를 처리하지 못하므로, 웹 컨테이너에서 처리하도록 클라이언트의 요청(Request)을 넘겨준다. 웹 컨테이너에서는 동적 웹 서비스를 처리한 후 그 결과를 웹 서버에 넘겨주고, 웹 서버는 그 결과를 사용자의 웹 브라우저에 응답(Response) 형태로 전송한다.

기출 및 예상문제

03 미들웨어

[20년 4회 필기]
01 클라이언트와 서버 간의 통신을 담당하는 시스템 소프트웨어를 무엇이라고 하는지 쓰시오.

....

해설 키워드 클라이언트와 서버 간 통신 → 용어 미들웨어

[21년 1회 필기]
02 분산 컴퓨팅 환경에서 서로 다른 기종 간의 하드웨어나 프로토콜, 통신환경 등을 연결하여 응용프로그램과 운영환경 간에 원만한 통신이 이루어질 수 있게 서비스를 제공하는 소프트웨어는 무엇인지 쓰시오.

....

해설 키워드 응용프로그램과 운영환경 간 통신 → 용어 미들웨어

[21년 3회 필기]
03 분산 시스템에서의 미들웨어(Middleware)와 관련한 설명으로 틀린 것을 모두 고르시오.

> ㉠ 분산 시스템에서 다양한 부분을 관리하고 통신하며 데이터를 교환하게 해주는 소프트웨어로 볼 수 있다.
> ㉡ 위치 투명성(Location Transparency)을 제공한다.
> ㉢ 분산 시스템의 여러 컴포넌트가 요구하는 재사용 가능한 서비스의 구현을 제공한다.
> ㉣ 애플리케이션과 사용자 사이에서만 분산 서비스를 제공한다.

....

해설 미들웨어는 애플리케이션과 운영체제 사이에 위치한다.
TIP 위치 투명성(Location Transparency)은 데이터가 어느 위치에 있는지 몰라도 접근할 수 있다는 것입니다.

[20년 2회 필기]

04 트랜잭션이 올바르게 처리되고 있는지 데이터를 감시하고 제어하는 미들웨어는 무엇인지 쓰시오.

....

해설 키워드 트랜잭션(Transaction), 처리(Processing), 감시 → 용어 TP-Monitor

[20년 3회 필기]

05 미들웨어 솔루션의 유형에 포함되는 것을 모두 고르시오.

| ㉠ WAS | ㉡ Web Server |
| ㉢ RPC | ㉣ ORB |

....

해설 미들웨어 종류 : DB, RPC, MOM, TP-Monitor, ORB, WAS

[21년 1회 필기]

06 응용프로그램의 프로시저를 사용하여 원격 프로시저를 로컬 프로시저처럼 호출하는 방식의 미들웨어는 무엇인지 쓰시오.

....

해설 키워드 원격 프로시저(Remote Procedure)를 로컬 프로시저처럼 호출(Call) → 용어 RPC

07 다음의 설명과 가장 부합하는 용어를 쓰시오.

이기종 시스템 간의 통신을 비동기 방식으로 지원하는 메시지 기반 미들웨어로, 즉각적인 응답을 원하는 경우가 아니라 다소 느리고 안정적인 응답을 필요로 하는 경우에 많이 사용된다.

....

해설 키워드 비동기 방식, 메시지(Message) 기반 미들웨어(Middleware) → 용어 MOM

정답
01. 미들웨어(Middleware) 02. 미들웨어(Middleware) 03. ㉣ 04. TP-Monitor(Transaction Processing Monitor, 트랜잭션 처리 모니터) 05. ㉠, ㉢, ㉣
06. RPC(Remote Procedure Call, 원격 프로시저 호출) 07. MOM(Message Oriented Middleware, 메시지 지향 미들웨어)

01 입력되는 데이터를 컴퓨터의 프로세서가 처리하기 전에 미리 처리하여 프로세서가 처리하는 시간을 줄여주는 프로그램이나 하드웨어를 일컫는 용어를 무엇이라 하는지 쓰시오.

02 다음의 설명과 가장 부합하는 용어를 쓰시오.

> • 애플리케이션 간 연계, 데이터 변환, 웹 서비스 지원 등 표준 기반의 인터페이스를 제공하는 방식이다.
> • EAI(Enterprise Application Integration)와 유사하지만 애플리케이션 보다는 서비스 중심의 통합을 지향한다.
> • 특정 서비스에 국한되지 않고, 범용적으로 사용하기 위하여 애플리케이션과의 결합도를 약하게 유지한다.

03 EAI는 기업에서 운영되는 서로 다른 플랫폼 및 애플리케이션들 간의 정보 전달, 연계, 통합을 가능하게 해 주는 솔루션이다. EAI의 구축 유형 네 가지를 쓰시오.

04 다음은 IPC의 주요 기법에 대한 설명이다. ①, ②에 들어갈 가장 적합한 기법을 〈보기〉에서 고르시오.

구분	설명
①	복수의 작업을 동시에 병행하여 수행하는 공유 자원에 대한 접속을 제어하기 위하여 사용되는 신호이다.
②	클라이언트와 서버 간 데이터를 송·수신할 수 있는 통신 접속점으로, 노드 주소와 서비스를 식별하는 포트 번호로 구성된다.

> 〈보기〉
> ㉠ Socket   ㉡ Scheduler
> ㉢ Slicing   ㉣ Semaphore

①
②

05 웹 서비스에 대한 정보를 등록하고 검색하기 위한 저장소로, XML 기반의 구조화된 공용 등록부(Registry) 서비스는 무엇인지 쓰시오.

06 분산 객체 환경에서 객체 간의 통신을 매개하는 기능을 수행하는 것으로, 코바(CORBA) 표준 스펙을 구현한 미들웨어는 무엇인지 쓰시오.

챕터 기출예상문제 정답 및 해설

Chapter 03. 통합 구현

01 정답 FEP(Front End Processor, 전치 프로세서)
해설 키워드 미리 처리 → 용어 FEP

02 정답 ESB(Enterprise Service Bus)
해설 키워드 애플리케이션 간 연계, 서비스 중심(Service) 통합 → 용어 ESB

03 정답 PPP(Point-to-Point), Hub & Spoke, Message Bus, Hybrid
해설 TIP EAI 구축 유형 네 가지를 구분하여 기억하세요.

04 정답 ① ㉣ ② ㉠
해설 키워드 공유 자원, 접속 제어 신호 → 용어 세마포어(Semaphore)
키워드 클라이언트와 서버 간 데이터, 포트 → 용어 소켓(Socket)

05 정답 UDDI(Universal Description, Discovery and Integration)
해설 키워드 웹 서비스 정보 등록, 공용 등록부 → 용어 UDDI

06 정답 ORB(Object Request Broker, 객체 요청 브로커)
해설 키워드 분산 객체(Object) 환경, 코바(CORBA) → 용어 ORB

NOTE

4 챕터

서버 프로그램 구현

- [서버 프로그램 구현] 과목은 응용 소프트웨어 설계 방법에 대해 자세히 학습합니다. 응용 소프트웨어의 목적에 맞는 소프트웨어 아키텍처를 정할 수 있습니다.
- 서로 독립적인 기능을 가져 유지보수가 쉬운 응용 소프트웨어를 설계하기 위한 모듈화에 대해 학습합니다. 하나의 모듈은 한 가지의 기능만 수행하도록하고, 모듈과 모듈 사이의 의존도는 낮게 설계하여 하나의 모듈이 변경될 경우 파급 효과를 줄이도록 합니다.
- 응용 소프트웨어의 여러 버전이 배포될 경우, 변경사항을 기록하는 프로젝트 관리 도구에 대해 학습합니다.
- 응용 소프트웨어 개발을 위한 개발환경 구축고 일관성 있는 개발을 편리하게 지원해 주는 프레임워크에 대해 학습합니다.

▶ 럼바우의 분석 활동 순서 : 객동기

- 객체 모델링
- 동적 모델링
- 기능 모델링

▶ 설계의 종류 : 데인 사이(아) / 자알못(모)

- 키워드 전체 뼈대 → 용어 상위 설계
- 데이터 설계
- 인터페이스 정의
- 사용자 인터페이스
- 아키텍처 설계
- 키워드 내부 구조 → 용어 하위 설계
- 자료 구조 설계
- 알고리즘 설계
- 모듈 설계

▶ MVC 구성 요소

- 키워드 요청 처리 → 용어 모델(Model)
- 키워드 화면 출력 → 용어 뷰(View)
- 키워드 모델-뷰 연결 → 용어 컨트롤러(Controller)

▶ 디자인 패턴의 구분 : 생구행

- 키워드 캡슐화 → 용어 생성(Creational)
- 키워드 객체 구성, 객체 결합 → 용어 구조 (Structural)
- 키워드 객체 간 상호작용, 책임 분배 → 용어 행위 (Behavioral)

▶ 모델의 측정 척도

- 키워드 모듈 안의 요소 → 용어 응집도
- 키워드 모듈 간 → 용어 결합도

▶ 공통 모듈 명세 기법 : 일명 정완추(C4T1)

- 일관성(Consistency)
- 명확성(Clearity)
- 정확성(Correctness)
- 완전성(Completeness)
- 추적성(Traceability)

▶ 코드의 3대 기능 : 배분식

- 배열
- 분류
- 식별

▶ 형상 관리 절차 : 식제료 상태 보고 감사하게 되었다

- 형상 식별 → 변경 제어 → 형상 상태 보고 → 형상 감사

▶ 배치 프로그램 필수 요소 : 건성은 안 되지(견성은 안 데자)

- 견고함
- 성능
- 은
- 안정성
- 대용량 데이터
- 자동화

SECTION

01

객체 지향

객체 지향은 현실 세계에 존재하는 실체(Entity, 개체) 및 개념들을 객체(Object)라는 독립된 단위로 구성하는 기법입니다. 기계 부품을 조립하여 제품을 만들듯이, 객체들을 조립해서 작성하고, 객체 간의 메시지를 통해 기능을 수행합니다.

권쌤이 알려줌

구조적 개발은 전통적인 개발 기법으로, 모듈 중심의 방법론입니다. 구조가 단순하여 이해가 쉽지만, 소프트웨어 재사용과 유지보수가 어렵습니다.

• 구조적 개발

• 객체 지향 개발

인스턴스(Instance)
클래스에 속한 각각의 객체

속성(Attribute)
데이터, 변수, 자료 구조, 필드

메소드(Method)
연산자, 동작, 오퍼레이션, 함수, 프로시저

★★
01 객체 지향

1 객체 지향(Object-Oriented) [21년 1, 3회 필기]

객체 지향은 현실 세계의 실체(Entity, 개체)를 속성과 메소드가 결합된 독립적인 형태의 객체(Object)로 표현하는 개념으로, 이 객체들이 메시지를 통해 상호 작용함으로써 전체 시스템이 운영되는 개념이다.

• 소프트웨어 재사용과 유지보수가 어려운 구조적 개발의 단점을 보완하여 소프트웨어 위기 해결 방안으로 제시되었다.
• 객체 지향 구성 요소 : 객체(Object), 클래스(Class), 메시지(Message)
• 객체 지향 특징 : 캡슐화, 정보 은폐, 추상화, 상속, 다형성

2 객체 지향 구성 요소

1. 객체(Object)

현실 세계에 존재하는 실체로, 속성과 그 속성에 관련되는 메소드를 모두 포함한 개념이다.

• 객체들 간의 상호작용은 메시지를 통해 이루어진다.
• 클래스의 인스턴스(Instance)※이다. [21년 2회 필기]

구분	설명
속성(Attribute)※	객체가 가지고 있는 상태
메소드(Method)※	객체의 데이터를 처리하는 행위

2. 클래스(Class) [20년 2, 3회 필기]

사물의 특성을 소프트웨어적으로 추상화하여 모델링한 것으로, 객체를 만들 수 있는 틀(Template)이다.

• 하나 이상의 유사한 객체들을 묶어 공통된 특성을 표현한 데이터를 추상화하여 모델링한 것이다.
• 공통된 속성과 메소드 갖는 객체의 집합으로, 객체의 일반적인 타입을 의미한다.

예제 손님 클래스

해설

손님 객체의 공통된 특성을 표현하여 데이터 추상화한 것이 클래스이고, 손님 클래스에 속한 각각의 손님1 객체와 손님2 객체는 인스턴스(Instance)이다.

3. 메시지(Message) [21년 2회 필기]

객체 간에 상호작용을 하는 데 사용되는 수단이다.

• 객체에서 객체로 메시지가 전달되면 메소드를 시작한다.

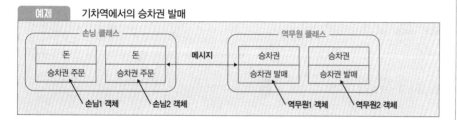

예제 기차역에서의 승차권 발매

해설

손님이 돈을 지불하고 승차권을 주문(메시지)하면 역무원은 승차권을 발매한다.

3 객체 지향 특징 [21년 1, 2, 3회 필기] [20년 3, 4회 필기]

특징	설명
캡슐화(Encapsulation)	• 속성과 메소드를 하나로 묶어 객체로 구성하는 것 • 실제 구현 내용 일부를 외부에 감추어 은닉하는 것 예 가루약을 캡슐에 담아 묶으면 약 내용을 감추어 은닉할 수 있다.
정보은폐(Information Hiding, 정보은닉)	• 다른 객체로부터 자신의 자료를 숨기고 자신의 연산만을 통하여 접근을 허용하는 것 예 캡슐화된 약은 내부를 숨기므로 정보은폐가 가능하다.
추상화(Abstraction)	• 복잡한 문제의 본질을 이해하기 위해 세부 사항은 배제하고 중요한 부분을 중심으로 간략화하는 것 • 데이터의 공통되는 속성이나 메소드를 묶어서 추출하는 것 예 자가용, 버스, 택시 객체의 공통된 속성(바퀴, 엔진, 좌석)과 메소드(후진, 좌회전, 우회전)를 묶어서 자동차 클래스로 추상화한다.
상속(Inheritance)	• 상위 클래스의 속성과 메소드를 하위 클래스가 물려받는 것 • 다중 상속은 한 클래스가 여러 상위 클래스로부터 상속받는 것 예 전화기 클래스와 컴퓨터 클래스의 속성과 메소드를 상속받아 스마트폰 클래스를 만들 수 있다.
다형성 (Polymorphism)	• 한 메시지가 객체에 따라 다른 방법으로 응답할 수 있는 것 • 객체들이 동일한 메소드명을 사용하여 같은 의미의 응답을 할 수 있는 것 예 '마신다'라는 메시지가 물 객체에 전달되면 '물을 마신다'가 되고, 우유 객체에 전달되면 '우유를 마신다'라고 응답할 수 있다.

권쌤이 알려줌

캡슐화는 정보 은폐를 통해 외부에서 변경이 되지 않도록 하여, 프로그램 변경에 대한 오류의 파급 효과를 줄입니다.

01 [21년 1회 필기]
소프트웨어를 개발하기 위한 비즈니스(업무)를 객체와 속성, 클래스와 멤버, 전체와 부분 등으로 나누어서 분석해 내는 기법은 무엇인지 〈보기〉에서 고르시오.

〈보기〉
㉠ 객체 지향 분석   ㉡ 구조적 분석
㉢ 기능적 분석   ㉣ 실시간 분석

해설 키워드 객체와 속성, 클래스와 멤버 → 용어 객체 지향 분석

02 [21년 3회 필기] [20년 4회 필기]
다음의 설명과 가장 부합하는 용어를 〈보기〉에서 고르시오.

① 상위클래스에서 속성이나 연산을 전달 받아 새로운 형태의 클래스로 확장하여 사용하는 것
② 실세계에 존재하거나 생각할 수 있는 것
③ 하나 이상의 유사한 객체들을 묶어 공통된 특성을 표현한 것
④ 상속받은 여러 개의 하위 객체들이 다른 형태의 특성을 갖는 객체로 이용될 수 있는 것

〈보기〉
㉠ 상속   ㉡ 객체
㉢ 다형성   ㉣ 클래스

①
②
③
④

해설 키워드 상위클래스, 확장 → 용어 상속(Inheritance)
키워드 실세계 존재 → 용어 객체(Object)
키워드 유사한 객체들 묶음 → 용어 클래스(Class)
키워드 다른 형태의 특성 → 용어 다형성(Polymorphism)

03 [21년 2회 필기]
객체 지향 기법에서 클래스에 속한 각각의 객체를 의미하는 것은 무엇인지 쓰시오.

해설 키워드 각각의 객체 → 용어 인스턴스

04 [20년 2회 필기]
객체 지향 프로그램에서 데이터를 추상화하는 단위는 무엇인지 쓰시오.

해설 키워드 데이터 추상화 → 용어 클래스

05 [20년 3회 필기]
객체 지향 소프트웨어 공학에서 하나 이상의 유사한 객체들을 묶어서 하나의 공통된 특성을 표현한 것은 무엇인지 쓰시오.

해설 키워드 유사한 객체들 묶음 → 용어 클래스

06 [21년 2회 필기]
객체에게 어떤 행위를 하도록 지시하는 명령은 무엇인지 쓰시오.

해설 키워드 행위, 지시 → 용어 메시지

[20년 3회 필기]

07 객체 지향에서 정보은닉과 가장 밀접한 관계가 있는 것은 무엇인지 쓰시오.

> **해설** 캡슐화(Encapsulation)는 실제 구현 내용 일부를 외부에 감추어 은닉한다.

[21년 1회 필기]

08 객체 지향 개념에서 연관된 데이터와 함수를 함께 묶어 외부와 경계를 만들고 필요한 인터페이스만을 밖으로 드러내는 과정은 무엇인지 쓰시오.

> **해설** 키워드 데이터와 함수 묶음, 외부와 경계 → 용어 캡슐화

[21년 2회 필기]

09 객체 지향 설계에서 객체가 가지고 있는 속성과 오퍼레이션의 일부를 감추어서 객체의 외부에서는 접근이 불가능하게 하는 개념은 무엇인지 〈보기〉에서 고르시오.

> 〈보기〉
> ㉠ 정보은닉　　　　㉡ 다형성
> ㉢ 추상화　　　　　㉣ 상속

> **해설** 키워드 일부 감춤, 외부 접근 불가능 → 용어 정보은닉(정보은폐)

[21년 3회 필기]

10 객체지향 설계에서 정보 은닉(Information Hiding)과 관련한 설명으로 옳은 것을 모두 고르시오.

> ㉠ 필요하지 않은 정보는 접근할 수 없도록 하여 한 모듈 또는 하부시스템이 다른 모듈의 구현에 영향을 받지 않게 설계되는 것을 의미한다.
> ㉡ 모듈들 사이의 독립성을 유지시키는 데 도움이 된다.
> ㉢ 설계에서 은닉되어야 할 기본 정보로는 IP 주소와 같은 물리적 코드, 상세 데이터 구조 등이 있다.
> ㉣ 모듈 내부의 자료 구조와 접근 동작들에만 수정을 국한하기 때문에 요구사항 등 변화에 따른 수정이 불가능하다.

> **해설** 정보 은닉은 필요하지 않은 정보는 접근할 수 없도록 하는 것이므로, 변화에 따른 수정이 발생할 경우 오류를 최소화할 수 있다.

> **정답**
> 01. ㉠ 02. ❶ ㉠ ❷ ㉡ ❸ ㉢ ❹ ㉢ 03. 인스턴스(Instance) 04. 클래스(Class) 05. 클래스(Class) 06. 메시지(Message) 07. 캡슐화(Encapsulation) 08. 캡슐화(Encapsulation) 09. ㉠ 10. ㉠, ㉡, ㉢

★★★

02 객체 지향 설계

1 객체 지향 설계 원칙(S.O.L.I.D) [20년 3, 4회 필기]

객체 지향 설계 원칙의 SRP, OCP, LSP, ISP, DIP의 앞 글자를 따서 SOLID 원칙이라고도 부른다.

설계 원칙	설명
단일 책임 원칙(SRP; Single-Responsibility Principle)	• 클래스를 변경해야 하는 이유는 오직 하나여야 한다. • 클래스는 한 가지 기능만 갖도록 설계한다.

> **권쌤이 알려줌**
> 하나의 클래스가 많은 기능을 갖고 있다면, 어떠한 기능이 변경되었을 때 해당 클래스를 테스트하기 위해 모든 기능을 점검해야 합니다. 따라서 책임 분리를 통해 어떠한 책임이 변경되더라도 다른 책임들에게 영향을 주지 않도록 합니다.

개방 폐쇄의 원칙(OCP; Open-Closed Principle)	• 확장에는 열려 있어야 하고, 변경에는 닫혀있어야 한다. • 클래스를 확장은 쉽게, 변경은 어렵게 설계한다.
리스코프 교체의 원칙 (LSP; Liskov Substitution Principle)	• 기반 클래스(상위 클래스)는 파생 클래스(하위 클래스)로 대체할 수 있어야 한다. • 상위 타입 객체를 하위 타입 객체로 치환해도 상위 타입을 사용하는 프로그램은 정상적으로 동작해야 한다.
인터페이스 분리의 원칙 (ISP; Interface Segregation Principle)	• 하나의 일반적인 인터페이스보다는 구체적인 여러 개의 인터페이스가 낫다. • 클라이언트는 자신이 사용하지 않는 메소드와 의존 관계를 맺거나 영향을 받으면 안 된다.
의존 관계 역전의 원칙 (DIP; Dependency Inversion Principle)	• 클라이언트는 구체 클래스가 아닌 추상 클래스에 의존해야 한다.

권쌤이 알려줌

개방 폐쇄의 원칙은 추가할 코드는 Open, 기존 코드는 Close와 같이 기존의 코드를 변경하지 않으면서 기능을 추가할 수 있도록 설계하는 것입니다.

권쌤이 알려줌

아래와 같이 하위 클래스가 상위 클래스의 역할을 대체할 수 있는 것이 리스코프 교체의 원칙입니다.

권쌤이 알려줌

구체 클래스는 추상 클래스보다 변할 가능성이 높으므로, 구체 클래스와의 상속 관계가 아닌 추상 클래스에 의존하도록 설계합니다.

2 객체 지향 분석 방법론 [21년 1회 필기] [20년 2회 필기]

방법론	설명
부치(Booch) 기법	• 자료 흐름도(DFD)를 사용해서 객체를 분해하고, 객체 간의 인터페이스를 찾아 이것들을 에이다(Ada) 프로그램으로 변환시키는 기법이다. • 미시적 개발 프로세스와 거시적 개발 프로세스를 모두 포함한다.
코드(Coad)와 요돈 (Yourdon) 기법	• 개체 관계도(ERD)를 사용하여 개체의 활동들을 데이터 모델링 하는 데 초점을 둔 기법이다. • 문제 영역 요소, 사람과 상호 작용 요소, 작업 관리 요소, 자료 관리 요소로 구성된다.
워프-브록 (Wirfs-Brock) 기법	• 분석과 설계 간 구분이 없고, 고객 명세서를 평가하여 설계 작업까지 연속적으로 수행하는 기법이다.
제이콥슨(Jacobson) 기법	• 유스케이스를 사용하여 분석하는 기법이다. • 사용자가 시스템과 어떻게 상호 작용하는지 서술한다.
럼바우(Rumbaugh)의 분석 기법	• 그래픽 표기법을 이용하여 소프트웨어 구성 요소를 모델링한 기법이다. • 분석 활동은 객체 모델링, 동적 모델링, 기능 모델링을 통해 이루어진다.

3 럼바우(Rumbaugh)의 분석 기법 [21년 2회] [21년 1, 2, 3회 필기] [20년 2, 3, 4회 필기]

럼바우의 분석 방법은 그래픽 표기법을 이용하여 소프트웨어 구성 요소를 모델링한 기법이다.

객체 모델링 기법(OMT; Object Modeling Technique)
소프트웨어 모델링 및 설계를 위한 객체 모델링 방식

권쌤이 알려줌

개체와 관계를 표현한 개체 관계도(ERD)는 객체 모델링에 이용됩니다.

• 객체 모델링 기법(OMT)※이라고도 한다.

• 분석 활동 순서

객체 모델링 → 동적 모델링 → 기능 모델링

분석 활동	설명
객체 모델링 (Object Modeling)	• 정보 모델링(Information Modeling)이라고도 한다. • 시스템에서 요구되는 객체를 찾아내어 객체들의 특성을 규명한다. • 객체 다이어그램을 이용한다.
동적 모델링 (Dynamic Modeling)	• 객체들의 제어 흐름, 상호 반응, 연산 순서를 나타내주는 과정이다. • 상태 다이어그램(STD)을 이용한다.
기능 모델링 (Functional Modeling)	• 각 객체에서 수행되는 동작들을 기술한다. • 자료 흐름도(DFD)를 이용한다.

합격자의 **암기법**

람바우의 분석 활동 순서 : 객동기
• 객체 모델링 → 동적 모델링
→ 기능 모델링

기출 및 예상문제

02 객체 지향 설계

[20년 3회 필기]

01 객체 지향 설계 원칙 중, 서브타입(상속받은 하위 클래스)은 어디에서나 자신의 기반 타입(상위 클래스)으로 교체할 수 있어야 함을 의미하는 원칙은 무엇인지 쓰시오.

....

해설 키워드 서브타입, 기반 타입, 교체 → 용어 리스코프 교체의 원칙

[20년 4회 필기]

02 다음 내용이 설명하는 객체지향 설계 원칙은 무엇인지 쓰시오.

• 클라이언트는 자신이 사용하지 않는 메서드와 의존관계를 맺으면 안 된다.
• 클라이언트가 사용하지 않는 인터페이스 때문에 영향을 받아서는 안 된다.

....

해설 키워드 의존관계, 인터페이스 → 용어 인터페이스 분리의 원칙

[20년 2회 필기]

03 객체 지향 분석 방법론 중 E-R 다이어그램을 사용하여 객체의 행위를 모델링하며, 객체 식별, 구조 식별, 주체 정의, 속성 및 관계 정의, 서비스 정의 등의 과정으로 구성되는 것은 무엇인지 쓰시오.

....

해설 키워드 E-R 다이어그램 → 용어 코드와 요돈 기법

[21년 1회 필기]

04 다음 객체 지향 분석 방법론의 설명과 가장 부합하는 방법론을 〈보기〉에서 고르시오.

① E-R 다이어그램을 사용하여 객체의 행위를 데이터 모델링하는데 초점을 둔 방법이다.
② 객체, 동적, 기능 모델로 나누어 수행하는 방법이다.
③ 미시적 개발 프로세스와 거시적 개발 프로세스를 모두 사용하는 방법이다.
④ Use Case를 강조하여 사용하는 방법이다.

〈보기〉
㉠ Coad-Yourdon 방법   ㉡ Booch 기법
㉢ Rumbaugh의 분석 방법   ㉣ Jacobson 기법

① ....

② ....

③ ....

④ ....

해설 키워드 E-R 다이어그램(개체 관계도) → 용어 Coad-Yourdon 방법
키워드 객체, 동적, 기능 모델 → 용어 Rumbaugh의 분석 방법
키워드 미시적/거시적 개발 프로세스 → 용어 Booch 기법
키워드 Use Case(유스케이스) → 용어 Jacobson 기법

05 럼바우(Rumbaugh)의 객체지향 분석 절차를 순서대로 나열하시오.

해설 TIP 럼바우의 분석 활동 순서는 "객동기"로 기억하세요.

[21년 2회 필기] [20년 3, 4회 필기]
06 럼바우(Rumbaugh)의 객체지향 분석에서 사용하는 분석활동으로 옳은 것을 모두 고르시오.

> ⊙ 기능 모델링   ⓒ 동적 모델링
> ⓒ 객체 모델링   ⓔ 정적 모델링

해설 럼바우의 분석 방법 : 객체 모델링, 동적 모델링, 기능 모델링

[21년 2회]
07 다음 럼바우(Rumbaugh) 분석 기법에 대한 설명과 가장 부합하는 용어를 〈보기〉에서 고르시오.

> - (①) Modeling : 입력에 대한 결과를 나타내며, 자료 흐름도(DFD)를 이용하여 각 객체에서 수행되는 동작들을 기술한다.
> - (②) Modeling : 상태도(STD)를 이용하여 시간에 따라 객체들의 제어 흐름, 상호 반응, 연산 순서를 나타낸다.
> - (③) Modeling : 시스템에서 요구되는 객체를 찾아내어 객체(Object)들의 특성을 규명하여 개체 관계도(ERD)로 표현한다.

> 〈보기〉
> ⊙ Abstraction   ⓒ State   ⓒ Information
> ⓔ Usecase   ⓜ Function   ⓱ Transaction
> ⓐ Dynamic   ⓞ Sequence   ⓧ Relation

①

②

③

해설 키워드 자료 흐름도(DFD) → 용어 기능(Functional) 모델링
키워드 상태도(STD) → 용어 동적(Dynamic) 모델링
키워드 개체 관계도(ERD) → 용어 정보(Information) 모델링
TIP 객체(Object) 모델링을 정보(Information) 모델링이라고도 합니다.

[20년 4회 필기]
08 럼바우(Rumbaugh) 객체지향 분석 기법에서 동적 모델링에 활용되는 다이어그램을 고르시오.

> ⊙ 객체 다이어그램(Object Diagram)
> ⓒ 패키지 다이어그램(Package Diagram)
> ⓒ 상태 다이어그램(State Diagram)
> ⓔ 자료 흐름도(Data Flow Diagram)

해설 키워드 상태 다이어그램 → 용어 동적 모델링

[21년 1회 필기]
09 럼바우(Rumbaugh) 분석기법에서 정보 모델링이라고도 하며, 시스템에서 요구되는 객체를 찾아내어 속성과 연산 식별 및 객체들 간의 관계를 규정하여 다이어그램으로 표시하는 모델링은 무엇인지 쓰시오.

해설 키워드 정보 모델링, 객체(Object)들 간의 관계 → 용어 객체 모델링

[21년 3회 필기]
10 럼바우(Rumbaugh)의 객체지향 분석 기법 중 자료 흐름도(DFD)를 주로 이용하는 모델링은 무엇인지 쓰시오.

해설 키워드 자료 흐름도(DFD) → 용어 기능 모델링

정답
01. 리스코프 교체의 원칙(LSP; Liskov Substitution Principle) **02.** 인터페이스 분리의 원칙(ISP; Interface Segregation Principle) **03.** 코드(Coad)와 요돈(Yourdon) 기법 **04.** ❶ ⊙ ❷ ⓒ ❸ ⓛ ❹ ⓔ **05.** 객체 모델링, 동적 모델링, 기능 모델링 **06.** ❶ ⓜ ❷ ⓐ ❸ ⓒ **07.** ⊙ 5, ⓛ 7, ⓒ 3 **08.** ⓒ **09.** 객체 모델링(Object Modeling) **10.** 기능 모델링(Functinal Modeling)

SECTION 02

소프트웨어 아키텍처

소프트웨어 설계서를 작성하기 위한 설계의 기본 원리와 개발하고자 하는 소프트웨어의 특징에 따라 어떤 설계 방식을 참고하는 것이 효율적인지에 대해 학습합니다. 응용 소프트웨어 목적에 맞는 소프트웨어 아키텍처 패턴을 확인하여 응용 소프트웨어의 기본 구조를 빠르게 파악할 수 있습니다.

01 소프트웨어 설계

1 소프트웨어 설계

사용자의 요구사항에 따라 요구사항 명세서가 만들어지면, 개발팀은 이 명세서를 참조하여 설계서를 작성한 뒤 이를 기반으로 구현한다.

> **권쌤이 알려줌**
>
> 분석 단계에서 사용자 요구를 무엇(What) 관점에서 바라보았다면, 설계 단계에서는 어떻게 (How) 관점에서 생각합니다.

1. 설계의 종류 [20년 4회 필기]

요구사항 명세서와 설계 원리, 제약 조건에 따라 상위 설계와 하위 설계로 나뉜다.

상위 설계	전체 뼈대를 세우는 것과 유사하며, 예비 설계(Preliminary Design)라고도 한다.
하위 설계	내부 구조를 상세히 나타낸다.

> **합격자의 암기법**
>
> 설계의 종류 : 데인 사이(아) / 자알못(모)
> - **키워드** 전체 뼈대 → **용어** 상위 설계
>   - 데(이터 설계)
>   - 인(터페이스 정의)
>   - 사(용자 인터페이스)
>   - 아(아키텍처 설계)
> - **키워드** 내부 구조 → **용어** 하위 설계
>   - 자(료 구조 설계)
>   - 알(고리즘 설계)
>   - 못(모듈 설계)

2. 설계의 원리

구분	설명
분할과 정복 (Divide and Conquer)	소프트웨어 하나를 서브 시스템 여러 개로 나누고, 서브 시스템을 아주 작은 시스템으로 나눈 후 가장 세분화된 작은 시스템부터 하나씩 개발해 나간다.
추상화 (Abstraction)	주어진 문제에서 현재의 관심사에 초점을 맞추기 위해, 필수 정보만 추출하여 강조하고 관련 없는 세부 사항을 생략함으로써 본질적인 문제에 집중한다.

단계적 분해 (Stepwise Refinement)	기능을 점점 작은 단위로 나누어 점차적으로 구체화하는 하향식 설계 방법으로, 니클라우스 비르트(Niklaus Wirth)에 의해 제안되었다. 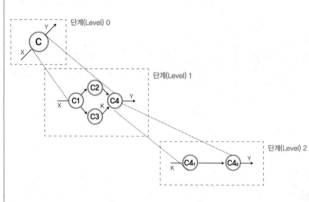
모듈화 (Modularization)	소프트웨어 기능들을 모듈* 단위로 나누는 것으로 모듈이 많으면 통합 비용이 많이 들고, 모듈이 적으면 모듈 하나의 개발 비용이 많이 든다.
정보 은닉 (Information Hiding)	모듈 내부에 포함된 정보를 숨겨 다른 모듈이 접근하거나 변경하지 못하게 한다.

모듈(Module)
소프트웨어 구조를 이루는 기본적인 단위
•기능을 구현하기 위한 최소의 단위

학습 플러스 추상화의 유형 [21년 3회 필기]

유형	설명
과정(Procedure) 추상화	상세 부분은 생략하고, 전체 흐름(과정)만 파악할 수 있는 형태로 작성한다. 예 합계를 구한 후 정렬한다. : 선택 정렬, 버블 정렬 등 정렬의 구체적인 방법은 생략한다.
자료(Data) 추상화	데이터(속성)와 메소드를 함께 묶어 캡슐화하여 필요한 기능만 사용할 수 있게 개방한다. 예 선택 정렬의 내부 로직은 모르고 어떤 기능을 하는지만 알면 된다.

제어(Control)
추상화
	프로그래밍 언어에서 쓰는 제어 구조를 추상화한다. 이벤트 발생의 정확한 절차나 방법을 자세히 정의하지 않는다.
	예 LOAD X
	       ADD Y → Z = X + Y
	       STORE Z 추상화
	    ▲어셈블리 언어 ▲ 고급 언어

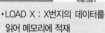
권쌤이 알려줌
•LOAD X : X번지의 데이터를 읽어 메모리에 적재
•ADD Y : Y번지의 데이터를 읽어 메모리의 데이터와 덧셈
•STORE Z : 메모리의 데이터를 Z번지에 저장

[20년 4회 필기]

01 상위 설계에 속하는 것을 〈보기〉에서 모두 고르시오.

〈보기〉
㉠ 아키텍처 설계   ㉡ 모듈 설계
㉢ 인터페이스 정의   ㉣ 사용자 인터페이스 설계

해설 **TIP** 설계의 종류는 "데인 사이(아)/자알못(모)"으로 기억하세요.

[21년 3회 필기]

02 소프트웨어 설계에서 사용되는 대표적인 추상화(Abstraction) 기법을 〈보기〉에서 모두 고르시오.

〈보기〉
㉠ 자료 추상화   ㉡ 제어 추상화
㉢ 과정 추상화   ㉣ 강도 추상화

해설 추상화 종류 : 과정 추상화, 자료 추상화, 제어 추상화

정답
01. ㉠, ㉢, ㉣ **02.** ㉠, ㉡, ㉢

---

02   소프트웨어 아키텍처

1 소프트웨어 아키텍처(Software Architecture)

소프트웨어 아키텍처는 소프트웨어의 골격이 되는 기본 구조로, 복잡한 개발을 체계적으로 접근하기 위한 밑그림이다.

- 소프트웨어를 구성하는 컴포넌트[※]들의 상호 작용 및 관계, 각각의 특성을 기반으로 컴포넌트들이 결합하는 소프트웨어의 진화를 위한 여러 가지 원칙들의 집합이다.
- 소프트웨어 개발을 쉽게 하도록 기본 틀을 만들어, 전체 시스템의 구조나 설계 모형을 재사용할 때 사용한다.
- 소프트웨어 아키텍처 구축 절차

요구사항 분석	→	아키텍처 분석	→	아키텍처 설계	→	검증 및 승인

1. 요구사항 분석

소프트웨어 개발의 요구사항 분석 단계와 같다. 다만 품질 속성과 같은 비기능적인 요구사항[※]에 더 많은 관심을 둔다.

2. 아키텍처 분석

분석 단계에서는 개발 프로젝트에 필요한 품질 속성을 식별하고, 식별된 품질 속

권쌤이 알려줌

아키텍처는 틀을 의미합니다. 개발하고자 하는 응용 소프트웨어의 목적에 맞는 소프트웨어 아키텍처를 참고하여 개발합니다.

컴포넌트(Component, 구성 부품, 요소)
독립적인 실행 단위
⑩ 결제 시스템에서 현금 결제, 카드 결제, 계좌 이체 결제 등

비기능적인 요구사항
소프트웨어 기능들에 대한 조건과 제약사항에 관한 요구사항

성들의 우선순위를 결정한다. 또한 품질 속성 반영 방법을 개발한다.

 소프트웨어 아키텍처 품질 속성 [21년 2회 필기]

소프트웨어 아키텍처 품질 속성은 사용성, 성능과 같이 소프트웨어 아키텍처에 많은 영향을 미치는 요구 사항을 반영한 것을 말한다.
• 요구하는 수준만큼 품질 속성을 달성해야 하는 것을 품질 요구사항이라 한다.

구분	설명
시스템 측면	성능, 보안, 가용성※, 기능성, 사용성, 변경 용이성, 확장성 등
비즈니스 측면	시장 적시성, 비용과 혜택, 예상 시스템 수명 등
아키텍처 측면	개념적 무결성※, 정확성, 구축 가능성 등

가용성(Availability)
시스템을 장애 없이 정상적으로 사용 가능한 정도

무결성(Integrity)
시스템 기능의 의미가 바뀐다면, 그 바뀐 기능과 관련된 부분에서도 똑같이 적용되어야 한다.

관점(View)
시스템을 이루는 요소들의 집합과 그들의 연관 관계를 추상적으로 표현한 것
예 소프트웨어 아키텍처 4+1 관점(논리뷰, 구현뷰, 프로세스뷰, 배치뷰, 유스케이스뷰)

아키텍처 스타일
예 MVC 구조, 클라이언트/서버 구조 등

3. 아키텍처 설계

이해관계자를 파악하고, 이해관계자별 관점(View)※을 정의하고, 아키텍처 스타일※을 적용한다.

4. 검증 및 승인

아키텍처의 요구사항 만족도, 적합성, 품질 속성 등을 평가한다. 그리고 설계 방법을 도출하거나, 설계 패턴을 고려하는 등 아키텍처를 상세화(반복)하여 이해관계자들이 최종 승인을 한다.

권쌤이 알려줌
아키텍처 스타일에는 MVC 모델, 클라이언트/서버 모델 등이 있으며, 스타일을 혼용하여 적용할 수 있습니다. 아키텍처 스타일은 이후 자세히 학습합니다.

 **소프트웨어 아키텍처 4+1 관점**

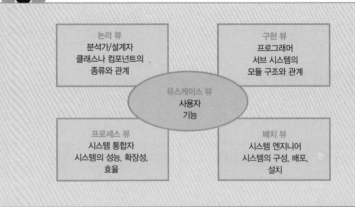

구분	설명	이해 관계자
사용사례 관점 (Usecase View)	• 시스템이 사용자에게 제공하는 기능에 관심이 있다. • 유스케이스 다이어그램은 다른 네 가지 관점에 사용되는 다이어그램의 근간이 되어 분석 및 설계의 전 과정에 걸쳐 사용된다.	사용자

논리 관점 (Logical View, Design View)	• 시스템의 기능에 관심이 있는 유스케이스 관점과 달리 논리적 구조 또는 행위와 같이 시스템 내부를 들여다본다. • 즉 시스템의 기능을 제공하기 위해 필요한 클래스 나 컴포넌트의 종류와 이들의 관계에 초점을 둔다.	분석가/설계자
구현 관점 (Implementation View)	• 물리적 시스템에서 사용하는 소프트웨어 서브시스 템의 모듈이 어떻게 구조화되어 있는가에 관심이 있다. • 모듈은 원시 코드, 데이터 파일, 컴포넌트, 실행 파 일 등으로 구성되어 있다.	프로그래머
프로세스 관점 (Process View)	• 실제 구동 환경을 살펴봄으로써 논리적 관점과 같 이 시스템 내부의 구조에 초점을 맞추고 있다. • 클래스 간의 관계, 클래스의 행동, 클래스 사이의 상호작용 등에 관심이 있다.	시스템 통합자
배치 관점 (Deployment View)	• 시스템을 구성하는 처리 장치 간의 물리적인 배치 에 초점을 둔다.	시스템 엔지니어

2 소프트웨어 아키텍처 패턴(소프트웨어 아키텍처 스타일) [21년 3회 필기]

1. MVC 구조(Model, View, Controller)

구현하려는 전체 어플리케이션을 모델(Model), 뷰(View), 컨트롤러(Controller)로 구분하고, 사용자 인터페이스와 비즈니스 로직을 서로 분리하여 개발하는 방법이다.

• 애플리케이션의 시각적 요소와 그 이면에서 실행되는 비즈니스 로직은 서로 영향을 주지 않고, 쉽게 변경 가능한 애플리케이션을 개발할 수 있다.

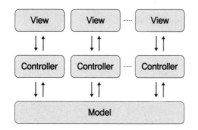

구성 요소	설명
모델(Model)	• 사용자 요청을 처리해 사용자에게 출력할 데이터를 만드는 요소
뷰(View)	• 모델이 처리한 결과를 화면에 보여주는 요소
컨트롤러 (Controller)	• 사용자 요청을 받아 그 요청을 처리할 모델을 호출하는 요소 • 모델이 처리 후 결과를 뷰에 전달하는 요소

권쌤이 알려줌

소프트웨어 아키텍처 패턴은 여러 가지 소프트웨어를 분석하여 각각의 상황에 맞는 소프트웨어 아키텍처를 정의한 것입니다. 개발하고자 하는 응용 소프트웨어 목적에 맞는 소프트웨어 아키텍처 패턴을 활용합니다.

권쌤이 알려줌

컨트롤러나 모델에 상관없이 뷰를 교체하여 사용자 화면의 디자인을 변경할 수 있습니다.

권쌤이 알려줌

네이버 검색 흐름을 떠올려 보세요. 뷰는 화면, 컨트롤러는 모델 호출 및 처리 결과를 뷰에게 전달, 모델은 사용자 요청을 처리합니다.

합격자의 맘기법

MVC 구성 요소
• 키워드 요청 처리 → 용어 모델(Model)
• 키워드 화면 출력 → 용어 뷰(View)
• 키워드 모델-뷰 연결 → 용어 컨트롤러(Controller)

2. 클라이언트/서버 구조(Client/Server)

네트워크를 이용하는 분산 시스템 형태의 모델로, 정보를 요청하는 클라이언트와 정보를 제공하는 서버를 분할하여 사용하는 방법이다.

- 서버, 서비스, 클라이언트로 구성된다.

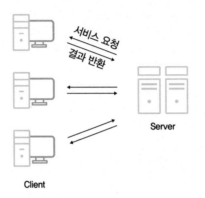

3. 저장소 구조(Repository, 데이터 중심형 모델)

공동으로 활용하는 데이터를 저장소에 보관하고, 모든 서브 시스템이 저장된 공유 데이터에 접근하여 저장, 검색, 변경하는 역할을 하는 방법이다.

- 서브 시스템은 저장소에 데이터를 요청하여 가져와 연산한 후 그 결과를 다시 저장소에 저장한다.
- 대량의 데이터를 공유하는 은행 업무 시스템에 매우 유용한 모델이다.

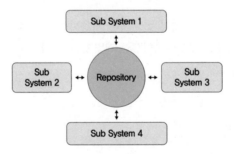

4. 계층 구조(Layering)

시스템을 계층으로 구분하여, 계층 하나를 서브 시스템으로 생각하는 고전적인 방법이다.

- 서로 마주 보는 두 개의 계층 간에만 상호 작용이 이루어진다.

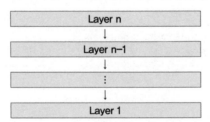

5. 데이터 흐름 구조(Pipe Filter, 파이프 필터 구조) [21년 2회 필기] [20년 4회 필기]

필터에 해당되는 서브 시스템이 하나의 데이터를 입력으로 받아 처리한 후, 그 결과를 다음 서브 시스템으로 넘겨주는 과정을 반복하는 방법이다.

• 일반적으로 데이터를 변환하는 시스템에서 주로 사용한다.

6. 마스터-슬레이브 구조(Master-Slave) [21년 3회 필기]

마스터는 슬레이브로 작업을 분할하고, 슬레이브에서 처리된 결과물을 마스터가 다시 돌려받는 방법이다.

• 마스터 프로세스는 연산, 통신, 조정을 책임지며, 슬레이브 프로세스들을 제어할 수 있다.

• 일반적으로 장애 허용 시스템※, 병렬 처리 시스템, 실시간 시스템에서 사용된다.

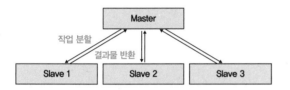

> **장애 허용 시스템**
> 시스템의 일부분 고장이 날 경우 해당 기능만 사용하지 못할 뿐, 전체 시스템은 정상적으로 동작하는 시스템

기출 및 예상문제   02 소프트웨어 아키텍처

[21년 2회 필기]

01 소프트웨어 아키텍처 설계에서 시스템 품질 속성이 아닌 것을 모두 고르시오.

> ㉠ 가용성(Availability)
> ㉡ 독립성(Isolation)
> ㉢ 변경 용이성(Modifiability)
> ㉣ 사용성(Usability)

> **해설** 소프트웨어 아키텍처 시스템 품질 속성 : 성능, 보안, 가용성, 기능성, 사용성, 변경 용이성, 확장성 등

[21년 3회 필기] [20년 4회 필기]

02 다음의 설명과 가장 부합하는 소프트웨어 아키텍처를 〈보기〉에서 고르시오.

> ① 공유 데이터저장소를 통해 접근자 간의 통신이 이루어지므로 각 접근자의 수정과 확장이 용이하다.
> ② 데이터는 파이프를 통해 양방향으로 흐르며, 필터 이동 시 오버헤드가 발생하지 않는다.
> ③ 3개의 서브시스템(모델, 뷰, 제어)으로 구성되어 있다.

> 〈보기〉
> ㉠ 데이터 중심 구조
> ㉡ 파이프 필터 구조
> ㉢ MVC 구조

① ....

② ....

③ ....

해설 **키워드** 공유 데이터 저장소 → **용어** 데이터 중심 구조
키워드 파이프, 필터 → **용어** 파이프 필터 구조
키워드 모델(Model), 뷰(View), 제어(Control) → **용어** MVC 구조

[21년 2회 필기]
03 서브시스템이 입력 데이터를 받아 처리하고, 결과를 다음 서브시스템으로 넘겨주는 과정을 반복하는 소프트웨어 아키텍처 구조는 무엇인지 쓰시오.

....

해설 **키워드** 결과를 다른 시스템에 보냄 → **용어** 파이프 필터 구조

[21년 3회 필기]
04 분산 시스템을 위한 마스터-슬레이브(Master-Slave) 아키텍처에 대한 설명으로 틀린 것을 모두 고르시오.

> ㉠ 일반적으로 실시간 시스템에서 사용된다.
> ㉡ 마스터 프로세스는 일반적으로 연산, 통신, 조정을 책임진다.
> ㉢ 슬레이브 프로세스는 데이터 수집 기능을 수행할 수 없다.
> ㉣ 마스터 프로세스는 슬레이브 프로세스들을 제어할 수 있다.

해설 슬레이브 프로세스는 데이터를 수집하여 마스터 프로세스로 전달한다.

정답
01. ㉡ 02. ❶ ㉠ ❷ ㉡ ㉢ ❸ ㉢ 03. 파이프 필터 구조(Pipe Filter, 데이터 흐름 구조) 04. ㉢

권쌤이 알려줌

디자인 패턴은 응용 소프트웨어 개발 시 반복적으로 나타나는 문제점들에 대한 해결 방안을 제시한 것입니다. 디자인 패턴은 해결 방안만을 제시하고 프로그래밍 코드를 직접 제시하지는 않습니다. 하지만 디자인 패턴을 통해 구현 방법을 빠르게 찾아 적용할 수 있으므로 응용 소프트웨어 개발에 효율적입니다.

합격자의 맘기법

디자인 패턴의 구분 : 생구행
• **키워드** 캡슐화 → **용어** 생성(Creational)
• **키워드** 객체 구성, 객체 결합 → **용어** 구조(Structural)
• **키워드** 객체 간 상호작용, 책임 분배 → **용어** 행위(Behavioral)

★★★
03 디자인 패턴

1 디자인 패턴(Design Pattern) [21년 1회 필기] [20년 4회 필기]

디자인 패턴은 어떤 분야에서 반복적으로 나타나는 문제점들에 대한 전문가들의 경험을 정리하여 해결 방안을 제시한 패턴이다.

• 유사한 문제를 해결하기 위해 설계들을 분류하고 각 문제 유형별로 가장 적합한 설계를 일반화하여 체계적으로 정리해 놓은 것이다.
• 소프트웨어 개발에서 효율성과 재사용성을 높일 수 있다.
• 디자인 패턴은 GoF 디자인 패턴이 많이 활용된다.

2 GoF(Gang of Four) 디자인 패턴 [20년 4회] [21년 1, 2, 3회 필기] [20년 2, 3, 4회 필기]

에릭 감마(Erich Gamma), 리처드 헬름(Richard Helm), 랄프 존슨(Ralph Johnson), 존 블리시데스(John Vlissides)가 제안한 디자인 패턴이다.

• 객체 지향 개념에 따른 설계 중 재사용할 경우 유용한 설계를 디자인 패턴으로 정립한 것이다.
• 생성 패턴, 구조 패턴, 행위 패턴으로 구분하여 패턴을 설명한다.

		목적에 의한 분류		
		생성(Creational)	구조(Structural)	행위(Behavioral)
범위	클래스	Factory Method	Adapter(클래스)	Interpreter Template Method
	객체	Abstract Factory Builder Prototype Singleton	Adapter(객체) Bridge Composite Decorator Facade Flyweight Proxy	Chain of Responsibility Command Iterator Mediator Memento Observer State Strategy Visitor

 디자인 패턴 구성 요소 [20년 3회 필기]

구성 요소	설명
패턴의 이름과 구분	패턴을 부를 때 사용하는 이름과 패턴의 유형
문제 및 배경	패턴이 사용되는 분야 또는 배경, 해결하는 문제를 의미
해법	패턴을 이루는 요소들, 관계, 협동 및 해결 방법
사례	간단한 적용 사례
결과	패턴을 사용하면 얻게 되는 이점이나 영향
샘플 코드	패턴이 적용된 원시 코드

권쌤이 알려줌

디자인 패턴의 필수 4요소는 아래와 같습니다.
- 패턴 이름(Name)
- 문제(Problem)
- 해법(Solution)
- 결과(Consequence)

1. 생성 패턴(Creational Pattern) [21년 3회] [20년 3회 필기]

생성 패턴은 객체의 생성과 과정을 캡슐화하여 객체가 변경되어도 프로그램의 구조에 영향을 크게 받지 않도록 유연성을 더해주는 패턴이다.

종류	설명
팩토리 메소드 (Factory Method)	• 어떤 객체를 생성할지를 서브 클래스가 결정하도록 하고 책임을 위임하는 패턴 • 상위 클래스가 인터페이스[*]는 정의하지만 어떤 클래스의 인스턴스를 생성할지에 대한 결정은 서브 클래스가 정의하도록 해주는 패턴 • 객체의 생성과 사용을 분리함으로써 소프트웨어의 의존성 최소화 • Virtual-Constructor 패턴이라고도 함
추상[*] 팩토리 (Abstract Factory)	• 상세화된 서브 클래스를 정의하지 않고도 서로 관련성 있거나 의존적인 여러 객체 그룹을 생성하여 추상적으로 표현하는 패턴 • 연관된 서브 클래스를 묶어 한 번에 교체하는 것이 가능
빌더(Builder)	• 생성 단계를 캡슐화하여 구축 공정을 동일하게 이용하도록 하는 패턴 • 생성 과정과 표현 방법을 분리하여 동일한 생성 절차로 서로 다른 결과를 만들 수 있게 해주는 패턴
프로토타입 (Prototype)	• 원본 객체를 복사하여 새 객체를 생성할 수 있도록 하는 패턴 • 데이터베이스에서 동일한 데이터를 가져올 때, 매번 데이터베이스로 접근하는 것은 비효율적이므로 원본 객체를 복사하여 새 객체를 생성하여 효율성을 높임

인터페이스(Interface)
클래스들이 구현해야 하는 기능을 지정하는데 사용되는 추상 클래스

추상(Abstract)
하위 클래스들에 존재하는 공통적인 메소드를 인터페이스로 정의하는 것

싱글톤 (Singleton)	• 오직 하나의 객체만을 가지도록 하는 패턴 • 객체가 사용될 때 똑같은 객체를 여러 개 만드는 것이 아니라, 기존에 생성했던 동일한 객체 사용 • 불필요한 메모리 낭비 최소화

2. 구조 패턴(Structural Pattern)

구조 패턴은 새로운 기능을 구현하기 위해 객체를 구성하는 방식에 초점을 두어, 클래스나 객체들을 조합하여 더 큰 구조로 만들 수 있게 해주는 패턴이다.

어댑터(Adapter)
다른 전기나 기계 장치를 서로 연결해서 작동할 수 있도록 만들어 주는 연결 도구

결합도(Coupling)
모듈 간에 상호 의존도

복합 객체
한 객체가 다른 객체를 포함하는 객체

Facade
외관, 건물의 정면

종류	설명
어댑터 (Adapter)※	• 인터페이스가 호환되지 않는 클래스를 함께 사용하도록 하는 패턴 • 구조가 다른 클래스 연결 • 기존의 클래스를 이용하고 싶지만 인터페이스가 일치하지 않을 때 사용
브리지 (Bridge)	• 구현부에서 추상층을 분리하여 각자 독립적으로 확장할 수 있게 하여 결합도※를 낮춘 패턴 • 기능과 구현을 두 개의 별도 클래스로 구현
컴포지트 (Composite)	• 부분-전체 계층을 표현하며 개별 객체와 복합 객체※를 동일하게 다루도록 하는 패턴 • 객체들을 트리 구조로 구성하여 디렉터리 안에 디렉터리가 있듯이 복합 객체 안에 복합 객체가 포함되는 구조로 구현 가능
데코레이터 (Decorator)	• 소스를 변경하지 않고 기능을 확장하도록 하는 패턴 • 부가적인 기능을 추가하기 위해 다른 객체들을 덧붙이는 방식으로 구현
퍼사드 (Facade※)	• 단순화된 하나의 인터페이스로 제공하는 패턴 • 복잡한 서브 클래스들 더 상위에 인터페이스를 구성함으로써 사용자는 외부에 노출되는 객체를 이용해 내부 기능을 쉽게 사용 가능
플라이웨이트 (Flyweight)	• 공유를 통하여 많은 유사한 객체들을 효과적으로 지원하는 패턴 • 메모리 절약 가능 • 게임에서 나무나 관객 등의 배경을 표현하는 것과 같이 다수의 유사 객체를 생성하거나 조작할 때 사용
프록시(Proxy)	• 객체의 대리자를 이용하여 원래 객체의 작업을 대신 처리하는 패턴 • 대용량 객체와 같은 접근이 어려운 객체와 여기에 연결하려는 객체 사이에서 인터페이스 역할 수행

3. 행위 패턴(Behavior Pattern) [21년 2회] [20년 2회]

행위 패턴은 하나의 객체로 수행할 수 없는 작업을 여러 객체로 분배하여, 결합도를 최소화하도록 클래스나 객체들이 상호 작용하는 방법이나 책임 분배 방법을 정의하는 패턴이다.

Interpreter
통역

종류	설명
인터프리터 (Interpreter※)	• 언어 규칙 클래스를 이용하는 패턴 • SQL과 같은 언어의 문법을 정의하고 해석
템플릿 메소드 (Template Method)	• 알고리즘 골격의 구조를 정의한 패턴 • 전체 일을 수행하는 구조는 바꾸지 않으면서 특정 단계에서 수행하는 내역을 바꾸는 패턴 • 코드 중복을 최소화함

책임 연쇄 (Chain of Responsibility)	• 객체들끼리 연결 고리를 만들어 내부적으로 전달하는 패턴 • 요청을 처리할 수 있는 각 객체들이 체인으로 연결되어 있어 한 객체가 처리하지 못하면 다음 객체에게 요청
커맨드 (Command※)	• 요청을 캡슐화 할 수 있으며, 매개변수를 써서 여러 가지 다른 요청을 추가 할 수 있는 패턴 • 캡슐화되어 있어 사용자는 단순히 요청 명령어를 사용하여 요청 가능
이터레이터 (Iterator※)	• 내부 표현은 보여주지 않고 모든 항목에 순차적으로 접근하는 패턴 • 반복이 필요한 자료 구조를 모두 동일한 인터페이스를 통해 접근할 수 있도록 함
미디에이터 (Mediator※)	• 객체 간 상호 작용을 캡슐화하여, 복잡한 관계를 단순화한 패턴 • 객체 사이 의존성을 줄여 결합도를 감소시킴
메멘토 (Memento)	• 객체의 상태 값을 미리 저장해 두었다가 복구하는 패턴 • 객체의 속성은 계속 변하므로 상태를 저장해 두면 쉽게 이전 상태로 돌릴 수 있음
옵저버 (Observer※)	• 한 객체의 상태 변화가 일어났을 때 그 객체에 의존하는 다른 객체들에게 알리고, 자동으로 내용이 갱신되는 패턴 • 일 대 다(One-To-Many) 의존성을 가짐
스테이트 (State※)	• 객체 내부 상태에 따라서 동일한 동작을 다르게 처리하는 패턴 • 객체 상태를 캡슐화하여 클래스화 함으로써, 이를 참조하는 방식
스트레티지 (Strategy※)	• 다양한 알고리즘을 캡슐화하여 알고리즘을 교환하여 사용 가능하도록 한 패턴 • 같은 계열의 알고리즘들을 개별적으로 캡슐화하여 상호 교환할 수 있게 정의 • 게임 속 캐릭터를 움직이기 위해 걷거나 뛸 수 있다고 할 때, 사용자는 원하는 알고리즘을 선택하여 쉽게 사용할 수 있으며, 사용자에 영향 없이 알고리즘 변경 가능
비지터 (Visitor※)	• 객체의 구조와 처리 기능을 분리시키는 패턴 • 분리된 처리 기능을 실행하기 위해서 해당 클래스를 방문

Command
명령어

Iterator
반복자

Mediator
중재자

권쌤이 알려줌

옵저버는 한 객체의 상태 변화만 관찰(모니터링)하는 셈이고, 미디에이터는 여러 개의 객체가 서로서로 통신한다는 것에서 차이가 있습니다.

Observer
관찰자

State
상태

Strategy
전략

Visitor
방문자

기출 및 예상문제

03 디자인 패턴

[20년 4회 필기]

01 디자인 패턴 사용의 장·단점에 대한 설명으로 옳은 것을 모두 고르시오.

> ㉠ 소프트웨어 구조 파악이 용이하다.
> ㉡ 객체지향 설계 및 구현의 생산성을 높이는데 적합하다.
> ㉢ 재사용을 위한 개발 시간이 단축된다.
> ㉣ 절차형 언어와 함께 이용될 때 효율이 극대화된다.

해설 객체 지향 언어와 함께 이용될 때 효율이 극대화된다.

[21년 1회 필기]

02 디자인 패턴을 이용한 소프트웨어 재사용으로 얻어지는 장점을 모두 고르시오.

> ㉠ 소프트웨어 코드의 품질을 향상시킬 수 있다.
> ㉡ 개발 프로세스를 무시할 수 있다.
> ㉢ 개발자들 사이의 의사소통을 원활하게 할 수 있다.
> ㉣ 소프트웨어의 품질과 생산성을 향상시킬 수 있다.

해설 소프트웨어 재사용은 목표 시스템의 개발 시간 및 비용 절감을 위하여 검증된 기능을 파악하고 재구성하여 시스템에 응용하기 위한 최적화 작업으로, 개발 프로세스를 무시할 수 없다.

[20년 4회 필기]

03 GoF(Gangs of Four) 디자인 패턴 분류 세 가지를 쓰시오.

....

해설 TIP 디자인 패턴의 구분은 "생구행"으로 기억하세요.

[20년 4회]

04 다음 설명의 ( ) 안에 들어갈 가장 적합한 용어를 쓰시오.

GoF(Gang of Four) 디자인 패턴은 에릭 감마(Erich Gamma), 리처드 헬름(Richard Helm), 랄프 존슨(Ralph Johnson), 존 블리시데스(John Vlissides)가 제안한 디자인 패턴이다. 객체지향 개념에 따른 설계 중 재사용할 경우 유용한 설계를 디자인 패턴으로 정립한 것으로, 생성 패턴, 구조 패턴, ( ) 패턴으로 구분하여 패턴을 설명한다.

....

해설 GoF 디자인 패턴 분류 : 생성 패턴, 구조 패턴, 행위 패턴

[21년 1, 2회 필기] [20년 2, 3회 필기]

05 다음 GoF(Gangs of Four) 디자인 패턴을 분류에 따라 구분하시오.

㉠ 추상 팩토리(Abstract Factory)	
㉡ 빌더(Builder)	㉢ 어댑터(Adapter)
㉣ 싱글턴(Singleton)	㉤ 데코레이터(Decorator)
㉥ 상태(State)	㉦ 비지터(Visitor)
◎ 프로토타입(Prototype)	㉧ 브리지(Bridge)
㉨ 커맨드(Command)	㉩ 옵저버(Observer)

① 생성 패턴 ....

② 구조 패턴 ....

③ 행위 패턴 ....

해설 TIP 디자인 패턴 종류를 구분하여 기억해 두세요.

[21년 3회 필기]

06 GoF(Gangs of Four) 디자인 패턴에 대한 설명으로 옳은 것을 모두 고르시오.

㉠ 디자인 패턴을 목적(Purpose)으로 분류할 때 생성, 구조, 행위로 분류할 수 있다.
㉡ Strategy 패턴은 대표적인 구조 패턴으로 인스턴스를 복제하여 사용하는 구조를 말한다.
㉢ 행위 패턴은 클래스나 객체들이 상호작용하는 방법과 책임을 분산하는 방법을 정의한다.
㉣ Singleton 패턴은 특정 클래스의 인스턴스가 오직 하나임을 보장하고, 이 인스턴스에 대한 접근 방법을 제공한다.

....

해설 Strategy 패턴은 행위 패턴으로, 다양한 알고리즘을 캡슐화하여 알고리즘을 교환하여 사용 가능하도록 한 패턴을 말한다.
• 인스턴스를 복제하여 사용하는 구조는 Prototype 패턴으로, 이는 생성 패턴에 포함된다.

[20년 3회 필기]

07 객체지향 소프트웨어 설계 시 디자인 패턴을 구성하는 요소를 모두 고르시오.

| ㉠ 개발자 이름 | ㉡ 문제 및 배경 |
| ㉢ 사례 | ㉣ 샘플 코드 |

....

해설 디자인 패턴 구성요소 : 패턴의 이름과 구분, 문제 및 배경, 해법, 사례, 결과, 샘플 코드

[21년 3회] [20년 3회 필기]

08 객체를 생성하기 위해 인터페이스를 정의하지만, 어떤 클래스의 인스턴스를 생성할지에 대한 결정은 서브클래스가 내리도록 하며, Virtual-Constructor 패턴이라고도 하는 디자인 패턴은 무엇인지 쓰시오.

....

해설 키워드 결정, 서브클래스 → 용어 팩토리 메소드

[21년 2회]

09 다음 ( ) 안에 공통적으로 들어갈 가장 적합한 용어를 쓰시오.

> GoF(Gang of Four) 디자인 패턴 중 ( ) 패턴은 반복적으로 사용되는 객체들의 상호 작용을 패턴화한 것으로, 클래스나 객체들이 상호 작용하는 방법, 알고리즘 등과 관련된 패턴이다. ( ) 패턴에는 Interpreter, Observer, Command, Visitor 등이 있다.

해설 키워드 상호 작용 → 용어 행위 패턴

[20년 2회]

10 다음의 설명과 가장 부합하는 디자인 패턴을 영문으로 쓰시오.

> 한 객체의 상태가 바뀌면 그 객체에 의존하는 다른 객체들한테 연락이 가고 자동으로 내용이 갱신되는 방식으로 일 대 다(One–To–Many) 의존성을 가지는 디자인 패턴이다. 서로 상호작용을 하는 객체 사이에서는 가능하면 느슨하게 결합(Loose coupling)하는 디자인을 사용해야 한다.

해설 키워드 자동으로 내용 갱신, 일 대 다 → 용어 Observer(옵저버)

[21년 2회 필기]

11 GoF(Gangs of Four) 디자인 패턴에 대한 설명과 가장 부합하는 패턴을 〈보기〉에서 고르시오.

① 상위 클래스에서 객체를 생성하는 인터페이스를 정의하고, 하위 클래스에서 인스턴스를 생성하도록 하는 방식이다.

② prototype을 먼저 생성하고 인스턴스를 복제하여 사용하는 구조이다.

③ 기존에 구현되어 있는 클래스에 기능 발생 시 기존 클래스를 재사용할 수 있도록 중간에서 맞춰주는 역할을 한다.

④ 객체 간의 통제와 지시의 역할을 하는 중재자를 두어 객체지향의 목표를 달성하게 해준다.

⑤ 구현부에서 추상층을 분리하여 각자 독립적으로 확장할 수 있게 하여 결합도를 낮추는 방식이다.

〈보기〉
㉠ factory method pattern   ㉡ prototype pattern
㉢ mediator pattern   ㉣ bridge pattern
㉤ adapter pattern

① ....

② ....

③ ....

④ ....

⑤ ....

해설 키워드 상위 인터페이스, 하위 인스턴스 생성 → 용어 팩토리 메소드(factory method) 패턴
키워드 prototype, 인스턴스 복제 → 용어 프로토타입(prototype) 패턴
키워드 중간에서 맞춰주는 역할 → 용어 어댑터(adapter) 패턴
키워드 중재자 → 용어 미디에이터(mediator) 패턴
키워드 구현부, 추상층 분리 → 용어 브리지(bridge) 패턴

12 복잡한 서브 클래스들 더 상위에 인터페이스를 구성함으로써 사용자는 외부에 노출되는 객체를 이용해 내부 기능을 쉽게 사용할 수 있는 것으로, 단순화된 하나의 인터페이스로 제공하는 패턴은 무엇인지 쓰시오.

해설 키워드 단순화된 하나의 인터페이스 → 용어 퍼사드

정답

01. ㉠, ㉡, ㉢ 02. ㉠, ㉢, ㉣ 03. 생성(Creational) 패턴, 구조(Structural) 패턴, 행위(Behavioral) 패턴 04. 행위(Behavioral) 05. ❶ ㉠, ㉡, ㉣, ㉤ ❷ ㉢, ㉥, ㉧ ❸ ㉨, ㉩, ㉪, ㉫ 06. ㉠, ㉢, ㉣ 07. ㉡, ㉢, ㉣ 08. 팩토리 메소드(Factory Method) 09. 행위(Behavioral) 10. Observer 11. ❶ ㉠ ❷ ㉡ ❸ ㉤ ❹ ㉢ ❺ ㉣ 12. 퍼사드(Facade)

SECTION 03

모듈 설계

모듈은 하나의 작업 단위입니다. 프로그램은 여러 개의 모듈로 구성되어 있습니다. 사칙연산 계산기 프로그램은 덧셈 모듈, 뺄셈 모듈, 곱셈 모듈, 나눗셈 모듈로 구성될 수 있으며, 공학용 계산기 프로그램을 개발한다면 해당 모듈들을 재사용할 수 있습니다.

★★★

01 모듈

1 모듈과 모듈화 [21년 1회 필기] [20년 3, 4회 필기]

1. 모듈(Module) [21년 3회 필기]

소프트웨어 구조를 이루는 기본적인 단위이다.

- 작업 단위(단위 모듈), 소프트웨어 내 프로그램, 부 시스템, 서브루틴을 의미한다.
- 시스템을 이루는 기능을 수행하기 위한 함수 및 자원 등의 전체 집합이다.
- 하나 또는 몇 개의 논리적인 기능을 수행하기 위한 집합이다.
- 독립적으로 컴파일할 수 있고 다른 모듈 안에 삽입되거나 다른 모듈에 의해 호출도 가능하다.
- 매개변수 값을 제공받아 동작이 시작되는 프로그램이다.

2. 모듈화(Modularity) [20년 1회] [21년 3회 필기]

소프트웨어 설계의 기본 원리로, 소프트웨어 기능들을 모듈 단위로 분해하는 것이다.

- 소프트웨어 성능을 향상시키거나 소프트웨어의 수정 및 재사용, 유지, 관리 등을 쉽게 한다.
- 모듈화 시 소프트웨어 복잡도가 감소하고, 변경이 쉬우며 프로그램 구현이 용이해 진다.
- 모듈화 측정 척도 : 응집도(Cohesion), 결합도(Coupling)

2 응집도(Cohesion) [21년 2회] [21년 1, 2, 3회 필기] [20년 2, 3, 4회 필기]

응집도는 모듈 안의 요소들이 서로 관련되어 있는 정도이다.

- 모듈이 독립적인 기능으로 잘 정의되어 있는 정도를 말한다.

합격자의 **맘기법**

모듈화 측정 척도
- 키워드 모듈 안의 요소 →
- 용어 응집도

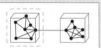

- 키워드 모듈 간 → 용어 결합도

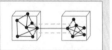

권쌤이 알려줌

모듈의 기능적 독립성은 소프트웨어를 구성하는 각 모듈의 기능이 서로 독립됨을 의미합니다. 이는 모듈이 하나의 기능만을 수행하고, 다른 모듈과의 과도한 상호작용을 배제함으로써 이루어집니다.

권쌤이 알려줌

독립성이 높은 좋은 소프트웨어는 응집도는 높게, 결합도는 낮게 개발합니다.

- 독립성이 높을수록 모듈을 수정하더라도 다른 모듈에 거의 영향을 미치지 않으며, 오류가 발생해도 쉽게 발견하고 해결할 수 있다.
- 독립적인 모듈이 되기 위해서는 응집도가 강해야 한다.

기능적 응집도 (Functional Cohesion)	단일 기능의 요소로 하나의 모듈을 구성한 경우의 응집도	
순차적 응집도 (Sequential Cohesion)	요소1의 출력을 요소2의 입력으로 사용하는 두 요소가 하나의 모듈을 구성한 경우의 응집도	
교환(통신)적 응집도 (Communication Cohesion)	동일한 입력과 출력을 사용하여 서로 다른 기능을 수행하는 구성 요소들이 모여 하나의 모듈을 구성한 경우의 응집도	
절차적 응집도 (Procedural Cohesion)	모듈이 다수의 관련 기능을 가질 때 모듈 안의 구성 요소들이 그 기능을 순차적으로 수행할 경우의 응집도	
시간적 응집도 (Temporal Cohesion)	연관된 기능보다는 특정 시간에 처리되어야 하는 활동들을 한 모듈에서 처리하는 경우의 응집도	
논리적 응집도 (Logical Cohesion)	유사한 성격을 갖거나 특정 형태로 분류되는 처리 요소들이 한 모듈에서 처리되는 경우의 응집도	
우연적 응집도 (Coincidental Cohesion)	모듈 내부의 각 구성 요소들이 연관이 없을 경우의 응집도	

3 결합도(Coupling) [21년 1, 3회] [21년 1, 2, 3회 필기] [20년 2, 3, 4회 필기]

결합도는 모듈 간의 상호 의존도이다.

- 독립성이 높을수록 모듈을 수정하더라도 다른 모듈에 거의 영향을 미치지 않으며, 오류가 발생해도 쉽게 발견하고 해결할 수 있다.
- 독립적인 모듈이 되기 위해서는 결합도가 약해야 한다.
- 느슨한 결합(Loose Coupling) : 다른 모듈을 직접적으로 사용하는 모듈의 의존성을 줄인 결합으로, 코드의 재사용성과 유연성을 위해 강한 결합보다는 느슨한 결합이 좋다.

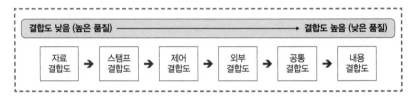

결합도 낮음 (높은 품질) ───────────────→ 결합도 높음 (낮은 품질)
자료 결합도 → 스탬프 결합도 → 제어 결합도 → 외부 결합도 → 공통 결합도 → 내용 결합도

자료 결합도 (Data Coupling)	• 모듈 간의 인터페이스로 전달되는 매개변수를 통해서만 모듈 간의 상호 작용이 일어나는 경우의 결합도 • 필요한 데이터만 주고받음으로써 서로 간섭을 최소화한 경우	모듈A → 모듈B 데이터
스탬프 결합도 (Stamp Coupling)	• 모듈 간의 인터페이스로 배열이나 객체, 자료 구조 등이 전달되는 경우의 결합도 • 필요 없는 전체 데이터(데이터 구조)를 주고받아야 하는 경우	모듈A → 모듈B 데이터 구조
제어 결합도 (Control Coupling)	• 단순 처리할 대상인 값만 전달되는 게 아니라 어떻게 처리를 해야 한다는 제어 요소(Flag, 플래그)가 전달되는 경우의 결합도 • 매개변수로 제어 요소를 사용하여, 정보 은닉을 크게 위배하는 경우	모듈A → 모듈B 플래그
외부 결합도 (External Coupling)	• 다른 모듈 내부에 있는 데이터(변수)를 외부의 다른 모듈에서 참조하는 경우의 결합도 • 다수의 모듈이 모듈 밖에서 도입된 데이터, 프로토콜, 인터페이스 등을 공유하는 경우	모듈A → 모듈B 변수
공통 결합도 (Common Coupling)	• 파라미터가 아닌 모듈 밖에 선언되어 있는 공통 데이터 영역을 참조 및 갱신하는 식으로 상호 작용하는 경우의 결합도 • 공통 데이터 영역을 갱신하면 이를 참조하는 모든 모듈에 영향을 미치는 경우	모듈A 모듈B 전역변수

전역 변수(Global Variable)
모듈 외부에 선언되어 모듈 전체에서 사용 가능한 변수(데이터)
• 지역 변수(Local Variable)는 모듈 내부에 선언되어 해당 모듈 내에서만 사용할 수 있는 변수(데이터)이다.

내용 결합도 (Content Coupling)	• 다른 모듈 내부에 있는 기능이나 자료를 외부의 다른 모듈에서 직접 참조하거나 갱신하는 경우의 결합도 • 한 모듈에서 다른 모듈의 내부로 제어가 이동하는 경우	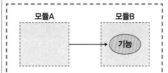

4 공유도(Fan-In)/제어도(Fan-Out) [21년 1회 필기]

권쌤이 알려줌

Fan-In과 Fan-Out을 분석하면 시스템의 복잡도를 알 수 있습니다.

1. 공유도(Fan-In, 팬인) [20년 1회]

자신을 사용하는 모듈의 수이다.

• 어떤 모듈을 제어(호출)하는 상위 모듈의 개수이다.

• Fan-In이 높으면 재사용성이 우수하다.

2. 제어도(Fan-Out. 팬아웃)

자신이 호출하는 모듈의 수이다.

• 어떤 모듈에 의해 제어(호출)되는 하위 모듈의 개수이다.

• Fan-Out이 낮으면 재사용성이 우수하다.

예제

모듈 B에서의 Fan-In과 Fan-Out의 수를 구하시오.

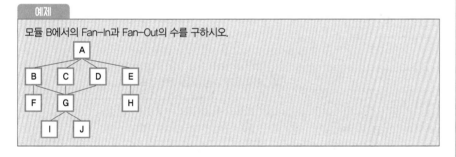

정답 및 해설

```
Fan-In : 1 (A) , Fan-Out : 2 (F, G)
```

[21년 1, 3회 필기] [20년 3, 4회 필기]

01 바람직한 소프트웨어 설계 지침이 아닌 것을 모두 고르시오.

ⓐ 적당한 모듈의 크기를 유지한다.
ⓑ 모듈 간의 접속 관계를 분석하여 복잡도와 중복을 줄인다.
ⓒ 모듈 간의 결합도는 강할수록 바람직하다.
ⓓ 모듈 간의 효과적인 제어를 위해 설계에서 계층적 자료 조직이 제시되어야 한다.
ⓔ 모듈의 기능은 예측이 가능해야 하며 지나치게 제한적이어야 한다.
ⓕ 모듈화는 시스템의 유지보수와 수정을 용이하게한다.
ⓖ 소프트웨어의 모듈은 프로그래밍 언어에서 Subroutine, Function 등으로 표현될 수 있다.
ⓗ 모듈의 수가 증가하면 상대적으로 각 모듈의 크기가 커지며, 모듈 사이의 상호교류가 감소하여 과부하(Overload) 현상이 나타난다.
ⓘ 모듈화는 시스템을 지능적으로 관리할 수 있도록 해주며, 복잡도 문제를 해결하는 데 도움을 준다.

> 해설
> • 모듈 간의 결합도는 약할수록 바람직하다.
> • 모듈의 기능은 지나치게 제한적이어서는 안 된다.
> • 모듈의 수가 증가하면 상대적으로 각 모듈의 크기는 감소하며, 모듈 사이의 상호 교류가 증가하여 과부하(Overload) 현상이 나타난다.

[21년 3회 필기]

02 다음 설명에 부합하는 용어를 쓰시오.

• 소프트웨어 구조를 이루며, 다른 것들과 구별될 수 있는 독립적인 기능을 갖는 단위이다.
• 하나 또는 몇 개의 논리적인 기능을 수행하기 위한 명령어들의 집합이라고도 할 수 있다.
• 서로 모여 하나의 완전한 프로그램으로 만들어질 수 있다.

> 해설
> 키워드 소프트웨어 구조, 독립적인 기능, 집합 → 용어 모듈

[20년 1회]

03 아래 설명에서 ①, ②에 들어갈 가장 적합한 용어를 쓰시오.

> 모듈화는 소프트웨어 설계의 기본 원리로써 SW 성능을 향상시키거나 시스템의 수정 및 재사용, 유지 관리 등이 용이하도록 시스템의 기능들을 모듈 단위로 분해하는 것을 의미한다. 모듈화의 목적은 소프트웨어 복잡도가 감소하고 변경이 쉽고 프로그램 구현을 용이하게 하는 것으로, 모듈 설계 시 (①)은(는) 낮추고 (②)은(는) 높여야 한다.

① ....

② ....

> 해설
> 키워드 모듈 간의 상호 의존도 → 용어 결합도
> 키워드 서로 관련되어 있는 정도 → 용어 응집도

[20년 2회 필기]

04 응집도가 가장 낮은 것을 고르시오.

ⓐ 기능적 응집도   ⓑ 시간적 응집도
ⓒ 절차적 응집도   ⓓ 우연적 응집도

> 해설
> 응집도 종류 : 우연적 〈 논리적 〈 시간적 〈 절차적 〈 교환적 〈 순차적 〈 기능적

[21년 1회 필기]

05 응집도가 가장 높은 것을 고르시오.

ⓐ 절차적 응집도   ⓑ 순차적 응집도
ⓒ 우연적 응집도   ⓓ 논리적 응집도

> 해설
> 응집도 종류 : 우연적 〈 논리적 〈 시간적 〈 절차적 〈 교환적 〈 순차적 〈 기능적

[21년 2회 필기]

06 가장 강한 응집도(Cohesion)를 고르시오.

> ㉠ Sequential Cohesion
> ㉡ Procedural Cohesion
> ㉢ Logical Cohesion
> ㉣ Coincidental Cohesion

해설
응집도 종류 : 우연적(Coincidental) 〈 논리적(Logical) 〈 시간적(Temporal) 〈 절차적(Procedural) 〈 교환적(Communication) 〈 순차적(Sequential) 〈 기능적(Functional)

[21년 2회]

07 다음의 설명과 가장 부합하는 응집도를 〈보기〉에서 고르시오.

> ① 어떤 구성 요소의 출력이 다음 구성 요소의 입력으로 사용되지 않고, 순서에 따라 수행되는 경우
> ② 동일한 입·출력을 사용하여 서로 다른 기능을 수행하는 구성 요소들이 모인 경우
> ③ 단일 기능의 요소로 하나의 모듈을 구성하여 모든 기능들이 연관되어 있는 경우

> 〈보기〉
> ㉠ Functional Cohesion
> ㉡ Sequential Cohesion
> ㉢ Communication Cohesion
> ㉣ Procedural Cohesion
> ㉤ Temporal Cohesion
> ㉥ Logical Cohesion
> ㉦ Coincidental Cohesion

① ....

② ....

③ ....

해설
키워드 순서에 따라 → 용어 절차적 응집도(Procedural Cohesion)
키워드 동일한 입·출력, 다른 기능 수행 → 용어 교환(통신)적 응집도(Communication Cohesion)
키워드 단일 기능, 연관 → 용어 기능적 응집도(Functional Cohesion)

[20년 3회 필기]

08 모듈이 다수의 관련 기능을 가질 때 모듈 안의 구성 요소들이 그 기능을 순차적으로 수행할 경우의 응집도는 무엇인지 쓰시오.

해설
키워드 순차적으로 수행 → 용어 절차적 응집도

[20년 4회 필기]

09 응집도의 종류 중 서로 간에 어떠한 의미 있는 연관관계도 지니지 않은 기능 요소로 구성되는 경우이며, 서로 다른 상위 모듈에 의해 호출되어 처리상의 연관성이 없는 서로 다른 기능을 수행하는 경우의 응집도는 무엇인지 쓰시오.

해설
키워드 연관성 없음 → 용어 우연적 응집도

[21년 3회 필기]

10 모듈 내 구성 요소들이 서로 다른 기능을 같은 시간대에 함께 실행하는 경우의 응집도(Cohesion)는 무엇인지 쓰시오.

해설
키워드 서로 다른 기능, 같은 시간대 → 용어 시간적 응집도

[20년 2회 필기]

11 시스템에서 모듈 사이의 결합도(Coupling)에 대한 설명으로 옳은 것을 모두 고르시오.

> ㉠ 한 모듈 내에 있는 처리요소들 사이의 기능적인 연관 정도를 나타낸다.
> ㉡ 결합도가 높으면 시스템 구현 및 유지보수 작업이 쉽다.
> ㉢ 모듈 간의 결합도를 약하게 하면 모듈 독립성이 향상된다.
> ㉣ 자료 결합도는 내용 결합도보다 결합도가 높다.

해설
- ㉠은 응집도(Cohesion)에 대한 설명이다.
- 결합도가 낮을수록 시스템 구현 및 유지보수 작업이 쉽다.
- 자료 결합도가 내용 겹합도보다 결합도가 낮다.

[21년 3회 필기]

12 모듈의 독립성을 높이기 위한 결합도(Coupling)와 관련한 설명으로 옳은 것을 모두 고르시오.

㉠ 오류가 발생했을 때 전파되어 다른 오류의 원인이 되는 파문 효과(Ripple Effect)를 최소화해야 한다.
㉡ 인터페이스가 정확히 설정되어 있지 않을 경우 불필요한 인터페이스가 나타나 모듈 사이의 의존도는 높아지고 결합도가 증가한다.
㉢ 모듈들이 변수를 공유하여 사용하게 하거나 제어 정보를 교류하게 함으로써 결합도를 낮추어야 한다.
㉣ 다른 모듈과 데이터 교류가 필요한 경우 전역변수(Global Variable)보다는 매개변수(Parameter)를 사용하는 것이 결합도를 낮추는 데 도움이 된다.

해설
㉢은 결합도를 높이는 설명으로, 결합도가 높아지면 모듈의 독립성이 낮아진다.
TIP 모듈의 독립성을 높이기 위해서는 다른 모듈을 직접적으로 사용하는 모듈의 의존성을 줄인 느슨한 결합이 좋습니다.

[20년 3회 필기]

13 가장 결합도가 강한 것을 고르시오.

㉠ Data coupling ㉡ Stamp coupling
㉢ Common coupling ㉣ Control coupling

해설
결합도 종류 : 자료(Data) 〈 스탬프(Stamp) 〈 제어(Control) 〈 외부(External) 〈 공통(Common) 〈 내용(Content)

[21년 1회 필기]

14 다음에 제시된 〈보기〉를 결합도가 낮은 것부터 높은 것 순으로 나열하시오.

〈보기〉
㉠ 내용 결합도   ㉡ 자료 결합도
㉢ 공통 결합도   ㉣ 스탬프 결합도
㉤ 외부 결합도   ㉥ 제어 결합도

해설
결합도 종류 : 자료 〈 스탬프 〈 제어 〈 외부 〈 공통 〈 내용

[21년 2회 필기]

15 가장 약한 결합도(Coupling)를 고르시오.

㉠ Common Coupling ㉡ Control Coupling
㉢ External Coupling ㉣ Stamp Coupling

해설
결합도 종류 : 자료(Data) 〈 스탬프(Stamp) 〈 제어(Control) 〈 외부(External) 〈 공통(Common) 〈 내용(Content)

[21년 3회]

16 결합도 중 단순 처리할 대상의 값만 전달되는 게 아니라 어떻게 처리를 해야 한다는 제어 요소가 전달되는 경우의 결합도를 영문으로 쓰시오.

해설
키워드 어떻게 처리, 제어(Control) 요소 → **용어** 제어 결합도

[21년 1회]

17 다음의 설명과 가장 부합하는 용어를 〈보기〉에서 고르시오.

① 다른 모듈 내부에 있는 변수나 기능을 다른 모듈에서 사용하는 경우
② 모듈 간의 인터페이스로 배열이나 오브젝트(Object), 자료구조(Structure) 등이 전달되는 경우
③ 파라미터가 아닌 모듈 밖에서 선언되어 있는 전역 변수를 참조하고 전역 변수를 갱신하는 식으로 상호 작용하는 경우

〈보기〉
㉠ 자료 결합도   ㉡ 스탬프 결합도
㉢ 제어 결합도   ㉣ 공통 결합도
㉤ 내용 결합도   ㉥ 외부 결합도

① ....

② ....

③ ....

해설
키워드 다른 모듈, 변수나 기능 사용 → 용어 내용 결합도
키워드 오브젝트, 자료 구조 → 용어 스탬프 결합도
키워드 모듈 밖, 전역 변수 → 용어 공통 결합도

[20년 3회 필기]

18 어떤 모듈이 다른 모듈의 내부 논리 조직을 제어하기 위한 목적으로 제어신호를 이용하여 통신하는 경우이며, 하위 모듈에서 상위 모듈로 제어 신호가 이동하여 상위 모듈에게 처리 명령을 부여하는 권리 전도현상이 발생하게 되는 결합도는 무엇인지 쓰시오.

....

해설
키워드 제어(Control) 신호(요소) → 용어 제어 결합도

[20년 4회 필기]

19 결합도(Coupling)에 대한 설명으로 틀린 것을 모두 고르시오.

㉠ 데이터 결합도(Data Coupling)는 두 모듈이 매개변수로 자료를 전달할 때, 자료구조 형태로 전달되어 이용될 때 데이터가 결합되어 있다고 한다.
㉡ 내용 결합도(Content Coupling)는 하나의 모듈이 직접적으로 다른 모듈의 내용을 참조할 때 두 모듈은 내용적으로 결합되어 있다고 한다.
㉢ 공통 결합도(Common Coupling)는 두 모듈이 동일한 전역 데이터를 접근한다면 공통결합 되어 있다고 한다.
㉣ 결합도(Coupling)는 두 모듈간의 상호작용, 또는 의존도 정도를 나타내는 것이다.

....

해설
자료 구조 형태로 전달되는 것은 스탬프(Stamp) 결합도이다.

[20년 1회]

20 다음 프로그램 구조에서 Fan-in 개수가 2 이상인 모듈을 쓰시오.

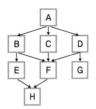

....

해설
공유도(Fan-In) : 어떤 모듈을 제어(호출)하는 상위 모듈의 개수
→ F : 3 (B, C, D), H : 2 (E, F)

[21년 1회 필기]

21 다음은 어떤 프로그램 구조를 나타낸다. 모듈 F에서의 fan-in과 fan-out의 수는 얼마인지 쓰시오.

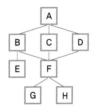

① fan-in ....

② fan-out ....

해설
• 공유도(Fan-In) : 어떤 모듈을 제어(호출)하는 상위 모듈의 개수 → 3 (B, C, D)
• 제어도(Fan-Out) : 어떤 모듈에 의해 제어(호출)되는 하위 모듈의 개수 → 2 (G, H)

정답
01. ㉢, ㉤, ㉥   **02.** 모듈(Module)   **03.** ❶ 결합도(Coupling) ❷ 응집도 (Cohesion)   **04.** ㉣   **05.** ㉡   **06.** ㉢   **07.** ❶ ㉣ ❷ ㉢ ❸ ㉠   **08.** 절차적 응집도(Procedural Cohesion)   **09.** 우연적 응집도(Coincidental Cohesion)   **10.** 시간적 응집도(Temporal Cohesion)   **11.** ㉢   **12.** ㉠, ㉡, ㉣   **13.** ㉢   **14.** ㉡, ㉣, ㉥, ㉤, ㉢, ㉠   **15.** ㉣   **16.** Control Coupling   **17.** ❶ ㉤ ❷ ㉢ ❸ ㉣   **18.** 제어 결합도(Control Coupling)   **19.** ㉠   **20.** F, H   **21.** ❶ 3 ❷ 2

권쌤이 알려줌

공통 모듈은 여러 기능 및 프로그램에서 공통적으로 사용할 수 있는 모듈을 의미하며, 날짜 처리를 위한 유틸리티 모듈 등이 있습니다.
⑩ 오늘 날짜 반환 함수

권쌤이 알려줌

모듈의 재사용성 확보와 중복 개발 회피를 위해 설계 과정에서 공통 부분을 식별하고 명세를 작성하여 공통 모듈을 설계합니다.

합격자의 암기법

공통 모듈 명세 기법 : 일명 정 완추(C4T1)
• 일(관성, Consistency)
• 명(확성, Clarity)
• 정(확성, Correctness)
• 완(전성, Completeness)
• 추(적성, Traceability)

오퍼레이션(Operation)
메소드, 연산자, 동작, 함수, 프로시저

02 공통 모듈

1 공통 모듈

공통 모듈은 정보시스템 구축 시 자주 사용하는 기능들로서, 재사용이 가능하게 패키지로 제공하는 독립된 모듈을 의미한다.

1. 공통 모듈 명세 기법 [20년 2회 필기]

기법	설명
정확성 (Correctness)	시스템 구현 시 해당 기능이 필요하다는 것을 알 수 있도록 정확히 작성한다.
명확성 (Clarity)	해당 기능을 이해할 때 중의적으로 해석되지 않도록 명확하게 작성한다.
완전성 (Completeness)	시스템 구현을 위해 필요한 모든 것을 기술한다.
일관성 (Consistency)	공통 기능 간 상호 충돌이 발생하지 않도록 작성한다.
추적성 (Traceability)	기능에 대한 요구사항의 출처, 관련 시스템 등의 관계를 파악할 수 있도록 작성한다.

2. 공통 모듈 재사용 범위에 따른 분류 [20년 4회 필기]

분류	설명
함수와 객체 재사용	클래스나 함수 단위로 구현한 소스 코드를 재사용한다.
컴포넌트 재사용	컴포넌트 단위로 재사용하며, 컴포넌트의 인터페이스를 통해 통신한다.
애플리케이션 재사용	공통된 기능을 제공하는 애플리케이션과의 통신으로 기능을 공유하여 재사용한다.

학습 플러스 협약에 의한 설계(DBC; Design By Contract) [20년 3회 필기]

협약에 의한 설계는 소프트웨어 컴포넌트를 설계할 때 클래스에 대한 여러 가정을 공유하도록 명세한 것으로, 소프트웨어 컴포넌트에 대한 정확한 인터페이스 명세를 위하여 선행 조건, 결과 조건, 불변 조건을 나타내는 설계 방법이다.

• 계약 프로그래밍, 클래스 상세 설계라고도 한다.
• 협약에 의한 설계의 세 가지 타입

구분	설명
선행 조건 (Precondition)	오퍼레이션[*]이 호출되기 전에 참이 되어야 할 조건 ⑩ 나눗셈 제수로 받아오는 값은 0이 되어서는 안 된다.
결과 조건 (Postcondition, 후행 조건)	오퍼레이션이 수행된 후 만족하여야 하는 조건 ⑩ 나눗셈 함수의 반환 값은 0 이상이어야만 한다.
불변 조건 (Invariant, 불변식)	클래스 내부가 실행되는 동안 항상 만족해야 하는 조건 ⑩ 항상 오름차순으로 정렬되어야 한다.

만약 호출자가 모듈의 모든 선행 조건을 충족한다면, 해당 모듈은 종료 시 모든 결과 조건과 불변 조건이 참이 될 것을 보증해야 한다.

[20년 2회 필기]

01 공통 모듈에 대한 명세 기법 중 해당 기능에 대해 일관되게 이해되고 한 가지로 해석될 수 있도록 작성하는 원칙은 무엇인지 쓰시오.

> 해설 키워드 일관, 한 가지로 해석 → 용어 명확성

[20년 4회 필기]

02 공통모듈의 재사용 범위에 따른 분류로 옳은 것을 모두 고르시오.

> ⓐ 컴포넌트 재사용 　　ⓒ 더미코드 재사용
> ⓑ 함수와 객체 재사용 　　ⓓ 애플리케이션 재사용

> 해설 공통 모듈 재사용 범위에 따른 분류 : 함수와 객체 재사용, 컴포넌트 재사용, 애플리케이션 재사용

[20년 3회 필기]

03 다음 설명의 (　) 안에 들어갈 가장 적합한 용어를 쓰시오.

> 컴포넌트 설계 시 '(　)에 의한 설계'를 따를 경우, 해당 명세에서는
> ① 컴포넌트의 오퍼레이션 사용 전에 참이 되어야 할 선행 조건
> ② 사용 후 만족되어야 할 결과 조건
> ③ 오퍼레이션이 실행되는 동안 항상 만족되어야 할 불변 조건 등이 포함되어야 한다.

> 해설 키워드 선행, 결과 불변 조건 → 용어 협약에 의한 설계

> [정답]
> **01.** 명확성(Clarity) **02.** ⓐ, ⓒ, ⓓ **03.** 협약

★★
03 코드

권쌤이 알려줌

다양하고 많은 자료를 쉽게 구분하기 위해 코드를 부여합니다. 가전제품의 제품번호도 규칙적으로 작성된 코드입니다.

1 코드(Code)

· 코드는 컴퓨터에서 자료 처리를 쉽게 하고자 사용하는 기호이다.

　예 주민등록번호 → 코드 : 1977년 5월 5일 홍길동 → 770505-1693333

▶ **코드의 기능** [20년 3회 필기]

　• 3대 기능 : 배열, 분류, 식별
　• 기타 기능 : 표준화, 암호화, 확장성※, 연상성※(표의성), 단순화

합격자의 **암기법**

코드의 3대 기능 : 배분식
• 배(열)
• 분(류)
• 식(별)

2 코드의 종류 [20년 2, 4회 필기]

종류	설명
순차 코드 (Sequence Code)	코드화 대상 항목을 어떤 일정한 배열로 일련번호를 부여하는 방법 예 대기 순서표 1 [ ][ ][ ][ ] → 1 2 [ ][ ][ ] → 1 2 3 [ ][ ]

확장성

기본 사항을 바꾸지 않고 코드 부여 대상의 신규 발생, 변경, 폐지에 대응할 수 있는 코드의 성질

연상성
코드에 대한 해독을 쉽게 하는
것으로, 코드를 보는 순간 그 코
드의 실체를 알 수 있도록 하는
성질

권쌤이 알려줌

순차 코드는 단순하고 이해하기
쉬우나, 명확한 분류 기준이 없
어 코드 분류가 어렵고 누락된
자료 삽입이 어렵습니다.

권쌤이 알려줌

블록 코드는 공통된 특성별로
분류 및 집계가 용이하며, 구분
순차 코드라고도 합니다.

권쌤이 알려줌

두 개 이상의 코드를 조합하
여 만든 코드를 합성 코드
(Combined Code)라고 합니다.

물리적 수치
⑩ 길이, 넓이, 부피, 무게

블록 코드 (Block Code, 구분 코드)	공통성이 있는 것끼리 블록으로 구분하고, 각 블록 내에서 일련번호를 부여하는 방법 ⑩ 부서별 사원번호 0 1 □ □ ~ 0 3 □ □ 개발부 0 4 □ □ ~ 0 8 □ □ 기획부
그룹 분류 코드 (Group Classification Code)	일정 기준에 따라 대분류, 중분류, 소분류 등으로 구분하여 일련번호를 부여하는 방법 ⑩ 지사별, 부서별 사원번호 1 0 1 0 0 1 대분류 중분류 소분류 본사 − 개발부 − 1팀
10진 코드 (Decimal Code, 도서 분류 코드)	코드화 대상 항목을 0~9까지 10진 분할하고, 다시 그 각각에 대하여 10진 분할하는 방법 ⑩ 정보처리기사 출제 기준 100 정보처리기사 / 110 필기 / 111 소프트웨어 설계 / 112 소프트웨어 개발
표의 숫자 코드 (Significant Digit Code)	코드화 대상 항목의 물리적 수치 등을 나타내는 문자, 숫자 혹은 기호 를 그대로 코드로 사용하여 일련번호를 부여하는 방법 ⑩ 합판 코드 | 두께	폭	길이	코드
---	---	---	---
110	800	500	110-800-500	
연상 코드 (Mnemonic Code)	코드화 대상의 명칭이나 약호를 코드의 일부에 넣어서 대상을 외우기 쉽도록 일련번호를 부여하는 방법 ⑩ 가전 제품 	제품	코드
텔레비전(17인치 흑백)	T-17
텔레비전(25인치 컬러)	T-25-C	

3 코드 오류의 종류 [21년 2회 필기]

종류	설명
필사 오류 (Transcription Error, 오자 오류)	입력 시 임의의 한 자리를 잘못 기록한 경우 ⑩ 34278 → 34578
전위 오류 (Transposition Error)	입력 시 좌우 자리를 바꾸어 기록한 경우 ⑩ 1996 → 1969
생략 오류 (Omission Error)	입력 시 한 자리를 빼놓고 기록한 경우 ⑩ 12345 → 1245
추가 오류 (Addition Error)	입력 시 한 자리를 추가로 기록한 경우 ⑩ 657 → 6597
이중 전위 오류 (Double Transposition Error)	전위 오류가 중복 발생한 경우 ⑩ 1996 → 9169
임의 오류 (Random Error)	오류가 두 가지 이상 결합하여 발생한 경우 ⑩ 1234 → 12367

01 [20년 3회 필기]

코드의 기본 기능으로 옳은 것을 모두 고르시오.

> ㉠ 복잡성   ㉡ 표준화
> ㉢ 분류   ㉣ 식별

해설 **코드의 기능**
• 3대 기능 : 배열, 분류, 식별
• 기타 기능 : 표준화, 암호화, 확장성, 연상성(표의성), 단순화

02 [20년 2회 필기]

코드 설계에서 일정한 일련번호를 부여하는 방식의 코드는 무엇인지 쓰시오.

해설 키워드 일정한 일련번호 → 용어 순차 코드

03 [20년 4회 필기]

코드화 대상 항목의 중량, 면적, 용량 등의 물리적 수치를 이용하여 만든 코드는 무엇인지 쓰시오.

해설 키워드 물리적 수치 → 용어 표의 숫자 코드

04 [21년 2회 필기]

코드의 기입과정에서 원래 '12536'으로 기입되어야 하는데 '12936'으로 표기되었을 경우, 어떤 코드 오류에 해당하는지 쓰시오.

해설 임의의 한 자리를 잘못 기록하였으므로, 필사 오류(Transcription Error, 오자 오류)에 해당한다. (12536 → 12936)

05 다음과 같이 코드를 부여할 대상의 이름이나 약호를 코드의 일부분으로 사용하는 코드화 방법은 무엇인지 쓰시오.

> TV-39-C : TV 39 인치 컬러

해설 키워드 이름이나 약호, 코드 일부분 → 용어 연상 코드

06 다음과 같은 코드의 명칭은 무엇인지 쓰시오.

> ㉺ 각 학과별 코드
>   XX   –   XX
>   대학 구분   대학 내 소속된 학과 구분
>   ─────────────────────
>   01 – 01 공대 전자과
>   01 – 02 공대 전자계산과
>   02 – 01 사범대 국어교육과
>   02 – 02 사범대 영어교육과

해설 공통성이 있는 것끼리 블록으로 구분하고, 각 블록 내에서 일련번호를 부여하는 블록 코드이다.

정답
01. ㉡, ㉢, ㉣ **02.** 순차 코드(Sequence Code) **03.** 표의 숫자 코드(Significant Digit Code) **04.** 필사 오류(Transcription Error, 오자 오류) **05.** 연상 코드(Mnemonic Code) **06.** 블록 코드(Block Code, 구분 코드)

SECTION 04 개발환경 구축

응용 소프트웨어를 개발하기 위한 환경을 구축하기 위해서는 응용 소프트웨어에 대한 이해를 바탕으로 이에 맞는 하드웨어 및 소프트웨어 선정이 이루어져야 합니다. 그리고 개발 시간을 단축하고 일관된 개발을 지원해 주는 소프트웨어 프레임워크에 대해 학습합니다.

> **권쌤이 알려줌**
>
> JVM 적용 버전을 개발 표준에 명시하여 모든 개발자가 동일한 버전을 사용하는 것을 권장합니다.

01 개발환경 구축

1 개발환경 구축

프로젝트의 목적과 구축 설계에 대한 명확한 이해가 필요하며, 프로그램 개발을 위해 운영 환경과 유사한 구조로 소프트웨어 및 하드웨어 개발환경을 구축한다.

2 개발 소프트웨어 환경

1. 시스템 소프트웨어

> **인터프리터(Interpreter)**
> 고급 언어로 작성된 코드를 한 라인씩 해석하여 실행시키는 프로그램

> **정적 웹 서비스**
> 이미지, 자바스크립트 등을 처리
> 예 회사 소개 페이지

> **동적 웹 서비스**
> DB 접속, 외부 시스템 연동 등을 처리
> 예 게시판 검색

종류	설명
운영체제 (OS; Operating System)	• 컴퓨터를 작동시키고 운영을 관리하여 컴퓨터를 효율적으로 실행시킬 수 있는 환경을 제공하는 소프트웨어 예 Windows, Linux, UNIX(HPUX, Solaris, AIX) 등
JVM(Java Virtual Machine, 자바 가상 머신)	• 자바로 작성된 응용 프로그램을 윈도우나 유닉스와 같은 컴퓨터 운영체제에서 원활히 운용될 수 있도록 하는 소프트웨어 • 자바 관련 응용 프로그램을 기동하기 위한 인터프리터[*] 환경
Web Server (웹 서버)	• 정적 웹 서비스[*]를 수행하는 미들웨어 • 웹 브라우저 화면에서 요청하는 정적 파일 제공 예 Apache, Nginx, IIS(Internet Information Server), GWS(Google Web Server) 등
WAS(Web Application Server, 웹 애플리케이션 서버)	• 동적 웹 서비스[*]를 수행하는 미들웨어 • Web Server와 JSP/Servlet 애플리케이션 수행을 위한 엔진인 Web Container로 구성 예 Tomcat, Undertow, JEUS, Weblogic, Websphere 등
DBMS(Database Management System, 데이터베이스 관리 시스템)	• 데이터 저장과 관리를 위한 데이터베이스 관리 시스템 예 Oracle, DB2, Sybase, SQL Server, MySQL 등

2. 개발 소프트웨어

종류	설명
요구사항 관리 도구	• 목표 시스템의 기능과 제약 조건 등 고객의 요구사항을 수집, 분석, 추적을 쉽게 할 수 있게 지원하는 도구 예 JFeature, JRequisite, OSRMT, Trello 등

설계/모델링 도구	• 기능을 논리적으로 결정하기 위해 통합 모델링 언어(UML) 지원, 데이터베이스 설계 지원 등 설계 및 모델링을 지원하는 도구 ◎ ArgoUML, DB Designer, StarUML 등
구현 도구	• 문제 해결 방법을 프로그래밍 언어를 통해 구현 및 개발을 지원하는 도구 ◎ Eclipse, IntelliJ, Visual Studio, NetBeans 등
빌드※ 도구	• 개발자가 작성한 소스에 대한 빌드 및 배포를 지원하며, 프로젝트에서 사용되는 구성 요소들과 라이브러리※들에 대한 의존성 관리를 지원하는 도구 ◎ Ant, Maven, Gradle 등
형상 관리 도구	• 대다수의 프로젝트들은 여러 명의 개발자들로 구성된 팀 단위 프로젝트로 진행되며, 개발자들이 작성한 소스 등 산출물의 변경 사항을 버전별로 관리하여 목표 시스템의 품질 향상을 지원하는 도구 ◎ CVS, Subversion, Git 등
테스트 도구	• 구현 및 개발된 모듈들이 요구사항에 적합하게 구현되어 있는지에 대한 테스트를 지원하는 도구 ◎ JUnit, CppUnit, JMeter SpringTest 등

3 개발 하드웨어 환경

1. 클라이언트(Client) 환경 구성

서버 시스템에서 제공하는 서비스를 활용하기 위해 사용자와의 인터페이스※를 제공하는 하드웨어이다.

• PC, 웹 브라우저 화면, 스마트 폰(모바일 앱)이 클라이언트로 활용된다.

2. 서버(Server) 환경 구성

서버 활용 목적에 따라 애플리케이션 서버, 데이터베이스 서버, 파일 서버 등으로 나눌 수 있다.

• 웹 서비스를 제공하기 위해서 애플리케이션 서버를 웹 서버와 웹 애플리케이션 서버로 분리하여 구성하기도 한다.

권쌤이 알려줌

개발 절차에 따라 요구사항 관리 → 설계/모델링 → 구현 → 빌드 → 형상 관리 → 테스트 도구가 있습니다.

빌드(Build)
소스 코드 파일 및 컴파일된 파일들을 컴퓨터에서 실행할 수 있는 소프트웨어로 변환하는 과정

라이브러리(Library)
자주 사용하는 함수를 미리 작성하여 저장시켜둔 것

인터페이스(Interface)
상호 작용 방법을 정의하는 수단 또는 개념

기출 및 예상문제   01 개발환경 구축

01 다음의 설명과 가장 부합하는 시스템 소프트웨어를 쓰시오.

> • 자바 바이트코드를 실행할 수 있는 주체
> • 자바 관련 응용 프로그램을 기동하기 위한 인터프리터 환경
> • 자바로 작성된 응용프로그램을 윈도우나 유닉스와 같은 컴퓨터 운용체계에서 원활히 운용될 수 있도록 하는 소프트웨어

02 개발 소프트웨어의 요구사항 관리 도구를 모두 고르시오.

> ㉠ StarUML   ㉡ Gradle
> ㉢ OSRMT   ㉣ Trello

[해설] ㉠은 설계/모델링 도구, ㉡은 빌드 도구이다.

[해설] [키워드] 자바(Java) 기동 환경 → [용어] JVM

[정답]
01. JVM(Java Virtual Machine, 자바 가상 머신) **02.** ㉢, ㉣

권쌤이 알려줌

형상 관리는 응용 소프트웨어의 버전 관리, 배포 관리, 변경 관리 등 다양한 활동을 포함하고 있습니다. 즉, 프로젝트 진행을 원활히 하기 위해 계획서, 소스 코드, 테스트 문서 등을 관리하는 일련의 활동을 형상 관리라고 합니다.

형상
사물의 생긴 모양이나 상태

02 형상 관리, 버전 관리

1 형상 관리 [20년 2회] [21년 1, 2회 필기] [20년 2회 필기]

(SCM; Software Configuration Management)

형상※ 관리는 소프트웨어의 개발 과정에서 발생하는 산출물의 변경사항을 버전 관리하기 위한 일련의 활동이다.

- 소프트웨어 변경사항을 파악하고 제어하며, 적절히 변경되고 있는지 확인하여 해당 담당자에게 통보하는 작업이다.
- 프로젝트 생명 주기의 전 단계에서 수행하는 활동이며, 유지 보수 단계에서도 수행되는 활동이다.
- 형상 관리를 함으로써 소프트웨어 개발의 전체 비용을 줄이고, 개발 과정에서 발생하는 여러 가지 문제점 발생 요인이 최소화되도록 보증하는 것을 목적으로 한다.
- 형상 관리는 버전 관리, 배포 관리, 변경 관리 등 다양한 활동을 포함한다.

▼ **형상 관리 절차** [21년 3회 필기]

합격자의 암기법

형상 관리 절차 :
식제료 상태 보고 감사하게 되었다.
- 형상 **식**별 → 변경 **제어** →
형상 상태 보고 → 형상 **감사**

형상 식별	➡	변경 제어	➡	형상 상태 보고	➡	형상 감사

① **형상 식별**
- 형상 관리 대상을 식별하여 이름과 관리 번호를 부여하고, 계층(Tree) 구조로 구분하여 수정 및 추적이 쉽게 하는 작업으로, 베이스라인의 기준을 정하는 활동이다.

② **변경 제어(=형상 통제)** [20년 3회]
- 식별된 형상 항목의 변경 요구를 검토 및 승인하여 적절히 통제함으로써 현재의 베이스라인에 잘 반영될 수 있도록 조정하는 작업이다.
- 적절한 형상 통제가 이루어지기 위해서는 형상 통제 위원회의 승인을 통한 통제가 이루어질 수 있어야 한다.

③ **형상 상태 보고(기록)**
- 베이스라인의 현재 상태 및 변경 항목들이 제대로 반영되는지 여부를 보고하는 절차이다.
- 형상의 식별, 통제, 감사 작업의 결과를 기록 및 관리하고 보고서를 작성하는 작업이다.

④ **형상 감사**
- 베이스라인의 무결성을 평가하기 위하여 확인·검증 과정을 통해 공식적으로 승인하는 작업이다.

② 버전 관리(Version Control, Revision Control)

버전 관리는 소프트웨어 개발과 관련하여 코드와 라이브러리※, 관련 문서 등 시간의 변화에 따른 변경을 관리하는 전체 활동이다.

1. 버전 관리의 주요 용어 [21년 2회 필기] [20년 3회 필기]

용어	설명
저장소(Repository)	파일의 현재 버전과 변경 이력 정보를 저장하는 저장소이다.
가져오기(Import)	버전 관리가 되지 않은 저장소에 파일을 처음으로 복사한다.
체크아웃(Check-out)	프로그램 수정을 위해 저장소 파일을 받는다.
체크인(Check-in)	프로그램 수정 후 저장소에 새로운 버전으로 갱신한다.
커밋(Commit)	체크인 시 이전 갱신 사항이 있는 경우 충돌(Conflict)을 알리고, Diff 도구※ 이용하여 수정한 후 파일 갱신을 완료한다.
동기화(Update)	자신의 작업 공간을 저장소의 최신 버전으로 동기화한다.

2. 작업 단계별 버전 등록 기법

추가(Add) ➡ 인출(Check-out) ➡ 커밋(Commit) ➡ 동기화(Update) ➡ 차이(Diff)

용어	설명
가져오기(Import) 또는 추가(Add)	개발자가 신규로 어떤 파일을 저장소(Repository)에 추가한다.
인출(Check-out)	추가되었던 파일을 개발자가 인출(Check-out)한다.
예치, 커밋(Commit)	개발자가 인출된 파일을 수정한 다음, 저장소에 예치(Commit)하면서 설명을 붙인다.
동기화(Update)	예치(Commit) 작업 이후 새로운 개발자가 자신의 작업 공간을 동기화(Update)한다. 이때 기존 개발자가 추가했던 파일이 전달된다.
차이(Diff)	새로운 개발자가 추가된 파일의 수정 기록(Change Log)을 보면서 기존 개발자가 처음 추가한 파일과 이후 변경된 파일의 차이(Diff)를 확인한다.

③ 버전 관리 방식

1. 공유 폴더 방식

개발 완료 파일은 약속된 위치의 공유 폴더에 복사하는 방식이다.

- 담당자 한 명이 매일 공유 폴더의 파일을 자기 PC로 복사하고 컴파일※하여 에러 확인과 정상 동작 여부를 확인한다.
- 정상 동작일 경우 다음날 각 개발자가 동작 여부를 다시 확인한다.
- 종류 : RCS, SCCS 등

라이브러리(Library)
자주 사용하는 함수를 미리 작성하여 저장시켜둔 것

권쌤이 알려줌
저장소(Repository, 리포지토리)는 작업한 파일을 저장하는 공간입니다. 중앙 집중형 서버 저장소의 경우 여러 개발자가 하나의 저장소에 동시에 접근하여 개발합니다.

Diff 도구
파일 내용을 비교하여 서로 다른 부분을 찾아 주는 도구

권쌤이 알려줌
하나의 프로젝트를 개발자 A와 개발자 B가 함께 개발한다고 할 때, 개발자 A가 작성한 코드를 저장소에 추가합니다. 그리고 개발자 B가 저장소의 코드를 인출하여 수정한 후 커밋합니다. 이후 개발자 A는 수정된 코드를 자신의 작업 공간에 동기화하고, 수정된 부분을 Diff 도구를 이용해 확인하고 이어서 작업합니다.

권쌤이 알려줌
버전 관리는 시간의 변화에 따른 응용 소프트웨어의 변경을 관리하는 활동입니다. 대규모 프로젝트는 여러 명의 개발자가 소스 코드를 작성하여 병합하며, 각자의 소스 코드를 편리하게 병합하기 위해 버전 관리 도구를 사용합니다.

컴파일(Compile)
고급 언어로 작성된 코드를 실행 가능한 목적 코드로 변경시키는 과정

2. 클라이언트/서버 방식

중앙에 버전 관리 시스템이 항시 동작하여 관리하는 방식이다.

- 개발자들의 현재 작업 내용과 이전 작업 내용 축적에 용이하다.
- 서로 다른 개발자가 같은 파일을 작업했을 때 경고를 출력한다.
- 트랙(Trac)* 과 같은 GUI* 툴을 이용하여 모니터링이 가능하다.
- 종류 : CVS, 서브버전(SVN), 클리어 케이스(Clear Case) 등

3. 분산 저장소 방식(DVCS; Distributed Version Control Systems) [21년 2회 필기]

로컬 저장소와 원격 저장소로 분산된 구조로 파일을 원격 저장소와 개발자의 로컬 저장소에 함께 저장하여 관리하는 방식이다.

- 원격 저장소에서 로컬 저장소로 파일을 복사(Clone)하여 개발자는 자신만의 로컬 저장소를 가진다.
- 개발 완료한 파일을 로컬 저장소에 커밋(Commit)한 이후, 다시 원격 저장소에 반영(Push)한다.
- 종류 : 비트키퍼(Bitkeeper), 깃(Git) 등

4 버전 관리 도구 종류

종류	설명
RCS(Revision Control System)	CVS와 달리 파일의 수정을 한 사람만으로 제한하여 다수의 사람이 파일의 수정을 동시에 할 수 없도록 파일을 잠그는 방식으로 버전 관리한다.
CVS(Concurrent Versions System)	서버와 클라이언트로 구성되어 다수의 인원이 동시에 접근하여 버전 관리를 가능하게 한다.
서브버전 (Subversion, SVN)	GNU*의 버전 관리 시스템으로, CVS의 장점은 이어받고 단점은 개선하여 2000년에 발표되었다.
클리어케이스 (Clear Case)	IBM에서 제작되어 복수 서버, 복수 클라이언트 구조이며 서버가 부족할 때 필요한 서버를 하나씩 추가하여 확장할 수 있다.
비트키퍼 (Bitkeeper)	SVN과 비슷한 중앙 통제 방식의 분산 저장소 방식 툴로서 대규모 프로젝트에서 빠른 속도를 내기 위해 개발되었다.
깃 (Git)	비트키퍼(Bitkeeper)를 대체하기 위해서 리누스 토발즈가 개발한 분산형 버전 관리 시스템으로, 네트워크와 원격 저장소에 의존하지 않고 작업이 가능하다.

1. 서브버전(Subversion, SVN)

GNU의 버전 관리 시스템으로 CVS의 장점은 이어받고 단점은 개선하여 2000년에 발표되었다.

- 클라이언트/서버 방식으로, 서버에 최신 버전의 파일이 저장된다.
- 모든 프로젝트 개발 작업은 트렁크(trunk)에서 작업되며, 추가 작업은 브랜치(branch)를 생성하여 작업한 후 트렁크와 병합(merge)한다.
- 커밋(commit)하면 리비전(revision)* 이 1씩 증가한다.

트랙(Trac)
오픈 소스 웹 기반 프로젝트 관리 겸 버그 추적 툴

GUI(Graphic User Interface, 그래픽 사용자 인터페이스)
사용자가 편리하게 사용할 수 있도록 아이콘과 같은 그래픽으로 나타내어 마우스를 이용하는 인터페이스

권쌤이 알려줌

CVS는 통합 개발 도구인 이클립스(Eclipse)에 내장되어 있습니다.

GNU
소프트웨어의 공개 개념을 표방하는 자유 소프트웨어 재단의 종합적인 프로젝트이다. GNU는 컴퓨터 프로그램은 물론 모든 관련 정보를 돈으로 주고 구입하는 것을 반대하는 것을 기본 이념으로 하고 있다.

리비전(revision)
커밋(commit)의 버전

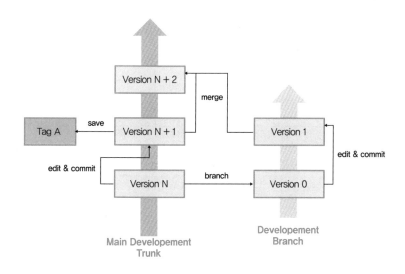

용어	설명
트렁크(Trunk, Main)	나무의 몸통이라는 뜻으로, 프로젝트에서 개발되는 가장 최신의 소스
브랜치(Branch, 분기)	나뭇가지라는 뜻으로, 프로젝트에서 개발되는 소스에서 다른 방향으로 개발하는 소스 • 메인(Main)에서 뻗어진 가지
태그(Tag, 꼬리표)	이전 버전의 소스를 보관 • 소스를 관리하기 쉽게 꼬리표를 달아 보관

2. 깃(Git)

비트키퍼(Bitkeeper)를 대체하기 위해서 리누스 토발즈가 개발한 분산형 버전 관리 시스템이다.

• 네트워크와 원격 저장소(중앙 서버)에 의존하지 않고 작업이 가능하다.
• Git의 작업 폴더는 모두 전체 기록과 각 기록을 추적할 수 있는 정보를 포함하는 완전한 형태의 저장소이다.
• SVN과 다르게 `커밋(commit)은 로컬 저장소에서 이루어지고, 푸시(push)라는 동작으로 원격 저장소에 반영된다.

모든 개발자는 자신의 로컬 저장소를 가집니다. Git은 로컬 저장소와 원격 저장소로 구분된다는 점을 꼭 기억하세요.

Git의 주요 명령어

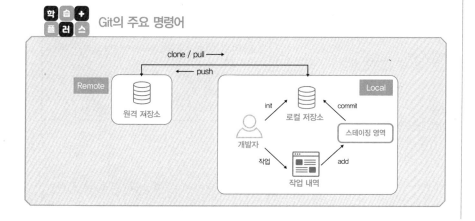

권쌤이 알려줌

• add –A 명령어로 모든 파일을 저장할 수 있습니다.
• branch –d 명령어로 브랜치를 삭제할 수 있습니다.

명령어	기능
init	로컬 저장소 생성
remote add	원격 저장소에 연결
clone	원격 저장소의 모든 내역을 로컬 저장소에 복제
fork	지정한 원격 저장소의 내용을 자신의 원격 저장소로 복제
add	작업 내역을 로컬 저장소에 저장하기 위해 스테이징 영역에 저장
commit	작업 내역을 로컬 저장소에 저장
push	로컬 저장소의 변경 내역을 원격 저장소에 반영
pull	원격 저장소의 변경 내역을 로컬 저장소에 반영
branch	새로운 브랜치 생성
checkout	지정한 브랜치로 이동
merge	다른 브랜치의 변경 내용을 현재 브랜치에 병합

 기출 및 예상문제

[20년 2회]

01 다음 설명의 ( ) 안에 공통적으로 들어갈 가장 적합한 용어를 쓰시오.

> 소프트웨어 ( )은(는) 변경 제어, 개발 전반 산출물에 대하여 관리한다. 이를 지원하는 도구로는 Git, SVN 등이 있다.
>
> ( )은(는) 다음과 같은 특성을 가지고 있다.
> • 소프트웨어 변경사항을 파악하고 제어하며, 적절히 변경되고 있는지에 대해 확인하여 해당 담당자에게 통보하는 작업이다.
> • ( )은(는) 프로젝트 생명주기의 전 단계에서 수행하는 활동이며, 유지보수 단계에서도 수행되는 활동이다.
> • ( )을(를) 함으로써 소프트웨어 개발의 전체 비용을 줄이고, 개발 과정에서 발생하는 여러 가지 문제점 발생 요인이 최소화되도록 보증하는 것을 목적으로 한다.

해설 키워드 개발 전반 산출물 → 용어 형상 관리

[20년 2회 필기]

02 소프트웨어 형상 관리의 의미로 가장 적절한 것을 고르시오.

> ㉠ 비용에 관한 사항을 효율적으로 관리하는 것
> ㉡ 개발 과정의 변경 사항을 관리하는 것
> ㉢ 테스트 과정에서 소프트웨어를 통합하는 것
> ㉣ 개발 인력을 관리하는 것

해설 키워드 개발 과정, 변경 사항 → 용어 형상 관리

[21년 1회 필기]

03 소프트웨어 형상 관리(Configuration management)에 관한 설명으로 옳은 것을 모두 고르시오.

> ㉠ 소프트웨어에서 일어나는 수정이나 변경을 알아내고 제어하는 것을 의미한다.
> ㉡ 소프트웨어 개발의 전체 비용을 줄이고, 개발 과정의 여러 방해 요인이 최소화되도록 보증하는 것을 목적으로 한다.
> ㉢ 형상 관리를 위하여 구성된 팀을 "chief programmer team"이라고 한다.
> ㉣ 형상 관리의 기능 중 하나는 버전 제어 기술이다.

해설 형상 관리는 프로젝트 조직과 관계없이 모든 프로젝트에서 수행된다.

04 소프트웨어 형상 관리에 대한 설명으로 거리가 먼 것을 고르시오.

> ㉠ 소프트웨어에 가해지는 변경을 제어하고 관리한다.
> ㉡ 프로젝트 계획, 분석서, 설계서, 프로그램, 테스트 케이스 모두 관리 대상이다.
> ㉢ 대표적인 형상관리 도구로 Ant, Maven, Gradle등이 있다.
> ㉣ 유지보수 단계뿐만 아니라 개발 단계에도 적용할 수 있다.

> 해설 Ant, Maven, Gradle은 빌드 도구에 해당한다.

[20년 3회]

05 형상 통제에 대해 간략히 서술하시오

> 해설 키워드 변경 요구, 현재의 기준선(베이스라인), 조정 → 용어 형상 통제(=변경 제어)

[21년 3회 필기]

06 다음 형상 관리의 개념에 대한 설명과 가장 부합한 형상 관리 절차를 〈보기〉에서 고르시오.

> ① 형상 관리 계획을 근거로 형상 관리의 대상이 무엇인지 식별하는 과정이다.
> ② 형상의 식별, 통제, 감사 작업의 결과를 기록 및 관리하고 보고서를 작성하는 작업이다.
> ③ 적절한 형상 통제가 이루어지기 위해 형상 통제 위원회의 승인을 통한 통제가 이루어질 수 있도록 하는 과정이다.
> ④ 형상 관리 계획대로 형상 관리가 진행되고 있는지, 형상 항목의 변경이 요구사항에 맞도록 제대로 이뤄졌는지 등을 살펴보는 활동이다.

> 〈보기〉
> ㉠ 형상 감사　　　　㉡ 형상 상태 보고
> ㉢ 형상 식별　　　　㉣ 형상 통제

① ....
② ....
③ ....
④ ....

> 해설 키워드 형상 관리 대상 식별 → 용어 형상 식별
> 키워드 작업 결과 기록 → 용어 형상 상태 보고
> 키워드 형상 통제 위원회 → 용어 형상 통제
> 키워드 진행, 변경, 살펴보는 활동 → 용어 형상 감사

[20년 3회 필기]

07 형상 관리 도구의 주요 기능으로 거리가 먼 것을 모두 고르시오.

> ㉠ 정규화(Normalization)
> ㉡ 체크인(Check-in)
> ㉢ 체크아웃(Check-Out)
> ㉣ 커밋(Commit)

> 해설 정규화란 이상 현상 발생 가능성을 줄이기 위한 무손실 분해 행위를 의미하며, 형상 관리 도구의 주요 기능과는 거리가 멀다.

[21년 2회 필기]

08 버전 관리 항목 중 저장소에 새로운 버전의 파일로 갱신하는 것을 의미하는 용어는 무엇인지 〈보기〉에서 고르시오.

> 〈보기〉
> ㉠ 형상 감사(Configuration Audit)
> ㉡ 롤백(Rollback)
> ㉢ 단위 테스트(Unit Test)
> ㉣ 체크인(Check-in)

> 해설 키워드 새로운 버전, 갱신 → 용어 체크인
> • 롤백(Rollback) : 작업을 취소하고 이전 상태로 되돌리는 기능
> • 단위 테스트(Unit Test) : 하나의 소프트웨어 모듈이 정상적으로 기능을 수행하는지 여부를 시험하는 최소 수준의 테스트

[21년 2회 필기]

09 다음 설명의 소프트웨어 버전 관리 도구 방식은 무엇인지 쓰시오.

- 버전 관리 자료가 원격저장소와 로컬저장소에 함께 저장되어 관리된다.
- 로컬 저장소에서 버전관리가 가능하므로 원격 저장소에 문제가 생겨도 로컬 저장소의 자료를 이용하여 작업할 수 있다.
- 대표적인 버전 관리 도구로 Git이 있다.

 키워드 원격저장소, 로컬저장소, 깃(Git) → 용어 분산 저장소 방식

10 다음에 제시된 형상 관리 절차를 순서대로 나열하시오.

| ㉠ 형상 식별 | ㉡ 변경 제어 |
| ㉢ 형상 상태 보고 | ㉣ 형상 감사 |

 TIP 형상 관리 절차는 "식제료 상태 보고 감사하게 되었다"로 기억하세요.

정답
01. 형상 관리(SCM; Software Configuration Management) **02.** ㉡ **03.** ㉠, ㉡, ㉣ **04.** ㉢ **05.** 식별된 형상 항목에 대한 변경 요구를 검토하여 현재의 기준선이 잘 반영될 수 있도록 조정하는 작업 **06. ①** ㉢ **②** ㉡ **③** ㉣ **④** ㉠ **07.** ㉠ **08.** ㉣ **09.** 분산 저장소 방식 **10.** ㉠, ㉡, ㉢, ㉣

권쌤이 알려줌

빌드 도구는 대부분 통합 개발 환경(IDE)에 포함되어 있습니다.

빌드(Build)
소스 코드 파일 및 컴파일 된 파일들을 컴퓨터에서 실행할 수 있는 소프트웨어로 변환하는 과정

메이크(make)
유닉스 계열 운영체제에서 주로 사용되는 프로그램 빌드 도구

POM(Project Object Model)
프로젝트의 다양한 정보를 처리하기 위한 객체 모델
• pom.xml : 프로젝트의 중요한 정보를 정의하고 정리한 파일

03 빌드 도구, IDE 도구, 협업 도구

1 빌드(Build) 도구 [20년 4회 필기]

빌드[※] 도구는 개발자가 작성한 소스 코드에 대한 빌드 및 배포를 지원하며, 프로젝트에서 사용되는 구성 요소들과 라이브러리들에 대한 의존성 관리를 지원하는 도구이다.

▼ 빌드 도구 종류

종류	설명
앤트(Ant; Another Neat Tool)	• JAVA 언어에서 사용하는 자동화된 소프트웨어 빌드 도구이다. • 유닉스 계열 운영체제에서 사용되는 메이크(make)[※]와 비슷하나, JAVA 언어로 구현되어 있어 JAVA 실행 환경이 필요하며, JAVA 프로젝트들을 빌드하는 데 표준으로 사용한다.
메이븐(Maven)	• JAVA 기반 프로젝트를 빌드하고, 구성 요소 및 라이브러리 의존성을 관리하는 도구이다. • 프로젝트에 필요한 라이브러리를 POM[※] 파일(pom.xml)만으로 쉽게 구성할 수 있다. • CoC(Convention over Configuration)[※] 개념으로 관례적인 프로젝트 폴더 구조를 사용한다.
그래들(Gradle)	• 안드로이드 앱 개발 환경에서 사용하는 소프트웨어 빌드 자동화 도구이다. • 앤트(Ant)와 메이븐(Maven)을 조합하여 보다 효과적인 빌드 자동화 실현한다. • 실행할 처리 명령들을 모아 태스크(Task)로 만든 후 태스크 단위로 실행한다. • 그루비(Groovy)[※]에 기반한 DSL(Domain Specific Language)[※]을 사용한다.

젠킨스(Jenkins)	• 서블릿 컨테이너*에서 실행되는 서버 기반 도구이다. • 빌드, 배포 등 반복되는 작업에 사용하는 CI 도구이다. • 쉬운 설치 및 웹 기반으로 된 쉬운 UI(사용자 화면)를 제공한다. • 여러 프로젝트의 동시 빌드를 제공한다.

 CI와 CD

1. CI(Continuous Integration, 지속적인 통합)

개발자들이 각자 작성한 코드를 초기에 그리고 자주 통합하는 것으로, 자주 통합하는 과정에서 여러 가지 문제점을 조기에 발견할 수 있다. 짧은 피드백 사이클을 통해 소프트웨어 개발의 품질과 생산성을 향상시키고, 배포 시간을 줄이는 데 초점이 맞추어져 있다.

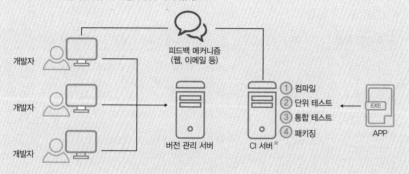

개발자 / 개발자 / 개발자

피드백 메커니즘 (웹, 이메일 등)

버전 관리 서버 / CI 서버*

① 컴파일
② 단위 테스트
③ 통합 테스트
④ 패키징

APP

2. CD(Continuous Delivery, 지속적인 배포)

팀이 짧은 주기로 소프트웨어를 배포하는 것으로, 소프트웨어가 언제든지 신뢰 가능한 수준으로 출시될 수 있도록 보증하기 위함이다.

• 소프트웨어를 더 빠르고 주기적으로 빌드하고 테스트하여 출시하는 것을 목표로 한다.
• 변경 사항 배포에 대한 비용, 시간, 위험을 줄일 수 있다.

② IDE(Integrated Development Environment, 통합 개발 환경)

IDE는 코딩, 디버그, 컴파일, 빌드, 배포 등 프로그램 개발에 관련된 모든 작업을 하나의 프로그램 안에서 처리하는 환경을 제공하는 소프트웨어이다.

• 소프트웨어 개발에 필요한 컴파일러*, 텍스트 편집기, 디버거 등을 하나로 묶어 제공한다.

• 소스 코드를 자동 생성하거나 작성이 가능하며, 실행 및 테스트 시 식별된 오류를 수정할 수 있다.

• 소스 코드 버전 관리를 포함해서 형상 관리 도구와 연동하여 개발 편의성을 제공한다.

CoC(Convention over Configuration, 설정보다 관례, 설정보다 관습, 구성보다 관습)
소프트웨어 개발자들이 결정하여야 할 수많은 결정들을 줄여 단순성을 확보하고, 유연성을 잃어버리지 않도록 하기 위한 소프트웨어 디자인 패러다임
⑩ Maven의 CoC : 소스 코드는 /src/java, 테스트 코드는 /src/test에 생성된다. 이러한 관례를 따른다면 Maven이 저장 폴더를 알아서 설정해 주므로 사용자가 해야 할 일이 없다.

그루비(Groovy)
JAVA에 Python, Ruby, Smalltalk 등의 장점을 결합한 동적 객체 지향 프로그래밍 언어

DSL(Domain Specific Language, 도메인 특화 언어)
웹 페이지 영역에 특화되어 사용되는 HTML과 같이 특정한 도메인에 특화된 컴퓨터 언어

서블릿 컨테이너 (Sevlet Container)
클라이언트 요청을 처리하기 위한 서버 측에서 실행되는 작은 프로그램인 서블릿을 실행하고 서블릿의 생명 주기를 관리하는 역할

CI 서버
소스 코드를 버전 관리 서버에서 꺼낸 후 컴파일하고, 빌드하여 실행 가능한 산출물을 생성해 낸다.

컴파일러(Compiler)
고급 언어로 작성된 코드를 실행 가능한 목적 코드로 변경시키는 프로그램

 디버깅과 디버거

1. 디버깅(Debugging)　[21년 2회 필기]
   디버그(Debug) 또는 디버깅(Debugging)은 컴퓨터 프로그램의 논리적인 오류(Bug)를 찾아 수정하는 과정을 말한다.

2. 디버거(Debugger)
   디버그를 돕는 도구이다.
   • 디버거는 디버깅을 하려는 코드에 중단점을 지정하여 프로그램 실행을 중단하고, 코드를 단계적으로 실행하여 저장된 값을 확인할 수 있도록 지원한다.

▼ IDE 도구 종류

통합 개발 환경	개발사	운영체제	지원 언어
Eclipse	IBM 이클립스 재단	Windows, Linux, OS X 등	Java, C, C++, PHP, JSP 등
Visual Studio	Microsoft	Windows	Basic, C, C++, C#, .net 등
X Code	Apple	MacOS, iOS	C, C++, Object-C, Java 등
Android Studio	Google	Windows, Linux, MacOS	Java, C, C++
Lazarus	Lazarus Team	Windows, Linux, OS X 등	Pascal
IDEA	JetBrains (이전 IntelliJ)	Windows, Linux, MacOS	Java, JSP, XML, Kotlin, PHP 등
C++ Builder	Embarcadero Technologies	Windows	C, C++
J Builder	Embarcadero Technologies	Windows	Java

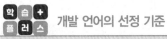 개발 언어의 선정 기준

개발 언어 선정 시 아래 항목들 이외에도 알고리즘과 계산상의 난이도, 소프트웨어의 수행 환경, 자료 구조의 난이도, 개발자의 경험과 지식 등이 고려되어야 한다.

기준	설명
적정성	대상 업무의 성격, 즉 개발하려는 시스템이나 응용 프로그램의 목적에 적합해야 한다.
효율성	프로그래밍의 효율성이 고려되어야 한다.
이식성	일반적인 PC 및 운영체제 개발환경에 설치가 가능해야 한다.
친밀성	개발자가 그 언어를 이해하고 사용할 수 있어야 한다.
범용성	다양한 과거 개발 실적이나 사례가 존재하고, 광범위한 분야에 사용되고 있어야 한다.

3 협업 도구

협업 도구는 공동 작업 관리를 위한 프로그램으로, 개발에 참여하는 사람들이 서로 다른 작업 환경에서 원활히 프로젝트를 수행할 수 있도록 돕는 도구이다.

- 그룹웨어(Groupware), 협업 소프트웨어 등으로 불린다.
- 정보 공유, 일정 관리, 커뮤니케이션, 업무 진행 관리 등의 업무 보조 도구가 포함된다.
- PC, 스마트폰 등 다양한 플랫폼에서 사용할 수 있도록 제공한다.
- 개발자 간 작업 및 의견 공유, 오류 현상 공유, 프로젝트 일정 공유 등 다양한 의사소통을 제공한다.

▼ 협업 도구 종류

종류	설명
파일 공유 및 커뮤니케이션	• 팀원 간 또는 고객과 파일을 공유하고 대화하는 도구 • 종류 : 구글 드라이브(Google Drive), 슬랙(Slack), 잔디(Jandi) 등
프로젝트 및 일정 관리	• 프로젝트의 개별 업무들의 진행 상태, 일정 등을 공유하는 도구 • 종류 : 구글 캘린더(Google Calendar), 지라(Jira), 레드마인(Redmine), 트렐로(Trello), 태스크월드(Taskworld), 컨플루언스(Confluence), 플로우(Flow), 원더리스트(Wunderlist) 등
디자인	• 디자인 전문가가 사용하거나 디자이너가 설계한 이미지를 공유하는 도구 • 종류 : 스케치(Sketch), 제플린(Zeplin), 인비전(Invision) 등
기타	• 깃(Git)의 웹 호스팅 서비스 : 깃허브(GitHub) • 아이디어 공유 : 에버노트(Evernote) • API 문서화 : 스웨거(Swagger)

기출 및 예상문제

03 빌드 도구, IDE 도구, 협업 도구

[20년 4회 필기]

01 빌드 자동화 도구에 대한 설명으로 옳은 것을 모두 고르시오.

ㄱ Gradle은 실행할 처리 명령들을 모아 태스크로 만든 후 태스크 단위로 실행한다.
ㄴ 빌드 자동화 도구는 지속적인 통합개발환경에서 유용하게 활용된다.
ㄷ 빌드 자동화 도구에는 Ant, Gradle, Jenkins 등이 있다.
ㄹ Jenkins는 Groovy 기반으로 한 오픈소스로 안드로이드 앱 개발환경에서 사용된다.

> **해설** ㄹ은 Gradle에 대한 설명이다.
> • Jenkins : 서블릿 컨테이너에서 실행되는 서버 기반 도구로 빌드, 배포 등 반복되는 작업에 사용하는 CI 도구

02 테스트와 디버그의 목적으로 옳은 것을 고르시오.

> ㉠ 테스트는 오류를 찾는 작업이고 디버깅은 오류를 수정하는 작업이다.
> ㉡ 테스트는 오류를 수정하는 작업이고 디버깅은 오류를 찾는 작업이다.
> ㉢ 둘 다 소프트웨어의 오류를 찾는 작업으로 오류 수정은 하지 않는다.
> ㉣ 둘 다 소프트웨어 오류의 발견, 수정과 무관하다.

해설 키워드 오류를 찾는 작업 → 용어 테스트(Test)
키워드 오류를 수정하는 작업 → 용어 디버깅(Debugging)

03 다음 설명의 ( ) 안에 공통적으로 들어갈 가장 적합한 용어를 쓰시오.

> 코딩, 디버그, 컴파일, 배포 등 프로그램 개발에 관련된 모든 작업을 하나의 프로그램 안에서 처리하는 환경을 제공하는 소프트웨어이다. 종래의 소프트웨어 개발에서는 컴파일러, 텍스트 편집기, 디버거 등을 따로 사용했다. 이러한 프로그램들을 하나로 묶어 대화형 인터페이스를 제공한 것이 ( )(이)다. 최근의 ( )은(는) 그래픽 사용자 인터페이스(GUI) 응용 프로그램 개발용 고속 개발 도구가 많다.

해설 키워드 프로그램들을 하나로 묶어 제공 → 용어 IDE

정답
01. ㉠, ㉡, ㉢ **02.** ㉠ **03.** IDE(Integrated Development Environment, 통합 개발 환경)

SECTION 05

프레임워크, 배치 프로그램

프레임워크는 뼈대를 의미하고, 배치란 일괄 처리를 의미합니다. 배치 프로그램의 정의와 관련 용어 중심으로 학습하고, 이론 내용은 한 번 읽어보면서 간략히 학습하세요.

01 프레임워크

1 프레임워크(Framework)

프레임워크는 소프트웨어에서 특정 기능을 수행하기 위해 필요한 클래스나 인터페이스 등을 모아둔 집합체이다.

▼ 프레임워크 특징 [21년 2, 3회 필기]

특징	설명
모듈화 (Modularity)	• 프레임워크는 인터페이스에 의한 캡슐화*를 통해 모듈화를 강화하고, 설계와 구현의 변경에 따르는 영향을 극소화하여 소프트웨어의 품질을 향상시킨다.
재사용성 (Reusability)	• 프레임워크가 제공하는 인터페이스는 반복적으로 사용할 수 있는 컴포넌트*를 정의할 수 있게 하여 재사용성을 높여 준다. • 프레임워크 컴포넌트를 재사용하는 것은 소프트웨어의 품질을 향상시킬 뿐만 아니라 개발자의 생산성도 높여 준다.
확장성 (Extensibility)	• 프레임워크는 다형성*을 통해 애플리케이션이 프레임워크의 인터페이스를 확장할 수 있게 한다. • 프레임워크 확장성은 애플리케이션 서비스와 특성을 변경하고, 프레임워크를 애플리케이션의 가변성으로부터 분리함으로써 재사용성의 이점을 얻게 한다.
제어의 역흐름 (Inversion Of Control)	• 프레임워크 코드가 전체 애플리케이션의 처리 흐름을 제어하여 특정 이벤트가 발생할 때 다형성을 통해 애플리케이션이 확장한 메소드*를 호출함으로써 제어가 프레임워크로부터 애플리케이션으로 거꾸로 흐르게 한다. • 개발자가 관리하고 통제해야 하는 객체들의 제어 권한을 프레임워크에 넘겨 생산성을 향상시킨다.

2 소프트웨어 개발 프레임워크 [20년 2, 4회 필기]

소프트웨어 개발 프레임워크는 소프트웨어 개발에 공통적으로 사용되는 구성 요소와 아키텍처(Architecture, 시스템의 구조)를 일반화하여 손쉽게 구현할 수 있도록 여러 가지 기능들을 제공해 주는 시스템이다.

• 효율적인 정보시스템 개발을 위한 코드 라이브러리, 애플리케이션 인터페이스, 설정 정보 등의 집합이다.

권쌤이 알려줌

소프트웨어 프레임워크는 응용 소프트웨어 개발을 위한 구성 요소의 집합으로, 업무별로 만들어진 프레임워크를 사용하면 개발 시간을 단축시켜주고 일관된 개발을 지원해 줍니다.

캡슐화(Encapsulation)
데이터와 함수를 함께 묶어 외부와 경계를 만들고 필요한 인터페이스만을 밖으로 드러내어 내부와 외부를 분리하는 것

컴포넌트
(Component, 구성 부품, 요소)
독립적인 실행 단위
◎ 결제 시스템에서 현금 결제, 카드 결제, 계좌 이체 결제 등

다형성(Polymorphism)
하나의 메소드나 클래스가 있을 때 다양한 방법으로 동작하는 것

메소드(Method)
특정한 목적의 작업을 수행하기 위한 프로그램 코드의 집합
• 함수(Function)와 동일한 개념이다.

- 재사용이 가능하도록 소프트웨어 구성에 필요한 기본 뼈대를 제공한다.
- 광의적으로 정보시스템의 개발 및 운영을 지원하는 도구 및 가이드 등을 포함한다.

▼ 소프트웨어 개발 프레임워크의 종류

구분	설명
스프링 프레임워크 (Spring Framework)	• 자바 플랫폼을 위한 오픈 소스의 경량형 애플리케이션 프레임워크 • 공공기관의 웹 서비스 개발 시 사용을 권장하고 있는 전자정부 표준 프레임워크의 기반 기술
전자정부 프레임워크	• 오픈 소스 기반으로 우리나라의 공공부문 정보화 사업 시 플랫폼별로 표준화된 개발 프레임워크 • 정보시스템 개발을 위해 필요한 기능 및 아키텍처를 미리 만들어 제공함으로써, 대·중·소기업이 동일한 개발 기반 위에서 공정한 경쟁을 가능하게 함
닷넷 프레임워크 (.NET Framework)	• 마이크로소프트(Microsoft)사에서 개발한 윈도우 프로그램 개발 및 실행 환경을 제공하는 프레임워크

3 서버 개발 프레임워크

서버 개발 프레임워크는 서버 프로그램 개발을 쉽게 처리할 수 있도록 여러 가지 기능들을 제공해 주는 시스템이다.

- 대부분은 모델–뷰–컨트롤러(MVC)[※] 패턴을 기반으로 개발된다.
- 지원하는 프로그래밍 언어에 따라 선정할 수 있는 프레임워크도 제한적이다.

▼ 서버 개발 프레임워크 종류

구분	설명
스프링(Spring)	• Java 기반 프레임워크 • 전자정부 표준 프레임워크의 기반 기술로 사용되고 있음
Node.js	• JavaScript 기반 프레임워크 • 비동기 입·출력 처리와 이벤트 위주의 높은 성능을 가짐 • 실시간으로 입·출력이 많은 애플리케이션에 적합함
장고(Django)	• Python 기반 프레임워크 • 컴포넌트의 재사용과 플러그인[※]을 제공함
Ruby on Rails	• Ruby 프로그래밍 언어 기반 프레임워크 • 데이터베이스 작업을 단순화 및 자동화시켜 개발 코드의 길이가 짧음 • 테스트를 위한 웹 서버를 지원함
코드이그나이터 (Codeigniter)	• PHP 기반 프레임워크 • 인터페이스가 간편하며 서버 자원을 적게 사용함

모델–뷰–컨트롤러
(MVC; Model View Control)
시스템을 세 부분(Model, View, Control)으로 분리하여 서로 영향을 받지 않고 개발이 가능한 소프트웨어 아키텍처

플러그인(Plug in, 추가 기능)
추가 프로그램을 설치하여 특정 기능을 수행할 수 있도록 하는 컴퓨터 프로그램
@ 웹 브라우저는 플러그인(Adobe Flash Player)을 사용하여 동영상을 재생한다.

[21년 2회 필기]

01 프레임워크(Framework)에 대한 설명으로 옳은 것을 모두 고르시오.

> ㉠ 소프트웨어 구성에 필요한 기본 구조를 제공함으로써 재사용이 가능하게 해준다.
> ㉡ 소프트웨어 개발 시 구조가 잡혀있기 때문에 확장이 불가능하다.
> ㉢ 소프트웨어 아키텍처(Architecture)와 동일한 개념이다.
> ㉣ 모듈화(Modularity)가 불가능하다.

- 프레임워크는 다형성을 통해 애플리케이션이 프레임워크의 인터페이스를 확장할 수 있게 한다.
- 프레임워크보다 소프트웨어 아키텍처가 더 큰 개념이다.
  - 프레임워크(Framework) : 사전적 의미로 '뼈대'. 소프트웨어에서는 특정 기능을 수행하기 위해 필요한 클래스나 인터페이스 등을 모아둔 집합체
  - 소프트웨어 아키텍처(Architecture) : 소프트웨어의 골격이 되는 기본 구조로, 복잡한 개발을 체계적으로 접근하기 위한 밑그림
- 프레임워크의 특징에는 모듈화, 재사용성, 확장성, 제어의 역흐름이 있다.

[21년 3회 필기]

02 소프트웨어 개발 프레임워크와 관련한 설명으로 옳은 것을 모두 고르시오.

> ㉠ 반제품 상태의 제품을 토대로 도메인별로 필요한 서비스 컴포넌트를 사용하여 재사용성 확대와 성능을 보장받을 수 있게 하는 개발 소프트웨어이다.
> ㉡ 개발해야 할 애플리케이션의 일부분이 이미 구현되어 있어 동일한 로직 반복을 줄일 수 있다.
> ㉢ 라이브러리와 달리 사용자 코드가 직접 호출하여 사용하기 때문에 소프트웨어 개발 프레임워크가 직접 코드의 흐름을 제어할 수 없다.
> ㉣ 생산성 향상과 유지보수성 향상 등의 장점이 있다.

개발자가 관리하고 통제해야 하는 객체들의 제어 권한을 프레임워크에 넘겨 생산성을 향상시킨다.(제어의 역흐름)

[20년 2회 필기]

03 소프트웨어 개발 프레임워크를 적용할 경우 기대효과로 거리가 먼 것을 모두 고르시오.

> ㉠ 품질보증
> ㉡ 시스템 복잡도 증가
> ㉢ 개발 용이성
> ㉣ 변경 용이성

소프트웨어 개발 프레임워크는 소프트웨어 개발에 공통적으로 사용되는 구성요소와 아키텍처를 일반화하여 손쉽게 구현할 수 있도록 여러 가지 기능들을 제공해 주는 것으로 시스템 복잡도가 감소한다.

[20년 4회 필기]

04 소프트웨어 개발 프레임워크의 적용 효과로 볼 수 없는 것을 모두 고르시오.

> ㉠ 공통 컴포넌트 재사용으로 중복 예산 절감
> ㉡ 기술종속으로 인한 선행사업자 의존도 증대
> ㉢ 표준화된 연계모듈 활용으로 상호 운용성 향상
> ㉣ 개발표준에 의한 모듈화로 유지보수 용이

다른 기업의 자체 프레임워크를 사용했을 경우 기술 종속으로 증가되는 선행사업자에 대한 의존도를 표준 프레임워크 도입으로 일정 부분을 해소할 수 있다.

정답
01. ㉠ 02. ㉠, ㉡, ㉣ 03. ㉡ 04. ㉡

02 배치 프로그램

1 배치 프로그램(Batch Program)

배치 프로그램은 사용자와의 상호작용 없이 일련의 작업을 작업 단위로 묶어, 정기적으로 반복 수행하거나 정해진 규칙에 따라 일괄 처리(Batch Processing)*하는 프로그램이다.

- 대용량 데이터를 처리해 자원을 많이 차지하므로, 다른 애플리케이션을 방해하지 않도록 주로 야간이나 새벽에 수행한다.

일괄 처리(Batch Processing)
⑩ 월 매출 마감, 월 지급 계산

합격자의 암기법

배치 프로그램 필수 요소 : 건성은 안 되지(견성은 안 대자)
- 건(견고함)
- 성(능)
- 은
- 안(정성)
- 되(대용량 데이터)
- 지(자동화)

▼ 배치 프로그램의 필수 요소　[20년 3회 필기]

구분	설명
대용량 데이터	대용량의 데이터를 처리할 수 있어야 한다.
자동화	심각한 오류 상황 외에는 사용자의 개입 없이 동작해야 한다.
견고함	유효하지 않은 데이터인 경우도 처리해서 비정상적인 동작 중단이 발생하지 않아야 한다.
안정성	어떤 문제가 생겼는지, 언제 발생했는지 등을 추적할 수 있어야 한다.
성능	주어진 시간 내에 처리를 완료할 수 있어야 하고, 동시에 동작하고 있는 다른 애플리케이션을 방해하지 말아야 한다.

2 배치 스케줄러(Batch Scheduler)

배치 스케줄러는 일괄 처리를 위해 주기적으로 발생하거나 반복적으로 발생하는 작업을 지원하는 도구이다.

▼ 배치 스케줄러 종류

구분	설명
스프링 배치 (Spring Batch)	• Spring Source사와 Accenture사의 공동 작업으로 2007년에 탄생한 배치 기반 오픈 소스 프레임워크이다. • 스프링 프레임워크의 특성을 그대로 가져와 스프링이 가지고 있는 다양한 기능들을 모두 사용할 수 있다.
쿼츠 스케줄러 (Quartz Scheduler, Spring Quartz)	• 스프링 프레임워크에 플러그인되어 수행하는 Job과 Trigger를 분리하여 유연성을 제공하는 오픈 소스 스케줄러이다.
크론(Cron)	• 리눅스 스케줄러이다. • crontab 명령어를 사용해서 작업을 예약한다.

크론(Cron) 표현식

[초] [분] [시] [일] [월] [요일] [연도] [명령어]

형식	[초]	[분]	[시]	[일]	[월]	[요일]	[연도]	[명령어]
범위	0~59	0~59	0~23	1~31	1~12	0~6	생략 가능	

문자	*	/	?	–
의미	모든	시작시기/반복간격	미사용	시작시기–종료시기

예제 크론 설정으로 test.sh 예약 실행

```
0 50 1 * * * /home/script/test.sh          // 매일 1시 50분에 실행
0 * 1 * * * /home/script/test.sh           // 매일 1시 0분부터 59분까지 매분 실행
0 /10 * * * * /home/script/test.sh         // 10분마다 실행
0 0/10 1 * * * /home/script/test.sh        // 매일 1시에 시작해서 10분 간격으로 실행
0 0 1 ? * MON-SAT /home/script/test.sh     // 월요일에서 토요일까지 1시에 실행
```

 기출 및 예상문제

02 배치 프로그램

[20년 3회 필기]

01 배치 프로그램의 필수 요소에 대한 설명으로 옳은 것을 모두 고르시오.

> ㉠ 자동화는 심각한 오류 상황 외에는 사용자의 개입 없이 동작해야 한다.
> ㉡ 안정성은 어떤 문제가 생겼는지, 언제 발생했는지 등을 추적할 수 있어야 한다.
> ㉢ 대용량 데이터는 대용량의 데이터를 처리할 수 있어야 한다.
> ㉣ 무결성은 주어진 시간 내에 처리를 완료할 수 있어야 하고, 동시에 동작하고 있는 다른 애플리케이션을 방해하지 말아야 한다.

해설 ㉣은 성능에 대한 설명이다.

02 리눅스 계열 운영체제에서 매주 금요일 오후 6시 50분에 /usr/adm/backuplog.sh에 위치한 쉘 스크립트를 실행시키기 위해 crontab에 입력할 내용을 고르시오.

> ㉠ * 50 18 * 5 –exec {/usr/adm/backuplog.sh}
> ㉡ 50 18 * * 5 /usr/adm/backuplog.sh
> ㉢ 50 18 * * 5 –exec {/usr/adm/backuplog.sh}
> ㉣ 5 * * 18 50 /usr/adm/backuplog.sh

해설 50 18 * * 5 – 분 시간 일 월 요일
TIP 요일 표기 방법 : 숫자, 텍스트(영문 약어)
• 숫자 : 0~6(일요일~토요일)
• 텍스트 : SUN, MON, TUE, WEB, THU, FRI, SAT

정답
01. ㉠, ㉡, ㉢ 02. ㉡

01 객체 지향 시스템에서 자료 부분과 연산 부분 등 정보 처리에 필요한 기능을 한 테두리로 묶는 것을 무엇이라고 하는지 쓰시오.

....

02 다음의 설명과 가장 부합하는 소프트웨어 아키텍처 종류를 영문 약어로 쓰시오.

> • 구현하려는 전체 어플리케이션을 Model, View, Controller로 구분한다.
> • 사용자 인터페이스와 비즈니스 로직을 서로 분리하여 서로 영향 없이 쉽게 고칠 수 있는 애플리케이션을 만들 수 있다.

....

03 GoF(Gang of Four) 디자인 패턴은 생성 패턴, 구조 패턴, 행위 패턴으로 구분할 수 있다. 다음 제시된 보기를 각 패턴에 맞도록 분류하시오.

> ㉠ Strategy ㉡ Singleton
> ㉢ Prototype ㉣ Bridge
> ㉤ Adapter ㉥ Builder
> ㉦ Memento ㉧ Observer
> ㉨ Visitor ㉩ Proxy

① 생성 패턴 ....

② 구조 패턴 ....

③ 행위 패턴 ....

04 기능과 구현을 두 개의 별도 클래스로 구현하는 것으로, 구현부에서 추상층을 분리하여 각자 독립적으로 확장할 수 있게 하여 결합도를 낮춘 패턴은 무엇인지 쓰시오.

....

05 객체의 상태 값을 미리 저장해 두었다가 복구하는 패턴은 무엇인지 쓰시오.

....

06 아래 설명에서 ①, ②에 들어갈 가장 적합한 용어를 쓰시오.

> (①)은(는) 모듈 간에 상호 의존하는 정도 또는 두 모듈 사이의 연관 관계를 의미한다. (①)이(가) 강하면 시스템 구현 및 유지보수 작업이 어렵다.
> (②)은(는) 정보 은닉 개념을 확장한 것으로, 명령이나 호출문 등 모듈의 내부 요소들의 서로 관련되어 있는 정도, 즉 모듈이 독립적인 기능으로 정의되어 있는 정도를 의미한다.
> 모듈 간의 (①)은(는) 줄이고, (②)은(는) 높인 공통 모듈 구현을 권장하고 있다.

① ....

② ....

07 다음은 어떤 프로그램 구조를 나타낸다. 모듈 B에서의 Fan-In과 Fan-Out의 수는 얼마인지 구하시오.

① Fan-In ....

② Fan-Out ....

08 코드화 대상 항목을 대분류, 중분류, 소분류 등으로 구분하여 각 그룹 내에서 순서대로 번호를 부여하여 분류하는 코드의 종류는 무엇인지 쓰시오.

....

09 코드의 각 자릿수가 다음과 같은 의미로 구성된 코드는 무엇인지 쓰시오.

코드	의미
112-990-1234	두께 11.2 폭 990 길이 1234인 강판

10 다음 ( ) 안에 들어갈 가장 적합한 용어를 쓰시오.

( ) 도구는 대다수의 프로젝트들은 여러 명의 개발자들로 구성된 팀 단위의 프로젝트로 진행되며, 개발자들이 작성한 소스 등 산출물의 변경 사항을 버전별로 관리하여 목표 시스템의 품질 향상을 지원하는 도구이다. ( ) 도구에는 CVS, Subversion, Git 등이 있다.

11 Git의 명령어 중 작업 내역을 로컬 저장소에 저장하는 명령어는 무엇인지 쓰시오.

12 다음의 설명과 가장 부합하는 소프트웨어 아키텍처 종류를 쓰시오.

- 컴퓨터 프로그램의 정확성이나 논리적인 오류(버그)를 찾아 수정하는 과정이다.
- 일반적인 방법으로는 테스트상의 체크, 기계를 사용하는 테스트, 실제 데이터를 사용해 테스트하는 법이 있다.

13 배치 프로그램이 일괄 처리를 위해 주기적으로 발생하거나 반복적으로 발생하는 작업을 원활히 수행하도록 지원하는 도구로, 주로 사용되는 도구로는 스프링 배치, 쿼츠 스케줄러, 크론 등이 있다. 이 도구를 의미하는 용어를 쓰시오.

챕터
기출예상문제 정답 및 해설

01 **정답** 캡슐화(Encapsulation)
해설 **키워드** 필요 기능을 묶는 것 → **풀이** 캡슐화

02 **정답** MVC 구조
해설 **키워드** Model, View, Controller로 구분 → **풀이** MVC 구조

03 **정답** ① ⓛ, ⓒ, ⓗ ② ⓔ, ⓓ, ⓧ ③ ⓖ, ⓐ, ⓞ, ⓧ
해설 **TIP** 디자인 패턴 종류를 구분하여 기억해 두세요.

04 **정답** 브리지(Bridge)
해설 **키워드** 구현부, 추상층 분리 → **풀이** 브리지

05 **정답** 메멘토(Memento)
해설 **키워드** 상태 값 미리 저장, 복구 → **풀이** 메멘토

06 **정답** ① 결합도(Coupling) ② 응집도(Cohesion)
해설 **키워드** 모듈 간의 상호 의존도 → **풀이** 결합도
키워드 서로 관련되어 있는 정도 → **풀이** 응집도

07 **정답** ① 1 ② 2
해설 • 공유도(Fan-in) : 어떤 모듈을 제어(호출)하는 상위 모듈의 개수 → 1 (A)

- 제어도(Fan-Out) : 어떤 모듈에 의해 제어(호출)되는 하위 모듈들의 개수 → 2 (E, F)

08 **정답** 그룹 분류 코드(Group Classification Code)
해설 **키워드** 대분류, 중분류, 소분류 → **풀이** 그룹 분류 코드

09 **정답** 표의 숫자 코드(Significant Digit Code)
해설 **키워드** 자릿수, 의미 → **풀이** 표의 숫자 코드

10 **정답** 형상 관리(SCM; Software Configuration Management)
해설 **키워드** 산출물의 변경 사항 관리, Git → **풀이** 형상 관리

11 **정답** commit
해설 **키워드** 로컬 저장소에 저장 → **풀이** commit

12 **정답** 디버깅(Debugging, 디버그, Debug)
해설 **키워드** 오류를 찾아 수정하는 과정 → **풀이** 디버깅(디버그)

13 **정답** 배치 스케줄러(Batch Scheduler)
해설 **키워드** 배치 프로그램, 지원 도구, 스프링 배치, … → **풀이** 배치 스케줄러

인터페이스 구현

- [인터페이스 구현] 챕터는 표준 포맷을 사용하여 인터페이스를 구현하고, 네트워크, 데이터베이스 등에 보안 기능을 적용하여 안전한 통신을 제공합니다.
- 인터페이스 구현 후 테스트를 수행하거나 모니터링을 통해 인터페이스의 동작이 제대로 되었는지 확인합니다.
- 인터페이스 동작 중 오류가 발생하였을 경우 오류 코드 형식에 맞게 오류를 기록하고 관리합니다. 그리고 각 상황에 맞게 오류를 처리합니다.

합격자의 암기 노트

▶ 데이터 통신을 통한 인터페이스 구현

- 키워드 속성–값의 쌍의 데이터 포맷 → 용어 JSON
- 키워드 설치 및 새로고침 없이 로딩 가능한 웹 페이지 기술 → 용어 AJAX
- 키워드 SGML 복잡함을 해결한 다목적 마크업 언어 → 용어 XML

▶ IPsec 구성 프로토콜

- 키워드 출발지 인증 O, 데이터 무결성 O, 기밀성 × → 용어 AH
- 키워드 출발지 인증 O, 데이터 무결성 O, 기밀성 O → 용어 ESP

▶ 연계테스트 절차 : 작구수결

- 테스트 케이스 작성 → 테스트 환경 구축 → 테스트 수행 → 테스트 수행 결과 검증

SECTION

01

인터페이스 기능 구현

인터페이스는 서로 다른 시스템 간의 연동을 의미합니다. 송·수신 시스템에서 정해진 형식(포맷)을 사용하여 데이터를 전송한다면 오류 발생 확률이 줄어듭니다. 자주 사용하는 JSON 및 XML 형식의 데이터 포맷을 사용하여 인터페이스를 구현하는 방법에 대해 학습합니다.

★★

01 인터페이스 구현

1 인터페이스 구현

인터페이스는 여러 가지 방법으로 구현될 수 있지만, 대표적인 방법으로는 데이터 통신을 이용한 인터페이스 구현 방법과 인터페이스 테이블을 이용한 인터페이스 구현 방법으로 나눌 수 있다.

2 데이터 통신을 통한 인터페이스 구현

애플리케이션 영역에서 인터페이스 형식에 맞춘 데이터 포맷을 인터페이스 대상으로 전송하고, 이것을 수신 측에서 파싱(Parsing)※하여 해석하는 방법이다.

• 주로 JSON 및 XML 형식의 데이터 포맷을 사용하여 인터페이스를 구현한다.

1. JSON(JavaScript Object Notation, 제이슨) [20년 1회] [20년 2회 필기]

속성-값의 쌍(Attribute-Value Pairs)으로 이루어진 데이터 객체를 전달하기 위해 사용하는 개방형 표준 포맷이다.

• AJAX에서 많이 사용되고 XML을 대체하는 주요 데이터 포맷이다.

• 언어 독립형 데이터 포맷으로 다양한 프로그래밍 언어에서 사용되고 있다.

 AJAX(비동기식 자바스크립트 XML) [20년 2회] [20년 3회 필기]

AJAX(Asynchronous JavaScript and XML)는 전체 페이지를 새로 고치지 않고 페이지의 일부만을 위한 데이터를 로드하는 기법이다.

• 별도 프로그램을 설치하거나 웹 페이지를 다시 로딩하지 않고도 메뉴 등의 화면 상 객체를 자유롭게 움직이고 다룰 수 있다.

• HTML*만으로 어려운 다양한 작업들을 웹 페이지에서 구현하여, 이용자가 웹 페이지와 자유롭게 상호 작용할 수 있다.

• 비슷한 기능의 액티브 X*나 플래시*에 비해 가볍고 속도가 빨라 차세대 웹 기술로 각광받고 있다

권쌤이 알려줌

인터페이스(Interface)는 서로 다른 시스템 간의 연동을 의미합니다.

파싱(Parsing, 구문 분석, 데이터 추출)
컴퓨터에서 고급 언어를 기계어로 번역하는 과정의 한 단계로, 각 문장의 문법적인 구성 또는 구문을 분석하는 과정

HTML(HyperText Markup Language, 하이퍼텍스트 마크업 언어)
하이퍼텍스트 문서를 만들기 위한 표준 언어로 인터넷 웹 페이지를 만들 때 사용하는 언어

액티브 X(Active X)
마이크로소프트 윈도우 환경에서 응용 프로그램이나 웹 브라우저가 인터넷을 통해 추가 기능을 다운로드 및 실행할 수 있도록 지원하는 소프트웨어
ⓔ 공인인증서
• Windows 10 환경에서 인터넷 익스플로러 11은 액티브 엑스를 지원하지만, 최신 Microsoft Edge 브라우저는 지원하지 않는다.

플래시(Flash)
Adobe사에서 제공하는 웹 기술 및 도구 중 하나

▼ JSON의 기본 자료형

구분	예시	설명
수(Number)	정수 : 174 실수 : 3.14	• 기본 자료형이다. • 8진수나 16진수 표현 방법은 지원하지 않는다.
문자열(String)	"1234", "문자"	• 큰따옴표(" ")로 묶어야 한다.
배열(Array)	[10, "V": 20, [30, "마흔"]]	• 배열은 대괄호([ ])로 나타낸다. • 배열의 각 요소는 기본 자료형, 객체, 배열이다. • 각 요소는 쉼표(,)로 구분된다.
객체(Object)	{"name2": 50, "name3":"값3", "name1": true}	• 객체는 이름·값 쌍의 집합으로 중괄호{ }를 사용한다. • 이름은 문자열이기 때문에 반드시 큰따옴표(" ")로 표현하며 값은 기본 자료형을 사용한다.

합격자의 암기법

JSON, AJAX, XML
- 키워드 속성-값의 쌍의 데이터 포맷 → 용어 JSON
- 키워드 설치 및 새로고침 없이 로딩 가능한 웹 페이지 기술 → 용어 AJAX
- 키워드 SGML 복잡함을 해결한 다목적 마크업 언어 → 용어 XML

🔵 JSON의 사용 예

```
{
"이름" : "홍길동",
"나이" : 38,
"성별" : "남",
"주소" : "경기도 용인시 기흥구 중동",
"특기" : ["프로그래밍", "영어"],
"가족관계" : {"#", 3, "아내": "전지현", "딸": "김고은"},
"회사" : "서울시 강남구 논현동"
}
```

2. XML(eXtensible Markup Language) [20년 1회]

웹 브라우저 간에 HTML 문법이 호환되지 않는 문제와 SGML※의 복잡함을 해결하기 위해 개발된 다목적 마크업 언어※로, 파일 확장자는 xml이다.

- 유니코드※ 기반으로 다국어를 지원한다.
- 대 · 소문자를 구분하며, 띄어쓰기를 인식한다.
- 속성 값은 반드시 큰따옴표(" ")로 묶어야 한다.
- 다른 목적의 마크업 언어를 만드는데 사용된다.
- 사용자가 직접 문서의 태그(Tag)※를 정의할 수 있다.
- 트리 구조로 구성되어 있으며, 상위 태그는 여러 개의 하위 태그를 가질 수 있다.
- 모든 태그는 종료 태그를 가져야 하며, 시작 태그와 종료 태그의 요소명은 동일해야 한다.

① XML 선언

XML 문서는 맨 첫 줄에 〈xml〉 태그를 사용하여 XML 문서임을 명시해야 한다.

```
<?xml version="XML문서버전" encoding="문자셋" standalone="yes|no"?>
```

SGML(Standard Generalized Markup Language)
전자문서가 어떠한 시스템 환경에서도 정보의 손실 없이 전송/저장/자동 처리가 가능하도록 국제 표준화 기구(ISO)에서 정한 문서처리 표준

마크업 언어(Markup Language)
태그 등을 이용하여 문서나 데이터의 구조를 명기하는 언어
• 문서의 논리적 구조와 배치 양식에 대한 정보를 표현하는 언어이다.

유니코드(Unicode)
컴퓨터에서 세계 각국의 언어를 통일된 방법으로 표현할 수 있게 제안된 국제적인 문자 코드 규약

태그(Tag)
문서를 이루는 문법적 표시
🔵 〈title〉 기사 〈/title〉

권쌤이 알려줌

encoding과 standalone은 생략이 가능합니다.

문자셋(Character set)
컴퓨터에서 문자를 어떠한 코드로 저장할 것인가에 대한 정의를 의미하는 약속된 문자의 표현 방법

권쌤이 알려줌

XML은 HTML과 다르게 띄어쓰기를 인식합니다.
예 코드 :
〈p〉띄 어 쓰 기〈/p〉
•HTML : 띄어쓰기
•XML : 띄 어 쓰 기

권쌤이 알려줌

XML 사용 예시에서 root 요소(상위 태그)는 회원정보 1개이고, 하위 요소(하위 태그)는 회원 2개입니다.

프로시저(Procedure)
특정 기능을 수행하는 일종의 트랜잭션 언어로 호출을 통해 실행되어 미리 저장해 놓은 작업을 수행하는 프로그램

트리거(Trigger)
데이터베이스의 데이터 입력, 갱신, 삭제 등의 이벤트가 발생할 때마다 관련 작업이 자동으로 수행되는 프로그램

• encoding : XML 문서의 문자셋[※]을 명시하며, 기본값은 UTF-8로 설정된다.

• standalone : XML 문서를 해석할 때 외부 문서의 참조 여부를 명시하며, 기본값은 no로 설정된다. no로 설정되면 외부 문서를 참조한다는 의미이다.

② XML 요소(Element)

〈요소이름 속성1="값1" 속성2="값2" ……〉 내용 〈/요소이름〉

• 요소 이름 : 사용자가 임의로 지정할 수 있다.
• 속성, 값, 내용 : 생략이 가능하다.

예 XML의 사용 예

```
<?xml version="1.0" encoding="UTF-8"?>
〈회원정보〉
  〈회원〉
    〈이름〉 홍길동 〈/이름〉
    〈생년월일〉 980101 〈/생년월일〉
    〈성별〉 남자 〈/성별〉
  〈/회원〉
  〈회원〉
    〈이름〉 김길동 〈/이름〉
    〈생년월일〉 980102 〈/생년월일〉
    〈성별〉 남자 〈/성별〉
  〈/회원〉
〈/회원 정보〉
```

❸ 인터페이스 엔티티(테이블)를 통한 인터페이스 구현

인터페이스가 필요한 시스템 사이에 별도의 인터페이스 엔티티(테이블)를 두어 상호 연계한다.

• 데이터베이스에서 인터페이스 엔티티(테이블)을 두어 각 시스템 간 데이터 교환에 활용하는 방법이 업계에서 많이 사용된다.

• 송신 시스템에서 전달할 내역을 송신 인터페이스 테이블에 쓰면(Write), 수신 인터페이스 테이블과 네트워크로 연결된 송신 인터페이스 테이블은 프로시저(Procedure)[※], 트리거(Trigger)[※] 등을 사용하여 데이터를 수신 인터페이스 테이블에 전달하게 된다. 이후 수신 시스템은 전달된 데이터를 선택하여 활용할 수 있다.

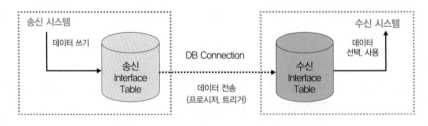

[20년 1회] [20년 2회 필기]

01 다음 설명의 ( ) 안에 공통적으로 들어갈 가장 적합한 용어를 쓰시오.

> • ( )은(는) 웹과 컴퓨터 프로그램에서 용량이 적은 데 이터를 교환하기 위해 데이터 객체를 속성-값 쌍 (Attribute-Value pairs) 형태로 표현하는 형식으로, 자바 스크립트(JavaScript)를 토대로 개발되었다.
> • 주로 AJAX에서 많이 사용되고 XML을 대체하는 주요 데이터 포맷이다.
> • ( )의 사용 예시
>
> ```
> {
>     " 이름 " : " 김아름 ",
>     " 나이 " : 22,
>     " 성별 " : " 여 ",
>     " 취미 " : " 음악 듣기 "
> }
> ```

해설 키워드 속성-값 쌍 형태, 자바스크립트(JavaScript) → 용어 JSON

[20년 2회] [20년 3회 필기]

02 다음의 설명과 가장 부합하는 용어를 쓰시오.

> JavaScript를 사용한 비동기 통신기술로 클라이언트와 서 버 간에 XML 데이터를 주고받는 기술이다. 전체 페이지 를 새로 고치지 않고도 페이지의 일부만을 위한 데이터를 로드 할 수 있어, 메뉴 등 화면상의 객체를 자유롭게 움직 이고 다룰 수 있다. 비슷한 기능의 액티브X나 플래시 등 에 비해 가볍고 속도가 빨라 차세대 웹 기술로 각광받고 있다.

해설 키워드 JavaScript(자바스크립트), 비동기(Asynchronous), XML 데이터를 주고받음 → 용어 AJAX

[20년 1회]

03 다음의 설명과 가장 부합하는 용어를 쓰시오.

> 웹 페이지의 기본 형식인 HTML의 문법이 각 웹 브라우 저에서 상호 호환적이지 못하다는 문제와 SGML의 복잡 함을 해결하기 위하여 개발된 것으로, 다른 특수한 목적 을 가지는 마크업 언어를 만드는 데 사용하도록 권장하는 다목적 마크업 언어이다.

해설 키워드 SGML의 복잡함 해결, 다목적 마크업 언어(Markup Language) → 용어 XML

정답
01. JSON(JavaScript Object Notation, 제이슨) 02. AJAX(Asyn-chronous JavaScript and XML, 비동기식 자바스크립트 XML)
03. XML(eXtensible Markup Language, 확장성 마크업 언어)

★★

02 인터페이스 보안

권쌤이 알려줌

인터페이스는 시스템 간의 데이터 교환을 수행하므로 보안적 요소를 고려해야 합니다.
• 보안 관련 용어는 이후 학습하므로 간단히 살펴보세요.

1 인터페이스 보안

인터페이스는 시스템 모듈 간 통신 및 정보 교환을 지원하므로 데이터 변조·탈취 및 인터페이스 모듈 자체의 보안 취약점이 있을 수 있다.

• 네트워크, 애플리케이션, 데이터베이스 영역에 보안 기능을 적용한다.

인증(Authentication)
참이라는 근거가 있는 무언가를 확인하거나 확증하는 행위

기밀성(Confidentiality)
인가된 사용자만 정보 자산에 접근할 수 있는 것

SSL(Secure Socket Layer, 보안 소켓 계층)
웹 브라우저와 서버 간의 통신에서 정보를 암호화하는 것

S-HTTP(Secure Hypertext Transfer Protocol, 보안 하이퍼텍스트 전송 프로토콜)
웹에서 네트워크 트래픽을 암호화하는 주요 방법 중 하나

세션(Session)
클라이언트와 서버의 논리적인 연결

데이터 무결성(Data Integrity)
적절한 권한을 가진 사용자에 의해 인가된 방법으로만 정보를 변경할 수 있도록 하는 것

1. 네트워크 구간 보안 기능 적용 [20년 2, 3, 4회 필기]

인터페이스 송·수신 간 중간자에 의한 데이터 탈취, 위·변조를 막기 위해서는 네트워크 트래픽에 대한 암호화가 필요하다.

단계	고려 사항	보안 기능 적용
Transport Layer Network 보안	상대방 인증*을 적용	• IPsec AH 적용 • IKE 프로토콜 적용
	데이터 기밀성* 보장 필요	• IPsec ESP 적용
	End-to-End 보안 적용	• IPsec Transport mode 적용
Application Layer Network 보안	서버만 공개키 인증서를 가지고 통신	• SSL*의 서버 인증 모드 운영
	연결 단위 외 메시지 단위로도 인증 및 암호화 필요	• S-HTTP*를 적용하여 메시지 암호화 • 서버/클라이언트 상호 인증 필요

 IPsec(인터넷 보안 프로토콜) [20년 2회] [21년 2회 필기]

IPsec(Internet Protocol Security)은 망 계층(Network Layer)인 인터넷 프로토콜에서 보안성을 제공해 주는 표준화된 기술이다.
• IPv4에서는 선택으로 IPv6에서는 필수로 제공하도록 되어 있다.
• 암호화 수행 시 양방향 암호화를 지원한다.

1. IKE(Internet Key Exchange, 인터넷 표준 암호키 교환 프로토콜, 키 관리 프로토콜)
생성한 암호키를 상대방에게 안전하게 송신하기 위한 방법
• 일반적으로 데이터의 암호화는 세션*마다 임의의 암호키를 생성한다. 이러한 동일한 암호키를 오랫동안 사용하면 밝혀지기 쉬우므로, IKE를 사용한다.

2. 실제 보안 서비스를 제공하는 프로토콜

프로토콜	설명
AH(Authentication Header, 인증 헤더)	출발지 인증, 데이터 무결성*은 제공하지만, 기밀성은 제공하지 않는다.
ESP(Encapsulating Security Payload, 보안 페이로드 캡슐화)	기밀성, 출발지 인증, 데이터 무결성 등을 지원한다.

합격자의 **암기법**

IPsec 구성 프로토콜
• [키워드] 출발지 인증 O, 데이터 무결성 O, 기밀성 X → [용어] AH
• [키워드] 출발지 인증 O, 데이터 무결성 O, 기밀성 O → [용어] ESP

3. 동작 모드(운영 모드)

동작 모드	설명
전송 모드 (Transport Mode)	• 종단 호스트 간의 보안 터널을 제공한다. • 컴퓨터와 컴퓨터를 연결한다. • 서로 신뢰되지 않은 인터넷에서 사용한다. • IP 상위의 프로토콜 정보인 전송(Transport) 프로토콜 정보를 인터넷을 통해 안전하게 전달한다. • IP 헤더 다음에 IPsec 헤더 정보를 추가한다.
터널 모드 (Tunnel Mode)	• 보안 게이트웨이[*] 간의 보안 터널을 제공한다. • LAN[*]과 LAN을 연결한다. • VPN[*]에서 사용한다. • 터널 시작점과 종점에 IPsec Gateway를 설치한다. • 원래 IP 데이터그램[*]들을 한 묶음으로 처리한다. • 기존 호스트들의 변경없이 투명하게 보안 서비스를 제공한다.

2. 애플리케이션 보안 기능 적용

애플리케이션 구현 코드 상에서 보안 취약점을 보완하는 방향으로 애플리케이션 보안 기능을 적용한다. 주로 시큐어 코딩[*] 가이드를 참조하여 보안 기능을 적용한다.

• 고려사항 : 비인가자 접근 권한 관리, 악의적 코드 삽입 금지, 악의적 시도 시 에러 처리

3. 데이터베이스 보안 기능 적용

데이터베이스의 접근 권한 및 SQL, 프로시저, 트리거 등 데이터베이스 동작 객체의 보안 취약점을 보완하기 위해 보안 기능을 적용한다.

• 고려사항 : 데이터베이스 접근 권한, 악의적 코드 삽입 금지, 민감 데이터 관리(암호화), 악의적 시도 시 에러 처리

게이트웨이(Gateway)
프로토콜 구조가 전혀 다른 외부 네트워크와 접속하기 위한 장비

LAN(Local Area Network, 근거리 네트워크)
구내나 동일 건물 내에서 프로그램, 파일 또는 주변 장치 등 자원을 공유할 수 있는 통신망

VPN(Virtual Private Network, 가상 사설망)
인터넷망과 같은 공중망을 사설망처럼 이용해 회선 비용을 크게 절감할 수 있는 기업통신 서비스

데이터그램(Datagram)
패킷 교환에서 각각 독립적으로 취급되는 각각의 패킷

권쌤이 알려줌

IPsec 관련 용어는 키워드 위주로 학습하세요. 네트워크 계층과 프로토콜은 이후 자세히 학습합니다.

시큐어 코딩(Secure Coding, 소프트웨어 개발 보안)
개발하고 있는 소프트웨어의 보안 취약점을 사전에 제거 및 보완하면서 프로그래밍 하는 것

기출 및 예상문제

02 인터페이스 보안

[20년 2, 3, 4회 필기]

01 인터페이스 보안을 위해 네트워크 영역에 적용될 수 있는 솔루션과 거리가 먼 것을 모두 고르시오.

> ㉠ IPsec ㉡ SMTP
> ㉢ SSL ㉣ S-HTTPS

해설 SMTP(Simple Mail Transfer Protocol)는 메일 전송에 사용되는 프로토콜이다.

해설 IPsec은 암호화 수행 시 양방향 암호화를 지원한다.

02 다음의 설명과 가장 부합하는 용어를 쓰시오.

> 망 계층(Network layer)인 인터넷 프로토콜(IP)에서 보안
> 성을 제공해 주는 표준화된 기술로, 무결성과 인증을 보
> 장하는 인증 헤더(AH)와 기밀성을 보장하는 암호화(ESP)
> 를 이용한 보안통신규약이다. IPv4에서는 선택으로 IPv6
> 에서는 필수로 제공하도록 되어 있다.

해설 키워드 인터넷 프로토콜(IP), 보안성 제공 → 풀이 IPsec

03 IPSec(IP Security)에 대한 설명으로 옳은 것을 모두 고르시오.

> ㉠ 암호화 수행 시 일방향 암호화만 지원한다.
> ㉡ ESP는 발신지 인증, 데이터 무결성, 기밀성 모두를 보장한다.
> ㉢ 운영모드는 Tunnel 모드와 Transport 모드로 분류된다.
> ㉣ AH는 발신지 호스트를 인증하고, IP 패킷의 무결성을 보장한다.

04 다음 설명에서 ( ) 안에 들어갈 가장 적합한 용어를 쓰시오.

> • ( )은(는) 인터넷상에서의 통신 보안을 제공하는 암호
> 프로토콜로, TCP/IP 계층과 애플리케이션 계층 사이에
> 위치하여 인증, 암호화, 무결성을 보장하는 업계 표준 프
> 로토콜이다.
> • 오픈( )은(는) 웹 브라우저와 서버 간의 통신을 암호화
> 하는 오픈소스 라이브러리이다.
> • 하트블리드(HartBleed)는 오픈( )에서 클라이언트와 웹
> 서버간 암호화 통신이 제대로 이뤄지는지 확인하기 위
> 해 사용되는 프로토콜이다.

해설 키워드 TCP/IP 계층과 애플리케이션 사이 위치, 웹 브라우저와 서버 간의 통신 암호화 → 풀이 SSL

정답
01. ㉡ **02.** IPsec(Internet Protocol Security, 인터넷 보안 프로토콜)
03. ㉡, ㉢, ㉣ **04.** SSL(Secure Sockets Layer)

SECTION

02

인터페이스 구현 검증

인터페이스 구현을 검증하기 위해 테스트 도구를 이용하거나 모니터링을 통해 확인할 수 있습니다.
인터페이스 동작 중 오류가 발생하였을 경우에는 상황에 맞게 오류 기록 및 관리하고 처리합니다.

01 　인터페이스 구현 검증

1 　인터페이스 구현 검증 도구 　[21년 2회 필기] [20년 2, 4회 필기]

인터페이스 구현을 검증하기 위해서는 인터페이스 단위 기능 및 시나리오※에 기반한 통합 테스트가 필요하다. 테스트 자동화 도구를 이용하여 단위 및 통합 테스트의 효율성을 높일 수 있다.

도구	설명
xUnit	java(Junit), C++(Cppunit), .Net(Nunit) 등 다양한 언어를 지원하는 단위 테스트 프레임워크
STAF	서비스 호출, 컴포넌트※ 재사용 등 다양한 환경을 지원하는 테스트 프레임워크
FitNesse	웹 기반 테스트 케이스※ 설계/실행/결과 확인 등을 지원하는 테스트 프레임워크
NTAF	STAF와 FitNesse를 통합한 Naver 테스트 자동화 프레임워크
Selenium	다양한 브라우저 지원 및 개발 언어를 지원하는 웹 애플리케이션 테스트 프레임워크
watir	Ruby 프로그래밍 언어 기반 웹 애플리케이션 테스트 프레임워크

2 　인터페이스 감시 도구

인터페이스의 동작이 잘 진행되는지 확인하기 위해 애플리케이션 모니터링 툴(APM)※을 사용하여 동작 상태를 감시할 수 있다.

- 상용 제품 및 오픈 소스를 이용한 애플리케이션 모니터링 툴이 있다.
- 데이터베이스, 웹 애플리케이션의 트랜잭션과 변수 값, 호출 함수, 로그 및 시스템 부하 등 종합적인 정보를 조회하고 분석할 수 있다.

　📖 오픈 소스 감시 도구 : 스카우터(Scouter)

시나리오(Scenario)
테스트를 위한 절차를 명세한 문서

컴포넌트
(Component, 구성 부품, 요소)
독립적인 실행 단위
📖 결제 시스템에서 현금 결제, 카드 결제, 계좌 이체 결제 등

테스트 케이스(Test Case)
입력 값, 실행 조건, 기대 결과로 구성된 테스트 항목의 명세서

APM(Application Performance Management/Monitoring)
운영 중인 시스템에 대한 가용성 확보, 다운타임 최소화 등을 통해 안정적인 시스템 운영을 목적으로 부하량 및 접속자 파악, 장애 진단 등을 하는 애플리케이션 성능 관리/모니터링 도구

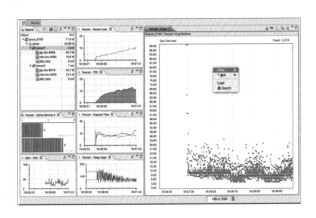

[20년 2회 필기]

01 인터페이스 구현 검증 도구 중 아래에서 설명하는 것은 무엇인지 쓰시오.

> • 서비스 호출, 컴포넌트 재사용 등 다양한 환경을 지원하는 테스트 프레임워크
> • 각 테스트 대상 분산 환경에 데몬을 사용하여 테스트 대상 프로그램을 통해 테스트를 수행하고, 통합하여 자동화하는 검증 도구

해설 [키워드] 서비스 호출, 컴포넌트 재사용 → [용어] STAF

[21년 2회 필기] [20년 4회 필기]

02 인터페이스 구현 검증 도구를 모두 고르시오.

> ㉠ ESB   ㉡ xUnit
> ㉢ STAF   ㉣ NTAF
> ㉤ watir   ㉥ Foxbase

해설 인터페이스 구현 검증 도구 종류 : xUnit, STAF, FitNesse, NTAF, watir, Selenium

정답
01. STAF **02.** ㉡, ㉢, ㉣, ㉤

★
02 인터페이스 테스트 및 오류

1 연계(인터페이스) 테스트

권쌤이 알려줌

연계 시스템의 구성요소에는 송신 모듈, 수신 모듈, 연계 서버 및 엔진, 모니터링 현황 등이 있습니다.

연계(인터페이스) 테스트는 구축된 연계 시스템과 연계 시스템의 구성 요소가 정상적으로 동작하는지 확인하고 검증하는 활동이다.

• 절차 : 연계 테스트 케이스 작성 → 연계 테스트 환경 구축 → 연계 테스트 수행 → 연계 테스트 수행 결과 검증

1. 연계 테스트 케이스 작성

합격자의 **맘기법**

연계 테스트 절차 : 작구수결
• 테스트 케이스 **작**성 → 테스트 환경 **구**축 → 테스트 **수**행 → 테스트 수행 **결**과 검증

테스트 케이스(Test Case) 작성 시 가장 핵심적인 사항은 테스트 항목의 도출이다. 테스트할 대상 및 기능 등이 충분히(완전하게), 누락 없이, 일관성 있게, 구체적으로 식별되어야 한다.

① **단위 테스트 케이스 작성**
• 송 · 수신 시스템에서 확인해야 할 사항을 각각 도출한다.
• 송 · 수신 시스템 각각에서 단순 개별 데이터의 유효 값을 체크하는 경우의 수와 데이터 간의 연관 관계를 체크하는 경우의 수로 식별하여 작성한다.

② **연계 테스트 케이스 작성**
• 송 · 수신용 연계 응용 프로그램의 기능 위주 결함을 확인하는 단위 테스트 케이스 형태로 작성한다.

- 작성한 단위 테스트 케이스를 연계 테이블 간 송·수신 절차의 전후로 연결하여 흐름을 확인하는 내용으로 작성한다.

2. 연계 테스트 환경 구축

송·수신 기관 간에 테스트 수행 전에 테스트 일정, 절차, 방법, 소요 시간, 테스트 환경, 환경 구축 기간 등을 협의하여 계획을 수립하고 테스트 환경을 구축한다.

- 연계 서버, 송·수신용 어댑터(Adapter)[※], 송·수신 운영 데이터베이스 및 데이터, 송·수신용 연계 응용 프로그램들을 설치 및 준비한다.

3. 연계 테스트 수행

연계 테스트 케이스의 시험 항목 및 처리 절차대로 실제 연계 응용 프로그램을 실행하며 테스트하고 결과를 확인한다.

4. 연계 테스트 수행 결과 검증

연계 테스트 케이스의 테스트 항목 및 처리 절차 순서에 따라 테스트를 진행하면서 수행한 테스트 결과가 예상한 정상적인 결과인지를 확인하기 위해 검증을 수행한다.

② 인터페이스 오류

1. 인터페이스 오류 유형

시스템 연계 과정에서 발생할 수 있는 장애나 오류 유형은 연계 서버(연계 시스템)의 오류와 송신 시스템의 연계 프로그램 오류 또는 수신 시스템의 연계 프로그램 오류, 연계 데이터 자체 오류 등으로 구분할 수 있다.

구분	오류 예시
연계 서버	• 연계 서버의 실행 여부, 송·수신, 전송 형식 변환 등 연계 서버의 기능과 관련된 장애 또는 오류 • 연계 서버 다운, 송·수신 시스템 접속 오류
송신 시스템 연계 프로그램	• 연계 데이터 추출을 위한 데이터베이스 접근 권한 오류, 데이터 변환 시 예외 상황 미처리 등으로 인한 연계 프로그램 오류 • 미등록 코드로 인한 코드 매핑 오류
연계 데이터	• 연계 데이터 값이 유효하지 않음으로 인해 발생하는 오류 • 일자 데이터 값에 유효하지 않는 일자 값 입력
수신 시스템 연계 프로그램	• 수신받은 데이터를 운영 데이터베이스에 반영하는 과정에서 접근 권한 문제, 데이터 변환 시 예외 상황 미처리 등으로 인한 연계 프로그램 오류 • 데이터 등록·갱신 오류

권쌤이 알려줌

연계 테스트 환경은 실제 운영 환경과 동일하거나 또는 유사하게 구축합니다.

어댑터(Adapter)
장치 또는 시스템을 서로 연결해서 작동할 수 있도록 만들어 주는 연결 도구

권쌤이 알려줌

인터페이스를 구현하고 동작하다 보면 오류가 발생할 수 있으므로, 오류 유형과 처리 방법에 대해 학습합니다. 이론 내용이 어렵지 않습니다. 한 번 읽어보면서 간략히 학습하세요.

권쌤이 알려줌

연계 서버에서 기록하는 장애 로그 테이블 및 장애 로그 테이블 내용을 확인하는 모니터링 화면은 연계 솔루션에서 기본적으로 포함되어 제공됩니다. 하지만 수신 시스템의 연계 응용 프로그램에서 기록하는 장애 및 오류 로그 테이블과 장애 및 오류 로그 테이블 내용을 확인하기 위한 모니터링 화면은 별도로 구현해야 합니다.

권쌤이 알려줌

오류 로그 테이블은 기록 단위에 따라 연계 테이블에 대한 로그와 연계 데이터에 대한 로그로 설계할 수 있습니다.

2. 인터페이스 오류 처리 방법

① 사용자 화면에서 오류 발생

인터페이스 오류가 발생하였을 경우 알람 형태로 사용자 화면에 표시된다.

- 가장 직관적으로 오류를 인지할 수 있어 가장 많이 쓰이는 방법이다.
- 주로 즉시적으로 데이터가 연계되는 경우에 사용된다.

② 인터페이스 오류 로그 생성

시스템 운영 로그에 인터페이스 오류 관련 오류 로그가 생성되도록 한다.

- 인터페이스 오류의 자세한 내역을 알기 위해 사용되며, 시스템 관리자나 운영자가 오류 로그를 확인할 수 있다.

예 인터페이스 오류 로그 생성

```
[2018-07-27 10:01:070001][ERRORCODE100] 인사발령번호 = 2018-444
(EMP_NOTC_NM) = xxxxxxxx 인사발령 구분
Length Exceed Exception : 발령내역 길이가 초과하였습니다.
```

③ 인터페이스 관련 테이블에 오류 사항 기록

테이블을 통한 인터페이스 기능을 구현할 경우나 인터페이스 트랜잭션 기록을 별도로 보관하는 경우 테이블에 오류 사항을 기록한다.

- 이력을 직관적으로 보기 쉬워 운영자가 관리하기 쉬운 장점이 있다.

예 인터페이스 관련 테이블 오류 기록

송신 일시	변경 구분	발령 번호	사번	발령 내용	…	처리 일시	처리 상태	오류 코드	오류내용
18.7.27	입력	2018 -111	18-001, 18-002	신규 채용	…	18.7.27	실패	E-003	수신 데이터베이스 연결 실패

3 인터페이스 오류 정의와 설계

장애 및 오류 현황을 기록하고 확인하기 위해 다음 항목들을 정의하고 설계한다.

1. 장애 및 오류 관리 대상(범위)

연계 서버에서 관리하는 장애 및 오류는 연계 서버의 실행 여부, 네트워크 접근 가능 여부, 송·수신 폴더 및 테이블의 권한 여부 등 시스템 전반적인 사항에 주로 해당하며 적용하는 연계 솔루션에 의해 결정된다.

- 기록하는 방식을 제외하고는 연계 솔루션에서 제공하는 기능을 변경하거나 추가 설계하여 적용할 수 없다.

2. 장애 및 오류 코드와 메시지 정의

송신 시스템에서 운영 데이터베이스로부터 연계 데이터를 추출하고, 코드 및 데이터를 다른 형식으로 전환하여 연계 테이블에 등록하는 과정에서 발생 가능한 오

류를 정의한다.

- 식별한 오류 내용을 주제별로 분류하고, 각 오류 내용에 코드를 부여한다.
- 오류 코드는 규칙에 따라 부여한다.
- 오류 내용을 사용자 및 운영자가 이해하기 쉽도록 보완 작성한다.

4 인터페이스 오류 코드[※]

인터페이스 장애 및 오류 처리를 위해 발생할 수 있는 오류 유형별로 오류 코드를 정의하고 시스템에서 공통으로 사용할 수 있도록 표준화된 오류 코드를 공통 코드로 등록하는 작업을 수행한다.

▼ 오류 코드와 오류 내용

구분	설명
오류 코드	• 오류를 식별할 수 있는 코드이다. • 오류 발생지와 오류 유형, 일련번호를 포함하도록 오류 코드 명명규칙을 정의한 후 인터페이스 표준화 지침 및 가이드 문서로 정리해서 공유한다.
오류 내용	• 오류 발생 내용과 원인을 포함하도록 설명을 기술한다. • 데이터 에러, 네트워크 에러, 암·복호화 에러 등 오류 발생 원인을 포함하는 메시지를 기술한다.

1. 오류 코드 부여 규칙 예시

```
E  A  D  ##
①  ②  ③  ④

① 장애 및 오류 여부 구분 코드(1자리)
• Error의 'E' 사용

② 오류가 발생하는 위치 구분(1자리)
• 연계 서버(엔진), 시스템 : S
• 연계 응용 프로그램 : A

③ 오류 유형 또는 분류 구분(1자리)
• 데이터 형식 관련 오류 : F
• 데이터 길이 관련 오류 : L
• 코드 관련 오류 : C
• 데이터 관련 오류(중복 또는 미등록 등) : D
• 필수 입력 관련 오류 : M
• 접근 권한 등 시스템 관련 오류 : S

④ 일련번호(3자리)
• 오류 유형 및 분류별로 일련번호 부여
```

2. 오류 코드 관리 방식

오류 코드 및 메시지를 일관되게 참조하기 위해 오류 코드를 관리한다. 오류 코드 관리 방식은 테이블 관리 방식과 파일 관리 방식으로 나눌 수 있다.

코드(Code)
컴퓨터에서 자료 처리를 쉽게 하기 위해 사용하는 기호

권쌤이 알려줌

암호화는 평문을 암호문으로 변환하는 것을 의미하고, 복호화는 암호문을 평문으로 변환하는 것을 의미합니다.

방식	설명
테이블 관리 방식	• 검색 및 참조, 생성 등 관리가 쉽다. • 성능이 우수하여 관리 대상 오류 코드 및 메시지가 많을 경우에 사용한다. • 데이터베이스 접근이 가능한 경우에만 사용할 수 있다. 예
파일 관리 방식	• 관리 대상 오류 코드 및 메시지가 적을 경우에 사용한다. • 데이터베이스에 접근할 수 없는 경우에도 사용할 수 있다. 예

테이블 관리 방식 예시

오류 코드	오류 메시지
EAD001	등록된 ○○○○○이(가) 존재합니다.
⋮	⋮

파일 관리 방식 예시

Error message.properties 파일

EAD001 = 등록된 ○○○이(가) 존재합니다.

기출 및 예상문제

01 다음에 제시된 연계 테스트 절차를 순서대로 나열하시오.

> ㉠ 연계 테스트 수행 결과 검증
> ㉡ 연계 테스트 수행
> ㉢ 연계 테스트 환경 구축
> ㉣ 연계 테스트 케이스 작성

해설 TIP 연계 테스트 절차는 "작구수결"로 기억하세요.

02 다음은 오류 코드 관리 방식에 대한 설명이다. ( ) 안에 공통적으로 들어갈 가장 적합한 용어를 쓰시오.

> 오류 코드 관리 방식은 ( ) 관리 방식과 파일 관리 방식으로 나눌 수 있다. ( ) 관리 방식은 데이터베이스 접근이 가능할 경우에만 사용하며, 관리 대상 오류 코드 및 메시지가 많을 경우에 사용한다. 파일 관리 방식은 데이터베이스에 접근할 수 없을 경우에도 사용이 가능하며, 관리 대상 오류 코드 및 메시지가 적을 경우에 사용한다.

해설 키워드 데이터베이스 접근이 가능할 경우에만 사용 → 용어 테이블 관리 방식

정답

01. ㉣, ㉢, ㉡, ㉠ 02. 테이블

01 다음 설명의 ( ) 안에 들어갈 가장 적합한 용어를 영문 약어로 쓰시오.

> • ( )은(는) 텍스트 내에 표현하고자 하는 모양이나 구조, 의미 부여를 태그 형식으로 표기한 마크업 언어이다.
> • 1986년 국제 표준화 기구(ISO)에서 국제 표준으로 채택하였다.
> • HTML과 XML 모두 ( )을(를) 근거로 하여 만들어진 것이다.

02 다음 설명의 ( ) 안에 들어갈 가장 적합한 용어를 쓰시오.

> 인터넷 표준 암호 키 교환 프로토콜, 일반적으로 데이터의 암호화는 세션마다 임의의 암호 키를 생성, 실시한다. 이와 같은 동일한 암호 키를 오랫동안 사용하면 밝혀지기 쉬우므로, ( )은(는) 생성한 암호 키를 상대방에게 안전하게 송신하기 위한 방법이다.

03 다음의 설명과 가장 부합하는 용어를 쓰시오.

> • 웹상에서 네트워크 트래픽을 암호화하는 주요 방법 중 하나로, HTTP에 보안 기능을 부가하기 위한 통신 규약이다.
> • HTTP의 보안 확장 프로토콜로써 HTTP 세션으로 주고받는 자료를 암호화하고 전자 사인을 해서 주고받는 메커니즘을 의미한다.

04 다음의 설명과 가장 부합하는 인터페이스 구현 검증 도구를 〈보기〉에서 고르시오.

> ① STAF와 FitNesse를 통합한 Naver 테스트 자동화 프레임워크
> ② 웹 기반 테스트 케이스 설계/실행/결과 확인 등을 지원하는 테스트 프레임워크

> 〈보기〉
> ㉠ watir   ㉡ FitNesse
> ㉢ Selenium   ㉣ STAF
> ㉤ NTAF   ㉥ xUnit

① ....

② ....

챕터
기출예상문제 정답 및 해설

Chapter 05. 인터페이스 구현

01 **정답** SGML(Standard Generalized Markup Language, 표준 범용 문서 마크업 언어)
해설 **키워드** 국제 표준(Standard), HTML, XML의 근거 → **용어** SGML

02 **정답** IKE(Internet Key Exchange)
해설 **키워드** 인터넷(Internet) 표준 암호 키(Key) 교환(Exchange) 프로토콜 → **용어** IKE

03 **정답** S-HTTP(Secure Hypertext Transfer Protocol)
해설 **키워드** 네트워크 트래픽 암호화, HTTP에 보안(Secure) 기능을 부가 → **용어** S-HTTP

04 **정답** ① ㉤ ② ㉡
해설 **키워드** STAF와 FitNesse 통합, Naver → **용어** NTAF
키워드 웹 기반 테스트 케이스 설계/실행/결과 확인 → **용어** FitNesse

6 챕터

화면 설계

- [화면 설계] 챕터는 사용자와 가장 밀접한 화면을 UI 표준과 지침에 따라 설계하는 방법에 대해 학습합니다.
- 이미지, 버튼 등 화면에 포함할 여러 요소가 어느 곳에 위치할 지 또는 버튼을 눌렀을 때 화면의 흐름을 미리 확인하여 설계의 완성도를 높입니다.
- 사용자가 쉽게 학습하고 사용하기 위해 기능에 적합한 UI 요소를 활용하여 편리하게 이용할 수 있도록 합니다.

▶ UI의 설계 원칙 : 직유학유

- 직관성
- 유효성
- 학습성
- 유연성

▶ UI 종류

- 키워드 텍스트 또는 키보드 기반으로 → 용어 CLI
- 키워드 그래픽 또는 마우스 기반으로 → 용어 GUI
- 키워드 인간의 말과 행동 등 감각으로 → 용어 NUI
- 키워드 인간의 음성 기반으로 → 용어 VUI
- 키워드 모든 자연 상태가 → 용어 OUI

▶ 웹 3요소 : 표준이 허(호)접하다.

- 표준
- 이
- 호환성
- 접근성
- 하다.

▶ UI 프로토타입 작성 도구

- 키워드 직접 손으로 → 용어 페이퍼 프로토타입
- 키워드 프로그램 이용 → 용어 디지털 프로토타입

▶ UI 요소

- 키워드 입력 → 용어 텍스트 박스
- 키워드 한 개 선택 → 용어 라디오 버튼
- 키워드 여러 개 선택 → 용어 체크 박스
- 키워드 선택 목록 → 용어 콤보 박스
- 키워드 반전(ON/OFF) → 용어 토글 버튼

▶ UI 시나리오 문서 작성의 요건 : 이 일을 추가로 완수했다.

- 이해성
- 일관성
- 을
- 추적 용이성
- 가독성
- 로
- 완전성
- 수정 용이성
- 했다.

SECTION
01

UI 요구사항 확인

요구사항 분석 단계에서 파악된 화면에 대한 요구사항을 UI 표준과 지침에 따라 화면을 설계합니다. 예를 들어 개인 블로그를 생성할 때 메뉴바의 위치를 상하좌우로 정할 수 있죠. 이처럼 화면의 레이아웃을 설정하는 등 사용자 화면을 설계하는 것을 화면 설계라고 합니다.

★★
01 사용자 인터페이스

인터페이스(Interface)
상호 작용 방법을 정의하는 수단 또는 개념

권쌤이 알려줌
UI는 사용자와 가장 밀접하므로 사용자 중심으로 보기 좋게 설계해야 합니다.

1 UI(User Interface, 사용자 인터페이스※)

UI는 사용자와 컴퓨터 상호 간의 소통을 원활하게 도와주는 장치 또는 소프트웨어를 말한다.

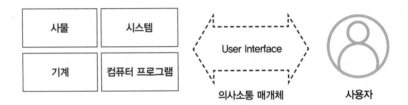

1. UI의 3가지 분야

- 정보 제공과 기능 전달을 위한 물리적 제어 분야 📖 자동차 핸들
- 콘텐츠의 상세 표현과 전체 구성에 관한 분야 📖 자동차 디스플레이
- 사용자의 편의성에 맞춰 쉽고 간편하게 사용하게 하는 기능적 분야 📖 자동차 내비게이션

합격자의 맘기법

UI의 설계 원칙 : 직유학유
- 키워드 스마트폰 아이콘 →
  풀이 직관성
- 키워드 터치하면 실행 →
  풀이 유효성
- 키워드 스마트폰 쉽게 사용 →
  풀이 학습성
- 키워드 터치 시 오류 없이 →
  풀이 유연성

2. UI의 설계 원칙 [20년 2, 3회] [20년 2, 3회 필기]

설계 원칙	설명
직관성	누구나 쉽게 이해하고 사용할 수 있어야 한다.
유효성	사용자의 목적을 정확하게 달성해야 한다.
학습성	누구나 쉽게 배우고 익힐 수 있어야 한다.
유연성	사용자의 요구사항을 최대한 수용하며, 오류를 최소화해야 한다.

3. UI 종류 [21년 3회] [21년 3회 필기]

종류	설명
CLI(Command Line Interface)	텍스트 또는 키보드 기반으로 기기를 조작하는 인터페이스
GUI(Graphical UI)	그래픽 또는 마우스 기반으로 기기를 조작하는 인터페이스

NUI(Natural UI)	인간의 말과 행동 등 감각으로 기기를 조작하는 인터페이스
VUI(Voice UI)	사람의 음성 기반으로 기기를 조작하는 인터페이스
OUI(Organic UI)	모든 자연 상태가 입력과 출력이 동시에 이뤄지는 인터페이스

권쌤이 알려줌

▲ CLI

▲ GUI

▲ NUI   ▲ VUI

2 UI 표준 및 지침

1. UI 표준

전체 시스템에 포함된 UI에 공통적으로 적용될 규약이다.

(예) 웹 사이트 표준 : 상단 – 사이트명, 하단 – 고객센터 정보

2. UI 지침

UI 설계 시 지켜야 할 세부 사항을 규정한 것이다.

(예) UI 요구사항 구현 시 제약사항 등

 웹 사이트 개발 시 고려해야 하는 웹 3요소

웹 3요소	설명
웹 표준(Web Standards)	웹에서 사용되는 공식 표준이나 규칙 또는 기술
웹 접근성(Web Accessibility)	웹 사이트에서 제공하는 모든 정보에 접근하여 이용할 수 있도록 보장하는 것
웹 호환성(Cross Browsing)	서로 다른 환경에서도 모든 이용자에게 동등한 서비스를 제공하는 것

 합격자의 **암기법**

웹 3요소 : 표준이 허(호)접하
다.
· 표준
· 이
· 허(호환성)
· 접(근성)
· 하다.

기출 및 예상문제

01 사용자 인터페이스

[20년 2회]

01 다음은 UI(User Interface) 설계 원칙에 대한 설명이다.
( ) 안에 들어갈 가장 적합한 원칙을 쓰시오.

원칙	설명
직관성	누구나 쉽게 이해하고 사용할 수 있어야 한다.
( )	사용자의 목적을 정확하게 달성하여야 한다.
학습성	누구나 쉽게 배우고 익힐 수 있어야 한다.
유연성	사용자의 요구사항을 최대한 수용하며, 오류를 최소화하여야 한다.

해설 키워드 사용자 목적 달성 → 용어 유효성

[20년 3회] [20년 2, 3회 필기]

02 UI(User Interface) 설계 원칙 중 직관성에 대해 간략히 서술하시오.

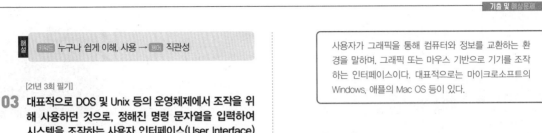

해설 키워드 누구나 쉽게 이해, 사용 → 용어 직관성

[21년 3회 필기]

03 대표적으로 DOS 및 Unix 등의 운영체제에서 조작을 위해 사용하던 것으로, 정해진 명령 문자열을 입력하여 시스템을 조작하는 사용자 인터페이스(User Interface)는 무엇인지 쓰시오.

사용자가 그래픽을 통해 컴퓨터와 정보를 교환하는 환경을 말하며, 그래픽 또는 마우스 기반으로 기기를 조작하는 인터페이스이다. 대표적으로는 마이크로소프트의 Windows, 애플의 Mac OS 등이 있다.

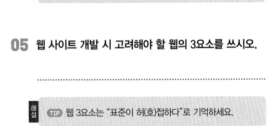

해설 키워드 그래픽(Graphic), 마우스 → 용어 GUI

해설 키워드 명령 문자열(Command Line) → 용어 CLI

05 웹 사이트 개발 시 고려해야 할 웹의 3요소를 쓰시오.

[21년 3회]

04 다음의 설명과 가장 부합하는 용어를 쓰시오.

해설 TIP 웹 3요소는 "표준이 허(호)접하다"로 기억하세요.

정답

01. 유효성 02. 누구나 쉽게 이해하고 사용할 수 있어야 한다. 03. CLI(Command Line Interface) 04. GUI(Graphical User Interface) 05. 웹 표준(Web Standards), 웹 접근성(Web Accessibility), 웹 호환성(Cross Browsing)

---

02 UI 요구사항 확인

1 UI 요구사항 확인

UI 요구사항 확인은 개발할 응용 소프트웨어에 필요한 UI 요구사항을 조사하고 작성하는 단계이다.

• UI 요구사항 확인 순서

| 목표 정의 | → | 활동 사항 정의 | → | UI 요구사항 작성 |

1. 목표 정의

사용자를 대상으로 한 심층 인터뷰를 통해 의견을 수렴하여 비즈니스 요구사항을 정의한다.

• 인터뷰를 통해 사업적, 기술적 요소를 깊게 이해하여 목표를 명확히 한다.

• 사업적, 기술적 목표가 확정되면 UI/UX 디자인 프로세스를 정의한다.

2. 활동 사항 정의

요구사항 조사 결과를 토대로 앞으로 해야 할 활동 사항을 정의한다.

3. UI 요구사항 작성

여러 경로를 통해 수집된 사용자들의 요구사항을 검토하고 분석하여, UI 개발 목적에 맞게 실사용자 중심으로 UI 요구사항을 작성한다.

• UI 요구사항 작성 순서

$$요구사항 요소 확인 \rightarrow 정황 시나리오^* 작성 \rightarrow 요구사항 작성$$

정황 시나리오
사용자의 요구사항을 도출하기 위해 사용자의 관점에서 기능 위주로 작성하는 것

① 요구사항 요소 확인

파악된 요구사항 요소 종류와 각각의 표현 방식 등을 검토한다.

요구사항 요소	설명
데이터 요구	사용자가 요구하는 모델과 객체들의 주요한 특성에 기반을 둔 데이터 객체들을 정리한다.
기능 요구	사용자의 목적 달성을 위해 무엇을 실행해야 하는지를 동사형으로 설명한다.
제품, 서비스의 품질	데이터 및 기능 요구 외에 중요하게 고려할 몇 개의 속성 중 제품 품질이 있으며, 여기에는 감성적인 품질도 고려한다.
제약사항	제품 출시의 데드라인(마감 기한), 개발 및 제작에 드는 비용, 시스템 준수에 필요한 규제가 포함되며, 사전에 제약사항의 변경 여부를 확인한다.

권쌤이 알려줌

제품 품질 특성에는 기능성, 신뢰성, 사용성, 효율성, 유지보수성, 이식성 등이 있으며 이후 자세히 학습합니다.

② 정황 시나리오 작성

사용자가 목표 달성을 위해 수행하는 방법을 순차적으로 묘사한다.

③ 요구사항 작성

작성된 정황 시나리오를 기반으로 요구사항을 작성한다.

정황 시나리오	요구사항
방문자는 상품 리스트를 확인한 후 구매를 위해 회원 가입을 했다.	• 회원 가입을 할 수 있어야 한다. • 상품 리스트를 확인할 수 있어야 한다. • 결제를 할 수 있어야 한다.

 UX(User eXperience, 사용자 경험, 사용자 인식 반응 경험) [21년 2회]

사용자가 어떤 시스템, 제품, 서비스를 직·간접적으로 이용하면서 느끼고 생각하게 되는 지각, 반응, 행동 등의 총체적 경험을 말한다.
• UX는 소프트웨어보다는 사람을 연구하는 학문에 가깝다.
• UX의 특징

특징	설명
주관성(Subjectivity)	사용자 경험은 개인적, 인지적, 신체적 특성에 따라 다르므로 주관적이다.
맥락성(Contextuality, 정황성)	경험이 일어나는 상황 또는 외적 환경에 영향을 받는다.
총체성(Holistic)	경험 시점에서 개인이 느끼는 총체적인 심리적, 감성적 결과이다.

권쌤이 알려줌

UI는 누구나 빠르고 편리하게 제품(서비스)을 이용할 수 있도록 시각적으로 디자인된 부분이며, UX는 사용자의 경험과 목표를 이해하고, 그것을 충족시켜줄 수 있는 UI 디자인입니다.

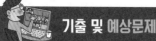
[21년 2회]

01 다음은 UI 설계 도구에 대한 설명이다. 설명과 가장 부합하는 용어를 쓰시오.

> ① 사용자가 어떤 시스템, 제품, 서비스를 직 · 간접적으로 이용하면서 느끼고 생각하게 되는 지각과 반응, 행동 등의 총체적 경험을 말한다.
> ② 사용자와 컴퓨터 상호 간의 소통이 원활하게 이뤄지도록 도와주는 장치 또는 소프트웨어이다. 이것의 예로 CLI가 있다.

① ....

② ....

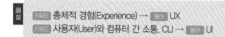

> 해설
> 키워드 총체적 경험(Experience) → 용어 UX
> 키워드 사용자(User)와 컴퓨터 간 소통, CLI → 용어 UI

02 다음에 제시된 UI 요구사항 확인 절차를 순서대로 나열하시오.

> ㉠ 목표 정의
> ㉡ UI 요구사항 작성
> ㉢ 활동 사항 정의

> 해설
> UI 요구사항 확인 순서
> : 목표 정의 → 활동 사항 정의 → UI 요구사항 작성

03 다음의 설명과 가장 부합하는 용어를 쓰시오.

> • 사용자가 목표 달성을 위해 수행하는 방법을 순차적으로 묘사한 것이다.
> • 요구사항 정의의 가장 기초적인 시나리오이다.
> • 사용자가 주로 사용하는 기능 위주로 작성한다.
> • 육하원칙에 따르고 간결하고 명확하게 작성하여 정확하게 전달한다.
> • 작성된 시나리오는 외부 전문가 또는 경험이 풍부한 사람에게 검토를 의뢰한다.

> 해설
> 키워드 사용자 요구사항을 도출하기 위해 사용자 관점에서 기능 위주로 작성 → 용어 정황 시나리오

> 정답
> **01. ❶** UX(User Experience, 사용자 경험, 사용자 인식 반응 경험) **❷** UI(User Interface, 사용자 인터페이스) **02.** ㉠, ㉢, ㉡ **03.** 정황 시나리오

권쌤이 알려줌

UI를 설계하기 위한 여러 가지 도구에 대해 학습합니다. UI 설계 시 한 가지 도구만 사용하지 않습니다. 각각의 도구를 구분하여 기억해 두세요.

레이아웃(Layout)
각 구성요소를 제한된 공간 안에 효과적으로 배치하는 것

03   UI 설계 도구

1 UI 설계 도구

1. 와이어프레임(Wireframe)

화면 단위의 레이아웃※을 설계하는 작업으로 UI 요소 등에 대한 뼈대를 의미한다.

• 이해관계자들과 레이아웃을 협의하거나 서비스의 간략한 흐름을 공유하기 위해 사용한다.

2. 목업(Mockup)

디자인, 사용 방법 설명, 평가 등을 위해 실물과 흡사한 정적인 형태의 모형이다.

3. 스토리보드(Storyboard)

디자이너와 개발자의 의사소통을 위한 도구로써, UI 구현에 필요한 콘텐츠의 설명 및 페이지 간의 이동 흐름 등을 시각화한 문서이다.

- 디자이너와 개발자가 최종적으로 참고하는 산출 문서이다.
- 정책이나 프로세스 및 콘텐츠의 구성, 와이어프레임, 기능에 대한 정의, 데이터베이스의 연동 등 서비스를 위한 대부분의 정보가 수록되어 있다.

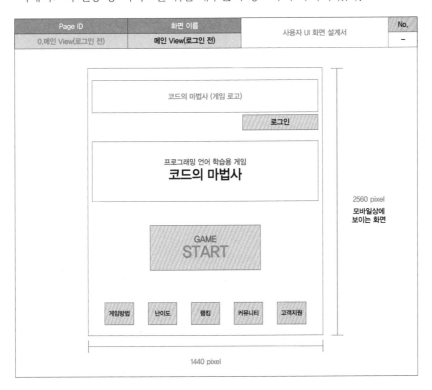

4. 프로토타입(Prototype)

정적인 화면으로 설계된 스토리보드 또는 와이어프레임에 동적 효과를 적용함으로써, 실제 구현된 것처럼 시뮬레이션*이 가능한 동적 모형이다.

시뮬레이션(Simulation)
모의 실험

- 새로운 시스템이나 소프트웨어의 설계 또는 성능, 구현 가능성을 평가하거나 요구사항을 좀 더 잘 이해하고 결정하기 위하여 전체적인 기능을 간략한 형태로 구현한 시제품이다.

01 다음은 UI 설계 도구에 대한 설명이다. 설명과 가장 부합하는 용어를 쓰시오.

① 디자인, 사용 방법 설명, 평가 등을 위해 실물과 유사하게 만든 정적인 형태의 모형이다. 시각적으로만 구성 요소를 배치하고 실제로는 구현되지 않는다.
② 화면 단위의 레이아웃을 설계하는 작업으로, UI 요소 등에 대한 뼈대를 의미한다. 이는 의사소통 관계자들과 레이아웃을 협의하거나 서비스의 간략한 흐름을 공유하기 위해 사용한다.

① ....
② ....

해설 키워드 실물과 유사하게 만든 정적 형태 모형 → 용어 목업
키워드 화면 단위 레이아웃, 뼈대 → 용어 와이어프레임

정답
01. ❶ 목업(Mockup) ❷ 와이어프레임(Wireframe)

---

04 UI 프로토타입

1 UI 프로토타입(UI Prototype)

확정된 요구사항을 기반으로 UI 전략을 실체화하는 과정이며, UI 디자인 작성 이전에 미리 화면을 설계하는 단계이다.

- 고객과 개발 스펙(Spec)을 논의할 때 설득과 이해를 돕기 위해 UI 프로토타입을 만든다.
- 기술적인 검증을 위해서 프로토타입을 만드는 경우도 있다.

권쌤이 알려줌

프로토타입은 시제품을 의미했죠? UI 프로토타입은 실제 개발에 참고할 수 있도록 최종 소프트웨어와 가깝게 작성해야 합니다.

1. UI 프로토타입의 장/단점

장점	• 사용자 설득과 이해가 쉽다. • 개발 시간이 감소한다. • 오류를 사전에 발견할 수 있다.
단점	• 사용자의 요구사항은 가능한 한 들어주되 적절한 타협이 필요하다. • 너무 많은 수정 과정을 거친다면 오히려 작업 시간이 늘어날 수 있다. • 자원 효율성 관점에서 보면 필요 이상으로 자원을 많이 소모한다. • 정확한 문서 작업이 생략될 수 있다.

2. UI 프로토타입 작성 도구 및 방법

구분	방법	적용 경우
페이퍼 프로토타입 (Paper Prototype, 아날로그 프로토타입)	화이트보드, 펜, 종이, 포스트잇 등을 이용하여 손으로 작성한다.	• 제작 기간이 짧은 경우 적용한다. • 제작 비용이 적을 경우 적용한다. • 업무 협의가 빠른 상황일 경우 적용한다.

합격자의 맘기법

UI 프로토타입 작성 도구
• 키워드 직접 손으로 → 용어 페이퍼 프로토타입
• 키워드 프로그램 이용 → 용어 디지털 프로토타입

| 디지털 프로토타입
(Digital Prototype) | 파워포인트, 아크로뱃, 비지오, Invision, Marvel, Adobe XD, Flinto, Principle, Keynote, UX pin, HTML 등의 툴을 이용한다. | • 재사용이 필요한 경우 적용한다.
• 산출물과 비슷한 효과를 필요로 할 경우 적용한다.
• 숙련된 전문가가 있을 경우 적용한다. |

에 페이퍼 프로토타입   에 디지털 프로토타입

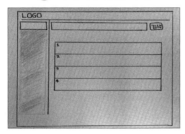
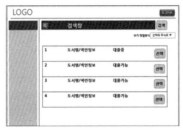

기출 및 예상문제

04 UI 프로토타입

01 UI 프로토타입은 확정된 요구사항을 기반으로 UI 전략을 실체화하는 과정으로, UI 디자인 작성 전에 미리 화면을 설계한다. 이러한 UI 프로토타입의 장점을 한 가지만 쓰시오.

....

해설 고객과 개발 스펙을 논의 시, 설득과 이해를 돕기 위해 UI 프로토타입을 만든다.

02 다음은 UI 프로토타입에 대한 설명이다. ①, ②에 들어갈 가장 적합한 용어를 쓰시오.

(①)은(는) 화이트보드, 펜, 종이, 포스트잇 등을 이용하여 제작 기간이 짧은 경우나 제작 비용이 적을 경우에 사용한다.
(②)은(는) 파워포인트, HTML 등을 이용하여 재사용이 필요한 경우 또는 숙련된 전문가가 있을 경우에 사용한다.

① ....

② ....

해설 키워드 화이트보드, 펜, 종이, 포스트잇 → 용어 페이퍼 프로토타입
키워드 파워포인트, HTML → 용어 디지털 프로토타입

정답
01. 사용자 설득과 이해가 쉽다. / 개발 시간이 감소한다. / 오류를 사전에 발견할 수 있다. 02. ① 페이퍼 프로토타입(Paper Prototype, 아날로그 프로토타입) ② 디지털 프로토타입(Digital Prototype)

SECTION

02

UI 설계

웹 사이트를 이용하려면 '메인 〉 회원가입 〉 로그인 〉 …'처럼 흐름이 있습니다. UI는 모두 다르므로, UI 요구사항을 확인하고 각 화면별 UI 구성을 설계합니다. 출제 가능성이 낮으므로, 이론 내용은 한 번 읽어보면서 간략히 학습하세요.

01 UI 설계

1 UI 설계서

UI 설계서는 UI 요구사항을 바탕으로 UI 설계의 상세 내용을 작성한 문서이다.

• UI 설계서 작성 순서

| UI 설계서 표지 작성 | → | UI 설계서 개정 이력 작성 | → | UI 요구사항 정의 | → | UI 시스템 구조 설계 |

| → | 사이트 맵 | → | 프로세스 정의 | → | 화면 설계 |

작성 순서	설명
1. UI 설계서 표지 작성	UI 설계서에 포함될 프로젝트명 또는 시스템명을 포함한다.
2. UI 설계서 개정 이력 작성	UI 설계서가 수정될 때마다 수정된 부분에 대해 정리한다.
3. UI 요구사항 정의	UI 요구사항들을 재확인하고 정리한다.
4. 시스템 구조 설계	UI 요구사항들과 UI 프로토타입에 기초해 UI 시스템 구조를 설계한다.
5. 사이트 맵(Site Map)※	UI 시스템 구조의 내용을 사이트 맵의 형태로 작성한다.
6. 프로세스(Process) 정의	사용자 관점에서 요구되는 프로세스들을 진행되는 순서에 맞추어 정리한다.
7. 화면 설계	UI 프로토타입과 UI 프로세서 정의를 참고해 각 페이지별로 필요한 화면을 설계한다.

사이트 맵(Site Map)
웹 사이트의 정보를 한 눈에 검색하기 위한 시각적 콘텐츠 모형

2 UI 흐름 설계

UI 흐름 설계는 업무 진행 또는 업무 수행 절차와 관련된 흐름을 파악하여 화면과 폼(Form)※을 설계하는 단계이다.

• UI 흐름 설계 작성 순서

| 기능 작성 | → | 입력 요소 확인 | → | 유스케이스 설계 | → | 기능 및 양식 확인 |

폼(Form, 입력 폼)
웹에서 사용자가 정보를 입력/선택할 수 있는 웹 프로그래밍 기술
ⓔ 로그인 입력폼

작성 순서	설명
1. 기능 작성	기능적 요구사항과 비기능적 요구사항을 검토하여 화면에 표현되어야 할 기능*을 작성한다.
2. 입력 요소 확인	화면에 표현되어야 할 기능 및 화면의 입력 요소* 등을 확인한다.
3. 유스케이스* 설계	앞서 작성한 시스템 중 기능에 관한 사용 사례를 바탕으로 파워포인트 또는 한글 프로그램을 사용하여 UI 유스케이스 설계를 수행한다.
4. 기능 및 양식(Form)을 확인	UI 요소를 확인하고 규칙을 정의한다.

 UI 요소 [21년 1회 필기]

요소	설명	예
텍스트 박스 (Text Box, Input Box)	사용자로부터 텍스트를 입력받을 수 있는 상자	아이디 [_____] 중복확인
라디오 버튼 (Radio Button)	하나만 선택 가능한 버튼	성별 ◉남 ○여
체크 박스 (Check Box)	한 개 또는 여러 개의 선택이 동시에 가능한 버튼	보유 자격증 ☐기사 ☐산업기사
콤보 박스 (Combo Box)	선택 목록을 만드는 상자	이메일 [_____] @ naver.com ∨
토글 버튼 (Toggle Button)	하나의 설정 값으로부터 다른 값으로 전환하는 버튼	수신 동의 ON◯

화면에 표현되어야 할 기능
ⓜ 사용자의 아이디/패스워드 입력 가능 여부

화면의 입력 요소
ⓜ 사용자 계정 아이디/패스워드

유스케이스(Usecase, 사용 사례)
사용자 입장에서 바라본 시스템의 기능(요구사항)

합격자의 맘기법

UI 요소
- 키워드 입력 → 용어 텍스트 박스
- 키워드 한 개 선택 → 용어 라디오 버튼
- 키워드 여러 개 선택 → 용어 체크 박스
- 키워드 선택 목록 → 용어 콤보 박스
- 키워드 반전(ON/OFF) → 용어 토글 버튼

3 UI 상세 설계

UI 상세 설계는 UI 설계서를 바탕으로 실제 구현을 위해 전체 화면에 대한 세부적인 설계를 진행하는 단계이다.

• UI 상세 설계를 하기 위해서는 반드시 UI 시나리오 문서를 작성해야 한다.

요구사항 최종 확인 → UI 설계서 표지 및 개정 이력 작성 → UI 시스템 구조 설계 → 메뉴 구조 설계 → 화면 설계

작성 순서	설명
1. 요구사항 최종 확인	UI 설계는 다수의 페이지를 대상으로 다양한 구조 및 디자인에 대한 고민이 필요하기에 요구사항을 다시 한 번 살펴보고 검증 후 진행한다.
2. UI 설계서 표지 및 개정 이력 작성	UI 설계서에 포함될 프로젝트명 또는 시스템명을 재확인하고, UI 설계서가 수정될 때마다 수정된 부분에 대해 정리한다.
3. UI 시스템 구조 설계	UI 요구사항들과 UI 프로토타입에 기초해 UI 시스템 구조를 설계한다.
4. 메뉴 구조 설계	사이트 맵 구조를 통해 사용자 기반 메뉴 구조를 설계한다.
5. 화면 설계	UI 프로토타입과 UI 프로세스 정의를 참고해 각 페이지별로 필요한 화면을 설계한다.

합격자의 맘기법

UI 시나리오 문서 작성의 요건 :
이 일을 추가로 완수했다.
• 이(해성)
• 일(관성)
• 을
• 추(적 용이성)
• 가(독성)
• 로
• 완(전성)
• 수(정 용이성)
• 했다.

인터랙션(Interaction)
사용자가 인터페이스를 통하여 시스템을 이용하는 일련의 상호 작용
⑩ 마우스로 화면의 아이콘을 클릭하여 화면이 그에 맞게 반응하는 것

하이라이팅(Highlighting)
디자인의 구성 요소를 강조하는 기법
⑩ 글자 바탕색 변경

하이퍼링크(Hyperlink)
하이퍼텍스트 문서 내 한 곳에서 다른 곳으로 건너뛸 수 있게 하는 요소

학습＋플러스 UI 시나리오 문서

UI 시나리오 문서는 UI의 기능 구조, 대표 화면, 일반적인 규칙, 예외처리 방식, 화면 간 인터랙션*의 흐름 등을 정리한 문서이다.
• UI 시나리오 문서의 작성 요건

요건	설명
완전성 (Complete)	• 누락 없이 완전해야 한다. • 최대한 빠짐없이 가능한 한 상세하게 기술한다. • 시스템 기능보다 사용자 작업에 초점을 맞춰 기술한다.
일관성 (Consistent)	• 모든 문서의 UI 스타일을 일관적으로 구성한다.
이해성 (Understandable)	• 처음 접하는 사람도 이해하기 쉽도록 구성하고 설명한다. • 이해하지 못하는 추상적인 표현이나 이해하기 어려운 용어는 사용하지 않는다.
가독성 (Readable)	• 표준화된 템플릿을 적용하여 문서를 쉽게 읽을 수 있어야 한다. • 버전의 넘버링은 v1.0, v2.0 등과 같이 일관성 있게 한다. • 문서의 목차(Index)에 대한 규칙 적용과 목차 제공이 중요하다. • 줄의 간격은 충분하게 유지하며, 단락에 대한 구분과 들여쓰기의 기준을 마련하여 읽기 쉽고 편해야 한다. • 시각적인 효과를 위한 여백과 빈 페이지, 하이라이팅*을 일관성 있게 활용하도록 한다. • 하이퍼링크* 등을 지정하여 문서들이 서로 참조될 수 있도록 지정한다.
수정 용이성 (Modifiable)	• 수정 또는 개선 사항을 시나리오에 반영함에 있어 쉽게 적용할 수 있어야 한다. • 동일한 수정 사항을 위해 여러 문서를 편집하지 않도록 한다.
추적 용이성 (Traceable)	• 변경 사항들이 언제, 어디서, 어떤 부분들이, 왜 발생하였는지 쉽게 추적할 수 있어야 한다.

기출 및 예상문제   01 UI 설계

[21년 1회 필기]
01 여러 개의 선택 항목 중 하나의 선택만 가능한 경우 사용하는 사용자 인터페이스(UI) 요소는 무엇인지 쓰시오.

....

해설 키워드 하나의 선택만 → 용어 라디오 버튼

02 UI의 기능 구조, 대표 화면, 화면 간 인터랙션의 흐름, 다양한 상황에서의 예외처리 방식 등을 정리한 문서는 무엇인지 쓰시오.

....

해설 키워드 UI 기능 구조, 인터랙션, 예외처리 → 용어 UI 시나리오 문서

정답
01. 라디오 버튼(Radio Button) **02.** UI 시나리오 문서

02 감성공학

1 감성공학(Human Sensibility Ergonomics)

인체의 특징과 감성을 제품 설계에 최대한 반영시키는 기술이다.

- 인간이 가지고 있는 소망으로서의 이미지나 감성을 구체적인 제품 설계로 실현해내는 공학적인 접근방법이다.
- 기본 철학은 인간 중심의 설계이며, 인간의 감성을 과학적으로 해석한 후 이에 적합한 제품 설계 및 개발을 최종 목적으로 하는 과학이다.
- 감성 공학은 HCI 설계에 인간의 특성과 감성을 반영하였다.

2 HCI(Human Computer Interaction or Interface)

인간과 컴퓨터 간의 상호 작용에 관한 연구이다.

- 인간과 컴퓨터가 쉽고 편하게 상호 작용할 수 있도록 시스템을 디자인하고 평가하는 과정을 다룬 학문이다. 이 과정을 둘러싼 중요 현상들에 관한 연구도 포함한다.

권쌤이 알려줌

감성공학은 인간의 감성을 자극하는 기술입니다. 시각, 청각, 후각 등의 종합적인 감각을 고려하여 제품을 설계합니다.

권쌤이 알려줌

이제 TV 속 자동차 광고는 더 이상 승용차의 완벽한 기술을 자랑하지 않습니다. 그보다 바람에 흩날리는 머릿결을 가진 모델이 등장하죠. 나만의 개성을 살린 자동차가 안정적인 승차감을 자랑하며 부드럽게 도로 위를 달립니다. 이 광고가 노린 것은 과연 무엇일까요? 바로 자동차를 향한 인간의 감성입니다.

기출 및 예상문제

01 다음의 설명과 가장 부합하는 용어를 쓰시오.

> 인체의 특징과 감성을 제품 설계에 최대한 반영시키는 기술로, '인간이 가지고 있는 소망으로서의 이미지나 감성을 구체적인 제품 설계로 실현해내는 공학적인 접근 방법'이라고도 정의할 수 있다. 기본 철학은 인간 중심의 설계이며, 인간의 감성을 과학적으로 해석한 후 이에 적합한 제품, 환경 시스템 설계, 개발을 최종 목적으로 하는 과학이다.

해설
키워드 인체의 특징과 감성(Sensibility), 인간(Human) → 용어 감성 공학

정답
01. 감성 공학(Human Sensibility Ergonomics)

01 다음의 설명과 가장 부합하는 UI 설계 원칙을 쓰시오.

> • 사용자의 요구사항을 최대한 수용하며, 오류를 최소화해야 한다.
> • 스마트폰에서의 터치를 예로 들 수 있다.

02 다음의 설명과 가장 부합하는 사용자 인터페이스를 쓰시오.

> 직관적인 사용자 반응 기반 인터페이스로, 키보드나 마우스 없이 인간의 말과 행동 등 감각으로 기기를 조작하는 사용자 인터페이스이다.

03 다음의 설명과 가장 부합하는 UI 설계 도구를 쓰시오.

> 와이어프레임이나 스토리보드 등의 상호작용을 적용함으로써 실제 구현된 것처럼 테스트가 가능한 동적인 형태의 모형으로, 사용성 테스트나 작업자 간 서비스 이해를 위해 작성하는 샘플이다.

04 다음의 설명과 가장 부합하는 UI 설계 도구를 쓰시오.

> 디자이너와 개발자의 의사소통을 위하여 최종적으로 참고하는 산출 문서로, 정책이나 프로세스 및 콘텐츠의 구성, 와이어프레임, 기능에 대한 정의, 데이터베이스의 연동 등 구축하는 서비스를 위한 대부분의 정보가 수록되어 있다.

05 다음은 UI 프로토타입 작성 방법을 나열한 것이다. 제시된 보기를 아날로그 프로토타입과 디지털 프로토타입으로 분류하시오.

> ㉠ 아크로뱃　　　㉡ 화이트보드
> ㉢ 포스트잇　　　㉣ 비지오
> ㉤ 종이　　　　　㉥ 파워포인트

① 아날로그 프로토타입 ....

② 디지털 프로토타입 ....

06 다음은 UI 요소에 대한 설명이다. ①~③에 들어갈 가장 적합한 용어를 쓰시오.

요소	설명	예
①	사용자로부터 텍스트를 입력 받을 수 있는 상자	이름:
②	목록에서 항목을 선택할 수 있는 상자	생년월일: 년도 ∨ 월 ∨ 일 ∨
③	여러 개의 값 중 하나 이상을 선택할 수 있는 버튼	☑ 강좌 ☐ 필기 교재 ☑ 실기 교재

① ....

② ....

③ ....

07 다음에서 설명하는 UI 시나리오 문서 작성 요건은 무엇인지 쓰시오.

> • 누락 없이 완전해야 한다.
> • 최대한 빠짐없이 가능한 한 상세하게 기술한다.
> • 시스템 기능보다 사용자의 작업에 초점을 맞춰 기술한다.

챕터
기출예상문제 해설

01 **정답** **유연성**
　해설 **키워드** 사용자 요구사항 수용, 오류 최소화 → **용어** 유연성

02 **정답** **NUI(Natural User Interface)**
　해설 **키워드** 인간의 말과 행동, 감각 → **용어** NUI

03 **정답** **프로토타입(Prototype)**
　해설 **키워드** 테스트가 가능한 동적 모형 → **용어** 프로토타입

04 **정답** **스토리보드(Storyboard)**
　해설 **키워드** 디자이너와 개발자의 의사소통, 산출 문서 → **용어** 스토리보드

05 **정답** ❶ ㉡, ㉢, ㉣ ❷ ㉠, ㉤, ㉥

06 **해설** UI 프로토타입 작성 도구
　• 아날로그(페이퍼) 프로토타입 : 포스트잇, 종이 등의 실물
　• 디지털 프로토타입 : 아크로뱃, 파워포인트 등의 프로그램

06 **정답** ❶ **텍스트 박스(Text Box, Input Box)** ❷ **콤보 박스(Combo Box)**
　❸ **체크 박스(Check Box)**
　해설 **키워드** 텍스트(Text) 입력 → **용어** 텍스트 박스
　　　　키워드 목록, 선택 → **용어** 콤보 박스
　　　　키워드 하나 이상 선택 → **용어** 체크 박스

07 **정답** **완전성(Complete)**
　해설 **키워드** 누락 없이, 사용자의 작업에 초점 → **용어** 완전성

7 챕터

애플리케이션 테스트 관리

- [애플리케이션 테스트 관리] 챕터는 사용자 요구사항에 맞게 응용 소프트웨어가 잘 작동하는지 테스트하는 여러 가지 방법에 대해 학습합니다.
- 응용 소프트웨어 테스트를 위해 테스트 문서를 작성하고, 문서에 맞게 테스트를 진행합니다. 테스트의 결과로 결함이 발견되면 결함을 조치하는 테스트 과정에 대해 학습합니다.
- 주어진 시간 안에 최소한의 자원으로 많은 기능을 수행할 수 있는 응용 소프트웨어를 개발하기 위해 성능을 분석하고 개선합니다.

합격자의 **암기 노트**

▶ 테스트에 대한 시각
- 키워드 사용자, 요구사항, 결과 → 용어 확인 (Validation)
- 키워드 개발자, 설계 명세서, 과정 → 용어 검증 (Verification)

▶ 프로그램 실행 여부에 따른 분류 : 코인 정원(워), 블랙 동화
- 키워드 프로그램 실행 × → 용어 정적 테스트
- 코드 검사
- 인스펙션
- 정적 테스트
- 워크스루
- 키워드 프로그램 실행 O → 용어 동적 테스트
- 블랙박스
- 동적 테스트
- 화이트 박스

▶ 블랙박스 테스트와 화이트박스 테스트
- 키워드 기능 테스트 → 용어 블랙박스 테스트
- 키워드 구조 테스트 → 용어 화이트박스 테스트

▶ 블랙박스 테스트 종류 : 오동원 경비
- 오류 예측 검사
- 동치 분할 검사
- 원인-효과 그래프 검사
- 경계값 분석
- 비교 검사

▶ 스텁과 드라이버 : HSSD
- H(하향식 통합)
- Stub
- S(상향식 통합)
- Driver

▶ 테스트 오라클 유형 : 참 립스틱 세일(참 리스틱 샘일)
- 참(True) 오라클
- 휴리스틱(Heuristic) 오라클
- 샘플링(Sampling) 오라클
- 일관성 검사(Consistent) 오라클

▶ 결함 관리 측정 지표
- 키워드 특정 속성에 대한 결함 수 → 용어 결함 분포
- 키워드 시간 흐름에 따른 결함 수 → 용어 결함 추세
- 키워드 결함의 지속 시간 → 용어 결함 에이징

▶ 애플리케이션 성능 측정 지표 : 처응경자
- 처리량
- 응답 시간
- 경과 시간
- 자원 사용률

▶ 클린 코드 작성 원칙 : 죽순의 추가(중순의 추가)
- 중복성
- 단순성
- 의존성
- 추상화
- 가독성

Chapter 07. 애플리케이션 테스트 관리

SECTION 01 애플리케이션 테스트

애플리케이션 테스트는 응용 소프트웨어가 요구사항에 맞게 제대로 구현되었는지, 기능이 올바르게 작동하는지 등에 대해 검사하는 것입니다. 애플리케이션 테스트를 통해 오류를 발견하고, 이를 수정하여 완성도 높은 소프트웨어를 개발할 수 있습니다.

01 소프트웨어 테스트

1 소프트웨어(애플리케이션) 테스트의 이해

1. 소프트웨어 테스트의 개념

소프트웨어 테스트는 구현된 응용 애플리케이션이나 시스템이 사용자가 요구하는 기능의 동작과 성능, 사용성, 안정성 등을 만족하는지 확인하고 소프트웨어의 결함을 찾아내는 활동이다.

 학습플러스 테스트에 대한 시각 [21년 3회 필기]

테스트는 사용자 입장과 개발자 입장에서 바라볼 수 있다.

구분	시각	설명
확인(Validation) 테스트	사용자 입장	고객의 요구사항에 맞게 구현되었는지 확인하는 것으로 결과가 중요하다.
검증(Verification) 테스트	개발자 또는 시험자 입장	설계 명세서에 맞게 만들어졌는지 점검하는 것으로 생산 과정이 중요하다.

합격자의 맘기법

테스트에 대한 시각
- 키워드 사용자, 요구사항, 결과 → 용어 확인(Validation)
- 키워드 개발자, 설계 명세서, 과정 → 용어 검증(Verification)

동료 검토(Peer Review)
요구사항 명세서 작성자가 명세서 내용을 직접 설명하고 동료들이 이를 들으면서 결함을 발견하는 형태의 검토 방법

인스펙션(Inspection)
요구사항 명세서 작성자를 제외한 다른 전문가들이 요구사항 명세서를 확인하면서 결함을 발견하는 검토 방법

2. 소프트웨어 테스트의 필요성

관점	설명
오류 발견 관점	프로그램에 잠재된 오류를 발견하고 이를 수정하여 올바른 프로그램을 개발하는 활동이다.
오류 예방 관점	프로그램 실행 전에 코드 리뷰, 동료 검토*, 인스펙션* 등을 통해 오류를 사전에 발견하는 예방 차원의 활동이다.
품질 향상 관점	사용자의 요구사항 및 기대 수준을 만족하도록 반복적인 테스트를 거쳐 제품의 신뢰도를 향상하는 품질 보증 활동이다.

3. 소프트웨어 테스트의 원리

① 테스팅은 결함의 존재를 밝히는 활동이다.

테스팅은 소프트웨어의 잠재적인 결함을 줄일 수 있지만, 결함이 발견되지 않아도 결함이 없다고 증명할 수 없다.

② 완벽한 테스팅은 불가능하다.

완벽한 테스팅은 무한 경로, 무한 입력값, 무한 시간이 소요되어 불가능하므로, 위험 분석과 우선순위를 토대로 테스트에 집중할 것을 의미한다.

③ 테스팅은 개발 초기에 시작해야 한다.

애플리케이션의 개발 단계에 테스트를 계획하고 SDLC※의 각 단계에 맞춰 전략적으로 접근하는 것을 고려하라는 의미이다.

④ 결함 집중(Defect Clustering) [21년 2회 필기] [20년 2회 필기]

애플리케이션 결함의 대부분은 소수의 특정한 모듈※에 집중되어 존재한다.

- **파레토(Pareto)의 법칙** : 전체 결함의 80%는 소프트웨어 제품의 전체 기능 중 20%에 집중되어 있다.
- **낚시의 법칙** : 낚시를 즐겨 하는 사람은 특정 자리에서 물고기가 잘 잡힌다는 사실을 경험적으로 알고 있듯이, 소프트웨어 제품의 결함도 특정 기능, 모듈, 라이브러리※에서 결함이 많이 발견된다.

⑤ 살충제 패러독스(Pesticide Paradox)※ [20년 1회]

동일한 테스트 케이스(Test Case)※로 반복 실행하면 결함을 발견할 수 없으므로, 주기적으로 테스트 케이스를 리뷰하고 개선해야 한다.

⑥ 테스팅은 정황(Context, 맥락, 관계)에 의존한다.

소프트웨어 특성, 테스트 환경, 테스트 역량 등의 정황과 비즈니스 영역에 따라 테스트를 다르게 수행한다.

⑦ 오류−부재의 궤변(Absence of Errors Fallacy)

소프트웨어 결함을 모두 제거해도 사용자의 요구사항을 만족시키지 못하면 해당 소프트웨어는 품질이 높다고 할 수 없다.

⑧ 기타

테스트는 별도의 팀에서 수행해야 하고, 작은 부분에서 시작해서 점차 확대하면서 진행한다.

4. 소프트웨어 테스트의 프로세스

테스트 계획 → 테스트 분석 및 디자인 → 테스트 케이스 및 시나리오※ 작성 → 테스트 수행 → 테스트 결과 평가 및 리포팅

프로세스	업무
테스트 계획	테스트 목적과 범위 정의, 대상 시스템 구조 파악, 테스트 일정 정의, 종료 조건 정의, 조직 및 비용 산정
테스트 분석 및 디자인	테스트 목적과 원칙 검토, 요구사항 분석, 위험 분석 및 우선순위 결정, 테스트 데이터 준비, 테스트 환경 및 도구 준비
테스트 케이스 및 시나리오 작성	테스트 케이스 작성, 테스트용 스크립트※ 작성, 테스트 케이스 검토 및 확인, 테스트 시나리오 작성
테스트 수행	초기 데이터 로딩, 테스트 수행, 결함 리포팅
테스트 결과 평가 및 리포팅	테스트 결과 정리, 테스트 프로세스 리뷰, 테스트 결과 평가, 테스트 리포팅

SDLC(Software Development Life Cycle, 소프트웨어 개발 생명 주기)
시스템 계획, 개발, 시험, 운영하는 전 과정

모듈(Module)
기능을 구현하기 위한 최소의 단위

라이브러리(Library)
자주 사용하는 함수를 미리 작성하여 저장시켜둔 것

살충제 패러독스 (Pesticide Paradox)
벌레가 살충제에 내성이 생겨 죽지 않는 것

테스트 케이스(Test Case)
응용 소프트웨어가 사용자의 요구사항을 준수하는지 확인하기 위해 입력 값, 실행 조건, 기대 결과로 구성된 테스트 항목의 명세서

테스트 시나리오
테스트 수행을 위한 여러 개의 테스트 케이스의 집합으로 테스트 케이스의 동작 순서를 기술한 문서이며, 테스트를 위한 절차를 명세한 문서

테스트 스크립트(Test Script)
자동화된 테스트 실행 절차에 대한 명세
- 테스트를 수행하기 위해 스크립트 언어로 작성한 파일

5. 소프트웨어 테스트의 산출물

종류	설명
테스트 계획서	테스트 목적과 범위 정의, 대상 시스템 구조 파악, 테스트 수행 절차, 테스트 일정, 조직의 역할 및 책임 정의, 종료 조건 정의 등 테스트 수행을 계획한 문서
테스트 케이스	명세 기반 테스트의 설계 산출물로, 특정한 프로그램의 일부분 또는 경로에 따라 수행하거나, 특정한 요구사항을 준수하는지 확인하기 위해 설계된 입력 값, 실행 조건, 기대 결과로 구성된 테스트 항목의 명세서
테스트 시나리오	테스트 수행을 위한 여러 개의 테스트 케이스의 집합으로, 테스트 케이스의 동작 순서를 기술한 문서이며, 테스트를 위한 절차를 명세한 문서
테스트 결과서	테스트 결과를 정리한 문서로 테스트 프로세스를 리뷰하고, 테스트 결과를 평가하고 보고하는 문서

2 소프트웨어(애플리케이션) 테스트 유형

1. 테스트 목적에 따른 분류 [21년 3회 필기]

구분	설명
회복(Recovery) 테스트	시스템에 고의로 실패를 유도하고 시스템이 정상적으로 복귀하는지 확인하는 테스트
안전(Security) 테스트	불법적인 소프트웨어가 접근하여 시스템을 파괴하지 못하도록 소스 코드 내의 보안 결함을 미리 점검하는 테스트
강도(Stress, 부하) 테스트	시스템에 과다 정보량을 부과하여 과부하 시에도 시스템이 정상적으로 작동되는지를 검증하는 테스트
성능(Performance) 테스트	사용자의 이벤트에 시스템이 응답하는 시간, 특정 시간 내에 처리하는 업무량, 사용자 요구에 시스템이 반응하는 속도 등을 확인하는 테스트
구조(Structure) 테스트	시스템의 내부 논리 경로, 소스 코드의 복잡도를 평가하는 테스트
회귀(Regression) 테스트	변경 또는 수정된 코드에 대하여 새로운 결함 발견 여부를 평가하는 테스트
병행(Parallel) 테스트	변경된 시스템과 기존 시스템에 동일한 데이터를 입력한 후 결과를 비교하는 테스트

2. 테스트 종류에 따른 분류

구분	설명	종류
명세 기반 테스트	주어진 명세를 빠짐없이 테스트 케이스로 구현하고 있는지 확인하는 테스트	동등 분할, 경계 값 분석 등
구조 기반 테스트	소프트웨어 내부 논리 흐름에 따라 테스트 케이스를 작성하고 확인하는 테스트	구문 기반, 조건 기반 등
경험 기반 테스트	유사 소프트웨어나 기술 평가에서 테스터의 경험을 토대로 한, 직관과 기술 능력을 기반으로 수행하는 테스트	오류 예측 검사 등

3. 프로그램 실행 여부에 따른 분류

구분	설명	종류
정적 테스트 (Static Test)	프로그램 실행 없이 소스 코드의 구조를 분석하여 논리적으로 검증하는 테스트	코드 검사, 워크스루, 인스펙션 등
동적 테스트 (Dynamic Test)	프로그램의 실행을 요구하는 테스트	블랙박스 테스트, 화이트박스 테스트

합격자의 **맘기법**

프로그램 실행 여부에 따른 분류
: 코인 정원(위)/블랙 동화
- 키워드 프로그램 실행 X →
  용어 정적 테스트
- 코(드 검사)
- 인(스펙션)
- 정(적 테스트)
- 원(워크스루)
- 키워드 프로그램 실행 O →
  용어 동적 테스트
- 블랙(박스)
- 동(적 테스트)
- 화(이트 박스)

[21년 3회 필기]

01 다음은 소프트웨어 테스트에 대한 설명이다. ①, ②에 들어갈 가장 적합한 용어를 〈보기〉에서 고르시오.

구분	설명
(①) 테스트	• 작업 제품이 사용자의 요구에 적합한지 측정하는 활동 • 소프트웨어 결과를 테스트하는 것
(②) 테스트	• 작업 제품이 개발자의 기대를 충족시키는지 측정하는 활동 • 소프트웨어 개발 과정을 테스트하는 것

〈보기〉

㉠ 검증(Verification) ㉡ 리뷰(Review)

㉢ 인스펙션(Inspection) ㉣ 확인(Validation)

① _____

② _____

해설 키워드 사용자, 결과 → 용어 확인
키워드 개발자, 과정 → 용어 검증

[20년 2회 필기]

02 소프트웨어 테스트에서 오류의 80%는 전체 모듈의 20% 내에서 발견된다는 법칙은 무엇인지 쓰시오.

_____

해설 키워드 오류의 80%, 전체 모듈 20% 내 → 용어 파레토의 법칙

[21년 2회 필기]

03 다음 설명의 소프트웨어 테스트의 기본 원칙은 무엇인지 쓰시오.

• 파레토 법칙이 좌우한다.
• 애플리케이션 결함의 대부분은 소수의 특정한 모듈에 집중되어 존재한다.
• 결함은 발생한 모듈에서 계속 추가로 발생할 가능성이 높다.

해설 키워드 파레토 법칙, 특정 모듈 집중 → 용어 결함 집중

[20년 1회]

04 살충제 패러독스(Pesticide Paradox)에 대해 간략히 서술하시오.

_____

해설 키워드 동일한 테스트 케이스 반복 사용 X → 용어 살충제 패러독스

[21년 3회 필기]

05 다음은 소프트웨어 테스트 종류에 대한 설명이다. ①~④에 들어갈 가장 적합한 테스트를 〈보기〉에서 고르시오.

구분	설명
(①) 테스트	시스템에 고의로 실패를 유도하고 시스템이 정상적으로 복귀하는지 테스트
(②) 테스트	시스템에 과다 정보량을 부과하여 과부하 시에도 시스템이 정상적으로 작동되는지를 테스트
(③) 테스트	사용자의 이벤트에 시스템이 응답하는 시간, 특정 시간 내에 처리하는 업무량, 사용자 요구에 시스템이 반응하는 속도 등을 테스트
(④) 테스트	부당하고 불법적인 침입을 시도하여 보안 시스템이 불법적인 침투를 잘 막아내는지 테스트

〈보기〉

㉠ 안전(Security) ㉢ 강도(Stress)

㉢ 병행(Parallel) ㉣ 회복(Recovery)

㉤ 구조(Structure) ㉥ 성능(Performance)

① _____

② _____

③ _____

④ _____

해설
키워드 시스템이 정상 복귀 → 용어 회복 테스트
키워드 과다 정보량 → 용어 강도 테스트
키워드 반응 속도 → 용어 성능 테스트
키워드 불법적인 침투 → 용어 안전 테스트

06 소프트웨어 테스트 산출물 중 입력 값, 실행 조건, 기대 결과로 구성된 테스트 항목의 명세서는 무엇인지 쓰시오.

해설
키워드 입력 값, 실행 조건, 기대 결과 → 용어 테스트 케이스

정답
01. ❶ ㉣ ❷ ㉠ 02. 파레토(Pareto)의 법칙 03. 결함 집중(Defect Clustering) 04. 동일한 테스트 케이스로 반복 실행하면 더 이상 새로운 결함을 발견할 수 없으므로 주기적으로 테스트 케이스를 점검하고 개선해야 한다. 05. ❶ ㉣ ❷ ㉡ ❸ ㉤ ❹ ㉠ 06. 테스트 케이스(Test Case)

★★★
02 블랙박스 테스트와 화이트박스 테스트

인터페이스(Interface)
상호 작용 방법을 정의하는 수단 또는 개념

테스트 과정
단위 테스트 → 통합 테스트 →
시스템 테스트 → 인수 테스트

1 블랙박스 테스트(Black Box Test) [20년 3회]

블랙박스 테스트는 사용자의 요구사항 명세서를 보면서 **구현된 기능을** 테스트한다.

• 발견할 수 있는 오류는 성능, 부정확한 기능, 인터페이스 오류 등이 있다.
• 테스트 과정의 후반부에 적용한다.

1. 블랙박스 테스트 종류 [21년 1회] [21년 1, 2회 필기] [20년 3, 4회 필기]

① **동치 분할 검사(Equivalence Partitioning Testing)** [20년 4회]

권쌤이 알려줌
동치 분할 검사는 동등 분할 기법, 동치 클래스 분해라고도 합니다.

• 입력 자료에 초점을 맞춰 테스트 케이스를 만들고 검사하는 기법이다.
• 입력 조건에 타당한 입력 자료와 타당하지 않은 입력 자료의 개수를 균등하게 분할하여 테스트한다.

② **경계 값 분석(Boundary Value Analysis)** [20년 2회 필기]

합격자의 암기법

블랙박스 테스트 종류:
오동원 경비
• 오(류 예측 검사)
• 동(치 분할 검사)
• 원(인-효과 그래프 검사)
• 경(계값 분석)
• 비(교 검사)

• 입력 조건의 중간 값보다 경계 값에서 오류가 발생할 확률이 높으므로 입력 조건의 경계 값으로 테스트하는 기법이다.
• 입력 자료에만 초점을 맞춘 동치 분할 검사를 보완한 검사 기법이다.

③ **원인-효과 그래프 검사(Cause-Effect Graphing Testing)** [21년 3회]

• 입력 자료 간의 관계와 출력에 영향을 미치는 상황을 체계적으로 분석한 후 효용성이 높은 테스트 케이스를 선정해서 검사하는 기법이다.

④ **오류 예측 검사(Fault Based Testing)**

• 과거 경험이나 테스터의 감각으로 테스트하는 기법이다.

- 보충적인 검사 기법이다.

⑤ **비교 검사(Comparison Testing)**
- 여러 버전의 프로그램에 동일한 자료를 제공해 동일한 결과가 출력되는지 검사하는 기법이다.

예제

평가 점수에 따른 상여금 기준이 다음과 같을 때, 동치 분할 검사와 경계값 분석의 테스트 케이스를 작성하시오.

평가 점수	상여금
90~100점	600만 원
80~89점	400만 원
70~79점	200만 원
0~69점	0원

정답 및 해설

1. 동치 분할 검사
동치 분할 검사는 입력 자료에 초점을 맞춰 테스트 케이스를 만들고 검사하는 방법으로, 각 영역에 해당하는 입력 값을 넣고 예상되는 출력 값이 나오는지 실제 값과 비교한다.

테스트 케이스	1	2	3	4
점수 범위	0~69점	70~79점	80~89점	90~100점
입력 값	60점	73점	86점	94점
예상 결과 값	0원	200만 원	400만 원	600만 원
실제 결과 값	0원	200만 원	400만 원	600만 원

2. 경계 값 분석
경계 값 분석은 입력 조건의 경계 값으로 검사하는 방법으로, 경계 값에 해당하는 입력값을 넣고 예상되는 출력 값이 나오는지 실제 값과 비교한다.

테스트 케이스	1	2	3	4	5	6	7	8	9	10	11	12	13	14	15
입력 값	-1	0	1	69	70	71	79	80	81	89	90	91	99	100	101
예상 결과	오류	0	0	0	200	200	200	400	400	400	600	600	600	600	오류
실제 결과	오류	0	0	0	200	200	200	400	400	400	600	600	600	600	오류

2 화이트박스 테스트(White Box Test) [20년 2회 필기]

화이트박스 테스트는 프로그램의 수행 경로 구조, 루프(Loop, 반복) 등 내부 로직을 보면서 테스트한다.

블랙박스 테스트와 화이트박스 테스트

키워드 기능 테스트
→ 용어 블랙박스 테스트
키워드 구조 테스트
→ 용어 화이트박스 테스트

권쌤이 알려줌

화이트박스 테스트를 유리 상자 테스트(Glass Box Test, 투명 상자 테스트)라고도 합니다.

권쌤이 알려줌

기초 경로(Basic Path)란 흐름 그래프의 시작 노드에서 종료 노드까지의 서로 독립된 경로를 의미합니다.

변수(Variable)
프로그램 코드에서 값을 나타내는 문자

- 프로그램의 제어 구조에 따라 선택, 반복 등의 부분을 수행함으로써 논리적 경로를 제어한다.
- 화이트박스(투명 상자) 내부를 보듯이 모듈 안의 작동을 직접 관찰하며 테스트한다.
- 원시 코드의 모든 문장을 한 번 이상 수행하며 진행한다.

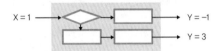

1. 화이트박스 테스트 종류

① 기초 경로 검사(Basic Path Testing) [21년 2회 필기]

프로그램의 제어 구조를 기반으로 논리적 복잡성을 측정할 수 있게 해주는 테스트 기법이다.

- 테스트 측정 결과는 실행 경로의 기초를 정의하는 지침으로 사용된다.
- 맥케이브(McCabe)가 제안한 대표적인 화이트박스 테스트 기법이다.

▼ 맥케이브의 순환 복잡도(Cyclomatic Complexity) [20년 3회 필기]

원시 코드의 복잡도를 정량적으로 평가하는 방법이다.

- 원시 코드가 얼마나 복잡한지, 얼마나 많은 논리적인 경로를 가지고 있는지를 측정한다.
- 공식 : 복잡도 = 영역 수(폐구간) + 1

> **예제**
>
> 제어 흐름 그래프가 다음과 같을 때 McCabe의 Cyclomatic 수는 얼마인지 구하시오.
>
>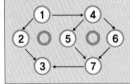

> **정답 및 해설**   2(영역 수) + 1 = 3
>
>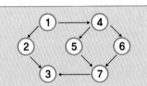

② 제어 구조 검사

종류	설명
조건 검사(Condition Testing)	논리적 조건을 테스트하는 기법
루프 검사(Loop Testing)	반복(Loop) 구조를 중심으로 테스트하는 기법
데이터 흐름 검사(Data Flow Testing)	변수 정의, 변수 사용 위치에 초점을 맞춰 테스트하는 기법

[20년 3회]

01 시스템이나 시스템 구성 요소 또는 프로그램 내부 구조를 보지 않고 주로 구현된 기능을 테스트하는 테스트 기법으로, 동치 분할 테스트, 경계값 분석 테스트 등을 이용하는 테스트 기법은 무엇인지 쓰시오.

해설 키워드 내부 구조 X, 기능 → 용어 블랙박스 테스트

[21년 1회 필기] [20년 3, 4회 필기]

02 다음에 제시된 보기 중 블랙박스 테스트의 유형을 모두 고르시오.

> ㉠ 경계값 분석   ㉡ 오류 예측
> ㉢ 동등 분할 기법   ㉣ 조건, 루프검사
> ㉤ 기초 경로 검사   ㉥ 원인 결과 그래프

해설 TIP 블랙박스 테스트 종류는 "오동원 경비"로 기억하세요.

[21년 2회 필기]

03 블랙박스 테스트를 이용하여 발견할 수 있는 오류의 경우로 가장 거리가 먼 것을 고르시오.

> ㉠ 비정상적인 자료를 입력해도 오류 처리를 수행하지 않는 경우
> ㉡ 정상적인 자료를 입력해도 요구된 기능이 제대로 수행되지 않는 경우
> ㉢ 반복 조건을 만족하는데도 루프 내의 문장이 수행되지 않는 경우
> ㉣ 경계값을 입력할 경우 요구된 출력 결과가 나오지 않는 경우

해설 나머지는 화이트박스 테스트를 이용하여 발견할 수 있는 오류이다.
키워드 기능 → 용어 블랙박스 테스트
키워드 경로 → 용어 화이트박스 테스트

[20년 4회]

04 다음 표와 같이 프로그램의 입력 조건에 중점을 두고, 어느 하나의 입력 조건에 대하여 타당한 값과 그렇지 못한 값을 설정하여 해당 입력 자료에 맞는 결과가 출력되는지 확인하는 테스트 기법은 무엇인지 쓰시오.

테스트 케이스	1	2	3
점수 범위	0~60점	61~70점	71~80점
입력 값	55점	65점	78점
예상 결과 값	50만 원	100만 원	200만 원
실제 결과 값	50만 원	100만 원	200만 원

해설 키워드 입력 조건에 중점 → 용어 동치 분할 검사

[21년 1회]

05 다음의 각 설명과 가장 부합하는 블랙박스 테스트 기법을 쓰시오.

> ① 0 < = x < = 100이면 x = −1, x = 0, x = 10, x = 11을 검사하는 기법
> ② 입력 값의 범위가 1~1000이면 유효 값 1~100과 무효 값 −1, 0, 101, 102를 나눠서 검사하는 기법

①
_____

②
_____

해설
• 경계 값 분석 기법 : 입력 조건의 중간 값보다 경계 값에서 오류가 발생할 확률이 높으므로 입력 조건의 경계 값으로 테스트하는 기법
• 동치 분할 검사 : 입력 자료에 초점을 맞춰 테스트 케이스를 만들고 검사하는 기법

[20년 2회 필기]

06 평가 점수에 따른 성적부여는 다음 표와 같다. 이를 구현한 소프트웨어를 경계값 분석 기법으로 테스트 하고자 할 때 테스트 케이스의 입력 값으로 옳지 않은 것을 모두 고르시오.

평가 점수	성적
80~100	A
60~79	B

0~59	C

⑦ 59 ⓒ 80 ⓒ 90 ⓔ 101

해설 경계 값 분석 기법은 입력 조건의 경계 값으로 테스트하는 기법이다. 90은 80~100의 중간값이므로 경계 값 분석 기법의 테스트 케이스의 입력 값과 거리가 멀다.

[21년 3회]

07 명세 기반 테스트 중 입력 자료 간의 관계와 출력에 영향을 미치는 상황을 체계적으로 분석 후 효용성이 높은 테스트 케이스를 선정해서 테스트하는 기법을 〈보기〉에서 고르시오.

〈보기〉
⑦ Cause–Effect Graphing Testing
ⓒ Boundary Value Analysis
ⓒ Comparison Testing
ⓔ Equivalence Partitioning Testing
ⓜ Fault Based Testing

해설 키워드 입력 자료 간의 관계와 출력 → 풀이 원인–효과 그래프 검사(Cause–Effect Graphing Testing)

[20년 2회 필기]

08 White Box Testing에 대한 설명으로 옳은 것을 모두 고르시오.

⑦ Base Path Testing, Boundary Value Analysis가 대표적인 기법이다.
ⓒ Source Code의 모든 문장을 한 번 이상 수행함으로써 진행된다.
ⓒ 모듈 안의 작동을 직접 관찰할 수 있다.
ⓔ 산출물의 각 기능별로 적절한 프로그램의 제어구조에 따라 선택, 반복 등의 부분들을 수행함으로써 논리적 경로를 점검한다.

해설 경계값 분석(Boundary Value Analysis)은 블랙박스 테스트 종류이다.

[21년 2회 필기]

09 소프트웨어 테스트와 관련한 설명으로 옳은 것을 모두 고르시오.

⑦ 화이트박스 테스트는 모듈의 논리적인 구조를 체계적으로 점검할 수 있다.
ⓒ 블랙박스 테스트는 프로그램의 구조를 고려하지 않는다.
ⓒ 테스트 케이스에는 일반적으로 시험 조건, 테스트데이터, 예상 결과가 포함되어야 한다.
ⓔ 화이트박스 테스트에서 기본 경로(Basis Path)란 흐름 그래프의 시작 노드에서 종료 노드까지의 서로 독립된 경로로 사이클을 허용하지 않는 경로를 말한다

해설 화이트박스 테스트에서 기본 경로(Basis Path)란 흐름 그래프의 시작 노드에서 종료 노드까지의 서로 독립된 경로로, 사이클은 최대 한 번만 지나야 한다.

[20년 3회 필기]

10 제어흐름 그래프가 다음과 같을 때 McCabe의 cyclomatic 수는 얼마인지 구하시오.

해설 복잡도 = 영역 수 + 1 = 3 + 1 = 4

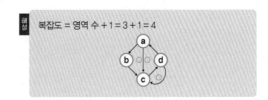

정답
01. 블랙박스 테스트(Black Box Test) **02.** ⑦, ⓒ, ⓒ, ⓜ **03.** ⓒ **04.** 동치(동등) 분할 테스트(Equivalence Partitioning Testing) **05.** ❶ 경계값 분석(Boundary Value Analysis) ❷ 동치(동등) 분할 검사(Equivalence Partitioning Testing) **06.** ⓒ **07.** ⑦ **08.** ⓒ, ⓒ, ⓔ **09.** ⑦, ⓒ, ⓒ **10.** 4

03 테스트 커버리지

1 테스트 검증 기준(Test Coverage, 테스트 커버리지)

테스트 검증 기준은 주어진 테스트 케이스에 의해 수행되는 소프트웨어의 테스트 범위를 측정하는 테스트 품질 측정 기준이며, 테스트의 정확성과 신뢰성을 향상시키는 역할을 한다.

- 테스트 케이스들이 테스트에 얼마나 적정한지를 판단하는 기준으로, 테스트 수행의 완벽성을 측정한다.

> **권쌤이 알려줌**
>
> 테스트 커버리지는 작성된 테스트 케이스가 모든 기능 또는 모든 소스 코드를 테스트하는지 측정하는 기준을 제시하는 것입니다.

1. 기능 기반 커버리지

테스트 대상 애플리케이션의 전체 기능을 모수로 설정하고, 실제 테스트가 수행된 기능의 수를 측정한다.

- 100% 달성을 목표로 하며, 일반적으로 화면 UI[※]가 많은 시스템의 경우 화면 수를 모수로 사용할 수도 있다.
- 측정법 : 테스트가 수행된 기능 수 / 전체 기능 수

> **UI(User Interface, 사용자 인터페이스)**
> 사용자와 컴퓨터 상호 간의 소통을 원활히 하게 도와주는 장치 또는 소프트웨어

2. 라인 커버리지

애플리케이션 전체 소스 코드의 라인(Line) 수를 모수로 테스트 시나리오가 수행한 소스 코드의 라인 수를 측정한다.

- 단위 테스트[※]에서는 라인 커버리지를 척도로 삼기도 한다.
- 측정법 : 테스트 시나리오가 수행한 소스 코드 라인 수 / 전체 소스 코드 라인 수

> **단위 테스트(Unit Test)**
> 하나의 소프트웨어 모듈이 정상적으로 기능을 수행하는지 여부를 시험하는 최소 수준의 테스트

3. 코드(소스 코드) 커버리지 [21년 2회]

소스 코드의 구문, 조건, 결정 등의 구조 코드 자체가 얼마나 테스트되었는지를 측정한다.

- 화이트박스 테스트(White Box Test)의 검증 기준이다.

① 구문(Statement, 문장) 커버리지

모든 구문이 한 번 이상 수행되도록 테스트 케이스를 설계한다.
- for문, if문 등의 제어 구분이 없다.
- 커버리지 달성이 쉬우나 보장성이 낮다.
- 커버하는 영역이 가장 좁다.

권쌤이 알려줌

조건문 if ~ else는 하나의 구문
(문장)입니다.

예제	구문 커버리지의 테스트 케이스

①	`while(x != y) {`	① : x 값과 y 값이 다르면 ②~④번 수행(!= : NOT 연산)
②	`  if(x > y)`	② : x 값이 y 값보다 큰 경우 ③번 수행, 그렇지 않은 경우 ④번 수행
③	`    x = x - y;`	③ : x에 x-y 값 저장
	`  else`	
④	`    y = y - x;`	④ : y에 y-x 값 저장
	`}`	

정답 및 해설	$\{\langle x = 4, y = 2 \rangle, \langle x = 3, y = 4 \rangle\}$

테스트 케이스	입력 값	흐름
1	x = 4 , y = 2	1 - 2 - 3
2	x = 3, y = 4	1 - 2 - 4

구문 커버리지는 모든 구문이 한 번 이상 수행되도록 테스트 케이스를 설계한다.
• 여러 가지 값이 존재하므로, 입력 값을 통해 모든 구문이 한 번 이상 수행될 경우 모두 정답이다.

② 결정(Decision, 분기, Branch) 커버리지 [20년 3회]

결정 포인트 내의 모든 조건문이 적어도 한 번 이상 수행되도록 테스트 케이스를 설계한다.

③ 조건(Condition) 커버리지

결정 포인트 내의 모든 개별 조건식이 적어도 한 번 이상 수행되도록 테스트 케이스를 설계한다.

④ 조건/결정 커버리지

모든 조건문과 각 개별 조건식이 적어도 한 번 이상 수행되도록 테스트 케이스를 설계한다.
• 결정 커버리지와 조건 커버리지를 합한 것이다.

⑤ 변형(변경) 조건/결정 커버리지

조건과 결정을 복합적으로 고려한 측정 방법이며, 결정 포인트 내의 다른 개별적인 조건식 결과에 상관없이 독립적으로 전체 조건식의 결과에 영향을 주는 테스트 커버리지이다.
• 전체 조건식에 영향을 주는 것만 테스트를 수행한다.

⑥ 다중 조건 커버리지

결정 포인트 내에 있는 모든 개별 조건식의 모든 가능한 논리적인 조합을 고려하여 100% 커버리지를 보장하는 테스트 커버리지이다.

예제	결정, 조건, 조건/결정, 변형 조건/결정, 다중 조건 커버리지의 테스트 케이스

```
if 성적>=90 and 학과='컴퓨터공학' then
        문장1;
else
        문장2;
```

정답 및 해설

"조건문이 <u>성적은 90점 이상</u>이고, <u>학과는 '컴퓨터공학'</u>인 경우"
　　　　　개별 조건식　　　　　　　개별 조건식

T : True(참), F : False(거짓)

테스트 케이스	개별 조건		전체 조건
	성적 조건	학과 조건	
1	T	T	T
2	T	F	F
3	F	T	F
4	F	F	F

1. 결정(분기) 커버리지

결정 커버리지는 모든 조건문이 적어도 한 번 이상 수행되어야 하므로, 테스트 케이스 1, 2만 선택하면 결정 커버리지를 만족한다.

2. 조건 커버리지

1) 조건 커버리지는 모든 개별 조건식이 적어도 한 번 이상 수행되어야 하므로, 테스트 케이스 2, 3만 선택하면 조건 커버리지를 만족한다.
- 테스트 케이스 2, 3만 선택하여 수행할 경우 결정 커버리지는 달성되지 않는다.
  - 조건 커버리지 100% 달성
  - 결정 커버리지 50% 달성
2) 조건 커버리지는 모든 개별 조건식이 적어도 한 번 이상 수행되어야 하므로, 테스트 케이스 1, 4만 선택하면 조건 커버리지를 만족한다.
- 테스트 케이스 1, 4만 선택하여 수행할 경우 결정 커버리지도 달성된다.
  - 조건 커버리지 100% 달성
  - 결정 커버리지 100% 달성

3. 조건/결정 커버리지

조건/결정 커버리지는 모든 조건문과 각 개별 조건식이 적어도 한 번 이상 수행되어야 하므로, 테스트 케이스 1, 4만 선택하면 조건/결정 커버리지를 만족한다.

4. 변형 조건/결정 커버리지

변형 조건/결정 커버리지는 개별 조건식 결과에 상관없이 독립적으로 전체 조건식의 결과에 영향을 주는 것으로, 테스트 케이스 1, 2, 3만 선택하면 변형 조건/결정 커버리지를 만족한다.
- 개별 조건식은 전체 조건식의 결과에 영향을 준다.
- 테스트 케이스 4는 성적 조건 또는 학과 조건 결과가 T가 되어도 전체 조건의 결과가 변경되지 않으므로, 측정에서 제외한다.

5. 다중 조건 커버리지

다중 조건 커버리지는 모든 개별 조건식의 모든 가능한 논리적인 조합을 고려하는 것으로, 테스트 케이스 1, 2, 3, 4를 모두 수행할 경우 다중 조건 커버리지를 만족한다.

기출 및 예상문제

03 테스트 커버리지

[21년 2회]

01 다음은 커버리지에 대한 설명이다. 설명과 가장 부합하는 커버리지를 〈보기〉에서 고르시오.

- (①) 커버리지 : 모든 문장이 한 번 이상 수행되어야 한다.
- (②) 커버리지 : 전체 조건식에 대해 True, False가 한 번 이상 수행되어야 한다.
- (③) 커버리지 : 전체 조건식과 상관없이 모든 개별 조건식에 대해 True, False가 한 번 이상 수행되어야 한다.

〈보기〉
㉠ 조건/결정　　　㉡ 다중조건
㉢ 조건　　　　　㉣ 결정(분기)
㉤ 변형 조건/결정　㉥ 구문(문장)

① ....

② ....

③ ....

해설 **키워드** 모든 문장 → **용어** 구문(Statement, 문장) 커버리지
키워드 전체 조건식 → **용어** 결정(Decision, 분기, Branch) 커버리지
키워드 개별 조건식 → **용어** 조건(Condition) 커버리지

[20년 3회]
02 다음 화이트박스 테스트의 제어 흐름에 대한 분기 커버리지를 수행하는 경우 〈보기〉를 참고하여 실행할 수 있는 테스트 케이스를 순서대로 나열하시오.

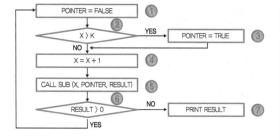

〈보기〉
① : ( ) → ( ) → ( ) → ( ) → ( ) → ( ) → ( )
② : ( ) → ( ) → ( ) → ( ) → ( ) → ( )

① ....

② ....

해설 분기(Branch, 결정, Decision) 커버리지
: 조건문 내에 존재하는 조건들의 참(True)과 거짓(False)이 적어도 한 번 이상 실행된다.

테스트 케이스	X > K	RESULT > 0	경로
1	T	T	1→2→3→4→5→6→1
	F	F	1→2→4→5→6→7
2	T	F	1→2→3→4→5→6→7
	F	T	1→2→4→5→6→1

03 아래의 소스 코드에 대해 테스트를 수행하기 위하여 다음과 같이 테스트 데이터를 준비하였다. 조건 커버리지(Condition coverage), 결정 커버리지(Decision coverage), 문장 커버리지(Statement coverage) 기준으로 평가할 때, 다음 〈보기〉 중 가장 적절한 것을 고르시오.

소스 코드	테스트 데이터

if (x >= - 2 && y < 4)
　　x = y * 5;
else
　　x = y - 5;
	T = (-3, -2), (0, 6)
	단, 테스트 데이터는
	(x, y) 값에 해당함

〈보기〉
㉠ 조건 커버리지 : 50%, 결정 커버리지 : 50%, 문장 커버리지: 50%
㉡ 조건 커버리지 : 50%, 결정 커버리지 : 100%, 문장 커버리지 : 66%
㉢ 조건 커버리지 : 100%, 결정 커버리지 : 50%, 문장 커버리지 : 66%
㉣ 조건 커버리지 : 100%, 결정 커버리지 : 100%, 문장 커버리지 : 100%

해설 • 조건 커버리지

테스트 데이터	소스 코드	결과
(-3, -2)	if (x)= - 2 && y < 4)	F && T
(0, 6)	if (x)= - 2 && y < 4)	T && F

→ 개별 조건식이 참/거짓을 모두 한 번씩 가지므로 100%

• 결정(분기) 커버리지

테스트 데이터	소스 코드	결과
(-3, -2)	if (x)= - 2 && y < 4)	F
(0, 6)	if (x)= - 2 && y < 4)	F

→ 모든 조건문이 거짓의 값만 가지므로 50%

• 문장 커버리지
- if (x)= -2 && y < 4) : 실행 → F
- x = y * 5 : 실행 안함
- x = y - 5 : 실행
= 2/3 = 66%

TIP if~else는 하나의 문장입니다.
TIP &&는 AND 연산으로, 입력 값이 모두 참(T)인 경우 참(T)을 반환합니다.

정답
01. ❶ ㉤ ❷ ㉣ ❸ ㉢ **02.** ❶ 1234561 ❷ 124567 또는 ❶ 1234567 ❷ 124561 **03.** ㉡

★★★

04 소프트웨어 개발 단계에 따른 테스트

1 소프트웨어 생명 주기의 V 모델 [21년 1회]

V 모델*은 애플리케이션 테스트와 소프트웨어 개발 단계를 연결하여 표현한 것이다.

- 테스트는 개발 과정 전반에 걸쳐 밀접하게 연계되어 있으며, 각 단계별로 이에 적합한 테스트가 진행된다.

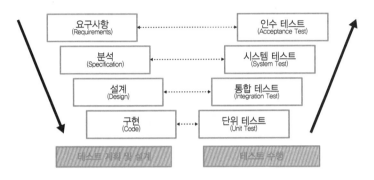

1. 단위 테스트(Unit Test) [21년 2, 3회 필기]

함수*, 서브루틴*, 컴포넌트* 등 구현된 모듈의 기능 수행 여부를 판정하고, 내부에 존재하는 논리적 오류를 검출할 수 있는 방안을 파악한다.

- 구조 기반 테스트와 명세 기반 테스트로 나뉘지만, 주로 구조 기반 테스트를 수행한다.

2. 통합 테스트(Integration Test)

모듈 간의 인터페이스 연계를 검증하고 오류를 확인하며, 모듈 간의 상호 작용 및 연계 동작 여부를 판정하는 방안을 파악한다.

3. 시스템 테스트(System Test)

단위 테스트와 통합 테스트 후 전체 시스템이 정상적으로 작동하는지 판정하는 기능 명세*를 확인하는 방안을 파악한다.

- 개발된 소프트웨어가 해당 시스템에서 완벽하게 수행되는가를 테스트한다.
- 기능적 요구사항*은 블랙박스 테스트를 수행하고, 비기능적 요구사항*은 화이트박스 테스트를 수행한다.

4. 인수 테스트(Acceptance Test) [20년 3회 필기]

사용자가 요구분석 명세서에 명시된 사항을 모두 충족하는지 판정하고, 시스템이 예상대로 동작하고 있는지를 판정하는 방안을 파악한다.

V 모델
소프트웨어 공학에서 시스템의 검증과 테스트 작업을 강조하기 위해 고안한 모델

함수(Function)
특정한 목적의 작업을 수행하기 위한 프로그램 코드의 집합

서브루틴(Subroutine)
완전한 프로그램과 상호 관계를 가질 수 있는 한 프로그램의 독립적인 부분들
- 프로그래밍 언어에서 함수(Function) 또는 메소드(Method)의 개념이다.

컴포넌트(Component)
독립적인 실행 단위
예 결제 시스템에서 현금 결제, 카드 결제, 계좌 이체 결제 등

기능 명세
사용자 관점에서 최종 제품이 어떤 모습이며, 어떻게 동작할 것인지를 기술한 문서

기능적 요구사항
시스템이 수행해야 하는 작업에 관한 요구사항
예 사용자는 공인 인증서로 로그인할 수 있어야 한다.

비기능적 요구사항
소프트웨어 기능들에 대한 조건과 제약사항에 관한 요구사항
예 사용자가 가장 많은 피크 타임 시에도 3초 이내 로그인이 완료되어야 한다.

구분	설명
사용자 인수 테스트	사용자의 시스템 사용 적절성 확인
운영상의 인수 테스트	시스템 관리자에 의한 활동으로 백업 · 복원, 보안 취약성 등 확인
계약 인수 테스트	계약 조건 준수 여부 확인
규정 인수 테스트	정부 지침 · 법규 · 규정 등에 맞는지 확인
알파 검사	개발자의 장소에서 사용자가 시험하고 개발자는 뒤에서 결과를 지켜보는 검사
베타 검사	실 업무를 가지고 사용자가 직접 시험하는 검사

권쌤이 알려줌

알파 검사와 베타 검사 정의를 비교하여 기억해 두세요.

기출 및 예상문제
04 소프트웨어 개발 단계에 따른 테스트

[21년 1회]

01 다음의 설명과 가장 부합하는 용어를 〈보기〉에서 고르시오.

> ① 개별 모듈이 제대로 구현되어 정해진 기능을 정확히 수행하는지를 테스트
> ② 소프트웨어 각 모듈 간의 상호작용이 정상적으로 실행되는지 확인하는지를 테스트

〈보기〉
㉠ 시스템 테스트　　㉡ 인수 테스트
㉢ 알파 테스트　　　㉣ 단위 테스트
㉤ 통합 테스트　　　㉥ 회귀 테스트

① ....

② ....

해설 키워드 개별 모듈, 기능 수행 → 용어 단위 테스트(Unit Test)
키워드 상호작용 → 용어 통합 테스트(Integration Test)

[21년 2회 필기]

02 단위 테스트를 통해 발견할 수 있는 오류가 아닌 것을 모두 고르시오.

> ㉠ 알고리즘 오류에 따른 원치 않은 결과
> ㉡ 탈출구가 없는 반복문의 사용

> ㉢ 모듈 간의 비정상적인 상호작용으로 인한 원치 않은 결과
> ㉣ 틀린 계산 수식에 의한 잘못된 결과

....

해설 나머지는 통합 테스트를 통해 발견할 수 있는 오류이다.

[21년 3회 필기]

03 개별 모듈을 시험하는 것으로 모듈이 정확하게 구현되었는지, 예정한 기능이 제대로 수행되는지를 점검하는 것이 주요 목적인 테스트는 무엇인지 쓰시오.

....

해설 키워드 개별 모듈, 기능 수행 점검 → 용어 단위 테스트

[20년 3회 필기]

04 알파, 베타 테스트와 가장 밀접한 연관이 있는 테스트 단계는 무엇인지 쓰시오.

....

해설 키워드 알파, 베타 테스트 → 용어 인수 테스트

05 [20년 2, 4회 필기] 검증(Validation) 검사 기법 중 개발자의 장소에서 사용자가 개발자가 앞에서 행하는 기법이며, 일반적으로 통제된 환경에서 사용자와 개발자가 함께 확인하면서 수행되는 검사하는 기법은 무엇인지 쓰시오.

06 [21년 1회 필기] 필드 테스팅(field testing)이라고도 불리며 개발자 없이 고객의 사용 환경에 소프트웨어를 설치하여 검사를 수행하는 인수 검사 기법은 무엇인지 쓰시오.

해설 키워드 개발자의 장소, 사용자가 행함 → 용어 알파 검사

해설 키워드 개발자 없이 고객의 사용 환경에서 검사 → 용어 베타 검사

정답
01. ❶ ㉣ ❷ ㉤ 02. ㉢ 03. 단위 테스트(Unit Test) 04. 인수 테스트(Acceptance Test) 05. 알파 검사(Alpha Test) 06. 베타 검사(Beta Test)

★★★
05 통합 테스트

1 통합 테스트(Integration Test)

통합 테스트는 소프트웨어 각 모듈 간의 인터페이스 관련 오류 및 결함을 찾아내기 위한 체계적인 테스트 기법이다.

- 단위 테스트가 끝난 모듈 또는 컴포넌트 단위의 프로그램이 설계 단계에서 제시한 애플리케이션과 동일한 구조와 기능으로 구현된 것인지를 확인하는 것이다.

▼ 통합 테스트 방식 분류
① 비점증적 통합 방식
- 전체 프로그램을 대상으로 테스트하므로 오류 발견 및 장애 위치 파악 및 수정이 어렵다.
- 소규모 소프트웨어가 적합하며 단시간 테스트가 가능하다.
- 종류 : 빅뱅(Bigbang) 방식※

② 점증적※ 통합 방식
- 오류 수정이 용이하고, 인터페이스와 연관된 오류를 완전히 테스트할 가능성이 높다.
- 종류 : 하향식 통합 테스트, 상향식 통합 테스트, 혼합식 통합 테스트

[21년 1회 필기] [20년 3회 필기]
2 하향식 통합 테스트(Top Down Integration Test)

하향식 통합 테스트는 메인 제어 모듈로부터 아래 방향으로 제어의 경로를 따라 이동하여 하향식으로 통합하면서 테스트를 진행한다.

- 메인 제어 모듈에 통합되는 하위 모듈과 최하위 모듈은 깊이−우선 방식※ 또는 너비−우선 방식※으로 통합된다.

권쌤이 알려줌

통합 테스트는 단위 테스트가 끝난 후 단위 모듈을 통합하여 테스트하는 기법입니다. 통합 테스트의 종류와 관련 용어를 충분히 학습하세요.

빅뱅(Bigbang) 방식
모듈 간의 인터페이스를 고려하지 않고 단위 테스트가 끝난 모듈을 한꺼번에 결합시켜 테스트하는 방식

점증적
점점 증가, 순차적, 단계적

깊이−우선 방식
수직으로 통합하는 방식

- 통합 방식 : A−B−C−D−E−F−G

너비−우선 방식
수평으로 통합하는 방식

- 통합 방식 : A−B−C−D−E−F−G

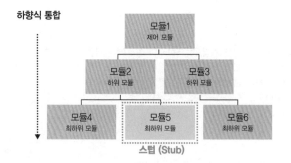
하향식 통합

▼ 수행 단계

① 메인 제어 모듈은 작성된 프로그램을 사용하고, 아직 작성되지 않은 하위 제어 모듈 및 모든 하위 컴포넌트를 대신하여 더미 모듈인 스텁(Stub)을 개발한다.

② 깊이-우선 방식 또는 너비-우선 방식에 따라, 하위 모듈인 스텁이 하나씩 실제 모듈로 대체된다.

③ 각 모듈 또는 컴포넌트를 통합하면서 테스트가 수행된다.

④ 테스트가 완료되면 스텁이 실제 모듈 또는 컴포넌트로 작성된다.

학습＋플러스 스텁(Stub) [21년 2회] [21년 1회 필기] [20년 2회 필기]

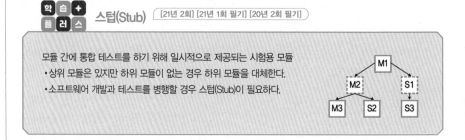

모듈 간에 통합 테스트를 하기 위해 일시적으로 제공되는 시험용 모듈
• 상위 모듈은 있지만 하위 모듈이 없는 경우 하위 모듈을 대체한다.
• 소프트웨어 개발과 테스트를 병행할 경우 스텁(Stub)이 필요하다.

3 상향식 통합 테스트(Bottom Up Integration Test) [21년 3회]

상향식 통합 테스트는 애플리케이션 구조에서 최하위 레벨의 모듈 또는 컴포넌트로부터 위쪽 방향으로 제어의 경로를 따라 이동하면서 구축과 테스트를 진행한다.

합격자의 **암기법**

스텁과 드라이버 : HSSD
• H(하향식 통합)
• Stub
• S(상향식 통합)
• Driver

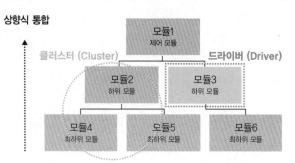
상향식 통합

▼ 수행 단계

① 최하위 레벨의 모듈 또는 컴포넌트들이 하위 모듈의 기능을 수행하는 클러스터(Cluster)로 결합된다.

② 상위의 모듈에서 데이터의 입력과 출력을 확인하기 위한 더미 모듈인 드라이버(Driver)를 작성한다.

③ 각 통합된 클러스터 단위를 테스트한다.

④ 테스트가 완료되면 각 클러스터들은 프로그램의 위쪽으로 결합되며, 드라이버는 실제 모듈 또는 컴포넌트로 대체된다.

 드라이버(Driver) [21년 3회 필기]

> 하위 모듈은 있으나 상위 모듈이 없는 경우 하위 모듈 구동하기 위한 제어 프로그램
> - 테스트 대상 하위 모듈 호출, 파라미터* 전달, 모듈 테스트 수행 후 결과 도출 등 상향식 테스트에 필요하다.

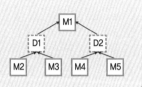

> 파라미터(Parameter, 매개변수)
> 각 모듈 간에 데이터를 넘겨주는 데 쓰이는 변수

4 혼합식 통합 테스트

혼합식 통합 테스트는 상위 레벨(수준)은 하향식 통합, 하위 레벨(수준)은 상향식 통합을 사용하여 최적의 테스트를 지원한다.

 통합 테스트 비교

테스트 방안	빅뱅(Big Bang)	하향식(Top Down)	상향식(Bottom Up)
테스트 수행 방법	모든 모듈을 동시에 통합 후 테스트	최상위 모듈부터 하위 모듈들을 통합하면서 테스트	최하위 모듈부터 점진적으로 상위 모듈과 함께 테스트
드라이버/ 스텁	드라이버/스텁 없이 실제 모듈로 테스트	테스트 스텁 필요	테스트 드라이버 필요
장점	• 단시간 테스트 가능 • 작은 시스템에 유리	• 장애 위치 파악 쉬움 • 중요 모듈의 선 테스트 가능 • 설계상 결함 조기 발견	• 장애 위치 파악 쉬움 • 모든 모듈을 개발해야 하는 시간 낭비 필요 없음
단점	• 장애 위치 파악 어려움 • 모든 모듈이 개발되어야 가능	• 많은 스텁 필요 • 하위 모듈들의 불충분한 테스트 수행	• 중요 모듈들이 마지막에 테스트될 가능성 있음

5 회귀 테스트(Regression Test)

회귀 테스트는 모듈이나 컴포넌트의 변화로 인한 오류가 생기지 않았음을 보증하기 위해 반복 테스트하는 것을 말한다.

권쌤이 알려줌

변경된 부분을 테스트할 수 있는 테스트 케이스를 회귀 테스트 케이스로 도출해야 합니다.

• 통합 테스트 과정에서 오류를 제거한 프로그램이 새로운 형태의 오동작이나 오류를 일으킬 수 있다.
• 통합 테스트가 완료된 후에 변경된 모듈이나 컴포넌트가 있다면 새로운 오류 여부를 확인하기 위해 회귀 테스트를 수행할 수 있다.

기출 및 예상문제   **05** 통합 테스트

[21년 1회 필기] [20년 3회 필기]

01 다음이 설명하는 애플리케이션 통합 테스트 유형은 무엇인지 쓰시오.

> • 깊이 우선 방식 또는 너비 우선 방식이 있다.
> • 상위 컴포넌트를 테스트 하고 점증적으로 하위 컴포넌트를 테스트 한다.
> • 하위 컴포넌트 개발이 완료되지 않은 경우 스텁(Stub)을 사용하기도 한다.

해설 키워드 상위 테스트 후 하위 테스트, 스텁(Stub) → 용어 하향식 통합 테스트

[21년 2회] [21년 1회 필기] [20년 2회 필기]

02 하향식 통합에 있어서 모듈 간의 통합 시험을 위해 일시적으로 필요한 조건만을 가지고 임시로 제공되는 시험용 모듈을 무엇이라고 하는지 쓰시오.

해설 키워드 하향식 통합, 시험용 모듈 → 용어 스텁

[21년 3회] [21년 3회 필기]

03 다음은 소프트웨어 통합 테스트에 대한 설명이다. ①, ②에 들어갈 가장 적합한 용어를 쓰시오.

> (①) 통합 테스트는 애플리케이션 구조에서 최하위 레벨의 모듈 또는 컴포넌트로부터 위쪽 방향으로 제어의 경로를 따라 이동하면서 구축과 테스트를 시작한다. (②)은(는) 하위 모듈은 있으나 상위 모듈이 없는 경우 하위 모듈을 구동하기 위해 사용하는 것으로, 테스트 대상 하위 모듈 호출, 파라미터 전달, 모듈 테스트 수행 후 결과 도출 등 (①) 통합 테스트에 필요한 제어 프로그램이다.

① ....

② ....

해설 키워드 최하위로부터 위쪽 → 용어 상향식 통합 테스트
키워드 상위 모듈이 없는 경우, 하위 모듈 구동 → 용어 드라이버

정답
01. 하향식 통합 테스트(Top Down Integration) 02. 스텁(Stub) 또는 테스트 스텁(Test Stub) 03. ❶ 상향식(Bottom Up)
❷ 드라이버(Driver) 또는 테스트 드라이버(Test Driver)

★★

06 테스트 용어

1 테스트 케이스(Test Case)   [21년 3회] [21년 1회 필기]

테스트 케이스는 명세 기반 테스트의 설계 산출물로, 특정한 프로그램의 일부분을 경로에 따라 수행하거나 특정한 요구사항을 준수하는지 확인하기 위해 설계된 입력 값, 실행 조건, 기대 결과로 구성된 테스트 항목의 명세서이다.

예 테스트 케이스

테스트 ID	UT–DM–xxx		단계 명	단위 테스트
테스트 목적	사용자 로그인 테스트		테스트 기능	사용자의 ID와 패스워드 검증
입력 데이터	사용자 ID, 패스워드			
테스트 단계	**테스트 케이스 설명**		**예상 출력**	**중요도** / **확인**
	사용자가 ID/PW 없이 로그인을 시도한다.		오류 메시지	
	사용자가 ID만 입력 후 로그인을 시도한다.		오류 메시지	
	사용자가 존재하지 않는 ID로 로그인을 시도한다.		오류 메시지	
	사용자가 잘못된 패스워드(ID="abcd01", PW=蛞")로 로그인을 시도한다.		오류 메시지	
	사용자가 올바른 ID와 패스워드(ID="abcd01", PW="pw1234")로 로그인을 시도한다.		로그인 성공 메시지	
테스트 환경	개발 환경의 테스트 서버, 형상 관리 서버			
전제 조건	정상적으로 사용자 계정(ID, 패스워드)이 등록되어 있어야 함			
성공/실패 기준	기대 결과가 정상적으로 출력되면 성공			

2 테스트 오라클(Test Oracle) [20년 4회 필기]

테스트 오라클은 테스트의 결과가 참인지 거짓인지를 판단하기 위해 사전에 정의된 참 값을 입력하여 비교하는 기법 및 활동이다.

• 테스트한 결과가 옳은지를 확인하는 도구이다.

1. 테스트 오라클의 유형 [20년 4회]

구분	설명
참(True) 오라클	모든 입력 값에 대해 기대하는 결과를 생성함으로써 발생된 오류를 모두 검출하는 오라클
샘플링(Sampling) 오라클	특정한 몇 개의 입력 값에 대해서만 기대하는 결과를 제공하는 오라클
휴리스틱(Heuristic) 오라클	샘플링 오라클을 개선한 오라클로, 특정 입력 값에 대해 올바른 결과를 제공하고, 나머지 값들에 대해서는 휴리스틱(추정)으로 처리하는 오라클
일관성 검사(Consistent) 오라클	애플리케이션 변경이 있을 때, 수행 전과 후의 결과 값이 동일한지 확인하는 오라클

2. 오라클 적용 방안

• 참 오라클 : 주로 항공기, 임베디드, 발전소 소프트웨어 등 미션 크리티컬한 업무[※]에 적용한다.

• 샘플링/휴리스틱 오라클 : 일반, 업무용, 게임, 오락 등의 일반적인 업무에 적용한다.

합격자의 **맘기법**

테스트 오라클 유형 : 참 립스틱 세일(참 리스틱 샘일)
• 참
• (휴리)립스틱
• 세(샘플링)
• 일(관성 검사)

권쌤이 알려줌

휴리스틱 오라클은 확률이나 직관에 의한 예상 결과를 작성합니다.

미션 크리티컬(Mission Critical)한 업무
한 번이라도 다운되어서는 안되는 업무

3 테스트 시나리오(Test Scenario)

테스트 시나리오는 테스트 수행을 위한 여러 테스트 케이스의 집합으로서, 테스트 케이스의 동작 순서를 기술한 문서이다.

- 테스트를 위한 절차를 명세한 문서이다.
- 테스트 수행 절차를 미리 정함으로써 설계 단계에서 중요시되던 요구사항이나 대안 흐름과 같은 테스트 항목을 빠짐없이 테스트하기 위해 테스트 시나리오가 필요하다.

예 테스트 시나리오

문서 번호	CS5xx-TS922		작성자	홍길동		작성일	2022.00.00		버전	1.0

다) 통합 테스트 시나리오 　 ① 인사

테스트 ID	테스트명	번호	메뉴 경로	주요 입력값	테스트 케이스	예상 결과	확인
IT_Hxx _01xx	기준관리	1	인사관리>부서조직관리	• 조직 개편일 : 2015-03-00	• 검색 조건을 입력하고 조회 버튼 클릭	• 검색 결과가 조회된다.	
		2		• 조직 개편일 : 2015-03-00 • 변경 구분, 부서명, 부서장	• 신규 버튼 클릭 • 행 추가 버튼 클릭 • 변경 구분, 부서명, 부서장을 입력하고 확정 버튼 클릭	• 조직 개편일 입력이 가능해진다. • 코드 목록에서 행이 추가된다. • 변경 구분, 부서명, 부서장이 저장된다.	
		3	인사관리>기준관리>통합직급 코드관리	• 조직 개편일 : 2015-03-00	• 검색 조건을 입력하고 조회 버튼 클릭	• 검색 결과가 조회된다.	

권쌤이 알려줌

테스트 시작 조건을 정할 때 단계별 테스트를 수행한다면 모든 조건을 만족하지 않아도 테스트를 시작할 수 있습니다.

권쌤이 알려줌

테스트 성공과 실패의 판단 기준으로는 테스트 시나리오에 기술된 예상 결과를 만족하면 성공, 아니면 실패로 판단할 수 있습니다. 또는 동일한 데이터를 중복하여 테스트해도 이전 테스트와 같은 결과가 나올 때 성공으로 판단할 수도 있습니다.

학습플러스 테스트 조건, 테스트 데이터, 테스트 환경

1. 테스트 조건
- 시작 조건 : 테스트 계획 수립, 테스트 명세 작성, 테스트 일정 확정, 테스트 환경 구축, 참여 인력의 역할 정의 등이 완료되었을 때 테스트를 시작하도록 테스트 시작 조건을 정할 수 있다.
- 종료 조건 : 정상적인 테스트를 모두 수행한 경우, 테스트 일정이 만료되었을 경우, 테스트 비용을 모두 소진한 경우 등 업무 기능의 중요도에 따라 테스트 종료 조건을 정할 수 있다.

2. 테스트 데이터
컴퓨터의 동작이나 시스템의 적합성을 시험하기 위해 특별히 개발된 데이터 집합으로서, 프로그램의 기능을 하나씩 순서에 따라 확실하게 테스트할 수 있도록 조건을 갖춘 데이터이다.
- 실제 데이터는 연산으로 준비하거나 실제 운영 데이터를 복제하여 준비할 수 있으며, 가상의 데이터는 스크립트를 통해서 생성할 수 있다.
- 테스트 데이터 유형
  - 실제 데이터 : 선행된 연산으로 얻어진 데이터
  - 가상 데이터 : 인위적으로 만들어진 데이터

3. 테스트 환경
개발된 응용 소프트웨어가 실제 운영 시스템에서 정상적으로 작동하는지 테스트할 수 있도록, 실제 운영 시스템과 같거나 유사한 사양의 하드웨어와 소프트웨어, 네트워크 등의 테스트 환경을 구축한다.

구분	설명
하드웨어 기반의 테스트 환경 구축	서버, 클라이언트, 네트워크 장비 등의 장비를 설치하는 작업이다.
소프트웨어 기반의 테스트 환경 구축	구축된 하드웨어 환경에 테스트할 응용 소프트웨어를 설치하고 필요한 데이터를 구축하는 작업이다.
가상 시스템 기반의 테스트 환경 구축	독립된 테스트 환경을 구축하기 힘든 경우에는, 가상 머신* 기반의 서버 또는 클라우드 환경을 이용하여 테스트 환경을 구축하고, 네트워크는 VLAN*과 같은 기법을 이용하여 논리적 분할 환경을 구축한다.

가상 머신(Virtual Machine)
컴퓨팅 환경을 소프트웨어로 구현한 것으로, 즉 컴퓨터를 에뮬레이션(모방)하는 소프트웨어다.
• 가상 머신 상에서 운영체제나 응용 프로그램을 설치 및 실행할 수 있다.

VLAN
(Virtual Local Area Network)
물리적인 망 구성과는 상관없이 가상으로 구성된 근거리 통신망

기출 및 예상문제

06 테스트 용어

[21년 3회]

01 테이스 케이스의 빈칸에 들어갈 알맞은 용어를 〈보기〉에서 고르시오.

고유 번호	테스트 대상	①	②	③
IT_H_01	사용자 로그인	시스템 로그인 화면	올바르지 않은 사용자 ID, 패스워드	오류 메시지
IT_H_02	사용자 로그인	시스템 로그인 화면	올바른 사용자 ID, 패스워드	로그인 성공 메시지

〈보기〉
㉠ 테스트 조건   ㉡ 테스트 환경
㉢ 테스트 유형   ㉣ 테스트 데이터
㉤ 예상 결과   ㉥ 수행 단계

① ....

② ....

③ ....

해설 테스트 케이스는 테스트 데이터(입력 값), 테스트 조건(실행 조건), 예상 결과(기대 결과)로 구성된 테스트 명세서이다.

[21년 1회 필기]

02 테스트 케이스에 일반적으로 포함되는 항목을 모두 고르시오.

㉠ 테스트 조건   ㉢ 테스트 데이터
㉡ 테스트 비용   ㉣ 예상 결과

해설 테스트 케이스는 테스트 데이터(입력 값), 테스트 조건(실행 조건), 예상 결과(기대 결과)로 구성된 테스트 항목의 명세서이다.

[20년 4회 필기]

03 테스트의 결과가 참인지 거짓인지를 판단하기 위해서 사전에 정의된 참 값을 입력하여 비교하는 기법 및 활동으로, 종류에는 참, 샘플링, 휴리스틱, 일관성 검사가 존재하는 테스트 용어를 쓰시오.

해설 키워드 참/거짓, 참 값 입력, 샘플링, 휴리스틱 → 용어 테스트 오라클

[20년 4회]

04 특정 몇몇 입력 값들에 대해서만 원하는 결과를 제공해 주는 오라클로, 전 범위 테스트가 불가한 경우 사용하며 경계값, 구간별 예상 값 결과 작성 시 사용하는 오라클은 무엇인지 쓰시오.

해설 | **키워드** 특정 몇몇 입력 값, 원하는 결과 제공 → **용어** 샘플링 오라클

정답

01. ❶ ㉠ ❷ ㉡ ❸ ㉢ ㉤ 02. ㉠, ㉡, ㉢ 03. 테스트 오라클(Test Oracle) 04. 샘플링 오라클(Sampling Oracle)

★★
07 테스트 자동화 도구

1 테스트 자동화 도구

테스트 도구를 활용하여 반복적인 테스트 작업을 스크립트 형태로 구현함으로써, 테스트 시간과 비용을 최소화하여 쉽고 효율적으로 테스트를 수행할 수 있다.

- 휴먼 에러(Human Error)※를 줄여 테스트 품질을 향상할 수 있는 도구이다.
- 테스트 자동화 도구는 테스트 단계별로 적용할 수 있다.

휴먼 에러(Human Error)
사람에 의한 에러

권쌤이 알려줌

UI(User Interface, 사용자 인터페이스)는 로그인 화면, 회원가입 화면 등 애플리케이션 화면으로 이해하세요.

런타임 오류(Runtime Error)
예 예상치 못한 입력, 예외 처리 누락, 단순한 코딩 실수

시뮬레이션(Simulation)
모의 실험

▼ 테스트 단계별 테스트 자동화 도구

테스트 단계	자동화 도구	도구 설명
테스트 계획	요구사항 관리	고객 요구사항 정의 및 요구사항 관리를 지원
테스트 분석/설계	테스트 케이스 생성	테스트 기법에 따른 테스트 케이스 작성과 테스트 데이터 생성을 지원
테스트 수행	테스트 자동화	기능 테스트와 UI 테스트 등 단위 테스트 및 통합테스트를 지원
	정적 분석	코딩 표준, 런타임 오류※ 등을 검증
	동적 분석	대상 시스템 시뮬레이션※을 통한 오류 검출
	성능 테스트	부하 생성기 등을 이용하여 가상 사용자를 생성하고, 시스템의 처리 능력을 측정
	모니터링	시스템 자원(CPU, Memory 등)의 상태 확인 및 분석 지원
테스트 관리	커버리지 측정	테스트 완료 후 테스트 충분성 여부 검증 지원
	형상 관리	테스트 수행에 필요한 도구, 데이터 및 문서 관리
	결함 추적/관리	테스트에서 발생한 결함 추적 및 관리 활동 지원

2 테스트 자동화 도구의 유형

1. 정적 분석 도구(Static Analysis Tools) [20년 2회] [21년 3회 필기]

만들어진 애플리케이션을 실행하지 않고 분석하는 도구이다.

- 대부분은 소스 코드에 대한 코딩 표준, 코딩 스타일, 코드 복잡도 및 남은 결

함을 발견하기 위해 사용한다.

- 테스트를 수행하는 사람이 작성된 소스 코드에 대한 이해를 바탕으로 도구를 이용해서 분석하는 것을 말한다.

2. 테스트 실행 도구(Test Execution Tools)

테스트를 위해 작성된 스크립트를 실행하는 도구이다.

- 작성된 스크립트는 각 스크립트마다 특정 데이터와 테스트 수행 방법을 포함하고 있으며, 데이터 주도 접근 방식과 키워드 주도 접근 방식으로 나눌 수 있다.

① 데이터 주도 접근 방식

- 테스트 데이터를 스프레드시트[※]에 저장하고, 이 데이터를 읽고 실행하는 방식이다.
- 다양한 테스트 데이터를 이용하여 동일한 테스트 케이스를 반복해서 실행할 수 있다.

② 키워드 주도 접근 방식

- 일반적으로 테스트를 수행할 동작을 나타내는 키워드와 테스트 데이터를 스프레드시트에 저장하여 실행하는 방식이다.
- 키워드를 이용하여 테스트 수행 동작을 정의할 수 있다.

3. 성능 테스트 도구(Performance Test Tools) [21년 2회 필기]

애플리케이션의 처리량, 응답 시간, 경과 시간, 자원 사용률에 대해 가상의 사용자를 생성하고 테스트를 수행함으로써 성능 목표를 달성했는지를 확인하는 도구이다.

4. 테스트 통제 도구(Test Control Tools)

테스트 계획 및 관리를 위한 테스트 관리 도구, 테스트 수행에 필요한 데이터와 도구를 관리하는 형상 관리 도구, 테스트에서 발생한 결함에 대해 관리하거나 협업을 지원하기 위한 결함 추적/관리 도구 등이 있다.

5. 테스트 장치(Test Harness Tools, 테스트 하네스 도구)

테스트 환경을 시뮬레이션하여 모듈 및 컴포넌트가 정상적으로 테스트 되도록 지원하는 도구이다.

- 테스트 하네스(Test Harness) : 애플리케이션 모듈 및 컴포넌트를 테스트하는 환경의 일부분으로, 테스트를 지원하기 위한 코드와 데이터를 말한다.
- 단위 또는 모듈 테스트에 사용하기 위해 코드 개발자가 작성한다.

구성 요소	설명
테스트 드라이버 (Test Driver)	테스트 대상 하위 모듈 호출, 파라미터 전달, 모듈 테스트 수행 후의 결과 도출 등 상향식 테스트에 필요한 것
테스트 스텁 (Test Stub)	제어 모듈이 호출하는 타 모듈의 기능을 단순히 수행하는 도구로 하향식 테스트에 필요한 것

권쌤이 알려줌

스크립트(Script)란 테스트를 수행하기 위해 스크립트 언어로 작성한 파일입니다.

스프레드시트(Spreadsheet)
작업표에 데이터를 입력한 후 사용자가 원하는 계산 처리, 검색 및 관리, 도표 작성 등을 손쉽게 하도록 개발된 응용 프로그램
⑩ 엑셀 프로그램

권쌤이 알려줌

테스트 시나리오는 단순 테스트 케이스의 집합이 아닌 동작 순서에 맞는 테스트 케이스의 집합이라는 점에서 테스트 슈트와 차이를 가집니다.

테스트 케이스 (Test Case)	입력 값, 실행 조건, 기대 결과로 구성된 테스트 항목의 명세서
테스트 슈트 (Test Suites)	테스트 대상 모듈이나 컴포넌트, 시스템에 사용되는 테스트 케이스의 집합
테스트 스크립트 (Test Script)	자동화된 테스트 실행 절차에 대한 명세
목 오브젝트 (Mock Object)	사용자의 행위를 조건부로 사전에 입력해 두면, 그 상황에 예정된 행위를 수행하는 객체

기출 및 예상문제

07 테스트 자동화 도구

[20년 2회]

01 애플리케이션 자동화 테스트 도구 중 애플리케이션을 실행하지 않고, 소스 코드에 대한 코딩표준, 코딩 스타일, 코드 복잡도 및 남은 결함을 발견하기 위하여 사용하는 도구는 무엇인지 쓰시오.

> **해설** | 키워드 애플리케이션 실행 X, 소스 코드 → 용어 정적 분석 도구

[21년 3회 필기]

02 소스 코드 정적 분석(Static Analysis)에 대한 설명으로 옳은 것을 모두 고르시오.

> ㉠ 소스 코드를 실행시키지 않고 분석한다.
> ㉡ 코드에 있는 오류나 잠재적인 오류를 찾아내기 위한 활동이다.
> ㉢ 하드웨어적인 방법으로만 코드 분석이 가능하다.
> ㉣ 자료 흐름이나 논리 흐름을 분석하여 비정상적인 패턴을 찾을 수 있다.

> **해설** | 정적 분석은 소스 코드에 대한 코딩 표준 준수 여부, 코딩 스타일 적정 여부 등을 확인하는 것으로, 소프트웨어적인 방법으로 코드 분석이 가능하다.

[21년 2회 필기]

03 애플리케이션의 처리량, 응답시간, 경과시간, 자원사용률에 대해 가상의 사용자를 생성하고 테스트를 수행함으로써 성능 목표를 달성하였는지를 확인하는 테스트 자동화 도구는 무엇인지 쓰시오.

> **해설** | 키워드 처리량, 응답시간, 경과시간, 자원사용률, 성능 목표 → 용어 성능 테스트 도구

> **정답**
> **01.** 정적 분석 도구(Static Analysis Tools) **02.** ㉠, ㉡, ㉣ **03.** 성능 테스트 도구(Performance Test Tools)

08 결함 관리

1 소프트웨어 결함

1. 소프트웨어 결함(Software Defect) [21년 3회 필기]

소프트웨어의 결함을 말할 때 에러(Error), 결함(Defect), 결점(Fault), 버그(Bug), 실패(Failure) 등의 용어가 사용된다.

분류	설명
에러(Error)/오류	에러는 결함(Defect)의 원인이 되는 것으로, 일반적으로 소프트웨어 개발자, 분석가 등 사람에 의해 생성된 실수이다. 에 개발자가 실수로 무한 루프 코드 작성한 경우
결함/결점/버그 (Bug)	에러 또는 오류가 원인이 되어 소프트웨어 제품에 포함되어 있는 결함이다. 이를 제거하지 않으면 소프트웨어 제품이 실패(Failure)하거나 문제(Problem)가 발생할 수 있다.
실패/문제	소프트웨어 제품에 포함된 결함이 실행될 때 발생하는 현상이다.

2. 결함 관리 항목

테스트 수행 후 발견된 결함은 결함 관리 시스템(대장)에 등록하여 관리해야 하며, 등록 시 다음 항목들은 필수로 등록한다.

- 결함 내용, 결함 ID, 결함 유형, 발견일, 심각도, 우선순위, 시정 조치 예정일, 수정 담당자, 재테스트 결과, 종료일

3. 결함 심각도

애플리케이션에 발생한 결함이 어떤 영향을 끼치며, 그 결함이 얼마나 치명적인지를 나타내는 척도이다.

- 결함 관리의 정확성과 신뢰성의 향상을 위해 결함 심각도를 각 단계별 표준화된 용어로 정의해야 한다.
- 분류 : 치명적(Critical) 결함, 주요(Major) 결함, 보통(Normal) 결함, 경미한(Minor) 결함, 단순(Simple) 결함 등

4. 결함 우선순위

발생한 결함이 얼마나 빠르게 처리되어야 하는지를 결정하는 척도이다.

- 결함 심각도가 높다고 우선순위가 반드시 높은 것은 아니며, 애플리케이션의 특성에 따라 우선순위가 결정될 수 있다.
- 분류 : 결정적(Critical), 높음(High), 보통(Medium), 낮음(Low) 또는 즉시 해결, 주의 요망, 대기, 개선 권고 등

권쌤이 알려줌

테스트 결과를 분석하여 발견된 결함을 관리 및 제거합니다. 발견된 결함은 우선순위와 심각도를 반영하여 조치합니다.

합격자의 **맘기법**

소프트웨어 결함
- 키워드 결함의 원인
  → 용어 에러/오류
- 키워드 제품에 포함
  → 용어 결함/결점/버그
- 키워드 결함을 실행
  → 용어 실패/문제

합격자의 **맘기법**

결함 관리 도구 : MBTR
• Mantis
• Bugzilla
• Trac
• Redmine

이슈(Issue)
시스템의 개선사항, 새로운 기능 등을 수행하기 위한 일의 단위

위키(Wiki)
여러 사용자가 협업하면서 문서를 작성할 수 있는 아주 효과적인 도구
📖 위키 백과

5. 결함 관리 도구

종류	설명
Bugzilla	• 모질라 재단이 만든 이슈* 관리 도구 • 지속적인 결함 관리와 결함의 심각도와 우선순위 지정 가능
Trac	• 버그 관리, 이슈 관리, 소스 코드 형상 관리 및 위키* 기반의 문서관리 도구 • 결함 추적뿐만 아니라 결함을 통합하여 관리 가능
Redmine	• 프로젝트 관리와 버그 추적 기능을 제공하는 도구
Mantis	• 결함 및 이슈 관리뿐만 아니라 프로젝트 관리 도구로도 사용됨 • 소프트웨어 설계 시 단위별 작업 내용 기록 가능

2 결함 관리

결함 관리는 단계별로 테스트를 수행한 후 발생한 결함의 재발을 방지하고, 유사 결함 발견 시 처리 시간 단축을 위해 결함을 추적하고 관리하는 활동이다.

1. 결함 관리 프로세스

권쌤이 알려줌

결함 관리 프로세스 중 오류 우선순위가 낮게 분류되어 오류 수정을 연기한 상태를 디퍼드(Deferred), 보고된 오류가 프로젝트팀에 의한 오류가 아니라고 판단된 상태를 클래시파이드(Classified)라고 합니다.

프로세스	설명
에러 발견(Open)	요구사항 분석, 설계, 테스트 실행 중 에러가 발견될 경우, 테스트 전문가와 프로젝트팀과 논의한다.
에러 등록	결함 관리 대장에 발견된 에러를 등록한다.
에러 분석	등록된 에러가 단순 에러인지 아니면 실제 결함인지 분석한다.
결함 확정	등록된 에러가 실제 결함으로 확정될 경우 결함 확정 상태로 설정한다.
결함 할당(Assigned)	결함을 해결할 담당자를 지정하여 결함을 할당하고, 결함 할당 상태로 설정한다.
결함 조치(Fixed)	결함에 대해 수정 활동을 수행하고, 수정이 완료된 경우 결함 조치 상태로 설정한다.
결함 조치 검토 및 승인(Closed)	수정이 완료된 결함에 대해 확인 테스트를 수행하고, 정상적으로 결함 조치가 완료된 경우 결함 조치 완료 상태로 설정한다.

2. 결함 추이 분석

테스트 완료 후 발견된 결함에 대해 결함 관리 측정 지표의 속성값들을 분석하고, 향후 애플리케이션의 어떤 모듈 또는 컴포넌트에서 결함이 발생할지를 추정하는 작업이다.

합격자의 **맘기법**

결함 관리 측정 지표
• 키워드 특정 속성에 대한 결함 수 → 용어 결함 분포
• 키워드 시간 흐름에 따른 결함 수 → 용어 결함 추세
• 키워드 결함의 지속 시간 → 용어 결함 에이징

▼ 결함 관리 측정 지표(결함 추이 분석 유형)

구분	설명
결함 분포	각 애플리케이션 모듈 또는 컴포넌트의 특정 속성에 해당하는 결함의 수를 측정하여 분석
결함 추세	테스트 진행 시간의 흐름에 따른 결함의 수를 측정하여 분석
결함 에이징	등록된 결함에 대해 특정한 결함 상태의 지속 시간을 측정하여 분석

01 소프트웨어 개발 활동을 수행함에 있어서 시스템이 고장(Failure)을 일으키게 하며, 오류(Error)가 있는 경우 발생하는 것을 의미하는 용어를 〈보기〉에서 고르시오.

〈보기〉
ㄱ Fault   ㄴ Testcase
ㄷ Mistake   ㄹ Inspection

해설 키워드 고장(Failure)을 일으킴, 오류(Error) → 용어 결점(Fault)

02 결함 관리 프로세스 중 결함에 대해 수정 활동을 수행하고, 수정이 완료된 경우 결함 조치 상태로 설정하는 프로세스를 〈보기〉에서 고르시오.

〈보기〉
ㄱ Open   ㄴ Assigned
ㄷ Fixed   ㄹ Closed

해설 키워드 수정 수행 → 용어 결함 조치(Fixed)

정답
01. ㄱ 02. ㄷ

SECTION 02

애플리케이션 성능 개선

애플리케이션은 주어진 시간에 얼마나 많은 기능을 실행하는지와 최소한의 자원을 사용하여 얼마나 빠르게 실행하는지가 중요합니다. 애플리케이션 성능을 분석하여 성능을 개선하는 방법에 대해 학습합니다.

권쌤이 알려줌

애플리케이션 성능 분석 도구를 사용하여 애플리케이션 성능을 점검하고, 성능 저하 원인을 분석합니다.

합격자의 맘기법

애플리케이션 성능 측정 지표 : **처응경자**
• **처**(리량)
• **응**(답 시간)
• **경**(과 시간)
• **자**(원 사용률)

트랜잭션(Transaction)
사용자가 요구하는 작업의 단위

권쌤이 알려줌

유형별 성능 분석 도구는 성능 점검 도구와 시스템 자원 사용량 모니터링 도구로 분류할 수 있습니다.

LDAP(Lightweight Directory Access Protocol, 경량 디렉터리 액세스 프로토콜)
TCP/IP 위에서 디렉터리 서비스를 조회하고 수정하는 응용 프로토콜
• 네트워크상의 파일이나 장치의 위치를 찾을 수 있게 해주는 프로토콜이다.

★★ 01 애플리케이션 성능 분석

1 애플리케이션 성능 점검

애플리케이션 성능 점검은 사용자의 요구 기능을 해당 애플리케이션이 최소의 자원(CPU, 메모리, 네트워크 등)을 사용하면서 얼마나 빨리, 많은 기능을 수행하는가를 육안 또는 도구를 통하여 점검하는 것이다.

1. 애플리케이션 성능을 측정하기 위한 지표 [20년 1회]

지표	설명
처리량 (Throughput)	• 애플리케이션이 주어진 시간에 처리할 수 있는 트랜잭션※의 수를 의미한다. • 웹 애플리케이션의 경우 시간당 페이지 수로 표현하기도 한다.
응답 시간 (Response Time)	• 사용자 입력이 끝난 후, 애플리케이션의 응답 출력이 개시될 때까지의 시간을 의미한다. • 웹 애플리케이션의 경우 메뉴 클릭 시 해당 메뉴가 나타나기까지 걸리는 시간을 말한다.
경과 시간 (Turnaround Time)	• 애플리케이션에 사용자가 요구를 입력한 시점부터 트랜잭션 처리 후 그 결과의 출력이 완료할 때까지 걸리는 시간을 의미한다.
자원 사용률 (Resource Usage)	• 애플리케이션이 트랜잭션을 처리하는 동안 사용하는 CPU 사용량, 메모리 사용량, 네트워크 사용량 등을 말한다.

2. 유형별 성능 분석 도구

① 성능/부하/스트레스(Performance/Load/Stress) 점검 도구(성능 점검 도구)

애플리케이션의 성능 점검을 위해 가상의 사용자를 점검 도구 상에서 인위적으로 생성한 뒤, 시스템의 부하나 스트레스를 통해 성능 측정 지표인 처리량, 응답 시간, 경과 시간 등을 점검하기 위한 도구이다.

도구명	도구 설명	지원 환경
JMeter	HTTP, FTP, LDAP※ 등 다양한 프로토콜 지원하는 안전성/확장성/부하/기능 테스트 도구	크로스 플랫폼 (Cross-Platform)※

LoadUI	사용자 편리성을 강화하기 위해 HTTP, JDBC 등과 같이 주로 웹 서비스 대상의 서버 모니터링을 지원하는 UI를 강화한 부하 테스트 도구	크로스 플랫폼
OpenSTA	HTTP, HTTPS 지원하는 부하 테스트 및 생산품 모니터링 도구	Windows

② 모니터링(Monitoring) 도구

애플리케이션 실행 시 자원 사용량을 확인하고 분석 가능한 도구로, 성능 모니터링, 성능 저하 원인 분석, 시스템 부하량 분석, 장애 진단, 사용자 분석, 용량 산정 등의 기능을 제공하여, 시스템의 안정적 운영을 지원하는 도구이다.

도구명	도구 설명	지원 환경
Scouter	단일 뷰 통합, 실시간 모니터링, 튜닝※에 최적화된 인프라 통합 모니터링 도구	크로스 플랫폼
Zabbix	웹 기반 서버, 서비스, 애플리케이션 모니터링 도구	크로스 플랫폼

Cross-Platform
(크로스 플랫폼, Multi-Platform)
컴퓨터 프로그램, 운영체제, 컴퓨터 언어, 프로그래밍 언어, 컴퓨터 소프트웨어 등이 여러 종류의 컴퓨터 플랫폼에서 동작할 수 있는 것

튜닝(Tuning)
'조정'이라는 뜻으로, 소프트웨어의 효율성을 높이기 위하여 사용되는 일련의 개선 작업을 말한다.

기출 및 예상문제

01 애플리케이션 성능 분석

[20년 1회]
01 다음은 애플리케이션의 성능을 측정하기 위한 지표에 대한 설명이다. ①~③에 들어갈 가장 적합한 특성을 쓰시오.

구분	설명
①	주어진 시간에 처리할 수 있는 트랜잭션의 수로, 웹 애플리케이션의 경우 시간당 페이지 수로 표현하기도 한다.
②	사용자 입력이 끝난 후, 애플리케이션의 응답 출력이 개시될 때까지의 시간으로, 웹 애플리케이션의 경우 메뉴 클릭 시 해당 메뉴가 나타나기까지 걸리는 시간을 말한다.
③	사용자가 요구를 입력한 시점부터 트랜잭션 처리 후 그 결과의 출력이 완료할 때까지 걸리는 시간을 말한다.
자원 사용률	애플리케이션이 트랜잭션 처리하는 동안 사용하는 CPU 사용량, 메모리 사용량, 네트워크 사용량을 말한다.

① ....
② ....
③ ....

해설
키워드 처리하는 일의 양 → 용어 처리량
키워드 응답(Response) → 용어 응답 시간
키워드 처리 완료 → 용어 경과 시간

02 다음은 성능 분석 도구에 대한 설명이다. 설명과 가장 부합하는 도구를 〈보기〉에서 고르시오.

> ① 단일 뷰 통합·실시간 모니터링, 튜닝에 최적화된 인프라 통합 모니터링 도구
> ② HTTP, FTP, LDAP 등 다양한 프로토콜 지원하는 안전성, 확장성, 부하, 기능 테스트 도구

〈보기〉
㉠ Scouter ㉡ JMeter
㉢ Oracle ㉣ TTA

① ....
② ....

해설
키워드 인프라 통합 모니터링 도구 → 용어 Scouter
키워드 HTTP, FTP, LDAP 등 다양한 프로토콜 지원 → 용어 JMeter

정답
01. ❶ 처리량(Throughput) **❷** 응답 시간(Response Time) **❸** 경과 시간(Turnaround Time) **02. ❶** ㉠ **❷** ㉡

02 애플리케이션 성능 개선

1 소스 코드 최적화

소스 코드 최적화는 읽기 쉽고, 변경 및 추가가 쉬운 클린 코드를 작성하는 것으로, 소스 코드 품질을 위해 기본적으로 지킬 원칙과 기준을 정의하고 있다.

1. 나쁜 코드(Bad Code)

다른 개발자가 로직(Logic)을 이해하기 어렵게 작성된 코드

- 대표적인 사례로 처리 로직이 서로 얽혀 있는 스파게티 코드, 변수※나 메소드※에 대한 이름 정의를 알 수 없는 코드※, 동일한 처리 로직이 중복되게 작성된 코드 등이 있다.
- 잦은 오류 발생 가능성이 있고, 소스 코드 이해가 어려워 계속 덧붙이기만 할 경우 코드 복잡도가 증가할 수 있다.

 스파게티 코드

스파게티 코드란 아래와 같이 복잡한 프로그램 명령문들을 말한다.
- 소스 코드가 복잡하게 얽힌 모습을 스파게티의 면발에 비유한 표현이다.
- 스파게티 코드는 정상적으로 작동하지만, 사람이 코드를 읽으면서 그 코드의 작동을 파악하기는 어렵다.

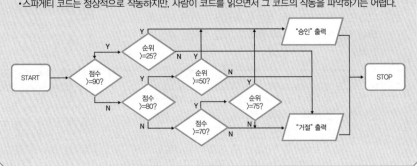

2. 외계인 코드(Alien Code)   [20년 2회 필기]

아주 오래되거나 참고 문서 또는 개발자가 없어 유지보수 작업이 어려운 코드

3. 클린 코드(Clean Code)

잘 작성되어 가독성이 높고, 단순하며, 의존성을 줄이고, 중복을 최소화하여 깔끔하게 잘 정리된 코드

- 중복 코드 제거로 애플리케이션의 설계가 개선된다.
- 가독성이 높아 애플리케이션의 기능을 쉽게 이해할 수 있다.
- 버그※를 찾기 쉬워지며, 프로그래밍 속도가 빨라진다.

변수(Variable)
프로그램 코드에서 값을 나타내는 문자

메소드(Method)
특정한 목적의 작업을 수행하기 위한 프로그램 코드의 집합
- 함수(Function)와 동일한 개념

이름 정의를 알 수 없는 코드
⑩ 합계 변수명 : sum (O), a (X)

버그(Bug)
프로그램상의 결함에 의해 컴퓨터 오류나 오작동이 일어나는 현상

▼ 클린 코드 작성 원칙 [21년 2회 필기] [20년 3, 4회 필기]

작성 원칙	설명
가독성	• 이해하기 쉬운 용어를 사용한다. • 코드 작성 시 들여쓰기가 가능하다.
단순성	• 코드를 간단하게 작성하여 한 번에 한 가지 처리만 수행한다. • 클래스/메소드/함수를 최소 단위로 분리한다.
의존성	• 다른 모듈에 미치는 영향도를 최소화한다. • 코드의 변경이 다른 부분에 영향이 없게 작성한다.
중복성	• 중복된 코드를 제거한다. • 공통된 코드를 사용한다.
추상화	• 클래스/메소드/함수에 대해 동일한 수준의 추상화를 한다. • 상세 내용은 하위 클래스/메소드/함수에서 구현한다.

합격자의 암기법

클린 코드 작성 원칙 : 죽순의 추가(중순의 추가)
• 죽(중복성)
• (단순)성
• 의(존성)
• 추(상화)
• 가(독성)

2 소스 코드 최적화 기법의 유형 [21년 3회 필기]

유형	설명
클래스 분할 배치 기법	클래스는 하나의 역할, 책임만 수행할 수 있도록 응집도*를 높이고, 크기를 작게 작성한다.
느슨한 결합(Loosely Coupled) 기법	클래스의 자료 구조, 메소드를 추상화할 수 있는 인터페이스* 클래스를 이용하여, 클래스 간의 의존성을 최소화해야 한다. • 느슨한 결합은 다른 클래스를 직접적으로 사용하는 클래스의 의존성을 줄인 결합이다. • 코드의 재사용성과 유연성을 위해 강한 결합보다는 느슨한 결합이 좋다.
코딩 형식 기법	줄 바꿈으로 개념을 구분, 종속 함수를 사용, 호출하는 함수를 먼저 배치하고 호출되는 함수는 나중에 배치, 지역 변수*는 각 함수의 맨 처음 선언할 때 사용하는 등의 형식을 취한다.
좋은 이름 사용 방법	기억하기 좋은 이름, 발음이 쉬운 용어, 접두어 사용 등 기본적인 명명 규칙(Naming Rule)을 정의하고 정의된 이름을 사용한다.
적절한 주석문 사용 방법	소스 코드 작업 시 앞으로 해야 할 일을 기록하거나, 소스 상의 중요한 부분을 강조할 때 사용한다.

응집도(Cohesion)
모듈 안의 요소들이 서로 관련되어 있는 정도

인터페이스(Interface)
클래스들이 구현해야 하는 기능을 지정하는 데 사용되는 추상 클래스

지역 변수(Local Variable)
변수가 선언된 함수나 블록 내에서만 사용할 수 있는 변수

3 소스 코드 품질 분석 도구

소스 코드 품질 분석 도구는 소스 코드에 대한 코딩 스타일, 설정된 코딩 표준, 코드의 복잡도, 코드 내에 존재하는 메모리 누수* 현황, 스레드*의 결함 등을 발견하기 위하여 사용하는 분석 도구이며, 정적 분석 도구와 동적 분석 도구가 있다.

1. 정적 분석 도구 [20년 2, 4회 필기]

작성된 소스 코드를 실행시키지 않고, 코드 자체만으로 코딩 표준 준수 여부, 코딩 스타일 적정 여부, 잔존 결함 발견 여부를 확인하는 코드 분석 도구이다.

• 사전에 결함을 발견하고 예방하는 도구, 코딩 표준 준수 여부를 분석하는 도구, 소스 코드의 복잡도를 계산하는 도구 등이 있다.

메모리 누수(Memory Leak)
컴퓨터 프로그램이 필요하지 않은 메모리를 계속 점유하고 있는 현상
• 할당된 메모리를 사용한 다음 반환하지 않는 것이 누적되면 메모리가 낭비된다.

스레드(Thread)
프로세스 내에서의 작업 단위
• CPU가 독립적으로 처리하는 하나의 작업 단위

소스 코드 품질 분석 도구의 종류
• 키워드 소스 코드 실행 X
→ 용어 정적 분석 도구
• 키워드 소스 코드 실행 O
→ 용어 동적 분석 도구

데드 코드(Dead Code,
불필요한 코드)
전혀 실행되지 않는 코드

오버플로(Overflow)
'넘쳐흐른다'라는 의미로, 데이
터 표현 범위를 초과하는 것 또
는 메모리 공간을 초과하여 사
용하는 것 등을 의미한다.

jcoverage
커버리지를 측정하는 도구

권쌤이 알려줌

리팩토링이란 기능은 추가 및
수정하지 않고 소스코드 구조만
개선시키는 소스코드 최적화 기
법입니다.

구분	도구명	설명	지원 환경
정적 분석 도구	PMD	자바 및 다른 언어 소스 코드에 대한 버그, 데드 코드[※] 분석 도구	Linux, Windows
	Cppcheck	C/C++ 코드에 대한 메모리 누수, 오버플로[※] 등 문제 분석 도구	Windows
	SonarQube	소스 코드 품질 통합 플랫폼, 플러그인 확장이 가능한 도구	크로스 플랫폼
	Checkstyle	자바 코드에 대한 코딩 표준 준수 검사 도구	크로스 플랫폼
코드 복잡도	CCM	다양한 언어의 코드 복잡도 분석 도구	크로스 플랫폼
	Cobertura	jcoverage[※] 기반의 테스트 커버리지 측정 도구	크로스 플랫폼

2. 동적 분석 도구

애플리케이션을 실행하여 코드에 존재하는 메모리 누수 현황을 발견하고, 발생한 스레드의 결함 등을 분석하기 위한 도구이다.

구분	도구명	설명	지원 환경
동적 분석 도구	Avalanche	Valgrind 프레임워크 및 STP 기반 소프트웨어 에러 및 취약점 동적 분석 도구	Linux, Android
	Valgrind	자동화된 메모리 및 스레드 결함 발견 분석 도구	크로스 플랫폼

4 리팩토링(Refactoring) [20년 3회]

리팩토링은 코드의 외부 행위는 바꾸지 않고 내부 구조를 개선하여 소프트웨어 시스템을 변경하는 프로세스이다.

• 기능을 추가해서는 안 되고 단지 코드의 성능과 구조에만 신경을 써서, 소프트웨어를 보다 이해하기 쉽고 수정하기 쉽게 만드는 것이다.

• 이미 존재하는 코드의 설계를 안전하게 향상시키는 기술로, 좋은 설계가 되도록 개선하는 과정을 의미한다.

• 리팩토링 대상 : 중복된 코드, 거대한 클래스, 긴 메소드 등

• 리팩토링 목적
- 소프트웨어의 디자인을 개선해 준다.
- 소프트웨어를 이해하기 쉽게 만들어 준다.
- 버그를 빨리 찾을 수 있도록 도움을 준다.
- 프로그램을 빨리 작성할 수 있도록 도와준다.

[20년 2회 필기]

01 아주 오래되거나 참고문서 또는 개발자가 없어 유지보수 작업이 어려운 프로그램을 의미하는 용어는 무엇인지 쓰시오.

────────────────

해설 ｜키워드｜ 오래되어 유지보수 작업이 어려움 → ｜용어｜ 외계인 코드

[21년 2회 필기] [20년 3회 필기]

02 클린 코드 작성원칙으로 거리가 먼 것을 모두 고르시오.

> ㉠ 누구든지 쉽게 이해하는 코드 작성
> ㉡ 중복이 최대화된 코드 작성
> ㉢ 다른 모듈에 미치는 영향 최소화
> ㉣ 단순, 명료한 코드 작성

────────────────

해설 클린 코드 작성 시 중복된 코드를 제거하여 중복을 최소화한다.

[20년 4회 필기]

03 다음이 설명하는 클린 코드 작성 원칙은 무엇인지 쓰시오.

> • 한 번에 한 가지 처리만 수행한다.
> • 클래스/메소드/함수를 최소 단위로 분리한다.

────────────────

해설 ｜키워드｜ 한 번에 한 가지, 최소 단위 → ｜용어｜ 단순성

[21년 3회 필기]

04 코드의 간결성을 유지하기 위해 사용되는 지침으로 옳은 것을 모두 고르시오.

> ㉠ 공백을 이용하여 실행문 그룹과 주석을 명확히 구분한다.
> ㉡ 복잡한 논리식과 산술식은 괄호와 들여쓰기(Indentation)를 통해 명확히 표현한다.
> ㉢ 빈 줄을 사용하여 선언부와 구현부를 구별한다.
> ㉣ 한 줄에 최대한 많은 문장을 코딩한다.

────────────────

해설 한 줄에 오직 한 문장만 코딩한다.

[20년 2, 4회 필기]

05 소스 코드 품질분석 도구 중 정적 분석 도구를 모두 고르시오.

> ㉠ pmd   ㉡ checkstyle
> ㉢ valMeter   ㉣ cppcheck

────────────────

해설 정적 분석 도구 종류
: PMD, Cppcheck, SonarQube, Checkstyle, CCM, Cobertura

[20년 3회]

06 소프트웨어 공학에서 리팩토링(Refactoring)을 하는 목적에 대해 간략히 서술하시오.

────────────────

해설 ｜키워드｜ 외부 행위는 바꾸지 않고 내부 구조 개선 → ｜용어｜ 리팩토링

【정답】
01. 외계인 코드(Alien Code) 02. ㉡ 03. 단순성 04. ㉠, ㉡, ㉢ 05. ㉠, ㉡, ㉣ 06. 코드의 외부 행위(동작, 기능)는 바꾸지 않고, 내부 구조를 개선시켜 소프트웨어를 보다 이해하기 쉽고, 수정하기 쉽도록 만드는 것이다.

권쌤이 알려줌

응용 소프트웨어의 품질을 향상시키고 유지보수 비용을 줄일 수 있는 재공학, 역공학, 재사용에 대해 학습합니다. 각 용어를 구분하여 기억해 두세요.

03 소프트웨어 공학의 3R

1 소프트웨어 공학의 3R

소프트웨어 공학의 3R은 완성된 소프트웨어 프로그램을 기반으로 재공학(Re-Engineering), 역공학(Reverse-Engineering), 재사용(Re-Use)을 통해 소프트웨어의 생산성을 극대화하는 기법이다.

▼ 소프트웨어 공학의 3R 필요성
- 소프트웨어 위기 극복
- 소프트웨어 개발 생산성 향상
- 소프트웨어 품질 향상
- 유지보수 용이성 향상
- 유지보수 비용의 절감

2 재공학(Re-Engineering)

재공학은 기존 시스템을 이용하여 보다 나은 시스템을 구축하고 새로운 기능을 추가하여 소프트웨어 성능을 향상시키는 작업이다.

- 기존에 있던 소프트웨어를 파기하지 않고 사용자의 변경된 요구사항이나 수정된 환경으로 기존 소프트웨어를 수정 및 보완하여 재구축한다.
- 소프트웨어의 위기를 해결하기 위해 개발의 생산성이 아닌 유지보수의 생산성으로 해결하려는 방법이다.

3 역공학(Reverse-Engineering)

역공학은 소프트웨어를 분석하여 소프트웨어 개발 과정과 데이터 처리 과정을 설명하는 분석 및 설계 정보를 재발견하거나 다시 만들어내는 작업이다.

아키텍처(Architecture)
시스템의 구조

- 현재 프로그램으로부터 데이터, 아키텍처※, 절차에 관한 분석 및 설계 정보를 추출하는 과정이다.

4 재사용(Re-Use)

권쌤이 알려줌

계산기 프로그램을 덧셈 모듈과 뺄셈 모듈로 나눠서 개발한 경우, 다른 프로그램에서 덧셈 모듈만 재사용할 때 편리하겠죠.

재사용은 목표 시스템의 개발 시간 및 비용 절감을 위하여 검증된 기능을 파악하고 재구성하여 시스템에 응용하기 위한 최적화 작업이다.

- 이미 개발된 소프트웨어 전체 혹은 일부분을 다른 소프트웨어의 개발이나 유지에 이용한다.
- 이미 만들어진 프로그램을 사용한다.
- 재사용 부품의 크기가 작을수록 재사용률이 높다.
- 클래스, 객체 등의 소프트웨어 요소는 소프트웨어 재사용성을 크게 향상시킨다.

- 소스 코드가 소프트웨어 재사용에 가장 많이 이용된다.
- 재사용 모듈 또는 컴포넌트※가 많이 있어도 분류의 문제로 인해 그들을 찾아 내는 것이 어려운 경우가 많다.
- 소프트웨어 재사용을 쉽게 하는 특성을 모듈성, 저결합도, 고응집도, 캡슐화, 관심의 분리※ 등으로 부른다.

1. 재사용 형태

① 편의적 재사용(Opportunistic Reuse)

프로젝트를 시작할 때 재사용 가능한 컴포넌트가 있는지 찾아보고 재사용한다.

구분	설명
내부 재사용 (Internal Reuse)	팀 내에서 만든 컴포넌트를 재사용한다. 어디까지나 편의상이며 계획적인 것이 아니기 때문에, 인터페이스※ 조정이 필요할 수도 있다.
외부 재사용 (External Reuse)	서드 파티※에서 만든 컴포넌트를 구해서 사용한다.

② 계획적 재사용(Planned Reuse)

컴포넌트를 후에 재사용이 가능하도록 전략적으로 설계해 나간다.

2. 재사용 방법 　[20년 3회 필기]

방법	설명
합성 중심 (Composition-Based)	• 전자 칩과 같은 소프트웨어 부품, 즉 블록(모듈)을 만든 후 끼워 맞춰 소프트웨어를 완성하는 방법이다. • 블록 구성 방법이라고도 한다.
생성 중심 (Generation-Based)	• 추상화※ 형태로 쓰인 명세를 구체화하여 프로그램을 만드는 방법이다. • 패턴 구성 방법이라고도 한다.

컴포넌트(Component)
독립적인 실행 단위
⑩ 결제 시스템에서 현금 결제, 카드 결제, 계좌 이체 결제 등

관심의 분리(SoC; Separation of Concerns)
프로그램 기능을 중복을 최소화하여 여러 모듈로 명확히 나누는 것

인터페이스(Interface)
상호 작용 방법을 정의하는 수단 또는 개념

서드 파티(Third Party)
프로그래밍을 도와주는 라이브러리(Library) 등을 만드는 회사
• 제조사와 사용자 외 외부 제3자

추상화(Abstraction)
복잡한 문제의 본질을 이해하기 위해 세부 사항은 배제하고 중요한 부분을 중심으로 간략화하는 기법

기출 및 예상문제
03 소프트웨어 공학의 3R

[20년 3회 필기]
01 전자 칩과 같은 소프트웨어 부품, 즉 블록(모듈)을 만들어서 끼워 맞추는 방법으로 소프트웨어를 완성시키는 재사용 방법을 〈보기〉에서 고르시오.

〈보기〉
㉠ 합성 중심　　㉡ 객체 중심
㉢ 생성 중심　　㉣ 구조 중심

[해설] 키워드 부품, 블록(모듈) → 용어 합성 중심(Composition-Based)

02 소프트웨어를 분석하여 소프트웨어 개발 과정과 데이터 처리 과정을 설명하는 분석 및 설계 정보를 재발견하거나 다시 만들어 내는 작업을 일컫는 용어는 무엇인지 쓰시오.

[해설] 키워드 재발견하거나 다시 만들어내는 작업 → 용어 역공학

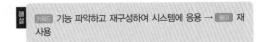

03 다음의 설명과 가장 부합하는 용어를 쓰시오.

- 목표 시스템의 개발 시간 및 비용 절감을 위하여 검증된 기능을 파악하고 재구성하여 시스템에 응용하기 위한 최적화 작업을 의미한다.
- 범위에 따라 함수와 객체, 컴포넌트, 애플리케이션으로 분류할 수 있다.

해설 키워드 기능 파악하고 재구성하여 시스템에 응용 → 용어 재사용

정답
01. ⑦ 02. 역공학(Reverse-Engineering) 03. 재사용(Re-Use)

01 소프트웨어 테스트의 기본 원칙에 대한 설명으로 옳은 것을 모두 고르시오.

> ㉠ 테스팅은 결함이 존재함을 밝히는 활동이다.
> ㉡ 애플리케이션 결함의 대부분은 여러 모듈에 분산되어 존재한다.
> ㉢ 테스팅은 개발이 완료된 후 시작해야 한다.
> ㉣ 완벽한 테스팅은 불가능하다.
> ㉤ 테스팅은 정황에 의존한다.

02 오류−부재의 궤변(Absence of Errors Fallacy)에 대해 간략히 서술하시오.

03 애플리케이션 테스트 중 변경 또는 수정된 코드에 대하여 새로운 결함 발견 여부를 평가하는 테스트는 무엇인지 쓰시오.

04 소프트웨어 테스트는 프로그램 실행 여부에 따라 정적 테스트와 동적 테스트로 나누어진다. 이 중 동적 테스트는 프로그램의 실행을 요구하는 테스트로 화이트박스 테스트와 블랙박스 테스트가 있다. 아래에 제시된 보기를 화이트박스 테스트와 블랙박스 테스트로 분류하시오.

> ㉠ 데이터 흐름 검사 ㉡ 기초 경로 검사
> ㉢ 비교 검사 ㉣ 동치 분할 검사
> ㉤ 루프 검사 ㉥ 조건 검사
> ㉦ 오류 예측 검사 ㉧ 원인−효과 그래프 검사

① 화이트박스 테스트 ....

② 블랙박스 테스트 ....

05 다음 C 프로그램이 조건 커버리지(Condition coverage)를 100% 만족하기 위한 테스트 데이터 집합으로 가장 적절한 것을 〈보기〉에서 고르시오.

```c
void foo(int x, int y, int z) {
    if (x > 10 && y == 10)
        z = 5;
    if (x == 10 || z > 3)
        z = z + 10;
    printf("%d", z);
}
```

> 〈보기〉
> ㉠ (x: 10, y: 10, z:10), (x: 20, y: 10, z: 3)
> ㉡ (x: 10, y: 20, z: 0), (x: 20, y: 20, z: 20)
> ㉢ (x: 20, y: 10, z: 3), (x: 20, y: 20, z: 20)
> ㉣ (x: 20, y: 10, z:10), (x: 10, y: 20, z: 0)

06 다음은 테스트 단계에 대한 설명이다. ①~④에 들어갈 가장 적합한 테스트를 쓰시오.

구분	설명
①	개발한 소프트웨어가 사용자의 요구사항을 충족하는지에 중점을 두고 테스트하는 것을 의미한다.
②	구현된 모듈이나 컴포넌트의 기능 수행 여부를 판정하는 테스트를 의미한다.
③	개발된 소프트웨어가 해당 컴퓨터 시스템에서 완벽하게 수행되는가를 테스트하는 것을 의미한다.
④	모듈 간의 인터페이스 연계를 검증하고, 모듈 간의 상호 작용 및 연계 동작 여부를 판정하는 테스트를 의미한다.

① ....

② ....

③ ....

④ ....

07 비점증적 통합 방식으로 모듈 간의 인터페이스를 고려하지 않고 단위 테스트가 끝난 모듈을 한꺼번에 결합시켜 테스트를 수행하는 방식은 무엇인지 쓰시오.

....

08 상향식 통합에 있어서 하위 모듈은 있으나 상위 모듈이 없는 경우 하위 모듈 구동하기 위한 제어 프로그램을 무엇이라 하는지 쓰시오.

....

09 샘플링 오라클을 개선한 오라클로, 특정 입력 값에 대해 올바른 결과를 제공하고, 나머지 값들에 대해서는 추정으로 처리하는 것은 무엇인지 쓰시오.

....

10 다음 설명의 ( ) 안에 공통적으로 들어갈 가장 적합한 용어를 쓰시오.

> • (   ) 도구는 테스트 환경을 시뮬레이션 하여 컴포넌트 및 모듈이 정상적으로 테스트되도록 지원하는 도구이다.
> • (   )은(는) 컴포넌트 및 모듈을 테스트하는 환경의 일부분으로, 테스트를 지원하기 위한 코드와 데이터를 의미한다.
> • (   ) 도구의 구성 요소에는 테스트 드라이버, 테스트 스텁, 테스트 케이스, 테스트 슈트, 테스트 스크립트 등이 있다.

....

11 다음에 제시된 결함 관리 프로세스를 순서대로 나열하시오.

> ㉠ 결함 조치   ㉡ 결함 확정
> ㉢ 에러 발견   ㉣ 에러 등록
> ㉤ 에러 분석   ㉥ 결함 조치 검토 및 승인
> ㉦ 결함 할당

....

12 클린 코드 원칙에 대한 설명과 가장 적합한 원칙을 〈보기〉에서 고르시오.

> ① 이해하기 쉬운 용어를 사용한다.
> ② 공통된 코드를 사용한다.
> ③ 코드의 변경이 다른 부분에 영향이 없게 작성한다.
> ④ 클래스/메소드/함수를 최소 단위로 분리한다.
> ⑤ 상세 내용은 하위 클래스/메소드/함수에서 구현한다.

> 〈보기〉
> ㉠ 가독성   ㉡ 중복성
> ㉢ 단순성   ㉣ 추상화
> ㉤ 의존성

① ....

② ....

③ ....

④ ....

⑤ ....

13 다음의 설명과 가장 부합하는 용어를 쓰시오.

> • 코드의 외부 행위는 바꾸지 않고 내부 구조를 개선시켜 소프트웨어 시스템을 변경하는 프로세스이다.
> • 소프트웨어의 기능 변경 없이 내부 구조만을 개선하여 소프트웨어를 보다 이해하기 쉽고, 수정하기 쉽도록 만들기 위함이다.

....

14 소프트웨어의 위기를 해결하기 위해 개발의 생산성이 아닌 유지보수의 생산성으로 해결하려는 방법을 의미하는 것을 〈보기〉에서 고르시오.

> 〈보기〉
> ㉠ 소프트웨어 재사용   ㉡ 소프트웨어 재공학
> ㉢ 소프트웨어 유지   ㉣ 소프트웨어 공학

....

챕터
기출예상문제 정답 및 해설

01 **정답** ㉠, ㉣, ㉤

해설
- 애플리케이션 결함의 대부분은 소수의 특정한 모듈에 집중되어 존재한다.
- 테스팅은 개발 초기에 시작해야 한다.

02 **정답** 소프트웨어 결함을 모두 제거해도 사용자의 요구사항을 만족시키지 못하면 해당 소프트웨어는 품질이 높다고 할 수 없다.

해설 **키워드** 결함 제거, 사용자 요구사항 만족 X, 품질 X → **용어** 오류-부재의 궤변

03 **정답** 회귀 테스트(Regression Test)

해설 **키워드** 수정된 코드에 대하여 테스트 → **용어** 회귀 테스트

04 **정답** ❶ ㉠, ㉡, ㉢, ㉽ ❷ ㉣, ㉤, ㉥, ㉦

해설 **TIP** 블랙박스 테스트 종류는 "오동원 경비"로 기억하세요.

05 **정답** ㉣

해설 조건 커버리지 : 모든 개별 조건식이 참(True)과 거짓(False)이 적어도 한 번 이상 실행 된다.

개별 조건식	테스트 케이스	
	x: 20, y:10	x: 10, y:20
x > 10	T	F
y == 10	T	F

개별 조건식	테스트 케이스	
	x: 20, z:10	x: 10, z: 0
x == 10	F	T
z > 3	T	F

06 **정답** ❶ 인수 테스트(Acceptance Test) ❷ 단위 테스트(Unit Test) ❸ 시스템 테스트(System Test) ❹ 통합 테스트(Integration Test)

해설 **키워드** 요구사항 충족 → **용어** 인수 테스트
키워드 모듈이나 컴포넌트 기능 → **용어** 단위 테스트
키워드 시스템에서 수행 테스트 → **용어** 시스템 테스트
키워드 모듈 간의 인터페이스 연계 검증, 상호 작용 → **용어** 통합 테스트

07 **정답** 빅뱅(Bigbang) 방식

해설 **키워드** 단위 테스트가 끝난 모듈을 한꺼번에 결합 테스트 → **용어** 빅뱅 방식

08 **정답** 드라이버(Driver) 또는 테스트 드라이버(Test Driver)

해설 **키워드** 상향식 통합, 제어 프로그램 → **용어** 테스트 드라이버

09 **정답** 휴리스틱(추정) 오라클(Heuristic Oracle)

해설 **키워드** 추정(Heuristic) → **용어** 휴리스틱(추정) 오라클

10 **정답** 테스트 하네스(Test Harness)

해설 **키워드** 테스트 지원, 테스트 드라이버, … → **용어** 테스트 하네스

11 **정답** ㉢, ㉣, ㉤, ㉡, ㉥, ㉠, ㉦

해설 결함 관리 프로세스 : 에러 발견 → 에러 등록 → 에러 분석 → 결함 확정 → 결함 할당 → 결함 조치 → 결함 조치 검토 및 승인

12 **정답** ❶ ㉠ ❷ ㉡ ❸ ㉤ ❹ ㉢ ❺ ㉣

해설 **키워드** 이해하기 쉬운 → **용어** 가독성
키워드 공통된 코드 → **용어** 중복성
키워드 변경이 영향이 없게 → **용어** 의존성
키워드 최소 단위로 분리 → **용어** 단순성
키워드 상세 내용은 하위 클래스에서 구현 → **용어** 추상화

13 **정답** 리팩토링(Refactoring)

해설 **키워드** 외부 행위는 바꾸지 않고 내부 구조 개선 → **용어** 리팩토링

14 **정답** ㉡

해설 **키워드** 유지보수의 생산성으로 해결 → **용어** 재공학(Re-Engineering)

TIP 재공학은 이미 개발된 소프트웨어를 수정 및 보완하여 재구축하는 것이고, 재사용은 이미 개발된 소프트웨어 기능을 다른 소프트웨어에 사용하는 것입니다.

8 챕터

SQL 응용

- [SQL 응용] 챕터는 데이터를 효율적으로 관리하기 위한 데이터 저장소인 데이터베이스와 데이터베이스 관리 시스템에 대해 학습합니다.
- 논리적인 관점과 물리적인 관점에서의 데이터 저장 방법과 데이터 삽입, 수정, 삭제, 검색을 위해 특수한 용도로 만들어진 SQL 언어를 학습합니다.
- 실행하려는 SQL 문을 분석하여 성능을 개선하는 방법을 학습합니다.

▶ DBMS 필수 기능, SQL 구분 : 정조제 = DMC

- 정의 기능 = **D**efinition
- 조작 기능 = **M**anipulation
- 제어 기능 = **C**ontrol

▶ 스키마와 인스턴스

- 키워드 데이터베이스 구조, 제약조건에 대한 명세 → 용어 스키마(Schema)
- 키워드 실제로 저장된 값 → 용어 인스턴스(Instance)

▶ 데이터 정의어(DDL; Data Definition Language)

- 키워드 테이블 정의 → 용어 CREATE
- 키워드 테이블 변경 → 용어 ALTER
- 키워드 테이블 삭제 → 용어 DROP

▶ 데이터 조작어(DML; Data Manipulation Language)

- 키워드 튜플 삽입 → 용어 INSERT
- 키워드 튜플 수정 → 용어 UPDATE
- 키워드 튜플 삭제 → 용어 DELETE
- 키워드 튜플 검색 → 용어 SELECT

▶ 데이터 제어어(DCL; Data Control Language)

- 키워드 권한 부여 → 용어 GRANT
- 키워드 권한 취소 → 용어 REVOKE
- 키워드 작업 완료 → 용어 COMMIT
- 키워드 작업 취소 → 용어 ROLLBACK
- 키워드 저장점 지정 → 용어 SAVEPOINT

▶ 관계 대수 종류 – 순수 관계 연산자 : 셀프로 디비줘(조)

- 셀렉트(Select)
- 프로젝트(Project)
- 디비전(Division)
- 조인(Join)

▶ 관계 대수 종류 – 일반 집합 연산자 ; 교차합, 교차곱

- 교집합(INTERSECTION)
- 차집합(DIFFERENCE)
- 합집합(UNION)
- 교차곱(CARTISIAN PRODUCT)

▶ 절차형 SQL 종류

- 키워드 호출 → 용어 프로시저(Procedure)
- 키워드 반환 → 용어 사용자 정의 함수(Function)
- 키워드 자동 → 용어 트리거(Trigger)

SECTION 01

데이터베이스 기초

데이터베이스는 많은 자료를 효율적으로 관리하기 위한 데이터의 저장 공간으로, 사용자가 컴퓨터로 데이터베이스에 접근하여 원하는 자료를 쉽게 사용할 수 있습니다. 이번 섹션에서 학습할 데이터베이스의 개념 및 관련 용어는 앞으로 심화되는 데이터베이스의 기초이므로 충분히 학습하세요.

데이터 중복성(Data Redundancy)
시스템 내에 같은 데이터가 중복되게 저장·관리되는 것

데이터 종속성(Data Dependency)
응용 프로그램과 데이터 간 상호 의존관계로 데이터를 변경하면 응용 프로그램도 같이 변경해야 하는 것

데이터 무결성(Data Integrity)
데이터베이스 내 정확하고 유효한 데이터만 유지시키는 것

권쌤이 알려줌

- **중복성** : 인사 관리 프로그램과 급여 관리 프로그램 각각에 '홍길동' 사원의 데이터가 중복하여 존재합니다.
- **종속성** : 인사 관리 프로그램과 급여 관리 프로그램은 서로 독립적으로 운영되므로 각 프로그램에 종속된 파일 시스템을 가지고 있습니다. 따라서 프로그램이 변경되면 종속된 파일 시스템도 함께 변경되어야 합니다.
- **무결성** : '홍길동' 사원의 데이터가 변경되면 각 파일 시스템의 데이터를 모두 변경해야 합니다. 실수로 하나의 파일 시스템만 변경하면 데이터의 정확성과 일관성을 위배하게 됩니다.

합격자의 맘기법

데이터베이스 정의
기사퍼스트는 자격증 취득을 위해 DB를 (운영)하고 있으며, 강의와 자료를 (통합, 저장)하여 여러 회원들에게 (공용)하고 있다.

---

01 데이터베이스 개요

1 데이터베이스(Database)

데이터베이스는 특정 조직이 업무를 수행하는 데 필요한 관련성이 있는 자료들의 집합체이다.

- 업무와 관련된 데이터를 독립된 파일 단위로 저장하면, 데이터 중복성※과 종속성※이 발생하여 데이터 무결성※을 위배할 가능성이 크다.
- 이러한 파일 시스템의 문제점을 해결하기 위해 데이터베이스가 도입되었다.

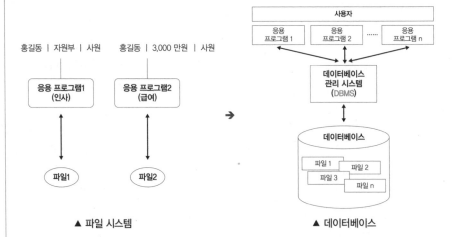

▲ 파일 시스템   ▲ 데이터베이스

1. 데이터베이스 정의

구분	설명
운영 데이터 (Operational Data)	조직의 업무를 수행하는 데 있어서 존재 가치가 확실하고 필수적인 데이터의 집합
통합 데이터 (Integrated Data)	데이터의 중복을 배제 또는 최소화한 데이터의 집합
저장 데이터 (Stored Data)	컴퓨터가 접근 가능한 저장 매체에 저장된 데이터의 집합
공용 데이터 (Shared Data)	여러 응용 프로그램들이 공동으로 이용할 수 있는 데이터의 집합

2. 데이터베이스의 특징

구분	설명
계속적인 변화 (Continuous Evolution)	데이터의 삽입, 삭제, 갱신 작업으로 항상 최신의 데이터를 유지해야 한다.
동시 공용, 공유성 (Concurrent Sharing)	여러 사용자가 같이 쓸 수 있어야 한다.
실시간 접근 (Real Time Accessibility)	내가 원할 때마다 언제든지 바로 접근해서 데이터를 처리할 수 있다.
내용에 의한 참조 (Content Reference)	위치나 주소가 아닌 데이터의 내용, 즉 값에 따라 참조할 수 있다. 예 게시판 검색 시 '정보처리기사'처럼 값 입력

합격자의 맘기법

데이터베이스의 특징
기사퍼스트는 DB를 최신 자료로 갱신(계속적인 변화)하므로 여러 회원(동시 공용)이 (실시간 접근)하여 자료를 검색(내용에 의한 참조)할 수 있다.

2 데이터베이스 관리 시스템(DBMS; Database Management System)

데이터베이스 관리 시스템(DBMS)은 응용 프로그램 또는 사용자와 데이터베이스 사이에서 사용자의 요청에 따라 데이터베이스를 생성 및 관리해주는 소프트웨어이다.

- 사용자, 애플리케이션, 데이터베이스와 상호 작용하여 데이터를 저장하고 분석하기 위한 컴퓨터 소프트웨어로, 데이터베이스 생성, 조회, 변경 등의 관리가 주요 기능이다.
- 데이터를 통합 관리하므로 데이터 중복을 최소화하고 일관성과 무결성을 유지할 수 있다.

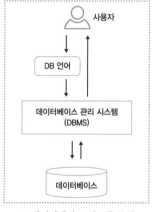

▲ 데이터베이스 시스템 구성

병행 제어(Concurrency Control, 동시성 제어)
트랜잭션을 동시에 여러 개 수행할 때, 데이터베이스 일관성 유지를 위해 트랜잭션 간의 상호 작용을 제어하는 것

접근 제어(Access Control, 접근 통제)
데이터베이스에 저장된 데이터에 대해 사용자별 접근 권한에 따라 접근을 제한하기 위한 기술

1. DBMS의 필수 기능

기능	설명
정의(Definition) 기능	데이터베이스에 저장된 데이터의 형(Type)과 구조, 이용 방식, 제약조건 등을 명시하는 기능
조작(Manipulation) 기능	데이터 삽입, 갱신, 삭제, 검색 등 데이터 처리를 위한 사용자와 데이터베이스 사이 인터페이스 수단을 제공하는 기능
제어(Control) 기능	데이터의 정확성과 보안성을 유지하기 위한 무결성 관리와 병행 제어※, 접근 제어※ 등을 제공하는 기능

합격자의 맘기법

DBMS 필수 기능 : 정조제 = DMC
- 정(의, Definition)
- 조(작, Manipulation)
- 제(어, Control)

2. 데이터 언어 [20년 2회 필기]

종류	설명
데이터 정의어 (DDL; Data Definition Language)	데이터의 형태, 구조, 데이터베이스의 저장에 관한 내용을 정의 및 변경하는 기능 예 정의, 변경, 제거
데이터 조작어 (DML; Data Manipulation Language)	사용자의 요구에 따라 삽입, 갱신, 삭제, 검색 등을 지원하는 기능 예 검색, 삽입, 갱신, 삭제
데이터 제어어 (DCL; Data Control Language)	무결성 유지, 보안, 권한, 병행 수행 제어, 회복 등 정확성과 안정성을 유지하는 기능 예 권한 부여, 권한 취소 등

권쌤이 알려줌

DBA(DataBase Administrator, 데이터베이스 관리자)는 데이터베이스 시스템의 모든 관리와 운영에 대한 책임을 지고 있는 사람 또는 그룹으로서, DDL이나 DCL을 사용합니다.

권쌤이 알려줌

데이터베이스는 시스템 데이터베이스(데이터 사전)와 사용자 데이터베이스(DB)로 나뉘게 됩니다. 데이터 사전은 사용자 데이터베이스가 아니라 시스템 데이터베이스이므로, DBMS만 스스로 갱신 및 유지합니다. 따라서 사용자는 갱신할 수 없습니다.

3. DBMS의 구성

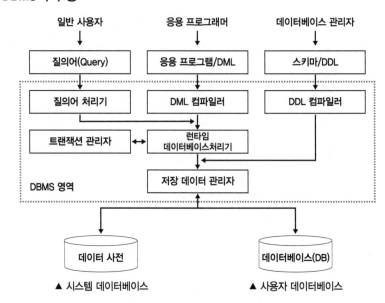

구성 요소	설명
질의어* 처리기	사용자의 데이터 처리 요구를 해석하여 처리하는 역할을 담당하고 있는 요소
DML 컴파일러*	DML로 작성된 데이터의 처리 요구를 분석하여, 런타임 데이터베이스 처리기가 이해할 수 있도록 해석하는 요소
DDL 컴파일러	DDL로 명세된 정의를 데이터 사전에 저장하는 요소
트랜잭션* 관리자	데이터베이스에 접근하는 과정에서 사용자의 접근 권한이 유효한지를 검사하고, 데이터베이스 무결성을 유지하기 위한 제약조건 위반 여부를 확인하며, 회복이나 병행 수행과 관련된 작업도 담당하는 요소
런타임 데이터베이스 처리기	저장 데이터 관리자를 통해 데이터베이스에 접근하여, DML 컴파일러로부터 전달받은 데이터 처리 요구를 데이터베이스에서 실제로 실행하는 요소
저장 데이터 관리자	디스크에 저장된 시스템 데이터베이스와 사용자 데이터베이스를 관리하고, 여기에 실제로 접근하는 역할을 하는 요소

질의어(Query, 쿼리)
데이터베이스에 자료를 조작하고 검색하는 데 사용되는 데이터 언어

컴파일러(Compiler)
고급 언어로 작성된 코드를 실행 가능한 목적 코드로 변경시키는 프로그램

트랜잭션(Transaction)
데이터베이스의 상태를 변화시키는 논리적 연산의 집합

객체(Object)
데이터베이스를 구성하는 모든 것
⑩ 테이블(Table), 인덱스(Index), 뷰(View) 등

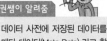

권쌤이 알려줌

데이터 사전에 저장된 데이터를 메타 데이터(Meta Data)라고 합니다.
• 메타 데이터 : 데이터(Data)에 대한 데이터로, 데이터를 설명해 주는 데이터를 의미한다.
⑩ 음악의 메타 데이터는 '제목', '작곡가', '작사가' 등이 있다.

 데이터 사전(Data Dictionary)　[21년 1, 2회 필기]

1. 시스템 자신이 필요로 하는 여러 객체(Object)*에 관한 정보를 포함하고 있는 시스템 데이터베이스
   • 시스템 카탈로그(System Catalog)라고도 한다.
   • 사용자도 SQL을 이용하여 검색할 수 있다. 단, DBMS만 스스로 갱신 및 유지할 수 있고, 사용자는 갱신할 수 없다.
2. DBMS에서 사용되는 모든 파일, 속성, 변수의 목록
   사용자가 데이터베이스를 사용할 때, 해당 데이터베이스 내에 어떤 자료가 있는지 또는 그 자료가 어떻게 정의되어 있는지 등을 쉽게 알 수 있도록 한다.

[20년 2회 필기]

01 데이터 제어 언어(DCL)의 기능으로 옳지 않은 것을 모두 고르시오.

> ㉠ 데이터 보안
> ㉡ 논리적, 물리적 데이터 구조 정의
> ㉢ 무결성 유지
> ㉣ 병행 수행 제어

해설 나머지는 데이터 정의어(DDL)에 대한 설명이다.

[21년 1, 2회 필기]

02 시스템 카탈로그에 대한 설명으로 옳은 것을 모두 고르시오.

> ㉠ 시스템 카탈로그의 갱신은 무결성 유지를 위하여 SQL을 이용하여 사용자가 직접 갱신하여야 한다.
> ㉡ 데이터베이스에 포함되는 데이터 객체에 대한 정의나 명세에 대한 정보를 유지 관리한다.
> ㉢ DBMS가 스스로 생성하고 유지하는 데이터베이스 내의 특별한 테이블 집합체이다.
> ㉣ 카탈로그에 저장된 정보를 메타 데이터라고도 한다.
> ㉤ 시스템 자신이 필요로 하는 스키마 및 여러 가지 객체에 관한 정보를 포함하고 있는 시스템 데이터베이스이다.

해설 DBMS만 시스템 카탈로그의 내용을 갱신할 수 있다. 사용자는 갱신은 불가능하지만, SQL을 이용한 검색은 가능하다.

03 데이터베이스의 정의 중 다음 설명과 관계되는 것을 〈보기〉에서 고르시오.

> 조직에서 그 고유의 기능을 수행하기 위해 반드시 유지해야 할 데이터가 있다. 조직의 존재 목적이나 기능을 수행하는데 없어서는 안 될 데이터의 집합이다.

〈보기〉
㉠ Integrated Data ㉢ Stored Data
㉡ Operational Data ㉣ Shared Data

해설 키워드 조직, 고유 기능 수행 → 용어 운영 데이터(Operational Data)

04 데이터베이스의 특성 중 다음 설명에 해당하는 것을 〈보기〉에서 고르시오.

> 위치나 주소가 아닌 데이터의 내용, 즉 값에 따라 참조할 수 있다.

〈보기〉
㉠ Concurrent sharing ㉡ Real-time accessibility
㉢ Content reference ㉣ Continuous evolution

해설 키워드 값에 따라 참조 → 용어 내용에 의한 참조(Content Reference)

[이전 기출]

05 다음 설명의 ( ) 안에 공통적으로 들어갈 가장 적합한 용어를 쓰시오.

> ( )은(는) 사용자와 데이터베이스 사이에 위치하는 소프트웨어로, 데이터베이스를 관리하고, 사용자의 요구에 따라 정보를 생성해 준다. ( )은(는) 파일 시스템의 단점인 데이터의 중복성과 종속성의 문제를 해결하기 위해 제안된 시스템이다.

해설 키워드 데이터베이스 관리 → 용어 데이터베이스 관리 시스템

06 DBMS의 필수 기능 중 데이터베이스를 접근하여 데이터의 검색, 삽입, 삭제, 갱신 등의 연산 작업을 위한 사용자와 데이터베이스 사이의 인터페이스 수단을 제공하는 기능은 무엇인지 쓰시오.

....

해설 [키워드] 데이터 처리, 인터페이스 수단 → [용어] 조작 기능

[이전 기출]

07 데이터베이스 관리 시스템(DataBase Management System : DBMS)이란 응용프로그램과 데이터베이스 사이의 중재자로서 사용자의 요구사항에 효율적으로 서비스를 수행하기 위하여 제공되는 데이터베이스 관리 소프트웨어이다. 다음 그림과 같이 DBMS는 물리적인 데이터 저장구조와 외부 인터페이스 사이의 다양한 소프트웨어로 구성되어 있다. 다음 그림의 ①, ②에 들어갈 가장 적합한 용어를 쓰시오.

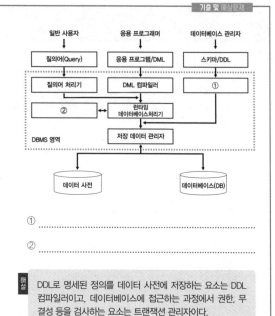

① ....

② ....

해설 DDL로 명세된 정의를 데이터 사전에 저장하는 요소는 DDL 컴파일러이고, 데이터베이스에 접근하는 과정에서 권한, 무결성 등을 검사하는 요소는 트랜잭션 관리자이다.

[정답]
01. ⓒ 02. ⓒ, ⓒ, ⓔ, ⓜ 03. ⓒ 04. ⓒ 05. 데이터베이스 관리 시스템(DBMS; Database Management System) 06. 조작(Manipulation) 기능 07. ❶ DDL 컴파일러 ❷ 트랜잭션 관리자

★★
02 스키마와 인스턴스

1 스키마(Schema) [20년 3회]

스키마는 데이터베이스의 구조와 제약조건에 대한 명세를 기술한 것이다.

- 데이터베이스를 구성하는 데이터 개체(Entity), 이들의 속성(Attribute), 이들 간에 존재하는 관계(Relationship) 그리고 데이터의 조작 또는 데이터 값들이 갖는 제약조건에 관한 정의를 총칭하는 용어이다.

예 스키마

[학생]	학번	이름	주소	성별	

[운전면허증]	ID	이름	주민등록번호	주소	발급일

권쌤이 알려줌
데이터베이스의 스키마는 구조, 인스턴스는 실제 값입니다.

권쌤이 알려줌
스키마라고 하면 일반적으로 개념 스키마를 의미합니다.

1. 스키마의 종류 [21년 1회 필기] [20년 4회 필기]

종류	설명
외부(External) 스키마	• 사용자나 응용 프로그래머가 보는 관점 • 서브스키마, 사용자 뷰 • 사용자에 따라 다르며 여러 개 존재 예 코끼리의 부분(코끼리 코, 몸통, 다리, 꼬리)
개념(Conceptual) 스키마	• 데이터베이스의 전체적인 논리적 구조 • 전체적인 뷰, 범기관적, 총괄적 입장 예 코끼리 전체 모양
내부(Internal) 스키마	• 데이터베이스의 전체적인 물리적 구조 • 실제 데이터를 저장 • DBA가 관리 예 코끼리 뼈대

권쌤이 알려줌

• 외부 스키마는 코끼리를 처음 보는 사람이 안대를 하고 코끼리를 만졌을 때를 생각하면 됩니다. 코끼리 모습은 사람마다 다르므로 여러 개가 존재합니다.
• 개념 스키마는 안대를 벗고 코끼리를 보면 전체적인 구조(논리적 구조)가 보이게 되는 개념입니다.
• 내부 스키마는 코끼리의 뼈대(물리적 구조)라고 생각하면 됩니다.

2. 데이터 독립성※

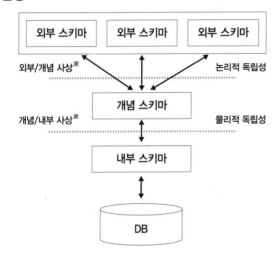

데이터 독립성(Data Independence)
하위 단계의 데이터 구조가 변경되더라도 상위 단계에 영향을 미치지 않는 속성

외부/개념 사상
외부 스키마와 개념 스키마의 대응 관계
• 응용 인터페이스(Application Interface)라고도 한다.

개념/내부 사상
개념 스키마와 내부 스키마의 대응 관계
• 저장 인터페이스(Storage Interface)라고도 한다.

구분	설명
논리적 데이터 독립성	데이터의 논리적 구조를 변경시키더라도, 응용 프로그램은 변경되지 않는 것을 말한다.
물리적 데이터 독립성	기존 응용 프로그램에 영향을 주지 않고 데이터의 물리적인 구조를 변경할 수 있는 것을 말한다.

3. 스키마의 특징

• 데이터 사전에 저장된다.

• 데이터베이스의 구조(개체, 속성, 관계)에 대해 정의한다.

• 다른 이름으로 메타 데이터라고 한다.

• 스키마는 시간에 따라 불변인 특성을 갖는다.

권쌤이 알려줌

• 논리적 데이터 독립성은 홈페이지(응용 프로그램)와 연동된 DB의 데이터 순서(논리적 구조)를 변경하더라도 홈페이지는 변경할 필요가 없는 것입니다.
• 물리적 데이터 독립성은 DB의 용량이 부족하여 디스크(물리적 구조)를 증설하더라도 홈페이지에 영향을 주지 않는 것입니다.

2 인스턴스(Instance)

인스턴스는 정의된 스키마에 따라 데이터베이스에 실제로 저장된 값이다.

- 시간에 따라 동적으로 변화한다.

예 인스턴스

[학생]	A001	홍길동	서울시 ……	남
	A002	이순신	대구시 ……	남

[운전면허증]	서울10	홍길동	910303—……	서울시 ……	2010. 03. 04
	대구13	이순신	940911—……	대구시 ……	2013. 12. 31

권쌤이 알려줌

객체는 데이터베이스, 개체는 현실입니다. 데이터베이스의 구성 요소는 이후 자세히 학습합니다.

학습 플러스 객체(Object)와 개체(Entity)의 차이점

구분	내용
객체(Object)	데이터베이스를 구성하는 모든 것을 뜻한다. 예 테이블(Table), 인덱스(Index), 뷰(View), Stored Procedure, Trigger 등
개체(Entity)	현실 세계에서 조직을 운영하는 데 꼭 필요한 사람이나 사물과 같이 구별되는 모든 것을 뜻한다. 예 학생, 운전면허증 등

기출 및 예상문제

02 스키마와 인스턴스

[20년 3회]

01 데이터베이스의 스키마(Schema)에 대해 간략히 서술하시오.

....

 해설 키워드 구조와 제약조건에 대한 명세 → 용어 스키마

[21년 1회 필기]

02 데이터베이스 전체를 정의한 것으로 데이터개체, 관계, 제약조건, 접근권한, 무결성 규칙 등을 명세화한 스키마는 무엇인지 쓰시오.

....

 해설 키워드 데이터베이스 전체 정의 → 용어 개념 스키마

[20년 4회 필기]

03 다음에서 설명하는 스키마(Schema)는 무엇인지 쓰시오.

> 물리적 저장 장치의 입장에서 본 데이터베이스 구조로서 실제로 데이터베이스에 저장될 레코드의 형식을 정의하고 저장 데이터 항목의 표현 방법, 내부 레코드의 물리적 순서 등을 나타낸다.

....

해설 키워드 물리적 저장 장치 입장 → 용어 내부 스키마

[이전 기출]

04 다음 설명의 ( ) 안에 공통적으로 들어갈 가장 적합한 용어를 쓰시오.

- ( )은(는) 데이터에 관한 데이터로 정의할 수 있다.
- 컴퓨터에서는 데이터 사전의 내용, 스키마 등을 의미한다.
- 하이퍼텍스트 마크업 언어(HTML) 문서에서는 메타 태그 내의 내용이 ( )이다.
- 방송에서는 방대한 분량의 저작물을 신속하게 검색하기 위해서 프로그램 제작 시 촬영 일시, 장소, 작가, 출연자 등과 음원의 경우 작곡자나 가수명 등을 ( )(으)로 처리한다.
- 여러 용도로 사용되나 주로 빠른 검색과 내용을 간략하고 체계적으로 하기 위해 많이 사용된다.

해설 [키워드] 데이터에 대한 데이터 → [용어] 메타 데이터

05 다음은 데이터 독립성에 대한 설명이다. ①, ②에 들어갈 가장 적합한 데이터 독립성을 쓰시오.

특성	설명
(①) 데이터 독립성	기존 응용 프로그램에 영향을 주지 않고 데이터의 논리적인 구조를 변경할 수 있는 것
(②) 데이터 독립성	기존 응용 프로그램에 영향을 주지 않고 데이터의 물리적인 구조를 변경할 수 있는 것

① ....

② ....

해설 [키워드] 논리적 구조 변경 → [용어] 논리적 데이터 독립성
[키워드] 물리적 구조 변경 → [용어] 물리적 데이터 독립성

정답
01. 데이터베이스의 구조와 제약조건에 대한 명세를 기술한 것을 의미한다. **02.** 개념 스키마(Conceptual Schema) **03.** 내부 스키마(Internal Schema) **04.** 메타 데이터(Meta Data) **05. ❶** 논리적 ❷ 물리적

SECTION

02

SQL 기본

SQL은 사용자가 DBMS를 이용하여 데이터베이스에 접근하기 위한 질의어입니다. SQL을 이용하여 원하는 데이터를 검색할 수 있으며, 데이터 삽입, 삭제, 수정 등의 데이터 관리도 할 수 있습니다. 데이터를 관리하기 위한 DDL, DML, DCL에 대해 학습합니다.

---

01 SQL 기초

1 SQL(Structured Query Language, 구조화된 질의어)

SQL은 관계형 데이터베이스 관리 시스템(RDBMS)의 조작과 관리를 위한 표준 질의어※이다.

- 관계 대수※와 관계 해석※을 기초로 한 고급 데이터 언어로, 이해하기 쉬운 형태이다.

2 SQL 구분 [21년 2, 3회 필기] [20년 2, 3회 필기]

1. 데이터 정의어(DDL; Data Definition Language)

데이터의 형태, 구조, 데이터베이스의 저장에 관한 내용을 정의 및 변경하는 데이터 언어

종류	설명
CREATE	도메인, 테이블, 뷰, 인덱스를 정의한다.
ALTER	테이블 구조를 변경한다.
DROP	도메인, 테이블, 뷰, 인덱스를 삭제한다.

2. 데이터 조작어(DML; Data Manipulation Language)

사용자의 요구에 따라 삽입, 수정, 삭제, 검색 등을 지원하는 데이터 언어

종류	명령문
INSERT	튜플을 삽입한다.
UPDATE	튜플을 수정(갱신)한다.
DELETE	튜플을 삭제한다.
SELECT	튜플을 검색한다.

질의어(쿼리, Query)
데이터베이스에 자료를 조작하고 검색하는데 사용되는 데이터 언어

관계 대수
원하는 정보를 어떻게 유도하는가를 연산자와 연산규칙 이용하여 기술한 절차 중심의 언어

관계 해석
원하는 정보가 무엇이라는 것만 정의한 결과 중심의 언어

권쌤이 알려줌

비절차적 언어인 SQL은 사용자가 원하는 데이터를 명시할 뿐, 데이터를 구하는 방법을 절차적으로 명시하지는 않습니다.
◎ 절차적 언어 : C언어

합격자의 암기법

SQL 구분 : 정조제 = DMC
- 정(의어, Definition)
- 조(작어, Manipulation)
- 제(어어, Control)

3. 데이터 제어어(DCL; Data Control Language)

무결성 유지, 보안, 권한, 병행 수행 제어, 회복 등 정확성과 안정성을 유지하는 데이터 언어

종류	명령문
GRANT	데이터베이스 사용자에게 권한을 부여한다.
REVOKE	데이터베이스 사용자의 권한을 취소한다.
COMMIT	트랜잭션이 성공했을 경우 그 결과를 데이터베이스에 적용하여 작업을 완료시킨다.
ROLLBACK	트랜잭션의 실패로 작업을 취소하고, 이전 상태로 되돌린다.
SAVEPOINT	트랜잭션 내에 롤백할 위치인 저장점을 지정한다.

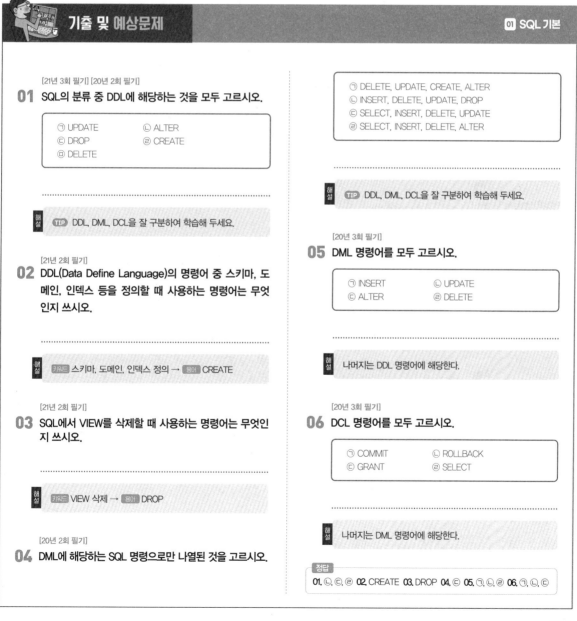

기출 및 예상문제

01 SQL 기본

[21년 3회 필기] [20년 2회 필기]

01 SQL의 분류 중 DDL에 해당하는 것을 모두 고르시오.

> ⓐ UPDATE　　ⓑ ALTER
> ⓒ DROP　　　ⓓ CREATE
> ⓔ DELETE

해설 **TIP** DDL, DML, DCL을 잘 구분하여 학습해 두세요.

[21년 2회 필기]

02 DDL(Data Define Language)의 명령어 중 스키마, 도메인, 인덱스 등을 정의할 때 사용하는 명령어는 무엇인지 쓰시오.

해설 **키워드** 스키마, 도메인, 인덱스 정의 → **용어** CREATE

[21년 2회 필기]

03 SQL에서 VIEW를 삭제할 때 사용하는 명령어는 무엇인지 쓰시오.

해설 **키워드** VIEW 삭제 → **용어** DROP

[20년 2회 필기]

04 DML에 해당하는 SQL 명령으로만 나열된 것을 고르시오.

> ⓐ DELETE, UPDATE, CREATE, ALTER
> ⓑ INSERT, DELETE, UPDATE, DROP
> ⓒ SELECT, INSERT, DELETE, UPDATE
> ⓓ SELECT, INSERT, DELETE, ALTER

해설 **TIP** DDL, DML, DCL을 잘 구분하여 학습해 두세요.

[20년 3회 필기]

05 DML 명령어를 모두 고르시오.

> ⓐ INSERT　　ⓑ UPDATE
> ⓒ ALTER　　　ⓓ DELETE

해설 나머지는 DDL 명령어에 해당한다.

[20년 3회 필기]

06 DCL 명령어를 모두 고르시오.

> ⓐ COMMIT　　ⓑ ROLLBACK
> ⓒ GRANT　　　ⓓ SELECT

해설 나머지는 DML 명령어에 해당한다.

정답
01. ⓑ, ⓒ, ⓓ **02.** CREATE **03.** DROP **04.** ⓒ **05.** ⓐ, ⓑ, ⓓ **06.** ⓐ, ⓑ, ⓒ

권쌤이 알려줌

DB는 실제 데이터가 저장되는 [사용자 DB]와, DB 객체에 관한 정보를 포함하고 있는 [시스템 DB]로 나뉘게 됩니다. 기사퍼스트 DB에 '홍길동' 회원의 데이터가 삽입(Insert)되면 '홍길동' 회원의 데이터는 [사용자 DB]에 저장되고, '홍길동' 회원의 데이터가 삽입된 테이블명 등의 여러 정보는 [시스템 DB]에 저장됩니다.

도메인(Domain)
한 속성에 나타날 수 있는 값들의 범위

권쌤이 알려줌

도메인 무결성과 관련이 있습니다.

문자형
•한글 : 2Byte
•영어 : 1Byte

권쌤이 알려줌

SQL문은 세미콜론(;)까지 한 줄로 작성해도 되고, 왼쪽과 같이 조건을 구분하여 여러 줄로 작성해도 됩니다. 조건은 일반적으로 SQL문의 시작과 구분하여 들여 쓰는 것이 보기 좋습니다.
•SQL문은 대소문자를 구분하지 않습니다.
⑩ CREATE = create

권쌤이 알려줌

제약조건을 지정하여 데이터의 정확성을 보장할 수 있습니다.

★★★

02 DDL

1 DDL(Data Definition Language, 데이터 정의어) [21년 1회 필기]

DDL은 도메인, 테이블, 뷰, 인덱스를 정의, 변경, 삭제하는 언어이다.

• DDL로 정의된 내용은 메타 데이터가 되며, 시스템 카탈로그에 저장된다.

• 종류 : CREATE, ALTER, DROP

2 CREATE DOMAIN

도메인※을 정의한다.

형식

```
CREATE DOMAIN 도메인명 데이터타입
    [DEFAULT 기본값]
    [CONSTRAINT 제약조건명 CHECK(제약조건)];
```

• 도메인명 : 임의로 지정한 도메인 이름
• 데이터타입 : SQL에서 지원하는 데이터 형식
 – 문자형※ : CHAR, 날짜형 : DATE, 정수형 : INTEGER 등
• DEFAULT 기본값 : 데이터 값을 입력하지 않았을 경우 자동으로 입력되는 값
• CONSTRAINT 제약조건명 : 임의로 지정한 제약조건 이름
• CHECK(제약조건) : 데이터베이스에 저장된 데이터의 정확성을 보장하기 위해 정확하지 않은 데이터가 데이터베이스 내에 저장되는 것을 방지하기 위한 조건

예제　　SUNG 도메인 정의

```
1    CREATE DOMAIN SUNG CHAR(2)
2        DEFAULT '여'
3        CONSTRAINT SUNG_ck CHECK (SUNG='남' or SUNG='여');
```

해설

```
1    CREATE DOMAIN SUNG CHAR(2)
     크기가 2Byte인 문자열 타입(CHAR)의 SUNG이라는 사용자 데이터 타입을 정의한다.
2    DEFAULT '여'
     데이터값을 입력하지 않았을 경우 기본값은 '여'로 입력한다.
3    CONSTRAINT SUNG_ck CHECK (SUNG='남' or SUNG='여');
     사용자 데이터 타입 SUNG에는 '남' 또는 '여'만 저장될 수 있다. 이 제약조
     건을 SUNG_ck라고 한다.
     - 만약 SUNG에 '여자'가 입력되면, 제약조건 SUNG_ck가 성립하지 않으므로 오
     류가 발생한다.
```

3 CREATE TABLE

테이블을 정의한다.

형식

```
CREATE TABLE 테이블명 (
    속성명 데이터타입 [DEFAULT 기본값] [NOT NULL]
    ,···
    [,PRIMARY KEY(기본키_속성명)]
    [,UNIQUE(대체키_속성명)]
    [,FOREIGN KEY(외래키_속성명) REFERENCES 참조테이블명(참조테이블기본키_속성명)]
    [,CECHK(제약조건)]
);
```

- 테이블명 : 임의로 지정한 테이블 이름
- 속성명 : 테이블에 포함될 임의로 지정한 속성 이름
- 데이터타입 : 속성의 데이터 형식
- DEFAULT 기본값 : 해당 속성의 기본값을 지정
- NOT NULL[※] : 해당 속성은 NULL 값을 가질 수 없음
- PRIMARY KEY(기본키_속성명) : 해당 속성을 기본키로 지정
 – 기본키로 지정된 속성은 NULL 값을 가질 수 없고 중복되어서는 안 된다.
- UNIQUE(대체키_속성명) : 해당 속성을 대체키로 지정
 – 대체키로 지정된 속성은 중복되면 안 된다.
- FOREIGN KEY(외래키_속성명) : 해당 속성을 외래키로 지정
 – 옵션1. ON DELETE[UPDATE] CASCADE : 부모 데이터가 삭제[수정]되면, 관련된 자식 데이터
   도 연쇄 삭제[수정]된다.
 – 옵션2. ON DELETE[UPDATE] SET NULL : 부모 데이터가 삭제[수정]되면, 관련된 자식 데이터는
   NULL이 된다.
 – 옵션3. ON DELETE[UPDATE] SET DEFAULT : 부모 데이터가 삭제[수정]되면, 관련된 자식 데이
   터는 기본(Default)값이 된다.
- REFERENCES 참조테이블명(참조테이블기본키_속성명) : 외래키로 지정된 속성은 참조테이블의
  기본키를 참조함
- CHECK(제약조건) : 데이터베이스에 저장된 데이터의 정확성을 보장하기 위해 정확하지 않은 데이
  터가 데이터베이스 내에 저장되는 것을 방지하기 위한 조건

NULL
데이터 값이 존재하지 않는다.

권쌤이 알려줌

FOREIGN KEY 옵션 중 NO
ACTION은 부모 테이블에 변화
가 있어도, 관련된 자식 테이블
에는 아무런 작업을 하지 않는
것입니다.

권쌤이 알려줌

외래키는 두 테이블을 서로 연
결하는 데 사용되는 키입니다.
• 외래키가 포함된 테이블을 자
 식(하위) 테이블이라 하고, 외
 래키 값을 제공하는 테이블을
 부모(상위) 테이블이라 합니다.

예제   [학생] 테이블 정의

```
1    CREATE TABLE 학생 (
2        학번 CHAR(18),
3        이름 CHAR(18) NOT NULL,
4        학과코드 CHAR(10),
5        성별 SUNG,
6        생년월일 DATE,
7            PRIMARY KEY(학번),
8            UNIQUE(이름),
9            FOREIGN KEY(학과코드) REFERENCES 학과(학과코드),
10           CHECK (생년월일 >= ' 1974-05-01 ')
11   );
```

해설

1	CREATE TABLE 학생 　　테이블명이 [학생]인 테이블을 정의한다.
2	학번 CHAR(18), 　　크키가 18Byte인 문자열 타입의 학번 속성을 정의한다.
3	이름 CHAR(18) NOT NULL, 　　크기가 18Byte인 문자열 타입의 이름 속성을 정의한다. 이름 속성은 NULL 값을 　　가질 수 없다.

4	학과코드 CHAR(10), 크기가 10Byte인 문자열 타입의 학과코드 속성을 정의한다.
5	성별 SUNG, 사용자 데이터 타입 SUNG의 성별 속성을 정의한다. - SUNG은 SQL에서 지원하는 기본 데이터 형식이 아니므로 반드시 CREATE DOMAIN 을 사용하여 사용자 데이터 타입을 먼저 정의해야 한다.
6	생년월일 DATE, 날짜 타입의 생년월일 속성을 정의한다.
7	PRIMARY KEY(학번), 학번 속성을 기본키로 지정한다.
8	UNIQUE(이름), 이름 속성을 대체키로 지정한다.
9	FOREIGN KEY(학과코드) REFERENCES 학과(학과코드), 학과코드 속성을 외래키로 지정한다. 학과코드 속성은 [학과] 테이블의 학과코드 속성을 참조한다.

부모 테이블
[학과]

학과코드	…	…
PK (Primary Key)		

자식 테이블
[학생]

학번	이름	성별	생년월일	학과코드
PK (Primary Key)				FK (Foreign Key)

10	CHECK(생년월일 >= '1974-05-01') 생년월일 속성에는 ' 1974-05-01 ' 이상 날짜만 저장될 수 있다. - 생년월일 속성에 ' 1974-05-01 ' 미만의 날짜가 입력되면 오류가 발생한다.

4 CREATE VIEW

뷰(View)※를 정의한다.

뷰(View)
사용자에게 접근이 허용된 자료
만을 제한적으로 보여주기 위해
서 하나 이상의 기본 테이블로
부터 유도된 가상 테이블

형식

```
CREATE VIEW 뷰테이블명(속성1, 속성2, …) AS
    SELECT문
    [WITH CHECK OPTION];
```

• 뷰테이블명 : 뷰로 생성할 임의로 지정한 뷰테이블 이름
• 속성 : 뷰테이블에 포함될 속성들
• SELECT문 : SELECT문의 결과를 뷰로 정의
 - SELECT문은 부속질의(Subquery) 형태이다.
• WITH CHECK OPTION : 뷰를 정의하는 SELECT문에 WHERE절이 있는 경우 그 조건에 사용되어
 진 칼럼 값은 뷰를 통한 변경이 불가능하다는 옵션

권쌤이 알려줌

SELECT문은 DML에서 자세히
학습합니다. DML을 학습한 후
CREATE VIEW문을 한 번 더 학
습하세요.

예제　[학생] 테이블에서 이름 속성과 성별(여) 속성을 뷰로 정의

1	CREATE VIEW 여학생_view(이름, 성별) AS
2	SELECT 이름, 성별
3	FROM 학생
4	WHERE 성별='여'
5	WITH CHECK OPTION;

해설

1	CREATE VIEW 여학생_view(이름, 성별) AS
	이름 속성과 성별 속성이 포함된 뷰테이블명이 [여학생_view]인 테이블을 정의한다.
2~4	SELECT 이름, 성별 FROM 학생 WHERE 성별='여'
	[학생] 테이블의 성별 속성이 '여'인 튜플의 이름 속성과 성별 속성을 반환한다.
5	WITH CHECK OPTION;
	뷰를 통해서 성별 속성의 데이터 값을 변경할 경우 오류가 발생한다.

결과　　임의로 [학생] 테이블에 데이터를 입력한 후 결과

학생

학번	이름	성별	생년월일	학과코드
A001	김기영	남	78년10월04일	사무
A002	최현주	여	79년04월09일	정보
A003	이미영	여	82년12월12일	사무

→

여학생_view

이름	성별
최현주	여
이미영	여

5 CREATE INDEX [20년 2회]

인덱스(Index)*를 정의한다.

형식

```
CREATE [UNIQUE] INDEX 인덱스명
    ON 테이블명(속성1 [ASC|DESC], 속성2 [ASC|DESC], …)
    [CLUSTER];
```

- 인덱스명 : 임의로 지정한 인덱스 이름
- UNIQUE : 인덱스로 정의되는 속성값의 중복을 허용하지 않음
  - 생략할 경우 중복을 허용한다.
- ON 테이블명(속성) : 인덱스를 생성할 테이블과 인덱스로 지정할 속성
  - ASC : 오름차순 정렬, 생략 시 기본값으로 오름차순 정렬
  - DESC : 내림차순 정렬
- CLUSTER : 클러스터드 인덱스(Clustered Index)*로 설정
  - 생략할 경우 넌클러스터드 인덱스(Non Clustered Index)*로 설정된다.

예제　　[학생] 테이블에서 이름 속성을 인덱스로 정의

```
1  CREATE UNIQUE INDEX 이름_idx
2      ON 학생(이름 ASC)
3      CLUSTER;
```

해설

1	CREATE UNIQUE INDEX 이름_idx
	인덱스명이 이름_idx인 인덱스를 정의하고, 인덱스로 지정된 속성은 중복을 허용하지 않는다.
2	ON 학생(이름 ASC)
	[학생] 테이블의 이름 속성을 오름차순으로 정렬한다.
3	CLUSTER;
	클러스터드 인덱스로 설정한다.

인덱스(Index)
검색을 빠르게 하기 위해 만든 보조적인 데이터 구조

클러스터드 인덱스(Clustered Index)
인덱스의 순서에 따라 데이터베이스 내 튜플(행)을 정렬하여 저장되는 방식

넌클러스터드 인덱스(Non Clustered Index)
인덱스만 정렬되어 있을 뿐 데이터베이스 내 튜플(행)을 정렬되지 않는 방식

권쌤이 알려줌

사용자 그룹 생성 방법은 아래와 같습니다.
- CREATE USER [사용자그룹명] IDENTIFIED BY [비밀번호];

6 ALTER TABLE [20년 3회] [21년 1회 필기] [20년 4회 필기]

테이블 구조를 변경한다.

형식

> ① ALTER TABLE 테이블명 ADD 속성명 데이터타입;
> ② ALTER TABLE 테이블명 ALTER 속성명 SET DEFAULT 기본값;
> ③ ALTER TABLE 테이블명 DROP 속성명;
>
> ① 테이블에 새로운 속성(열)을 추가한다.
> ② 테이블의 속성(열)의 기본값을 변경한다.
> ③ 테이블의 속성(열)을 제거한다.

예제1

ALTER TABLE 학과 ADD 연락처 CHAR(18);

해설1

[학과] 테이블에 크기가 18Byte의 문자열 타입의 연락처 속성을 추가한다.

예제2

ALTER TABLE 학과 ALTER 학과명 SET DEFAULT '정보';

해설2

[학과] 테이블의 학과명 속성의 기본 값을 '정보'로 변경한다.

예제3

ALTER TABLE 학과 DROP 학과명;

해설3

[학과] 테이블의 학과명 속성을 제거한다.

7 DROP TABLE [20년 2회 필기]

테이블을 삭제한다.

형식

DROP TABLE 테이블명 [CASCADE|RESTRICT];

- DROP TABLE 테이블명 : 테이블 삭제
- CASCADE : 참조하는 테이블을 연쇄적으로 제거
- RESTRICT : 참조하는 테이블이 있을 경우 제거 안 됨
  - 생략할 경우 기본값으로 RESTRICT이 설정된다.

권쌤이 알려줌

DBMS에 따라 SQL문은 조금씩 다릅니다.
- MS-SQL : ALTER TABLE 테이블명 <u>ALTER</u> 속성명 ...;
- Oracle : ALTER TABLE 테이블명 <u>MODIFY</u> 속성명 ...;

권쌤이 알려줌

사용자 그룹 비밀번호 변경 방법은 아래와 같습니다.
- ALTER USER [사용자그룹명] IDENTIFIED BY [비밀번호];

권쌤이 알려줌

DROP DOMAIN, DROP VIEW, DROP INDEX 모두 사용합니다.

예제

[학생] 테이블이 [학과] 테이블을 참조하고 있을 때, [학과] 테이블을 삭제하시오.

정답 및 해설

1. SQL문 : DROP TABLE 학과;
   – 실행 결과 : [학과] 테이블을 참조하는 [학생] 테이블이 존재하므로, [학과] 테이블을 삭제할 경우 오류가 발생한다.
2. SQL문 : DROP TABLE 학과 CASCADE;
   – 실행 결과 : [학과] 테이블과 [학과] 테이블을 참조하는 [학생] 테이블까지 모두 삭제된다.

권쌤이 알려줌

DELETE문은 DML로 테이블 내 튜플을 삭제하는 명령어입니다. 이후 자세히 학습합니다.

TRUNCATE TABLE

TRUNCATE 명령어는 테이블에서 모든 튜플(행)을 삭제하는 데이터 정의어(DDL)이다.
- DELETE 테이블명 다음에 WHERE절이 없는 구문과 동일하다.
- DELETE 명령어는 데이터는 지워지지만 테이블 용량은 줄어들지 않는다.
- TRUNCATE 명령어는 테이블 용량이 줄어들고, 실행 후 자동으로 커밋을 하므로 TRUNCATE를 실행한 테이블은 롤백을 할 수 없다.
  – 커밋(Commit) : 데이터베이스에 적용하고 작업을 완료시키는 기능
  – 롤백(Rollback) : 작업을 취소하고 이전 상태로 되돌리는 기능

이름	성별		DELETE 후 이름	성별		TRUNCATE 후 이름	성별		DROP 후
홍길동	남	→			→			→	
임꺽정	여								삭제
장발장	남								

기출 및 예상문제

[21년 1회 필기]

01 SQL에서 스키마(schema), 도메인(domain), 테이블(table), 뷰(view), 인덱스(index)를 정의하거나 변경 또는 삭제할 때 사용하는 언어는 무엇인지 쓰시오.

해설 키워드 도메인, 테이블, …, 정의(Definition), 변경, 삭제 → 용어 DDL

[20년 2회]

02 student 테이블의 name 속성에 'idx_name' 이름의 인덱스를 생성하는 SQL문을 작성하시오.

해설 CREATE INDEX문 일반 형식
: CREATE INDEX 인덱스명 ON 테이블명(속성명);

[21년 1회 필기] [20년 4회 필기]

03 학생 테이블을 생성한 후, 성별 필드가 누락되어 이를 추가하려고 한다. 이에 적합한 SQL 명령어를 쓰시오.

해설 키워드 테이블 구조 변경, 속성 추가 → 용어 ALTER

[20년 3회]

04 [학생] 테이블에 데이터 타입이 문자 20자리인 '주소' 속성을 추가하는 SQL문을 완성하기 위하여 ①, ②에 들어갈 가장 적합한 답을 쓰시오.

> (①) TABLE 학생 (②) 주소 VARCHAR(20);

① ....

② ....

> **해설** ALTER TABLE : ADD(새로운 속성 추가), ALTER(기본값 변경), DROP(속성 제거)

[20년 2회 필기]

05 참조 무결성을 유지하기 위하여 DROP문에서 부모 테이블의 항목 값을 삭제할 경우 자동적으로 자식 테이블의 해당 레코드를 삭제하기 위한 옵션은 무엇인지 쓰시오.

> **해설** 키워드 자동적, 자식 테이블의 해당 레코드 삭제 → 용어 CASCADE

06 아래의 〈처리 조건〉을 만족하는 테이블 [직원]을 정의하는 SQL문을 작성하시오.

> 〈처리 조건〉
> • '직원번호(문자 17)', '이름(문자 17)', '부서번호(문자 20)' 속성을 가진다.
> • '직원번호' 속성은 기본키이다.
> • '부서번호'는 [회사] 테이블의 '부서번호'를 참조한다.

> **해설** CREATE TABLE 일반 형식
> : CREATE INDEX 테이블명(속성명 데이터타입, …);
> • PRIMARY KEY(기본키_속성명) : 해당 속성을 기본키로 지정
> • FOREIGN KEY(외래키_속성명) REFERENCES 참조테이블명(참조테이블기본키_속성명) : 외래키로 지정된 속성은 참조테이블의 기본키를 참조함

07 [회원] 테이블을 참고하여 다음 〈처리 조건〉에 부합하는 SQL문을 작성하시오.

> 〈처리 조건〉
> • [회원] 테이블에 거주지를 구분하기 위한 컬럼을 추가하시오.
> • 거주지는 '지역(문자 10)' 속성을 가진다.

> **해설** ALTER TABLE 일반 형식
> : ALTER TABLE 테이블명 ADD 속성명 데이터타입;
> **TIP** 새로운 컬럼(속성)을 추가하기 위한 명령어는 ADD입니다.

08 아래의 〈처리 조건〉을 만족하는 테이블 [회원]을 정의하는 SQL문을 작성하시오.

> 〈처리 조건〉
> • '회원번호(문자 15)', '이름(문자 5)', '주민등록번호(문자 13)' 속성을 가진다.
> • '회원번호' 속성은 기본키이다.
> • '주민등록번호' 속성은 중복되어서는 안되며, Null 값을 가질 수 없다.

> **해설** CREATE TABLE 일반 형식
> : CREATE TABLE 테이블명(속성명 데이터타입, …);
> • PRIMARY KEY(기본키_속성명) : 해당 속성을 기본키로 지정
> • NOT NULL : 해당 속성은 NULL 값을 가질 수 없음
> • UNIQUE(대체키_속성명) : 해당 속성을 대체키로 지정

정답
01. DDL(Data Definition Language, 데이터 정의어) **02.** CREATE INDEX idx_name ON student(name); **03.** ALTER **04.** ❶ ALTER ❷ ADD **05.** CASCADE **06.** CREATE TABLE 직원(직원번호 CHAR(17), 이름 CHAR(17), 부서번호 CHAR(20), PRIMARY KEY(직원번호), FOREIGN KEY(부서번호) REFERENCES 회사(부서번호)); **07.** ALTER TABLE 회원 ADD 지역 CHAR(10); **08.** CREATE TABLE 회원(회원번호 CHAR(15), 이름 CHAR(5), 주민등록번호 CHAR(13) NOT NULL, PRIMARY KEY(회원번호), UNIQUE(주민등록번호))

★★★
03 DML

1 DML(Data Manipulation Language, 데이터 조작어)

DML은 데이터베이스에 저장된 튜플(행)을 삽입, 수정, 삭제, 검색하기 위한 언어이다.

- 종류 : INSERT, UPDATE, DELETE, SELECT

2 INSERT

튜플을 삽입한다.

형식1

```
INSERT INTO 테이블명[(속성)]
VALUES (데이터1, 데이터2, …);
```

- INSERT INTO 테이블명 : 튜플을 삽입할 테이블명
- 속성 : 데이터를 삽입할 속성
  – 생략할 경우 테이블의 모든 속성에 데이터를 삽입한다.
- 데이터 : 테이블에 삽입할 데이터값

수강생

이름	과목	주소	수강료
남기욱	정보	서구	100
권지온	컴할	중구	80
김상현	워드	북구	50

예제1

INSERT INTO 수강생 VALUES ('김길현', '정보', '남구', 100);

해설1

[수강생] 테이블에 (이름–김길현, 과목–정보, 주소–남구, 수강료–100)을 삽입한다.

예제2

INSERT INTO 수강생(이름, 수강료) VALUES ('이상인', 120);

해설2

[수강생] 테이블에 (이름–이상인, 수강료–120)을 삽입한다.

 권쌤이 알려줌

SQL에서 데이터 형식이 문자형일 경우 반드시 데이터값은 작은따옴표(' ')로 묶어야 합니다.
- 문자형 : '김길현', '정보'
- 숫자형 : 100, 120

형식2

```
INSERT INTO 테이블명[(속성)]
    SELECT문;
```

- INSERT INTO 테이블명 : 튜플을 삽입할 테이블명
- 속성 : 데이터를 삽입할 속성
 - 생략할 경우 테이블의 모든 속성에 데이터를 삽입한다.
- SELECT문 : SELECT문의 결과를 테이블의 튜플로 삽입

예제

```
INSERT INTO 정보수강생(이름, 과목, 수강료)
    SELECT 이름, 과목, 수강료 FROM 수강생 WHERE 주소='남구';
```

해설

[수강생] 테이블에서 주소 속성이 '남구'인 튜플을 [정보수강생](이름, 과목, 수강료) 테이블에 삽입한다.

3 UPDATE [21년 2회] [21년 2회 필기] [20년 4회 필기]

튜플을 수정한다.

형식

```
UPDATE 테이블명
SET 속성명 = 데이터
[WHERE 조건];
```

- UPDATE 테이블명 : 튜플을 수정할 테이블명
- SET 속성명 = 데이터 : 해당 속성을 데이터값으로 수정
- WHERE 조건 : 조건에 만족하는 튜플 수정

예제1

```
UPDATE 수강생 SET 과목='사무' WHERE 이름='이상인';
```

해설1

[수강생] 테이블에서 이름 속성이 '이상인'인 튜플의 과목을 '사무'로 수정한다.

예제2

```
UPDATE 수강생 SET 수강료=수강료+10 WHERE 과목='정보';
```

해설2

[수강생] 테이블에서 과목 속성이 '정보'인 튜플의 수강료를 수강료+10 값으로 수정한다.

권쌤이 알려줌

SQL에서 '='은 대입 연산자로, 우변의 값이 좌변의 값에 대입 (저장)됩니다.

예

좌변   우변

수강료 = 수강료 + 10

대입

4 DELETE [20년 3회]

튜플을 삭제한다.

형식

```
DELETE FROM 테이블명
[WHERE 조건];
```

- DELETE FROM 테이블명 : 튜플을 삭제할 테이블명
- WHERE 조건 : 조건에 만족하는 튜플 삭제

예제

```
DELETE FROM 수강생 WHERE 과목='정보';
```

해설

[수강생] 테이블에서 과목 속성이 '정보'인 튜플을 삭제한다.

5 SELECT – 기본 구조 [20년 1회] [21년 2회 필기] [20년 2, 3회 필기]

튜플을 검색한다.

형식

```
SELECT [DISTINCT] 속성 [AS 별칭]
FROM 테이블명
[WHERE 조건];
```

- SELECT 속성 : 해당 속성을 검색
- DISTINCT : 중복되는 튜플을 배제하여 출력
  - 생략할 경우 검색 결과에 중복되는 튜플도 출력된다.
- AS 별칭 : 해당 속성의 이름을 별칭으로 표시
- FROM 테이블명 : 튜플을 검색할 테이블명
- WHERE 조건 : 조건에 만족하는 튜플 검색

예제1

```
SELECT * FROM 수강생;
```

해설1

[수강생] 테이블의 모든 튜플을 검색한다.

예제2

```
SELECT 수강생.* FROM 수강생;
```

해설2

[수강생] 테이블의 모든 튜플을 검색한다.

권쌤이 알려줌

헷갈리지 마세요! 튜플을 삭제하는 명령어는 DELETE이고, 테이블을 삭제하는 명령어는 DROP입니다.

권쌤이 알려줌

주의하세요!
WHERE절이 없으면 해당 테이블의 모든 튜플을 삭제합니다.
⑩ DELETE FROM 수강생;
// [수강생] 테이블의 모든 튜플을 삭제한다.

권쌤이 알려줌

*는 모든, 전부를 의미합니다.

권쌤이 알려줌

[테이블명].[속성]은 해당 테이블의 속성을 의미하며, 다른 테이블과 속성 이름이 중복될 경우 주로 사용합니다.

예제3

SELECT 이름, 과목, 주소, 수강료 FROM 수강생;

해설3

[수강생] 테이블의 모든 튜플을 검색한 후 이름 속성, 과목 속성, 주소 속성, 수강료 속성을 검색한다.

예제4

SELECT 수강생.이름, 수강생.과목, 수강생.주소, 수강생.수강료 FROM 수강생;

해설4

[수강생] 테이블의 모든 튜플을 검색한 후 이름 속성, 과목 속성, 주소 속성, 수강료 속성을 검색한다.

예제5

SELECT DISTINCT 과목 FROM 수강생;

해설5

[수강생] 테이블에서 모든 튜플을 검색한 후 중복 제거된 과목 속성을 검색한다.

수강생

이름	과목	주소	수강료
김길현	정보	남구	100
이상인	정보	서구	120
남기욱	정보	서구	100
권지온	컴활	중구	80
김상현	워드	북구	50

[예제 1~4 결과]

이름	과목	주소	수강료
김길현	정보	남구	100
이상인	정보	서구	120
남기욱	정보	서구	100
권지온	컴활	중구	80
김상현	워드	북구	50

[예제 5 결과]

과목
정보
컴활
워드

6 SELECT - 조건

1. 비교 연산자 [20년 2회]

권쌤이 알려줌

IN과 NOT IN에는 다중값을 사용할 수 있습니다.
⑩ SELECT * FROM 학생
 WHERE 학년 IN (1, 2);
 : 조건-학년이 1 또는 2

연산자	설명	연산자	설명
A = B 또는 A IN B	A와 B는 같다.	A 〈 〉 B 또는 A NOT IN B	A와 B는 같지 않다.
A 〉 B	A는 B보다 크다.	A 〉= B	A는 B보다 크거나 같다.
A 〈 B	A는 B보다 작다.	A 〈= B	A는 B보다 작거나 같다.

예제1

SELECT * FROM 수강생 WHERE 과목='정보';

해설1

[수강생] 테이블에서 과목 속성이 '정보'인 튜플을 검색한다.

예제2

SELECT * FROM 수강생 WHERE 수강료 > 100;

해설2

[수강생] 테이블에서 수강료 속성이 100 초과인 튜플을 검색한다.

수강생

이름	과목	주소	수강료
김길현	정보	남구	100
이상인	정보	서구	120
남기욱	정보	서구	100
권지온	컴활	중구	80
김상현	워드	북구	50

[예제 1 결과]

이름	과목	주소	수강료
김길현	정보	남구	100
이상인	정보	서구	120
남기욱	정보	서구	100

[예제 2 결과]

이름	과목	주소	수강료
이상인	정보	서구	120

2. 논리 연산자 [21년 2, 3회 필기]

연산자	설명
조건1 AND 조건2	조건1과 조건2가 모두 참일 경우 참을 반환
조건1 OR 조건2	조건1, 조건2 둘 중 하나라도 참일 경우 참을 반환
NOT 조건	조건의 부정을 반환

권쌤이 알려줌

AND, OR, NOT 연산자의 진리표는 다음과 같습니다.
• 참 : T, 거짓 : F
• AND

입력		출력
조건1	조건2	
F	F	F
F	T	F
T	F	F
T	T	T

• OR

입력		출력
조건1	조건2	
F	F	F
F	T	T
T	F	T
T	T	T

• NOT

입력	출력
F	T
T	F

예제

SELECT * FROM 수강생 WHERE 과목='컴활' OR 과목='워드';

해설

[수강생] 테이블에서 과목 속성이 '컴활'이거나 '워드'인 튜플을 검색한다.

수강생

이름	과목	주소	수강료
김길현	정보	남구	100
이상인	정보	서구	120
남기욱	정보	서구	100
권지온	컴활	중구	80
김상현	워드	북구	50

[예제 결과]

이름	과목	주소	수강료
권지온	컴활	중구	80
김상현	워드	북구	50

3. LIKE [21년 2회] [21년 1회 필기]

연산자	설명	연산자	설명
%	모든 문자를 의미	_	한 글자를 의미

예제1

SELECT * FROM 수강생 WHERE 이름 LIKE '김%';

해설1

[수강생] 테이블에서 이름 속성이 '김'으로 시작하는 튜플을 검색한다.

예제2

SELECT * FROM 수강생 WHERE 이름 LIKE '김__';

해설2

[수강생] 테이블에서 이름 속성이 '김'으로 시작하고 3글자인 튜플을 검색한다.

수강생

이름	과목	주소	수강료
김길현	정보	남구	100
이상인	정보	서구	120
남기욱	정보	서구	100
권지온	컴활	중구	80
김상현	워드	북구	50

[예제 1~2 결과]

이름	과목	주소	수강료
김길현	정보	남구	100
김상현	워드	북구	50

4. 기타 연산자 [21년 3회 필기] [20년 3회 필기]

연산자	설명
BETWEEN A AND B	A와 B 사이의 값
IS NULL	NULL 값
IS NOT NULL	NULL 값이 아닌 값

권쌤이 알려줌

BETWEEN A AND B는 A 이상 B 이하를 의미합니다.

예제1

SELECT * FROM 수강생 WHERE 수강료 BETWEEN 30 AND 90;

해설1

[수강생] 테이블에서 수강료가 30 이상 90 이하인 튜플을 검색한다.

예제2

SELECT * FROM 수강생 WHERE 과목 IS NULL;

해설2

[수강생] 테이블에서 과목이 NULL 값인 튜플을 검색한다.

권쌤이 알려줌

주의하세요!
CREATE TABLE 문에서 속성을 정의할 때는 Null, Not Null이고, SELECT 문에서는 Is Null, Is Not Null입니다.

예제3

SELECT * FROM 수강생 WHERE 과목 IS NOT NULL;

해설3

[수강생] 테이블에서 과목이 NULL 값이 아닌 튜플을 검색한다.

수강생

이름	과목	주소	수강료
김길현	정보	남구	100
이상인		서구	120
남기욱	정보		100
권지온	컴활	중구	80
김상현	워드	북구	50

[예제 1 결과]

이름	과목	주소	수강료
권지온	컴활	중구	80
김상현	워드	북구	50

[예제 2 결과]

이름	과목	주소	수강료
이상인		서구	120

[예제 3 결과]

이름	과목	주소	수강료
김길현	정보	남구	100
남기욱	정보		100
권지온	컴활	중구	80
김상현	워드	북구	50

7 SELECT – 부속(Subquery, 서브쿼리) [21년 1회 필기] [20년 2, 4회 필기]

SQL문 내부에 사용하는 SELECT문으로, 부속질의 결과를 WHERE절의 조건으로 사용한다.

다음과 같은 [수강생] 테이블, [수강과목] 테이블에 대해 예제의 결과를 확인하시오.

수강생

이름	주소
김길현	남구
이상인	서구
남기욱	서구
백서연	중구
김상현	북구

수강과목

수강생이름	과목
김길현	정보
이상인	정보
권우석	정보
백서연	컴활
김상현	워드

예제1

수강과목이 '정보'인 수강생의 주소를 검색하시오.

정답 및 해설1

– SQL문 : SELECT 주소 FROM 수강생
        WHERE 이름 **IN** (
           SELECT 수강생이름 FROM 수강과목 WHERE 과목 = '정보');
– IN은 서브쿼리의 결과 건수에 상관없이 사용하는 다중 행 비교 연산자이다.

권쌤이 알려줌

서브쿼리는 SELECT문 안에 다시 SELECT문이 기술된 형태의 쿼리입니다. 서브쿼리의 결과를 메인쿼리에서 받아 처리하는 구조이기 때문에 중첩된 쿼리라고도 합니다.

권쌤이 알려줌

NOT IN (...)은 포함되지 않는 데이터를 출력합니다.

권쌤이 알려줌

부속질의 결과가 단일 행이므로 =를 사용합니다. 물론 IN도 사용 가능합니다.

권쌤이 알려줌

EXISTS는 IN보다 성능이 좋습니다.

예제2

수강과목이 '워드'인 수강생의 주소를 검색하시오.

정답 및 해설2

– SQL문 : SELECT 주소 FROM 수강생
　　　　　WHERE 이름 **=** (
　　　　　　　　SELECT 수강생이름 FROM 수강과목 WHERE 과목 = '워드');
– =은 서브쿼리 결과가 반드시 1건 이하이어야 하는 단일 행 비교 연산자이다.

예제3

수강과목이 '정보'인 수강생의 주소를 검색하시오.

정답 및 해설3

– SQL문 : SELECT 주소 FROM 수강생
　　　　　WHERE **EXISTS** (
　　　　　　　　SELECT 수강생이름 FROM 수강과목 WHERE 과목 = '정보' AND 이름 = 수강생이름);
– 이름 = 수강생이름 : [수강생] 테이블과 [수강과목] 테이블에 공통으로 있는 이름을 [수강과목] 테이블에서 검색한다.

예제4

수강과목이 '정보'가 아닌 수강생의 주소를 검색하시오.

정답 및 해설4

– SQL문 : SELECT 주소 FROM 수강생
　　　　　WHERE **NOT EXISTS** (
　　　　　　　　SELECT 수강생이름 FROM 수강과목 WHERE 과목 = '정보' AND 이름 = 수강생이름);
– 부속질의 실행 결과를 제외한 튜플을 출력한다.

[예제 1 결과]

주소
남구
서구

[예제 2 결과]

주소
북구

[예제 3 결과]

주소
남구
서구

[예제 4 결과]

주소
서구
중구
북구

8 SELECT- 확장 구조 [21년 1회] [20년 3회] [21년 3회 필기]

튜플을 검색한다.

형식

```
SELECT [DISTINCT] 속성 ¦ 집계함수 [AS 별칭]
FROM 테이블명
[WHERE 조건]
[GROUP BY 속성 [HAVING 조건]]
[ORDER BY 속성 [ASC ¦ DESC]];
```

- SELECT 속성 : 해당 속성을 검색
- SELECT 집계함수 : GROUP BY절에 지정된 그룹별로 속성의 합계, 평균 등을 검색하기 위한 함수
- DISTINCT : 중복되는 튜플을 배제하여 출력
  - 생략할 경우 검색 결과에 중복되는 튜플도 출력된다.
- AS 별칭 : 해당 속성의 이름을 별칭으로 표시
- FROM 테이블명 : 튜플을 검색할 테이블명
- WHERE 조건 : 조건에 만족하는 튜플 검색
- GROUP BY 속성 : 해당 속성을 그룹화
- HAVING 조건 : 그룹에 대한 조건
- ORDER BY 속성 : 해당 속성을 정렬
  - ASC : 오름차순 정렬, 생략 시 기본 값으로 오름차순 정렬
  - DESC : 내림차순 정렬

▼ 집계 함수(Aggregate Function)※

함수	기능	함수	기능
COUNT(속성)	그룹별 튜플 수	AVG(속성)	그룹별 평균
SUM(속성)	그룹별 합계	MAX(속성)	그룹별 최댓값
MIN(속성)	그룹별 최솟값	STDDEV(속성)	그룹별 표준편차
VARIAN(속성)	그룹별 분산		

예제1

[수강생] 테이블에서 수강료가 100 이상인 과목 중 수강생이 2명 이상인 과목을 검색

```
1    SELECT 과목, COUNT(*) AS 수강생수 FROM 수강생
2    WHERE 수강료 >= 100
3    GROUP BY 과목
4    HAVING COUNT(*) >= 2;
```

해설1

```
1    SELECT 과목, COUNT(*) AS 수강생수 FROM 수강생
        [수강생] 테이블에서 과목 속성과 과목별 튜플 수를 검색
        - COUNT(*)의 속성 별칭은 수강생수이다.
2    WHERE 수강료 >= 100
        수강료 속성이 100 이상인 튜플의
3    GROUP BY 과목
        과목 속성을 그룹화하여
4    HAVING COUNT(*) >= 2;
        과목별 튜플 수가 2개 이상인 튜플의
```

집계 함수(Aggregate Function)
여러 행 또는 테이블 전체 튜플
(행)로부터 하나의 집계 결과값
을 반환하는 함수

권쌤이 알려줌

SQL문 수행 순서는 아래와 같습니다.
- FROM → WHERE →
  GROUP BY → HAVING →
  SELECT → ORDER BY

수강생

이름	과목	주소	수강료
김길현	정보	남구	100
이상인	컴활	서구	120
남기욱	정보		100
권지온	컴활	중구	80
김상현	워드	북구	50

→

[예제 1 검색 과정]

이름	과목	주소	수강료
김길현	정보	남구	100
이상인	컴활	서구	120
남기욱	정보		100

→

과목	수강생수
정보	2
컴활	1

→

[예제 1 결과]

과목	수강생수
정보	2

학습 플러스 COUNT() : 그룹별 튜플 수

- COUNT(*) : NULL 값을 포함한 튜플 수 반환
- COUNT(속성명) : NULL 값을 포함하지 않는 튜플 수 반환
- COUNT(DISTINCT 속성명) : NULL 값과 중복을 제외한 튜플 수 반환

예제2	[수강생] 테이블에서 '정보' 과목을 수강하는 수강생 이름을 내림차순 정렬하여 검색

```
1   SELECT * FROM 수강생
2   WHERE 과목='정보'
3   ORDER BY 이름 DESC;
```

해설2	

```
1     SELECT * FROM 수강생
        [수강생] 테이블에서 모든 튜플을 검색
2~3   WHERE 과목='정보' ORDER BY 이름 DESC;
        과목 속성이 '정보'인 튜플에서 이름 속성을 기준으로 내림차순 정렬
```

수강생

이름	과목	주소	수강료
김길현	정보	남구	100
이상인	컴활	서구	120
남기욱	정보		100
권지온	컴활	중구	80
김상현	워드	북구	50

→

[예제 2 검색 과정]

이름	과목	주소	수강료
김길현	정보	남구	100
남기욱	정보		100

→

[예제 2 결과]

이름	과목	주소	수강료
남기욱	정보		100
김길현	정보	남구	100

권쌤이 알려줌

일부 DBMS는 차집합 연산자로 MINUS를 사용합니다.

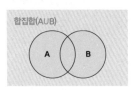

합집합(A∪B)

▼ 집합 연산자 [21년 2회 필기]

연산자	설명
UNION	중복을 제거한 합집합* 연산자
UNION ALL	중복을 포함한 합집합 연산자
INTERSECT	교집합* 연산자
EXCEPT	차집합* 연산자

예제3	[수강생] 테이블과 [정회원] 테이블의 모든 튜플을 중복 없이 하나의 결과로 병합 검색

```
1   SELECT * FROM 수강생
2   UNION
3   SELECT * FROM 정회원;
```

교집합(A∩B)

차집합(A-B)

해설3	

```
1   SELECT * FROM 수강생
      [수강생] 테이블에서 모든 튜플과
2   UNION
      중복 없이 하나의 결과로 병합하여 검색
3   SELECT * FROM 정회원;
      [정회원] 테이블에서 모든 튜플을
```

(A)

수강생

이름	과목
김길현	정보
이상인	컴활
남기욱	정보
권지온	컴활
김상현	워드

(B)

정회원

이름	과목
김길현	정보
최기영	컴활
남기욱	정보
권지온	컴활
송기성	워드

→

[예제 3 결과]

이름	과목
김길현	정보
이상인	컴활
남기욱	정보
권지온	컴활
김상현	워드
최기영	컴활
송기성	워드

기출 및 예상문제

03 DML

[21년 2회]

01 학생 테이블에서 점수가 90점 이상인 학생의 학점을 'A'로 변경하고자 한다. 다음 SQL문에서 ①, ②에 들어갈 가장 적합한 답을 쓰시오.

```
( ① ) 학생 ( ② ) 학점 = 'A'
WHERE 점수 >= 90;
```

① ....

② ....

해설 튜플을 변경(수정)할 때 UPDATE 명령어를 사용한다.

[20년 4회 필기]

02 다음 SQL문에서 ( ) 안에 들어갈 가장 적합한 답을 쓰시오.

```
UPDATE 회원 (    ) 전화번호 = '010-14'
WHERE 회원번호 = 'N4';
```

해설 UPDATE문 일반 형식
: UPDATE 테이블명 SET 속성명 = 데이터 [WHERE 조건];
• [SQL문] : [회원] 테이블에서 회원번호가 'N4'인 튜플의 전화번호를 '010-14'로 수정한다.

[21년 2회 필기]

03 다음 SQL문에서 ( ) 안에 들어갈 가장 적합한 답을 쓰시오.

```
UPDATE 인사급여 (     ) 호봉=15
WHERE 성명='홍길동'
```

해설 [SQL문] : [인사급여] 테이블에서 성명이 '홍길동'인 튜플의 호봉을 15로 수정한다.

[20년 3회]

04 학생 테이블에서 이름이 '민수'인 튜플을 삭제하고자 한다. 다음 〈처리 조건〉을 참고하여 SQL문을 작성하시오.

〈처리 조건〉
- 명령문 마지막의 세미콜론(;)은 생략이 가능하다.
- 인용 부호가 필요한 경우 작은따옴표(' ')를 사용한다.

해설 DELETE문 일반 형식
: DELETE FROM 테이블명 [WHERE 조건];

[20년 1회] [20년 2회 필기]

05 학생(STUDENT) 테이블에 전산과 학생이 50명, 전자과 학생이 100명, 기계과 학생이 50명 있다고 할 때, 다음 SQL문 ①, ②, ③의 실행 결과 튜플 수는 각각 얼마인지 쓰시오.(단, DEPT는 학과 컬럼명이다.)

```
① SELECT DEPT FROM STUDENT;
② SELECT DISTINCT DEPT FROM STUDENT;
③ SELECT COUNT (DISTINCT DEPT) FROM
   STUDENT WHERE DEPT='전산과';
```

① _____

② _____

③ _____

해설
① [STUDENT] 테이블에서 모든 학과명(DEPT)을 검색한다.
② [STUDENT] 테이블에서 중복 제거된 학과명(DEPT)만 검색한다.
③ [STUDENT] 테이블에서 학과명(DEPT)이 '전산과'인 튜플의 중복을 제거한 개수를 검색한다.

[20년 2회]

06 아래 〈처리 조건〉에 부합하는 SQL문을 작성하시오.

〈처리 조건〉
[학생]

학번	이름	성별	학과코드	학년
A001	김기영	남	사무	2
A002	최현주	여	정보	3
A003	이미영	여	사무	4

- [학생] 테이블에서 3학년과 4학년 학생의 학번과 이름을 검색하는 SQL문을 작성하시오. (단, 학년은 숫자 형식이고, 나머지는 문자 형식이다.)
- 조건 처리를 위해 IN (value1, value2, …) 형식으로 입력하시오. (학년 속성은 숫자형)
- SQL문의 끝에는 세미콜론(;)을 반드시 표기하시오.

해설 SELECT문 일반 형식
: SELECT 속성 FROM 테이블명 [WHERE 조건];

[20년 3회 필기]

07 관계 데이터베이스인 테이블 R1에 대한 아래의 실행결과를 얻기 위한 SQL문을 쓰시오.

[R1]

학번	이름	학년	학과	주소
1000	김상길	1	컴퓨터공학	대구
2000	현소희	1	전기공학	서울
3000	이지상	2	전자공학	부산
4000	박상훈	2	컴퓨터공학	서울
5000	서민아	3	전자공학	부산

[실행결과]

학년
1
2
3

해설 [실행 결과] : [R1] 테이블에서 중복 제거된 학년만 검색한다.
- DISTINCT : 중복되는 튜플 배제

[21년 2회 필기]

08 SQL문에서 SELECT에 대한 설명으로 옳은 것을 모두 고르시오.

> ㉠ FROM 절에는 질의에 의해 검색될 데이터들을 포함하는 테이블명을 기술한다.
> ㉡ 검색 결과에 중복되는 레코드를 없애기 위해서 WHERE 절에 'DISTINCT' 키워드를 사용한다.
> ㉢ HAVING 절은 GROUP BY 절과 함께 사용되며, 그룹에 대한 조건을 지정한다.
> ㉣ ORDER BY 절은 특정 속성을 기준으로 정렬하여 검색할 때 사용한다.

해설
'DISTINCT' 키워드는 SELECT절에 사용한다.
㉲ SELECT DISTINCT 과목 FROM 수강생;
: [수강생] 테이블에서 중복 제거된 과목만 검색한다.

[21년 2회 필기]

09 논리 연산자를 사용하여 다음 [R1]과 [R2]의 테이블에서 아래의 실행결과를 얻기 위한 SQL문을 쓰시오.

[R1] 테이블

학번	이름	학년	학과	주소
1000	홍길동	1	컴퓨터공학	서울
2000	김철수	1	전기공학	경기
3000	강남길	2	전자공학	경기
4000	오말자	2	컴퓨터공학	경기
5000	장미화	3	전자공학	서울

[R2] 테이블

학번	과목번호	과목이름	학점	점수
1000	C100	컴퓨터구조	A	91
2000	C200	데이터베이스	A+	99
3000	C100	컴퓨터구조	B+	89
3000	C200	데이터베이스	B	85
4000	C200	데이터베이스	A	93
4000	C300	운영체제	B+	88
5000	C300	운영체제	B	82

[실행결과]

과목번호	과목이름
C100	컴퓨터구조
C200	데이터베이스

해설
• SELECT 과목번호, 과목이름 : 과목번호와 과목이름을 검색한다.
• FROM R1, R2 : [R1], [R2] 테이블에서
• WHERE R1.학번 = R2.학번 AND : [R1] 테이블의 학번과 [R2] 테이블의 학번이 같고

과목번호	과목이름
C100	컴퓨터구조
C200	데이터베이스
C100	컴퓨터구조
C200	데이터베이스
C200	데이터베이스
C300	운영체제
C300	운영체제

• R1.학과 = '전자공학' AND : [R1] 테이블의 학과가 '전자공학'이고

과목번호	과목이름
C100	컴퓨터구조
C200	데이터베이스
C300	운영체제

• R1.이름 = '강남길' : [R1] 테이블의 이름이 '강남길'인

과목번호	과목이름
C100	컴퓨터구조
C200	데이터베이스

[21년 3회 필기]

10 SQL의 논리 연산자를 모두 고르시오.

> ㉠ AND   ㉡ OTHER
> ㉢ OR   ㉣ NOT

해설
논리 연산자 종류 : AND, OR, NOT

[21년 1회 필기]

11 [공급자] Table을 참고하여 아래와 같은 [결과]를 만들어내는 SQL문을 작성하시오.

[공급자] Table

공급자번호	공급자명	위치
16	대신공업사	수원
27	삼진사	서울
39	삼양사	인천
62	진아공업사	대전
70	신촌상사	서울

[결과]

공급자번호	공급자명	위치
16	대신공업사	수원
70	신촌상사	서울

[결과] : 공급자명에 '신'이 포함되는 튜플을 검색한다.

[21년 2회]

12 다음은 수강생 테이블을 이용하여 이름이 '이'로 시작하는 모든 튜플을 수강료를 기준으로 내림차순으로 검색하는 SQL문을 작성하고자 한다. SQL문의 ①, ②에 들어갈 가장 적합한 답을 쓰시오.

```
SELECT * FROM 수강생 WHERE 이름
LIKE '(  ①  )' ORDER BY 수강료 (  ②  );
```

① ....

② ....

해설 '이'로 시작하는: 이%, 내림차순 : DESC

[20년 3회 필기]

13 player 테이블에는 player_name, team_id, height 컬럼이 존재한다. 아래 SQL문에서 문법적 오류가 있는 부분을 고르시오.

```
㉠ SELECT player_name, height
㉡ FROM player
㉢ WHERE team_id = 'Korea'
㉣ AND height BETWEEN 170 OR 180;
```

해설 BETWEEN A AND B : A와 B 사이의 값

[21년 3회 필기]

14 학적 테이블에서 전화번호가 Null값이 아닌 학생명을 모두 검색하는 SQL문을 작성하시오.

해설 IS NOT NULL : NULL 값이 아닌 값

[20년 2회 필기]

15 [도서] 테이블과 [도서 가격] 테이블을 참고하여 SQL문의 실행 결과를 쓰시오.

```
SELECT 가격 FROM 도서가격
WHERE 책번호 = (SELECT 책번호
FROM 도서 WHERE 책명='자료구조');
```

[도서]

책번호	책명
111	운영체제
222	자료구조
333	컴퓨터구조

[도서가격]

책번호	가격
111	20,000
222	25,000
333	10,000
444	15,000

해설
• 서브쿼리
  – SELECT 책번호 : 책번호를 검색한다.
  – FROM 도서 : [도서] 테이블에서
  – WHERE 책명='자료구조' : 책명이 '자료구조'인

책번호
222

• 메인쿼리
  – SELECT 가격 : 가격을 검색한다.
  – FROM 도서가격 : [도서가격] 테이블에서
  – WHERE 책번호 = 222(서브쿼리 결과값) : 책번호가 222인

가격
25,000

[20년 4회 필기]

16 [학생] 테이블과 [성적] 테이블을 참고하여 아래의 실행 결과를 얻기 위한 SQL문의 ( ) 안에 들어갈 가장 적합한 답을 쓰시오.

[학생] 테이블

학번	이름	학년	학과	주소
1000	김철수	1	전산	서울
2000	고영준	1	전기	경기
3000	유진호	2	전자	경기
4000	김영진	2	전산	경기
5000	정현영	3	전자	서울

[성적] 테이블

학번	과목번호	과목이름	학점	점수
1000	A100	자료구조	A	91
2000	A200	DB	A+	99
3000	A100	자료구조	B+	88
3000	A200	DB	B	85
4000	A200	DB	A	94
4000	A300	운영체제	B+	89
5000	A300	운영체제	B	88

[실행결과]

과목이름
DB
DB
운영체제

〈SQL문〉
SELECT 과목이름
FROM 성적
WHERE EXISTS (SELECT 학번
FROM 학생 WHERE (   )
AND 학과 IN ('전산', '전기') AND 주소 = '경기');

해설
- 서브쿼리
  – SELECT 학번 : 학번을 검색한다.
  – FROM 학생 : [학생] 테이블에서
  – WHERE 학생.학번 = 성적.학번 AND : [학생] 테이블의 학번과 [성적] 테이블의 학번이 같으면서
  – 학과 IN ('전산', '전기') AND : 학과가 '전산' 또는 '전기'이면서
  – 주소 = '경기' : 주소가 '경기'인

학번
2000
4000

- 메인쿼리
  – SELECT 과목이름 : 과목이름을 검색한다.
  – FROM 성적 : [성적] 테이블에서
  – WHERE EXISTS : EXISTS 이하 서브쿼리 결과를 조건으로 하여

과목이름
DB
DB
운영체제

[21년 1회 필기]

17 [R1] 테이블과 [R2] 테이블을 참고하여 아래의 실행 결과를 얻기 위한 SQL문의 ( ) 안에 들어갈 가장 적합한 답을 쓰시오.

[R1] 테이블

학번	이름	학년	학과	주소
1000	홍길동	4	컴퓨터	서울
2000	김철수	3	전기	경기
3000	강남길	1	컴퓨터	경기
4000	오말자	4	컴퓨터	경기
5000	장미화	2	전자	서울

[R2] 테이블

학번	과목번호	성적	점수
1000	C100	A	91
1000	C200	A	94
2000	C300	B	85
3000	C400	A	90
3000	C500	C	75
3000	C100	A	90
4000	C400	A	95
4000	C500	A	91
4000	C100	B	80
4000	C200	C	74
5000	C400	B	85

[실행결과]

이름
홍길동
강남길
오말자

〈SQL문〉
SELECT 이름 FROM R1
WHERE 학번 IN (SELECT 학번 FROM R2
WHERE 과목번호 = '(   )');

해설
- 서브쿼리
  - SELECT 학번 : 학번을 검색한다.
  - FROM R2 : [R2] 테이블에서
  - WHERE 과목번호 = 'C100' : 과목번호가 'C100'인

학번
1000
3000
4000

- 메인쿼리
  - SELECT 이름 : 이름을 검색한다.
  - FROM R1 : [R1] 테이블에서
  - WHERE 학번 IN (1000, 3000, 4000) : 학번이 1000, 3000, 4000인

이름
홍길동
강남길
오말자

[21년 3회 필기]

18 SQL문에서 HAVING을 사용할 수 있는 절을 〈보기〉에서 고르시오.

〈보기〉
ㄱ LIKE 절
ㄴ WHERE 절
ㄷ GROUP BY 절
ㄹ ORDER BY 절

해설
HAVING은 특정 속성을 기준으로 그룹화하여 검색할 때 그룹에 대한 조건을 지정하는 절로 GROUP BY와 함께 사용한다.

[20년 3회]

19 성적 테이블에서 과목별 점수의 평균이 90점 이상인 '과목이름', '최소점수', '최대점수'를 검색하는 SQL문을 〈처리 조건〉에 부합하도록 작성하시오.

〈처리 조건〉
- WHERE문은 사용하지 않는다.
- 집계 함수(Aggregation Function)를 사용하여 구성한다.
- '최소점수', '최대점수'는 별칭(Alias)를 위한 AS문을 사용한다.
- 대/소문자를 구분하지 않고, 세미콜론(;)은 생략 가능하다.

해설
SELECT문 일반 형식 : SELECT 속성 FROM 테이블명 [WHERE 조건] [GROUP BY 속성 [HAVING 조건]];
- GROUP BY 속성 : 해당 속성을 그룹화
- HAVING 조건 : 그룹에 대한 조건
- MIN(속성) : 그룹별 최솟값
- MAX(속성) : 그룹별 최댓값
- AVG(속성) : 그룹별 평균

[21년 1회]

20 EMP 테이블을 참고하여 다음 SQL문의 실행 결과를 쓰시오.

[EMP]

EMPNO	SAL
100	1000
200	3000
300	2000

[SQL문]

```
SELECT COUNT(*)
FROM EMP
WHERE EMPNO > 100
AND SAL >= 3000
OR EMPNO = 200;
```

해설
[SQL문] : [EMP] 테이블에서 EMPNO가 100 초과이고, SAL이 3000 이상이거나 EMPNO가 200인 개수를 검색한다.

COUNT(*)
1

[21년 2회 필기]

21 테이블 [R1], [R2]에 대하여 다음 SQL문의 결과를 쓰시오.

```
(SELECT 학번 FROM R1)
INTERSECT
(SELECT 학번 FROM R2)
```

[R1] 테이블

학번	학점 수
20201111	15
20202222	20

[R2] 테이블

학번	과목번호
20202222	CS200
20203333	CS300

해설 [SQL문] : [R1] 테이블의 학번과 [R2] 테이블의 학번의 교집합을 검색한다.
• INTERSECT : 교집합 연산자

학번		학번		학번
20201111	INTERSECT	20202222	=	20202222
20202222		20203333		

[22~24] 아래의 직원 테이블을 참고하여 각 질문에 답하시오. (단, 이름, 주소, 직급은 문자형이며 나이, 월급은 숫자형이다.)

[직원]

이름	나이	주소	직급	월급
남상욱	28	북구	사원	200
최나리		서구	사원	200
윤상일	31	서구	과장	240
김민하	29	남구	대리	220
윤민재		달서구	부장	260

22 다음 〈처리 조건〉에 부합하도록 〈SQL문〉의 ( ) 안에 들어갈 가장 적합한 명령을 쓰시오.

〈처리 조건〉
[직원] 테이블에서 직급이 부장이거나 사원인 모든 튜플을 검색하시오.

〈SQL문〉
SELECT * FROM 직원
WHERE 직급 = '부장' ( ) 직급='사원';

해설 조건1 OR 조건2 : 조건1, 조건2 둘 중 한 개라도 참일 경우 참을 반환

23 다음 〈처리 조건〉에 부합하도록 〈SQL문〉의 ( ) 안에 들어갈 가장 적합한 명령을 쓰시오.

〈처리 조건〉
[직원] 테이블에서 주소가 서구인 튜플을 제외한 모든 튜플을 검색하시오.

〈SQL문〉
SELECT * FROM 직원 WHERE 주소 ( ) '서구';

해설 A NOT IN B 또는 A 〈〉 B : A와 B는 같지 않다.

24 다음 〈처리 조건〉에 부합하도록 〈SQL문〉의 ( ) 안에 들어갈 가장 적합한 명령을 쓰시오.

〈처리 조건〉
[직원] 테이블에서 나이가 공백인 모든 튜플을 검색하시오.

〈SQL문〉
SELECT * FROM 직원 WHERE 나이 ( );

해설 IS NULL : 공백(NULL) 값

정답
01. ❶ UPDATE ❷ SET 02. SET 03. SET 04. DELETE FROM 학생 WHERE 이름 = '민수'; 05. ❶ 200 ❷ 3 ❸ 1 06. SELECT 학번, 이름 FROM 학생 WHERE 학년 IN (3, 4); 07. SELECT DISTINCT 학년 FROM R1; 08. ㉠, ㉢, ㉣ 09. SELECT 과목번호, 과목이름 FROM R1, R2 WHERE R1.학번 = R2.학번 AND R1.학과 = '전자공학' AND R1.이름 = '강남길'; 10. ㉠, ㉢, ㉣ 11. SELECT * FROM 공급자 WHERE 공급자명 LIKE '%산%'; 12. ❶ 이% ❷ DESC 13. ㉣ 14. SELECT 학생명 FROM 학적 WHERE 전화번호 IS NOT NULL; 15. 25,000 16. 학생.학번 = 성적.학번 또는 성적.학번 = 학생.학번 17. C100 18. ㉢ 19. SELECT 과목이름, MIN(점수) AS 최소점수, MAX(점수) AS 최대점수 FROM 성적 GROUP BY 과목이름 HAVING AVG(점수) >= 90; 20. 1 21. 20202222 22. OR 23. NOT IN 또는 〈〉 24. IS NULL

★★★
04 DCL

1 DCL(Data Control Language, 데이터 제어어)

DCL은 데이터베이스 관리자(DBA)가 데이터 관리를 목적으로 보안, 회복, 사용자 권한 등을 정의하기 위한 언어이다.

- 종류 : GRANT, REVOKE, COMMIT, ROLLBACK, SAVEPOINT

2 GRANT [21년 3회] [20년 4회 필기]

데이터베이스 사용자에게 권한을 부여한다.

형식

```
GRANT 권한리스트
ON 테이블명
TO 사용자명
[WITH GRANT OPTION];
```

- GRANT 권한리스트 : 부여할 권한 종류
  - 권한 종류 : ALL, INSERT, DELETE, UPDATE, SELECT 등
- ON 테이블명 : 사용자가 권한을 가질 테이블명
- TO 사용자명 : 권한을 가질 사용자
- WITH GRANT OPTION : 부여받은 권한을 다른 사용자에게 부여할 수 있는 권한을 가짐
  - 생략할 경우 부여받는 권한을 다른 사용자에게 부여할 수 없다.

예제1

GRANT SELECT ON 수강생 TO KWS;

해설1

KWS에게 [수강생] 테이블에 대한 SELECT 권한을 부여한다.

예제2

GRANT SELECT ON 수강생 TO KWS WITH GRANT OPTION;

해설2

KWS에게 [수강생] 테이블에 대한 SELECT 권한을 부여하고, 부여받은 권한을 다른 사용자에게 권한을 부여할 수 있는 권한까지 부여한다.

3 REVOKE [20년 4회 필기]

데이터베이스 사용자의 권한을 취소한다.

형식

```
REVOKE 권한리스트
ON 테이블명
FROM 사용자명
[CASCADE];
```

- REVOKE 권한리스트 : 취소할 권한 종류
  - 권한 종류 : ALL, INSERT, DELETE, UPDATE, SELECT 등
- ON 테이블명 : 사용자로부터 권한을 취소할 테이블명
- FROM 사용자명 : 권한을 취소할 사용자
- CASCADE : 해당 사용자가 다른 사용자에게 권한을 부여했을 경우 연쇄적으로 권한 취소

예제

```
REVOKE SELECT ON 수강생 FROM KWS CASCADE;
```

해설

KWS로부터 [수강생] 테이블에 대한 SELECT 권한을 취소하고, KWS로부터 권한을 부여받은 다른 사용자도 연쇄적으로 권한을 취소한다.

4 COMMIT

트랜잭션이 성공했을 경우 그 결과를 데이터베이스에 적용하여 작업을 완료시킨다.

5 ROLLBACK [20년 2회] [21년 2회 필기]

트랜잭션의 실패로 작업을 취소하고, 이전 상태로 되돌린다.

6 SAVEPOINT

트랜잭션 내에 롤백할 위치인 저장점을 지정한다.

권쌤이 알려줌

COMMIT, ROLLBACK, SAVEPOINT는 트랜잭션을 제어하는 명령어로 TCL(Transaction Control Language, 트랜잭션 제어어)이라고도 합니다.

권쌤이 알려줌

모든 작업이 성공한 경우 커밋(Commit)하고, 중간에 실수가 있는 경우 롤백(Rollback) 합니다.

예제   COMMIT, ROLLBACK, SAVEPOINT

```
1    INSERT INTO 학과 VALUES('A001', '정보');
2    COMMIT;
3    UPDATE 학과 SET 학과명='사무' WHERE 학과코드='A001';
4    SAVEPOINT sp;
5    DELETE FROM 수강생 WHERE 과목='사무';
6    ROLLBACK TO sp;
```

1	INSERT INTO 학과 VALUES('A001', '정보'); [학과] 테이블에 ('A001', '정보')를 삽입한다.
2	COMMIT; 데이터베이스에 적용한다. - 커밋을 수행했으므로, INSERT 연산 이전으로 데이터베이스를 롤백할 수 없다.
3	UPDATE 학과 SET 학과명='사무' WHERE 학과코드='A001'; [학과] 테이블에서 학과코드 속성이 'A001'인 튜플의 학과명을 '사무'로 수정한다.
4	SAVEPOINT sp; 세이브포인트 sp 위치를 지정한다.
5	DELETE FROM 학과 WHERE 과목='사무'; [학과] 테이블에서 과목 속성이 '사무'인 튜플을 삭제한다.
6	ROLLBACK TO sp; 세이브포인트 sp까지 작업을 취소하고, 되돌린다. - 세이브포인트를 지정하고 삭제했으므로, 롤백을 통해 DELETE 연산이 취소된다.

권쌤이 알려줌

만약, 6번 라인에서 'ROLLBACK'을 실행하면, COMMIT 시점 바로 이후의 데이터베이스 상태로 되돌아갑니다.
• 즉 DELETE 연산과 UPDATE 연산이 모두 취소됩니다.

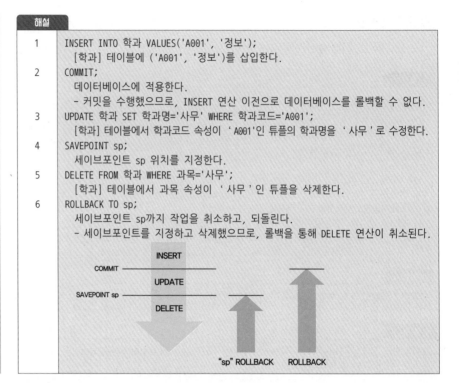

기출 및 예상문제

04 DCL

[21년 3회]
01 데이터 제어어(DCL) 중 GRANT에 대해 간략히 서술하시오.

....

해설 키워드 권한 부여 → 용어 GRANT

[20년 4회 필기]
02 DBA가 사용자 PARK에게 테이블 [STUDENT]의 데이터를 갱신할 수 있는 시스템 권한을 부여하고자 하는 SQL문을 작성하고자 한다. 다음에 주어진 SQL문의 ①, ②에 들어갈 가장 적합한 답을 쓰시오.

> SQL) GRANT (①) (②) STUDENT TO PARK;

① ....

② ....

해설 GRANT문 일반 형식
: GRANT 권한리스트 ON 테이블명 FROM 사용자명;
• UPDATE : 갱신

[20년 4회 필기]
03 사용자 X1에게 department 테이블에 대한 검색 연산을 회수하는 명령을 쓰시오.

....

해설 REVOKE문 일반 형식
: REVOKE 권한리스트 ON 테이블명 FROM 사용자명;
• 검색 : select

[20년 2회]
04 DCL(데이터 제어어) 중 ROLLBACK에 대해 간략히 서술하시오.

....

해설 키워드 트랜잭션 실패, 이전 상태 → 용어 ROLLBACK

[21년 2회 필기]

05 트랜잭션의 실행이 실패하였음을 알리는 연산자로 트랜잭션이 수행한 결과를 원래의 상태로 원상 복귀시키는 연산은 무엇인지 쓰시오.

해설 키워드 트랜잭션의 실행 실패, 복귀 → 용어 ROLLBACK

06 다음 〈처리 조건〉에 부합하도록 〈SQL문〉의 ( ) 안에 들어갈 가장 적합한 명령을 쓰시오.

〈처리 조건〉
• GISA에게 [직원] 테이블에 대한 DELETE 권한을 부여하시오.
• GISA는 다른 사람에게 권한을 부여할 수 있다.

〈SQL문〉
GRANT DELETE ON 직원 TO GISA ( );

해설 WITH GRANT OPTION : 부여받은 권한을 다른 사용자에게 부여할 수 있는 권한을 가진다.

정답
01. 데이터베이스 사용자에게 권한을 부여한다. 02. ❶ UPDATE ❷ ON 03. REVOKE SELECT ON department FROM X1; 04. 트랜잭션의 실패로 작업을 취소하고, 이전 상태로 되돌린다. 05. ROLLBACK 06. WITH GRANT OPTION

★★
05 데이터 분석 함수

권쌤이 알려줌

1 데이터 분석 함수

데이터 분석 함수는 복수 행 기준의 데이터를 모아 총합, 평균 등의 데이터 분석을 위한 처리를 목적으로 하는 함수이다.

• 단일 행을 기반으로 산출하지 않고 복수 행을 그룹별로 모아 놓고 그룹당 단일 계산 결과를 반환한다.
• GROUP BY절을 활용하여 복수 행을 그룹핑한다.
• SELECT, HAVING, ORDER BY 등의 구문에 활용한다.
• 종류 : 집계 함수, 그룹 함수, 윈도우 함수

데이터 분석 함수란 평균, 합계, 최솟값, 최댓값과 같이 그룹별 데이터 분석을 위해 사용되는 함수입니다.
• 집계 함수를 기본으로 하여 그룹 함수나 윈도우 함수에도 적용됩니다. 그래서 집계 함수도 그룹 함수의 한 부분이며, 통합하여 언급하기도 합니다.
• 집계 함수 중 COUNT(), SUM(), AVG(), MAX(), MIN()을 기억해 두세요.

2 집계 함수(Aggregate Function) [20년 4회] [20년 3회 필기]

집계 함수는 여러 행 또는 테이블 전체 튜플(행)로부터 하나의 집계 결과값을 반환하는 함수이다.

함수	기능	설명
COUNT(속성)	그룹별 튜플 수	• 해당 속성의 NULL이 아닌 튜플의 수 • *인 경우 NULL이 포함된 튜플의 수

SUM(속성)	그룹별 합계	• 해당 속성의 NULL이 아닌 값의 합계
AVG(속성)	그룹별 평균	• 해당 속성의 NULL이 아닌 값의 평균
MAX(속성)	그룹별 최댓값	• 해당 속성의 최댓값 • 문자열이나 날짜 데이터 형식에도 가능
MIN(속성)	그룹별 최솟값	• 해당 속성의 최솟값 • 문자열이나 날짜 데이터 형식에도 가능
STDDEV(속성)	그룹별 표준편차	• 해당 속성의 표준편차
VARIAN(속성)	그룹별 분산	• 해당 속성의 분산

3 그룹 함수(Group Function)

권쌤이 알려줌

DBMS 종류와 버전에 따라 문법은 조금씩 다릅니다.

그룹 함수는 소그룹 간의 소계 및 중계 등의 중간 합계 분석 데이터를 산출하는 함수이다.

함수	기능
ROLLUP(속성)	그룹별 중간 집계 값
CUBE(속성)	다차원 그룹별 중간 집계 값
GROUPING SETS(속성)	개별 집계

다음과 같은 [수강생] 테이블에 대해 예제의 결과를 확인하시오.

수강생

과목	주소	수강료
기사	강릉	100
기사	서울	100
기사	서울	100
컴활	서울	110
컴활	판교	110

예제1

```
SELECT 과목, SUM(수강료) AS 합계 FROM 수강생
    GROUP BY 과목;
```

예제2

```
SELECT 과목, 주소, SUM(수강료) AS 합계 FROM 수강생
    GROUP BY ROLLUP(과목, 주소);
```

예제3

```
SELECT 과목, 주소, SUM(수강료) AS 합계 FROM 수강생
    GROUP BY CUBE(과목, 주소);
```

예제4

```
SELECT 과목, 주소, SUM(수강료) AS 합계 FROM 수강생
    GROUP BY GROUPING SETS(과목, 주소);
```

[예제 1 결과]

과목	합계
기사	300
컴활	220

[예제 2 결과]

과목	주소	합계
기사	강릉	100
기사	서울	200
기사		300
컴활	서울	110
컴활	판교	110
컴활		220
		520

[예제 3 결과]

과목	주소	합계	
		520	▶ 레벨1 : 수강료 합계
	강릉	100	▶ 레벨2 : 주소별 합계
	서울	310	
	판교	110	
기사		300	▶ 레벨2 : 과목별 합계
기사	강릉	100	▶ 레벨3 : 과목별, 주소별 합계
기사	서울	200	
컴활		220	▶ 레벨2 : 과목별 합계
컴활	서울	110	▶ 레벨3 : 과목별, 주소별 합계
컴활	판교	110	

[예제 4 결과]

과목	주소	합계
	강릉	100
	서울	310
	판교	110
기사		300
컴활		220

④ 윈도우 함수(Window Function)

윈도우 함수는 시장 분석, 통계 작성, 경영 계획 분석 등의 온라인 분석 처리 용도로 데이터 기반 의사 결정을 위한 함수이다.

• OLAP※(OnLine Analytical Processing) 함수라고도 한다.

구분	함수	기능
순위 반환 함수	RANK	중복 순위 다음은 해당 개수만큼 건너뛰고 반환
	DENSE_RANK	중복 순위 다음은 중복 개수 상관없이 순차적으로 반환
	ROW_NUMBER	중복과 관계없이 무조건 순서대로 반환

다음과 같은 [부서] 테이블에 대해 예제의 결과를 확인하시오.

부서

부서	사번	나이
A	A001	50
B	A005	30
A	A003	40
B	A004	40
A	A002	45

예제1

```
SELECT 사번, 나이, RANK() OVER(ORDER BY 나이 DESC) AS 순위
    FROM 부서;
```

예제2

```
SELECT 사번, 나이, DENSE_RANK() OVER(ORDER BY 나이 DESC) AS 순위
    FROM 부서;
```

예제3

```
SELECT 사번, 나이, ROW_NUMBER() OVER(ORDER BY 나이 DESC) AS 순위
    FROM 부서;
```

예제4

```
SELECT 부서, 사번, 나이, RANK() OVER(PARTITION BY※ 부서 ORDER BY 나이 DESC) AS 순위
    FROM 부서;
```

OLAP(올랩, 온라인 분석 처리)
사용자가 다양한 각도에서 직접 대화식으로 정보를 분석하는 과정
⑩ 수강생 수를 강의별, 지역별, 기간별 등 다양한 차원에서 즉시 분석한다.

PARTITION BY절
순위의 기준이 되는 대상으로, PARTITION BY절에 지정된 속성으로 파티션을 나누어 그 파티션 안에서 순위를 매긴다.

[예제 1 결과]

사번	나이	순위
A001	50	1
A002	45	2
A003	40	3
A004	40	3
A005	30	5

[예제 2 결과]

사번	나이	순위
A001	50	1
A002	45	2
A003	40	3
A004	40	3
A005	30	4

[예제 3 결과]

사번	나이	순위
A001	50	1
A002	45	2
A003	40	3
A004	40	4
A005	30	5

[예제 4 결과]

부서	사번	나이	순위
A	A001	50	1
A	A002	45	2
A	A003	40	3
B	A004	40	1
B	A005	30	2

기출 및 예상문제

05 데이터 분석 함수

01 SQL의 집계 함수를 모두 고르시오.

> ㉠ AVG ㉢ COUNT
> ㉢ SUM ㉣ CREATE

해설 집계 함수 종류 : COUNT, SUM, AVG, MAX, MIN, STDDEV, VARIAN

[20년 4회]

02 [학생] 테이블에서 '학과'와 학과별 학생 수인 '학과별튜플수'를 검색하는 SQL문을 [출력 결과]를 참고하여 〈처리 조건〉에 부합하도록 작성하시오.

[학생]

학번	이름	학과	학점
0001	김길현	전기	3.5
0002	이상인	컴퓨터	4.1
0003	남기욱	전자	2.7
0004	권지온	컴퓨터	3.6
0005	김상현	전자	4.0

〈처리 조건〉
- WHERE문은 사용하지 않는다.
- 집계함수(Aggregation Function)를 사용하여 구성한다.
- GROUP BY를 사용하여 구성한다.
- '학과별튜플수'는 별칭(Alias)을 위한 AS문을 사용한다.
- 대/소문자를 구분하지 않고, 세미콜론(;)은 생략 가능하다.
- 인용 부호 표시, 사용 시에는 작은따옴표(' ')를 쓴다.

[결과]

학과	학과별튜플수
전기	1
컴퓨터	2
전자	2

해설 COUNT(속성) : 그룹별 튜플수

03 다음 설명에 가장 적합한 집계 함수를 〈보기〉에서 고르시오.

집계 함수	설명
①	그룹별 최댓값을 구하는 함수
②	그룹별 합계를 구하는 함수
③	그룹별 평균을 구하는 함수

〈보기〉
㉠ COUNT ㉢ SUM
㉢ AVG ㉣ MAX
㉤ MIN

① ....

② ....

③ ....

해설
키워드 최댓값 → 용어 MAX
키워드 합계 → 용어 SUM
키워드 평균 → 용어 AVG

정답
01. ㉠, ㉢, ㉢ 02. SELECT 학과, COUNT(학과) AS '학과별튜플수' FROM 학생 GROUP BY 학과; 03. ① ㉣ ② ㉢ ③ ㉢

06 JOIN

★★

1 JOIN(조인)

JOIN은 두 개 이상의 테이블을 '연결한다(JOIN)'의 의미로, 하나의 SQL문으로 두 개의 테이블에 저장된 데이터를 한 번에 검색할 수 있는 기능이다.

- 두 개의 테이블을 연결하기 위해서 조인 속성을 사용한다.
- 종류 : CROSS JOIN, INNER JOIN, OUTER JOIN, SELF JOIN

권쌤이 알려줌

JOIN은 하나의 SQL문을 실행하여 여러 테이블에 저장된 데이터를 한 번에 검색할 수 있는 기능입니다. 예제를 통해 JOIN의 개념을 학습하세요.

2 CROSS JOIN [21년 3회]

CORSS JOIN은 테이블 간의 모든 경우의 수에 대한 행이 생성되는 조인 방식이다.

- 실제로 많이 사용하진 않지만, SQL 성능 튜닝에 사용되기도 한다.
- 카티션 프로덕트(Cartesian Product)와 검색 결과가 같다.

권쌤이 알려줌

DBMS 종류와 버전에 따라 문법은 조금씩 다릅니다.

권쌤이 알려줌

카티션 프로덕트는 관계 대수의 한 종류로, 이후 자세히 학습합니다.

> 예제

```
SELECT * FROM 부서 CROSS JOIN 사원;
```

부서

부서번호	부서명
A001	생산부
A002	자재부
A003	인사부

CROSS JOIN

사원

사원이름	부서번호
김윤환	A001
장기영	A001
김옥분	A002

→

[예제 결과]

부서번호	부서명	사원이름	부서번호
A001	생산부	김윤환	A001
A002	자재부	김윤환	A001
A003	인사부	김윤환	A001
A001	생산부	장기영	A001
A002	자재부	장기영	A001
A003	인사부	장기영	A001
A001	생산부	김옥분	A002
A002	자재부	김옥분	A002
A003	인사부	김옥분	A002

권쌤이 알려줌

아래와 같이 SELECT문을 사용해도 같은 결과가 출력됩니다.
• SELECT * FROM 부서, 사원;

3 INNER JOIN(내부 조인) [21년 2회]

INNER JOIN은 조인된 테이블 사이에 조건이 부합하는 행에 대해서만 행이 생성되는 조인 방식이다.

- 일반적으로 부르는 조인은 내부 조인을 의미한다.
- 항상 양쪽에 데이터가 연결되는 데이터값이 존재해야 테이블에 데이터를 가져올 수 있다.
- EQUI JOIN과 NON-EQUI JOIN으로 구분된다.

권쌤이 알려줌

실무에서 사용하는 JOIN은 주로 EQUI JOIN입니다.

권쌤이 알려줌

두 테이블의 속성 이름이 중복될 경우 [테이블명].[속성명]을 사용해야 합니다.

권쌤이 알려줌

아래와 같이 WHERE절을 사용해도 같은 결과가 출력됩니다.
• SELECT 부서.부서번호, 부서명, 사원이름 FROM 부서, 사원 WHERE 부서.부서번호=사원.부서번호;

구분	설명
EQUI JOIN	• '=' 비교를 이용하는 조인 • JOIN 속성이 두 번 표기되므로, 실제로 거의 사용되지 않음 • 중복된 속성을 제거하기 위해 NATURAL JOIN 사용
Non-EQUI JOIN	• '='이 아닌 나머지 비교 연산자(〈, 〈=, 〉, 〉=, 〈 〉)를 사용하는 조인

예제1

```
SELECT 부서.부서번호, 부서명, 사원이름
    FROM 부서 INNER JOIN 사원 ON 부서.부서번호=사원.부서번호;
```

예제2

```
SELECT 부서.부서번호, 부서명, 사원이름
    FROM 부서 JOIN 사원 ON 부서.부서번호=사원.부서번호;
```

예제3

```
SELECT 부서.부서번호, 부서명, 사원이름
    FROM 부서 NATURAL JOIN 사원;
```

예제4

```
SELECT 부서.부서번호, 부서명, 사원이름
    FROM 부서 JOIN 사원 USING(부서번호);
```

부서

부서번호	부서명
A001	생산부
A002	자재부
A003	인사부

INNER JOIN

사원

사원이름	부서번호
김윤환	A001
장기영	A001
김옥분	A002

→

[예제 1~4 결과]

부서번호	부서명	사원이름
A001	생산부	김윤환
A001	생산부	장기영
A002	자재부	김옥분

4 OUTER JOIN(외부 조인)

OUTER JOIN은 조인된 테이블 사이에 조건이 부합하지 않아도 행을 생성하는 조인 방식이다.

• 조인되는 A 테이블에서 B 테이블에 연결되는 데이터값이 존재하지 않더라도 A 테이블의 데이터를 가져올 수 있다.
• Oracle에서는 외부 조인을 위해 '(+)' 기호를 이용하고, MS-SQL에서는 '*' 기호를 이용한다.

1. LEFT OUTER JOIN

왼쪽 테이블의 것을 모두 결합해서 조인하는 방식이다.

권쌤이 알려줌

MS-SQL에서는 아래와 같이 사용합니다.
• SELECT 부서.부서번호, 부서명, 사원이름 FROM 부서, 사원 WHERE 부서.부서번호 *= 사원.부서번호;

예제1

```
SELECT 부서.부서번호, 부서명, 사원이름
    FROM 부서, 사원 WHERE 부서.부서번호=사원.부서번호(+);
```

예제2

```
SELECT 부서.부서번호, 부서명, 사원이름
    FROM 부서 LEFT OUTER JOIN 사원 ON 부서.부서번호=사원.부서번호;
```

부서

부서번호	부서명
A001	생산부
A002	자재부
A003	인사부

OUTER JOIN

사원

사원이름	부서번호
김윤환	A001
장기영	A001
김옥분	A004

→

[예제 1~2 결과]

부서번호	부서명	사원이름
A001	생산부	김윤환
A001	생산부	장기영
A002	자재부	NULL
A003	인사부	NULL

2. RIGHT OUTER JOIN

오른쪽 테이블의 것을 모두 결합해서 조인하는 방식이다.

예제1

```
SELECT 부서.부서번호, 부서명, 사원이름
    FROM 부서, 사원 WHERE 부서.부서번호(+)=사원.부서번호;
```

예제2

```
SELECT 부서.부서번호, 부서명, 사원이름
    FROM 부서 RIGHT OUTER JOIN 사원 ON 부서.부서번호=사원.부서번호;
```

부서

부서번호	부서명
A001	생산부
A002	자재부
A003	인사부

OUTER JOIN

사원

사원이름	부서번호
김윤환	A001
장기영	A001
김옥분	A004

→

[예제 1~2 결과]

부서번호	부서명	사원이름
A001	생산부	김윤환
A001	생산부	장기영
NULL	NULL	김옥분

3. FULL OUTER JOIN

LETF OUTER JOIN과 RIGHT OUTER JOIN을 합친 방식이다.

예제

```
SELECT 부서.부서번호, 부서명, 사원이름
    FROM 부서, 사원 FULL OUTER JOIN 사원 ON 부서.부서번호=사원.부서번호;
```

부서

부서번호	부서명
A001	생산부
A002	자재부
A003	인사부

OUTER JOIN

사원

사원이름	부서번호
김윤환	A001
장기영	A001
김옥분	A004

→

[예제 결과]

부서번호	부서명	사원이름
A001	생산부	김윤환
A001	생산부	장기영
A002	자재부	NULL
A003	인사부	NULL
NULL	NULL	김옥분

권쌤이 알려줌

MS-SQL에서는 아래와 같이 사용합니다.
- SELECT 부서.부서번호, 부서명, 사원이름 FROM 부서, 사원 WHERE 부서.부서번호 =* 사원.부서번호;

권쌤이 알려줌

SELECT절에 부서.부서번호로 작성되었습니다. 김옥분 사원의 부서번호에 해당하는 A004가 [부서] 테이블에 존재하지 않으므로 NULL이 출력됩니다.

권쌤이 알려줌

FULL OUTER JOIN에서는 '(+)' 또는 '*' 기호를 사용하지 않습니다.

권쌤이 알려줌

SQL문에 테이블명을 반복해서
사용하거나, 긴 테이블명은 별칭
을 사용하여 작성할 수 있습니다.
· 테이블명 [AS] 별칭

권쌤이 알려줌

아래와 같이 WHERE절을 사용
해도 같은 결과가 출력됩니다.
· SELECT A.사번, A.성명, B.성
명 AS 상급자성명 FROM 사
원 A, 사원 B WHERE A.상급
자=B.사번;

4. SELF JOIN

자기 자신 테이블을 조인하는 방식이다.

> 예제
>
> SELECT A.사번, A.성명, B.성명 AS 상급자성명
>   FROM 사원 A JOIN 사원 B ON A.상급자=B.사번;

사원

사번	성명	상급자
a001	권지온	a003
a002	장보현	a004
a003	권우석	
a004	백서연	

→

[예제 결과]

사번	성명	상급자성명
a001	권지온	권우석
a002	장보현	백서연

기출 및 예상문제

06 JOIN

[21년 3회]

01 다음 두 테이블을 참고하여 아래 SQL문의 실행 결과를 쓰시오.

[A]

NAME
SMITH
ALLEN
SCOTT

[B]

RULE
S%
%T%

```
SELECT COUNT(*) CNT
FROM A CROSS JOIN B
WHERE A.NAME LIKE B.RULE;
```

해설

· FROM A CROSS JOIN B : [A] 테이블과 [B] 테이블을
CROSS JOIN하여

NAME	RULE	
SMITH	S%	→ ○
SMITH	%T%	→ ○
ALLEN	S%	→ ×
ALLEN	%T%	→ ×
SCOTT	S%	→ ○
SCOTT	%T%	→ ○

· WHERE A.NAME LIKE B.RULE : A 테이블의 NAME이 B
테이블의 RULE과 같은 ⓔ WHERE SMITH LIKE S% → O

· SELECT COUNT(*) CNT : 튜플의 개수를 검색한다.

CNT
4

[21년 2회]

02 [학생정보] 테이블의 학과와 [학과정보] 테이블의 학과
가 같은 학생의 이름을 검색하고자 한다. SQL문의 ①,
②에 들어갈 가장 적합한 답을 쓰시오.

[학생정보]

학번	이름	학과
A001	김길현	컴퓨터
A002	이상인	바이오
A003	남기욱	전기
A004	권지온	컴퓨터
A005	김상현	바이오

[학과정보]

학과	학생수
전기	50
컴퓨터	30
전자	80

[실행 결과]

이름
김길현
남기욱
권지온

```
SELECT 이름 FROM 학생정보 a JOIN 학과정보 b
( ① ) a.학과 = b.( ② )
```

① ....

② ....

> **해설**
> • FROM 학생정보 a JOIN 학과정보 b
> : [학생정보] 테이블과 [학과정보] 테이블을 JOIN하여
> ([학생정보] 테이블 별칭 : a, [학과정보] 테이블 별칭 : b)
> • ON a.학과 = b.학과 : [학생정보] 테이블의 학과와 [학과정보] 테이블의 학과의 값이 같은
> • SELECT 이름 : 이름을 검색한다.

03 [학교] 테이블과 [학생] 테이블을 참고하여 아래 SQL문을 실행하면 [출력]과 같은 결과를 나타낸다. JOIN을 사용하여 ( ) 안에 가장 적합한 답을 쓰시오.

[학교]

학교번호	학교명
1001	경덕
1002	원화
1003	경운

[학생]

학생이름	학교번호
김진훈	1001
최현주	1002
이미영	1002

⟨SQL문⟩
SELECT * FROM 학교 ( ) 학생;

[출력]

학교번호	학교명	학생이름	학교번호
1001	경덕	김진훈	1001
1002	원화	김진훈	1001
1003	경운	김진훈	1001
1001	경덕	최현주	1002
1002	원화	최현주	1002
1003	경운	최현주	1002
1001	경덕	이미영	1002
1002	원화	이미영	1002
1003	경운	이미영	1002

> **해설**
> CROSS JOIN : 테이블 간의 모든 경우의 수에 대한 행이 생성되는 조인 방식

04 [학교] 테이블과 [학생] 테이블을 참고하여 아래 SQL문을 실행하면 [출력]과 같은 결과를 나타낸다. JOIN을 사용하여 ( ) 안에 가장 적합한 답을 쓰시오.

[학교]

학교번호	학교명
1001	경덕
1002	원화
1003	경운

[학생]

학생이름	학교번호
김진훈	1004
최현주	1002
이미영	1002

⟨SQL문⟩
SELECT 학교.학교번호, 학교명, 학생이름
FROM 학교 ( ) 학생
ON 학교.학교번호 = 학생.학교번호;

[출력]

학교번호	학교명	학생이름
NULL	NULL	김진훈
1002	원화	최현주
1002	원화	이미영

> **해설**
> OUTER JOIN(외부 조인) : 조인된 테이블 사이에 조건이 부합하지 않아도 행을 생성하는 조인 방식
> • RIGHT OUTER JOIN : 오른쪽 테이블의 것을 모두 결합해서 조인하는 방식

> **정답**
> 01. 4 02. ❶ ON ❷ 학과 03. CROSS JOIN 04. RIGHT OUTER JOIN

07 관계 대수

1 관계 데이터 연산 [21년 2, 3회 필기] [20년 3, 4회 필기]

관계 해석(Relational Calculus)
관계 데이터 모델의 제안자인 코드(E. F. Codd)가 수학의 Predicate Calculus(프레디킷 해석, 술어 해석)에 기반을 두고 관계 데이터베이스를 위해 제안하였다.

관계 데이터 연산은 원하는 데이터를 얻기 위해 릴레이션에 필요한 처리 요구를 수행하는 데이터 언어이다.

- 종류에는 관계 대수, 관계 해석※이 있다.
- 기본적으로 관계 대수와 관계 해석은 관계 데이터베이스를 처리하는 기능과 능력면에서 동등하다.
- 관계 해석으로 표현한 식은 관계 대수로 표현할 수 있다.

합격자의 맘기법

관계 대수 종류 : 셀프로 디비줘(조) / 교차합, 교차곱

- 순수 관계 연산자
  - 셀(렉트, Select)
  - 프로(젝트, Project)
  - 디비(전, Division)
  - 줘(조인, Join)
- 일반 집합 연산자
  - 교(집합, INTERSECTION)
  - 차(집합, DIFFERENCE)
  - 합(집합, UNION)
  - 교차곱(CARTESIAN PRODUCT)

R(Relation)
릴레이션, 테이블

관계 대수	관계 해석

• 절차적 언어(절차 중심)
• 원하는 정보를 어떻게 유도하는가를 연산자와 연산 규칙 이용하여 기술
• 분류
  – 순수 관계 연산자 : SELECT, PROJECT, JOIN, DIVISION
  – 일반 집합 연산자 : 합집합, 교집합, 차집합, 카티션 프로덕트(교차곱)
	• 비절차적 언어(결과 중심)
	• 원하는 정보가 무엇이라는 것만 정의
	• 분류 : 튜플 관계 해석, 도메인 관계 해석

2 SELECT(σ) [21년 1회 필기]

SELECT는 릴레이션에서 주어진 조건을 만족하는 튜플들을 검색하는 것이다.

- 기호는 그리스 문자의 시그마(σ)를 이용한다.
- 형식 : $\sigma_{조건}(R^※)$

예제

$\sigma_{이름 = '김길현'}(수강생)$

해설

[수강생] 테이블에서 이름 속성이 '김길현'인 튜플을 검색한다.

수강생

이름	과목	주소	수강료
김길현	정보	남구	100
이상인	정보	서구	120
남기욱	정보	서구	100
최영희	컴활	중구	80
김상현	워드	북구	50

[예제 결과]

이름	과목	주소	수강료
김길현	정보	남구	100

3 PROJECT(π)

PROJECT는 릴레이션에서 주어진 조건을 만족하는 속성들을 검색하는 것이다.

- 기호는 그리스 문자의 파이(π)를 이용한다.
- 연산 결과에 중복이 발생하면 중복이 제거된다.
- 형식 : $\Pi_{속성}(R)$

예제

$\pi_{이름}(수강생)$

해설

[수강생] 테이블에서 이름 속성을 검색한다.

수강생

이름	과목	주소	수강료
김길현	정보	남구	100
이상인	정보	서구	120
남기욱	정보	서구	100
최영희	컴활	중구	80
김상현	워드	북구	50

[예제 결과]

이름
김길현
이상인
남기욱
최영희
김상현

4 JOIN($\bowtie$) [20년 2회 필기]

JOIN은 두 개의 릴레이션 R와 S에서 공통된 속성을 연결하는 것이다.

- 형식 : R $\bowtie_{조인속성_r = 조인속성_s}$ S

예제1

R $\bowtie_{b=b}$ S

해설1

[R] 테이블과 [S] 테이블을 b 속성을 기준으로 조인하라.
– EQUI JOIN의 결과로 공통 속성값이 중복되어 검색된다.

예제2

R $\bowtie_b$ S

해설2

[R] 테이블과 [S] 테이블을 b 속성을 기준으로 조인하라.
– NATURAL JOIN의 결과로 공통 속성값이 제거되어 검색된다.

R			S			[예제 1 결과]					[예제 2 결과]		
a	**b**		**b**	**c**		**a**	**R.b**	**S.b**	**c**		**a**	**b**	**c**
a1	b1		b1	c1		a1	b1	b1	c1		a1	b1	c1
a2	b2		b2	c2		a2	b2	b2	c2		a2	b2	c2
a3	b3		b3	c3		a3	b3	b3	c3		a3	b3	c3
a4	b4		b4	c4		a4	b4	b4	c4		a4	b4	c4

[R]과 [S]의 공통 속성값 : b1, b2, b3, b4

합격자의 **암기법**

순수 관계 연산자
- 키워드 행, 수평적 연산 →
  용어 SELECT
- 키워드 열, 수직적 연산 →
  용어 PROJECT
- 키워드 공통된 속성 → 용어
  JOIN
- 키워드 제외한 속성 → 용어
  DIVISION

5 DIVISION(÷) [20년 3회] [20년 3회 필기]

DIVISION은 X ⊃ Y인 두 개의 릴레이션 R(X)와 S(Y)가 있을 때, R의 속성이 S의 속성 값을 모두 가진 튜플에서 S가 가진 속성을 제외한 속성만을 구하는 연산이다.

- 형식 : $R[속성r \div 속성s]S$

예제

R [x ÷ y] S

해설

[R] 테이블의 x 속성이 [S] 테이블의 y 속성 값을 가진 모든 튜플에서 [S] 테이블이 가진 속성을 제외한 속성만을 구한다.

R			S		[예제 결과]
a	**x**		**y**		**a**
a1	b1		b1		a1
a1	b2		b2		a5
a3	b4				
a4	b5				
a5	b2				
a6	b3				
a5	b1				

[R]과 [S]의 공통 속성값 : b1, b2

권쌤이 알려줌

관계 대수 연산자 중 합집합, 교집합, 차집합 연산은 이항 연산으로서 연산에 참가하는 두 개의 릴레이션은 차수와 도메인이 같아야 연산을 수행할 수 있습니다.

6 합집합(UNION, ∪)

합집합은 두 릴레이션에 존재하는 튜플의 합집합을 구하되, 결과로 생성된 릴레이션에서 중복되는 튜플을 제거한다.

R			S			R ∪ S	
a	**b**		**a**	**b**		**a**	**b**
a1	b1		a1	b1		a1	b1
a1	b2		a2	b1		a1	b2
a2	b3		a2	b3		a2	b1
			a3	b3		a2	b3
						a3	b3

* **수학적 표현**
R ∪ S = {t|t ∈ R ∨ t ∈ S}
- t는 릴레이션 R 또는 릴레이션 S에 존재하는 튜플이다.

* **카디널리티**
|R ∪ S| ≤ |R|+|S|
- 합집합의 카디널리티는 두 릴레이션 카디널리티의 합보다 크지 않다.

7 교집합(INTERSECTION, ∩)

교집합은 두 릴레이션에 존재하는 튜플의 교집합을 구하는 연산이다.

 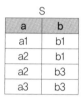

R

a	b
a1	b1
a1	b2
a2	b3

S

a	b
a1	b1
a2	b1
a2	b3
a3	b3

→ R ∩ S

a	b
a1	b1
a2	b3

* 수학적 표현
R ∩ S = {t|t ∈ R ∧ t ∈ S}
- t는 릴레이션 R과 릴레이션 S에 동시에 존재하는 튜플이다.

* 카디널리티
교집합: |R ∩ S| ≤ MIN{|R|,|S|}
- 교집합의 카디널리티는 두 릴레이션 중 카디널리티가 적은 릴레이션의 카디널리티보다 크지 않다.

8 차집합(DIFFERENCE, −)

차집합은 두 릴레이션에 존재하는 튜플의 차집합을 구하는 연산이다.

R

a	b
a1	b1
a1	b2
a2	b3

S

a	b
a1	b1
a2	b1
a2	b3
a3	b3

→ R − S

a	b
a1	b2

S − R

a	b
a2	b1
a3	b3

* 수학적 표현
R − S = {t|t ∈ R ∧ t ∉ S}
- t는 릴레이션 R에는 존재하고 S에 없는 튜플이다.

* 카디널리티
|R − S| ≤ |R|
- 차집합의 카디널리티는 릴레이션 R의 카디널리티보다 크지 않다.

9 카티션 프로덕트(Cartesian Product, 교차곱, ×) [21년 2, 3회 필기]

카티션 프로덕트는 두 릴레이션에 있는 튜플들의 순서쌍을 구하는 연산이다.

R

r
r1
r2

S

s
s1
s2

→ R×S

R.r	S.s
r1	s1
r1	s2
r2	s1
r2	s2

* 수학적 표현
R x S = {r · s|r ∈ R ∧ s ∈ S}
- r은 R에 존재하는 튜플이고, s는 S에 존재하는 튜플이다.

* 카디널리티
|R x S| = |R| x |S|
- 교차곱은 두 릴레이션의 카디널리티를 곱한 것과 같다.

기출 및 예상문제

07 관계 대수

[21년 2회 필기] [20년 3회 필기]

01 관계 대수의 순수 관계 연산자를 모두 고르시오.

- ㉠ Select
- ㉢ Cartesian Product
- ㉡ Division
- ㉣ Project
- ㉤ Difference
- ㉥ Join

 해설 **TIP** 순수 관계 연산자는 "셀프로 디비줘(조)", 일반 집합 연산자는 "교차합, 교차곱"으로 기억하세요.

[21년 3회 필기] [20년 4회 필기]
02 다음의 설명과 가장 부합하는 용어를 쓰시오.

> • 원하는 정보와 그 정보를 어떻게 유도하는가를 기술하는 절차적 방법이다.
> • 주어진 릴레이션 조작을 위한 연산의 집합이다.
> • 릴레이션 조작을 위한 연산의 집합으로 피연산자와 결과가 모두 릴레이션이다.
> • 질의에 대한 해를 구하기 위해 수행해야 할 연산의 순서를 명시한다.
> • 일반 집합 연산과 순수 관계 연산으로 구분된다.

해설 키워드 절차적 방법, 일반 집합 연산, 순수 관계 연산 → 용어 관계 대수

[21년 3회 필기]
03 관계 데이터베이스에 있어서 관계 대수 연산을 모두 고르시오.

> ㉠ 디비전(Division)　　㉡ 프로젝트(Project)
> ㉢ 조인(Join)　　㉣ 포크(Fork)

해설 TIP 순수 관계 연산자는 "셀프로 디비줘(조)", 일반 집합 연산자는 "교차합, 교차곱"으로 기억하세요.

[21년 1회 필기]
04 조건을 만족하는 릴레이션의 수평적 부분집합으로 구성하며, 연산자의 기호는 그리스 문자 시그마(σ)를 사용하는 관계 대수 연산은 무엇인지 쓰시오.

해설 키워드 수평적 부분집합, 시그마(σ) → 용어 SELECT

[20년 2회 필기]
05 관계 대수 연산에서 두 릴레이션이 공통으로 가지고 있는 속성을 이용하여 두 개의 릴레이션을 하나로 합쳐서 새로운 릴레이션을 만드는 연산자의 기호를 쓰시오.

해설 키워드 공통으로 가지고 있는 속성, 합침 → 용어 JOIN($\bowtie$)

[20년 3회]
06 X ⊃ Y인 두 개의 릴레이션 R(X)와 S(Y)가 있을 때, R의 속성이 S의 속성 값을 모두 가진 튜플에서 S가 가진 속성을 제외한 속성만을 구하는 연산자의 기호를 쓰시오.

해설 키워드 제외한 속성만 → 용어 DIVISION($\div$)

[20년 3회 필기]
07 다음 R과 S 두 릴레이션에 대한 실행 결과를 참고하여 ( ) 안에 들어갈 가장 적합한 관계 대수 연산자를 쓰시오.

[R]

D1	D2	D3
a	1	A
b	1	A
c	2	A
d	2	B

[S]

D2	D3
1	A

[실행 결과]

D1
a
b

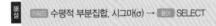

R ( ) S

해설 DIVISION은 X ⊃ Y인 두 개의 릴레이션 R(X)와 S(Y)가 있을 때, R의 속성이 S의 속성 값을 모두 가진 튜플에서 S가 가진 속성을 제외한 속성만을 구한다.

[21년 2회 필기]

08 릴레이션의 R의 차수가 4이고 카디널리티가 5이며, 릴레이션의 S의 차수가 6이고 카디널리티가 7일 때, 두 개의 릴레이션을 카티션 프로덕트한 결과의 새로운 릴레이션의 차수와 카디널리티는 얼마인지 차례대로 쓰시오.

해설 카티션 프로덕트는 두 릴레이션의 차수(Degree)는 더하고, 카디널리티(Cardinality)는 곱한다.
- 차수 : 4 + 6 = 10
- 카디널리티 : 5 × 7 = 35

[21년 3회 필기]

09 다음 두 릴레이션 R1과 S2에 대한 실행 결과를 참고하여 ( ) 안에 들어갈 가장 적합한 관계 대수 연산자를 쓰시오.

[R1]

학년
1
2
3

[R2]

학과
컴퓨터
국문
수학

[실행 결과]

학년	학과
1	컴퓨터
1	국문
1	수학
2	컴퓨터
2	국문
2	수학
3	컴퓨터
3	국문
3	수학

R1 ( ) R2

해설 카티션 프로덕트(Cartesian Product, 교차곱)는 두 릴레이션에 있는 튜플들의 순서쌍을 구하는 연산이다.

10 아래의 [학생] 테이블을 참고하여 [출력]과 같은 결과를 나타내는 관계 대수식의 ①, ②에 가장 적합한 답을 쓰시오.

[학생]

학번	이름	성별	나이	학과코드
A001	김가영	남	21	사무
A002	최현주	여	32	정보
A003	이민영	여	28	사무
A004	김상현	여	32	컴활

(①) 이름 = '이민영' ((②))

[출력]

학번	이름	성별	나이	학과코드
A003	이민영	여	28	사무

① ....

② ....

해설 σ 이름 = '이민영' (학생)
: [학생] 테이블에서 이름이 '이민영'인 튜플을 검색한다.

11 아래의 [학생] 테이블과 [수강] 테이블을 참고하여 [출력]과 같은 결과를 나타내는 관계 대수식의 ( ) 안에 가장 적합한 답을 쓰시오.

[학생]

학번	이름
A001	김가영
A002	최현주
A003	이민영
A004	김상현

[수강]

이름	학과코드
김가영	정보
김가영	컴활
최현주	정보
박상민	사무

학생 (   )이름 수강

[출력]

학번	이름	학과코드
A001	김가영	정보
A001	김가영	컴활
002	최현주	정보

해설 학생 ⋈ 이름 수강
: [학생] 테이블과 [수강] 테이블의 공통 속성(이름)을 연결한다.
- NATURAL JOIN이므로 공통 속성 값이 제거된다.

[12~13] 아래의 [R] 테이블과 [S] 테이블을 참고하여 각 질문에 답하시오.

[R]

A	B
A1	B1
A1	B2
A2	B3

[S]

A	B
A1	B1
A2	B1
A2	B3
A3	B3

12 다음은 [출력]과 같은 결과를 나타내는 관계 대수식이다. ( ) 안에 가장 적합한 답을 쓰시오.

```
R ( ) S
```

[출력]

A	B
A1	B1
A1	B2
A2	B1
A2	B3
A3	B3

해설 R U S : 두 릴레이션에 존재하는 튜플의 합집합을 구하고, 결과로 생성된 릴레이션에서 중복되는 튜플을 제거한다.

13 다음은 [출력]과 같은 결과를 나타내는 관계 대수식이다. ( ) 안에 가장 적합한 답을 쓰시오.

```
R ( ) S
```

[출력]

A	B
A1	B2

해설 R - S : 두 릴레이션에 존재하는 튜플의 차집합을 구한다.

정답
01. ㉠, ㉢, ㉣, ㉤ 02. 관계 대수 03. ㉠, ㉡, ㉢ 04. SELECT 05. ⋈
06. ÷ 07. ÷ 08. 10, 35 09. × 10. ❶ σ ❷ 학생 11. ⋈ 12. ∪ 13. −

SECTION 03

절차형 SQL

절차형 SQL은 단순 검색이 아닌 분기, 반복 등의 제어문이 포함된 SQL문입니다. 만약 신입 사원 정보를 데이터베이스에 저장할 때, 즉 [사원] 테이블에 튜플이 추가되면 자동으로 급여 정보를 세팅하고자 할 때 절차형 SQL을 사용할 수 있습니다.

01 프로시저

1 절차형 SQL

절차형 SQL은 프로그래밍 언어처럼 절차적인 프로그램이 가능한 SQL이다.

- Oracle의 절차형 SQL은 PL/SQL이다.
- BEGIN/END의 블록(Block)화된 구조로 되어있어 각 기능별로 모듈화가 가능하다.
- 조건문*, 반복문* 등 단일 SQL문으로는 실행하기 어려운 연속적인 작업을 처리하는 데에 적합하다.
- 절차형 SQL 종류 : 프로시저(Procedure), 사용자 정의 함수(Function), 트리거(Trigger)

권쌤이 알려줌

절차형 SQL마다 전체 구성 요소는 조금씩 다릅니다.

제어문
프로그램의 흐름을 제어할 수 있도록 도와주는 실행문
- 조건문 : 조건에 따라 실행해야 할 명령문을 지정
- 반복문 : 특정 실행문을 여러 번 반복 실행할 수있도록 지정

▼ 절차형 SQL 필수 구성 요소

구성 요소	설명
DECLARE	대상이 되는 프로시저, 사용자 정의 함수, 트리거 정의
BEGIN	프로시저, 사용자 정의 함수, 트리거가 실행되는 시작점
END	프로시저, 사용자 정의 함수, 트리거가 실행되는 종료점

2 프로시저(Procedure)

프로시저는 특정 기능을 수행하는 일종의 트랜잭션 언어로, 호출을 통해 미리 저장해 놓은 SQL문을 실행하는 프로그램이다.

- 주기적으로 수행되는 업무를 프로시저로 작성하여 활용하고 관리한다.

권쌤이 알려줌

프로시저는 자주 사용하는 SQL문의 집합입니다. 월말 정산을 위해 [음료] 테이블, [과자] 테이블을 정산하는 SQL문을 미리 프로시저로 저장해 두고, 매월 정산 프로시저를 실행하면 빠르게 처리할 수 있겠죠?

권쌤이 알려줌

DML(SELECT, INSERT, UPDATE, DELETE)을 아래와 같이 분류하기도 합니다.
• 데이터 질의어(DQL : SELECT)
• 데이터 조작어(DML : INSERT, UPDATE, DELETE)

▼ 프로시저 구성

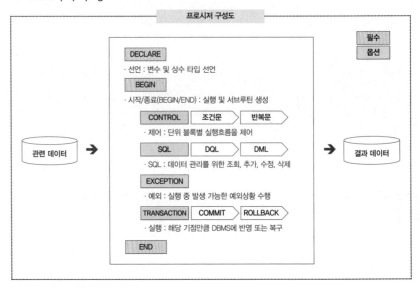

구성 요소	설명
DECLARE	프로시저의 명칭, 변수*와 인수* 그리고 그에 대한 데이터 타입을 정의하는 선언부
BEGIN / END	프로시저의 시작과 종료 표현
CONTROL	IF, LOOP 등 제어문이 삽입되어 순차적으로 처리
SQL	DQL, DML이 삽입되어 데이터 관리를 위한 조회, 추가, 수정, 삭제 작업 수행
EXCEPTION	BEGIN ~ END절에서 실행되는 SQL문이 실행될 때 예외 발생 시 예외 처리 방법 정의
TRANSACTION	프로시저에서 수행된 내역을 DBMS에 적용 또는 취소 여부를 결정하는 처리부

권쌤이 알려줌

IF문은 조건문, LOOP문은 반복문입니다.

변수(Variable)
프로그램 코드에서 값을 나타내는 문자

인수(Argument)
프로그램을 호출할 때 사용되는 값

3 프로시저 생성 문법

형식

```
CREATE [OR REPLACE] PROCEDURE 프로시저명 (파라미터명 [MODE] 데이터타입) [IS|AS]
    변수 선언
BEGIN
    프로시저 BODY;
END;
```

파라미터(Parameter, 매개변수)
각 모듈 간에 데이터를 넘겨주는 데 쓰이는 변수

지역 변수(Local Variable)
변수가 선언된 함수나 블록 내에서만 사용할 수 있는 변수

• OR REPLACE : 기존 프로시저 존재 시에 현재 내용으로 덮어쓴다.
  – 동일한 프로시저가 존재하는 경우, CREATE 명령문만 사용하면 에러가 발생한다.
• 프로시저명 : 임의로 프로시저 이름을 지정한다.
• 파라미터*명 : 외부에서 프로시저 호출 시 변수를 입·출력할 수 있는 변수 이름을 임의로 지정한다.
• MODE
  – IN : 호출 프로그램이 프로시저에게 값을 전달
  – OUT : 프로시저에서 처리된 결과를 호출 프로그램으로 반환
  – INOUT : IN과 OUT의 두 가지 기능을 동시에 수행
• 데이터타입 : 파라미터로 사용하는 변수의 데이터 타입을 입력한다.
• 변수 선언 : 지역 변수*로 사용할 변수를 선언한다.
• 프로시저 BODY : 프로시저 코드를 작성한다.
  – 최소 하나 이상의 SQL문이 있어야 한다.

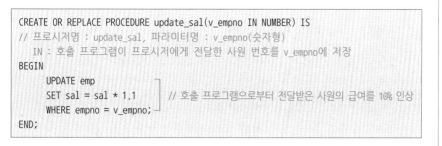

예 사원의 급여를 10% 인상하는 프로시저

```
CREATE OR REPLACE PROCEDURE update_sal(v_empno IN NUMBER) IS
// 프로시저명 : update_sal, 파라미터명 : v_empno(숫자형)
   IN : 호출 프로그램이 프로시저에게 전달한 사원 번호를 v_empno에 저장
BEGIN
    UPDATE emp
    SET sal = sal * 1.1          // 호출 프로그램으로부터 전달받은 사원의 급여를 10% 인상
    WHERE empno = v_empno;
END;
```

> **권쌤이 알려줌**
>
> PL/SQL은 절차지향 프로그래밍 언어로, 첫 번째 라인부터 차례대로 실행됩니다.

4 프로시저 실행

> 형식
>
> ```
> EXECUTE 프로시저명;
> EXEC 프로시저명;
> CALL 프로시저명;
> ```

> **권쌤이 알려줌**
>
> 프로시저 제거 문법은 아래와 같습니다.
> • DROP PROCEDURE 프로시저명;

예 급여 인상 프로시저 실행(매개변수 – 101)

```
EXECUTE update_sal(101);
// 사원 번호가 101인 사원의 급여를 10% 인상하는 프로시저 실행
```

기출 및 예상문제

01 프로시저

01 다음 설명의 ( ) 안에 공통적으로 들어갈 가장 적합한 용어를 쓰시오.

- ( )(이)란 절차형 SQL을 활용하여 특정 기능을 수행하는 일종의 트랜잭션 언어로, 호출을 통해 실행되어 미리 저장해 놓은 SQL 작업을 수행한다.
- ( )은(는) 구현이 복잡한 트랜잭션을 수행하는 SQL 블록을 데이터베이스에 저장하기 위해 생성한다.
- 시스템의 일일 마감 작업, 일괄(Batch) 작업 등을 ( )을 (를) 활용하여 관리하고 주기적으로 수행하기도 한다.

해설 키워드 호출, 미리 저장해 놓은 SQL문 실행 → 용어 프로시저

02 다음은 pc_batch 프로시저를 제거하는 SQL 명령어이다. ( ) 안에 들어갈 가장 적합한 답을 쓰시오.

( ) PROCEDURE pc_batch;

해설 프로시저 제거 시 DROP 명령어를 사용한다.

정답
01. 프로시저(Procedure) **02.** DROP

권쌤이 알려줌

프로시저와 동일하나, 사용자 정의 함수는 실행 시 값을 반환합니다. 즉, 월말 정산 프로시저를 실행하면 정산 값은 반환하지 않지만, 월말 정산 함수를 실행하면 정산 값을 반환하여 정산 등급(⑩ 100만원 이상 : A, 200만원 이상 : B 등)을 구할 수 있습니다. 이처럼 각 상황에 맞춰 프로시저 또는 함수를 작성하면 됩니다.

02 사용자 정의 함수

1 사용자 정의 함수(Function)

사용자 정의 함수는 프로시저와 유사하게 SQL문을 사용하여 일련의 작업을 연속적으로 처리하며, 종료 시 예약어 RETURN을 사용하여 처리 결과를 단일 값으로 반환하는 프로그램이다.

- 기본적인 개념 및 사용법, 문법 등은 프로시저와 동일하지만 종료 시 단일 값을 반환한다는 것이 프로시저와의 가장 큰 차이점이다.
- 주로 SELECT문에 포함되어 DML의 호출에 의해 실행된다.
- 예약어 RETURN을 통해 값을 반환하므로 출력 파라미터(OUT)가 없다.

▼ 사용자 정의 함수 구성

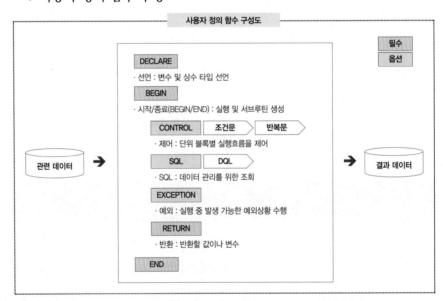

구성 요소	설명
DECLARE	사용자 정의 함수의 명칭, 변수와 인수 그리고 그에 대한 데이터 타입을 정의하는 선언부
BEGIN / END	사용자 정의 함수의 시작과 종료 표현
CONTROL	IF, LOOP 등 제어문이 삽입되어 순차적으로 처리
SQL	DQL이 삽입되어 데이터 관리를 위한 조회 작업 수행
EXCEPTION	BEGIN ~ END절에서 실행되는 SQL문이 실행될 때 예외 발생 시 예외 처리 방법 정의
RETURN	사용자 정의 함수의 결과로 반환할 값이나 변수

2 사용자 정의 함수 생성 문법

형식

```
CREATE [OR REPLACE] FUNCTION 함수명 (파라미터명 [MODE] 데이터타입)
    RETURN 데이터타입
IS
    변수선언
BEGIN
    사용자정의함수 BODY;
    RETURN 반환값;
END;
```

- OR REPLACE : 기존 사용자 정의 함수 존재 시에 현재 내용으로 덮어쓴다.
  - 동일한 사용자 정의 함수가 존재하는 경우, CREATE 명령문만 사용하면 에러가 발생한다.
- 함수명 : 임의로 사용자 정의 함수 이름을 지정한다.
- 파라미터명 : 외부에서 프로시저 호출 시 변수를 입·출력할 수 있는 변수 이름을 임의로 지정한다.
- MODE
  - IN : 호출 프로그램이 프로시저에게 값을 전달
- 데이터타입 : 파라미터로 사용하는 변수의 데이터 타입을 입력한다.
- RETURN 데이터타입 : 반환값의 데이터 타입을 입력한다.
- 변수선언 : 지역 변수로 사용할 변수를 선언한다.
- 사용자정의함수 BODY : 사용자 정의 함수 코드를 작성한다.
  - 최소 하나 이상의 SQL문이 있어야 한다.
- 반환값 : 반환할 값이나 반환할 값이 저장된 변수를 호출 프로그램으로 반환한다.

예 2개 값을 받아 합계를 구하는 함수

```
CREATE OR REPLACE FUNCTION func_sum(v_number1 NUMBER, v_number2 NUMBER)
// 사용자 정의 함수명 : func_sum, 파라미터명 : v_number1(숫자형), v_number2(숫자형)
    RETURN NUMBER    // 반환 데이터 형식 : 숫자형
IS
BEGIN
    RETURN v_number1 + v_number2;
    // 호출 프로그램으로부터 전달받은 두 수의 합계를 숫자형으로 반환
END;
```

3 사용자 정의 함수 실행

DML에서 속성명이나 값이 놓일 자리를 대체하여 사용한다.

형식

```
SELECT 사용자정의함수명 FROM 테이블명;
UPDATE 테이블명 SET 속성명 = 사용자정의함수명;
INSERT INTO 테이블명(속성명) VALUES(사용자정의함수명);
DELETE FROM 테이블명 WHERE 속성명 = 사용자정의함수명;
```

권쌤이 알려줌

사용자 정의 함수 제거 문법은 아래와 같습니다.
- DROP FUNCTION 함수명;

예 두 수의 합계 함수의 반환값을 테이블에 삽입(매개변수 – 10, 20)

```
INSERT INTO emp(total) VALUES(func_sum(10,20));
// 10과 20의 합계를 반환받아 [emp] 테이블의 total 속성에 삽입한다.
```

기출 및 예상문제

02 사용자 정의 함수

01 다음은 절차형 SQL의 종류에 대한 설명이다. ①~③에 들어갈 가장 적합한 용어를 〈보기〉에서 고르시오.

구분	설명
①	SQL문을 사용하여 일련의 작업을 연속적으로 처리하며, 종료 시 예약어 RETURN을 사용하여 처리 결과를 단일 값으로 반환하는 프로그램
②	특정 기능을 수행하는 일종의 트랜잭션 언어로, 호출을 통해 미리 저장해 놓은 SQL문을 실행하는 프로그램
③	데이터베이스의 데이터 삽입, 수정, 삭제 등의 이벤트가 발생할 때마다 관련 작업이 자동으로 수행되는 프로그램

〈보기〉
㉠ 트리거   ㉡ 사용자 정의 함수
㉢ 프로시저

①
②
③

해설
키워드 반환 → 용어 사용자 정의 함수(Function)
키워드 호출 → 용어 프로시저(Procedure)
키워드 자동 → 용어 트리거(Trigger)
TIP 트리거는 이후 자세히 학습합니다.

정답
01. ❶ ㉡ ❷ ㉢ ❸ ㉠

권쌤이 알려줌

특정 테이블에 삽입, 수정, 삭제 등의 데이터 변경이 발생하면 DBMS에서 자동으로 실행되도록 구현된 것을 트리거라고 합니다.

권쌤이 알려줌

트리거는 (총포의)방아쇠, (기계의)제동장치를 의미합니다. 예를 들어 [재고] 테이블에 A제품이 입고(삽입 이벤트)되면, A제품의 현 재고와 입고량을 더해서 새로운 재고 값을 계산할 수 있습니다. 이 작업을 자동으로 수행되도록 만든 프로그램이 트리거입니다.

03 트리거

1 트리거(Trigger) [20년 2회 필기]

트리거는 데이터베이스의 데이터 삽입, 수정, 삭제 등의 이벤트가 발생할 때마다 관련 작업이 자동으로 수행되는 프로그램이다.

• 반환이 없다는 점, DML을 주된 목적으로 한다는 점에서는 프로시저와 유사하다.

• 이벤트 명령어를 통해 트리거를 실행한다는 점과 외부 변수 IN, OUT이 없다는 점이 프로시저나 사용자 정의 함수와 다르다.

• 데이터 무결성 유지 및 로그※ 메시지 출력 등에 트리거를 활용한다.

▼ 트리거 구성

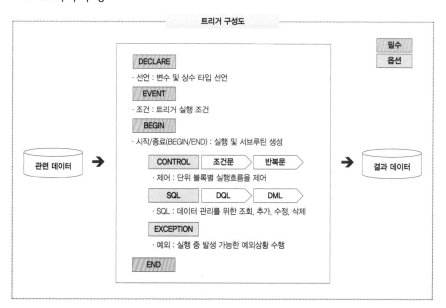

트리거 구성도

로그(Log)
데이터베이스에서 데이터를 변경하기 이전 값과 변경한 이후의 값을 기록한 정보
•입·출력 내용, 프로그램 사용 내용, 자료 변경 내용, 시작 시간, 종료 시간 등의 기록

구성 요소	설명
DECLARE	트리거의 명칭, 변수와 인수 그리고 그에 대한 데이터 타입을 정의하는 선언부
EVENT	트리거의 실행 조건 명시
BEGIN / END	트리거의 시작과 종료 표현
CONTROL	IF, LOOP 등 제어문이 삽입되어 순차적으로 처리
SQL	DML이 삽입되어 데이터 관리를 위한 조회, 추가, 수정, 삭제 작업 수행
EXCEPTION	BEGIN ~ END절에서 실행되는 SQL문이 실행될 때 예외 발생 시 예외 처리 방법 정의

2 트리거 생성 문법

형식

```
CREATE [OR REPLACE] TRIGGER 트리거명
동작시기 동작 ON 테이블명
[REFERENCING NEW|OLD AS 테이블명]
[FOR EACH ROW [WHEN 조건식]]
BEGIN
     트리거 BODY;
END;
```

권쌤이 알려줌

SELECT문은 테이블 조작 작업이 발생하지 않으므로 이벤트가 아닙니다.

- OR REPLACE : 기존 트리거 존재 시에 현재 내용으로 덮어쓴다.
  - 동일한 트리거가 존재하는 경우, CREATE 명령문만 사용하면 에러가 발생한다.
- 트리거명 : 임의로 트리거 이름을 지정한다.
- 동작시기 : 트리거가 동작하는 시기를 지정한다.
  - AFTER : 테이블이 변경된 후 실행
  - BEFORE : 테이블이 변경되기 전 실행
- 동작 : 트리거가 실행되게 할 작업의 종류를 지정한다.
  - INSERT : 테이블에 튜플이 삽입될 때 실행

권쌤이 알려줌

REFERENCING절은 FOR EACH ROW절과 함께 사용되어야 합니다.

- UPDATE : 테이블의 튜플이 수정될 때 실행
- DELETE : 테이블의 튜플이 삭제될 때 실행
• 테이블명 : 이벤트 발생을 확인할 테이블을 지정한다.
• NEW|OLD : 트리거가 적용될 테이블의 별칭을 지정한다.
  - NEW : 추가 또는 수정에 참여할 튜플들의 집합(테이블)
  - OLD : 수정 또는 삭제 전 대상이 되는 튜플들의 집합(테이블)
• FOR EACH ROW : 각 튜플마다 트리거를 적용한다는 의미이다.
• WHEN 조건식 : 트리거를 적용할 튜플의 조건을 작성한다.
• 트리거 BODY : 트리거 코드를 작성한다.
  - 최소 하나 이상의 SQL문이 있어야 한다.

 신입 사원 입사 시, 급여가 1,500,000미만인 경우 급여를 10% 인상하는 트리거

```
CREATE OR REPLACE TRIGGER tri_salary      // 트리거명 : tri_salary
AFTER INSERT ON emp
// [emp] 테이블에 튜플이 삽입되어 테이블이 변경된 후 트리거 실행
REFERENCING NEW AS new_emp      // 삽입된 튜플들만 저장된 테이블명 : new_emp
FOR EACH ROW
WHEN (:new_emp.sal < 1500000)
// [new_emp] 테이블의 튜플의 급여(sal)가 1,500,000 미만인 경우
BEGIN
    UPDATE emp
    SET sal = sal * 1.1        // 해당 사원의 급여를 10% 인상
    WHERE empno = :new_emp.empno;
END;
```

권쌤이 알려줌

트리거 제거 문법은 아래와 같습니다.
• DROP TRIGGER 트리거명;

합격자의 맘기법

절차형 SQL 종류
• 키워드 호출 → 용어 프로시저
• 키워드 반환 → 용어 사용자 정의 함수
• 키워드 자동 → 용어 트리거

기출 및 예상문제

03 트리거

[20년 2회 필기]

01 데이터베이스 시스템에서 삽입, 갱신, 삭제 등의 이벤트가 발생할 때마다 관련 작업이 자동으로 수행되는 절차형 SQL은 무엇인지 쓰시오.

해설 키워드 이벤트 발생, 자동 수행 → 용어 트리거

02 트리거가 실행되게 할 작업의 종류를 지정하는 동작에 대한 설명이다. ( ) 안에 들어갈 가장 적합한 명령어를 쓰시오.

구분	설명
INSERT	테이블에 튜플이 삽입될 때 실행
UPDATE	테이블의 튜플이 수정될 때 실행
( )	테이블의 튜플이 삭제될 때 실행

해설 키워드 테이블의 튜플이 삭제될 때 실행 → 용어 DELETE

정답
01. 트리거(Trigger) **02.** DELETE

SECTION

04

SQL 최적화

SQL문을 분석하여 최적화합니다. SQL문을 최적화하기 위해 모니터링 도구와 SQL문을 분석해 주는 TKPROF, EXPLAIN PLAN 도구에 대해 간략히 학습합니다. 그리고 DBMS 내에서 SQL문이 어떻게 동작하는지를 파악하여 SQL문 성능을 개선하는 방법에 대해 학습합니다.

01 쿼리 성능 개선

1 쿼리 성능 개선(SQL 최적화)

쿼리 성능 개선(SQL 최적화)은 조인 방식, 테이블 조회 방식, 연산 순서 등을 참고하여 자원을 효율적으로 사용하여 최적의 방법으로 SQL문을 실행할 수 있도록 애플리케이션 성능을 향상시키는 작업이다.

1. APM[Application Performance Management(Monitoring), 애플리케이션 성능 모니터링]

운영 중인 시스템에 대한 가용성[*] 확보, 다운타임[*] 최소화 등을 통해 안정적인 시스템 운영을 위하여 부하량 및 접속자 파악, 장애 진단 등을 목적으로 하는 성능 모니터링 도구이다.

- 성능 모니터링 결과로 문제시되는 SQL문에 대한 처리 흐름과 해당 SQL문이 DBMS 내에서 어떻게 동작하는지를 파악할 수 있는 쿼리 성능 측정 도구인 TKPROF, EXPLAIN PLAN 등을 활용할 수 있다.
- 종류 : 리소스 모니터링, 엔드 투 엔드 모니터링

종류	설명
리소스(Resource) 모니터링	• 모니터링 대상 자원 : CPU, 메모리, 네트워크, 디스크 등 • 종류 : Nagios, Zabbix, Cacti
엔드 투 엔드(End to End) 모니터링	• 모니터링 대상 자원 : 애플리케이션 수행 관점 ⑩ 비즈니스 트랜잭션 관리 및 최종 사용자 등을 모니터링 • 종류 : Visual VM, Jennifer, Pharos, SysMaster

2. TKPROF

실행되는 SQL문에 대해 분석 정보를 제공하여 사용자가 특정 SQL문을 어떻게 사용해야 할 것인지에 대한 가이드라인을 제공해 주는 도구이다.

- EXPLAIN PLAN과 병행하여 사용하는 것이 좋다.
- Oracle에서 제공하는 유틸리티[*]이다.

권쌤이 알려줌

모니터링(Monitoring)이란 관찰, 감시라는 뜻을 가지고 있습니다.

가용성(Availability)
시스템이 장애 없이 정상적으로 사용 가능한 정도

다운타임(Downtime)
시스템을 이용할 수 없는 시간으로 시스템이 오프라인이거나 사용할 수 없는 상황에 놓인 상태

권쌤이 알려줌

TKPROF와 EXPLAIN PLAN은 SQL문에 대한 분석 정보를 제공하여 SQL문 성능 개선 방향을 파악할 수 있는 도구입니다.

유틸리티(Utility)
시스템 동작에 필수적이지는 않지만 유용한 작업을 수행하는 것

예 TKPROF 실행 화면

```
SELECT AVG(CNT),MAX(CNT),MIN(CNT),SUM(CNT),COUNT(COMP_DATE)
FROM
(
Select Comp_Date , Count(*) Cnt From Orders Group By Comp_Date     [분석할 SQL 문장]
)
         수행된 횟수   cpu 시간  경과 시간                              처리 건수
call     count    cpu     elapsed     disk      query    current     rows

Parse      1      0.00     0.00        0          0         0          0
Execute    1      0.00     0.00        0          0         0          0
Fetch      1      0.07     0.08        0        1212        0          1

total      3      0.07     0.08        0        1212        0          1

Misses in library cache during parse: 1
Optimizer mode: ALL_ROWS
Parsing user id: 81
```

3. EXPLAIN PLAN

액세스(Access)
접근

사용자들이 SQL문의 액세스* 경로를 확인하여 성능 개선할 수 있도록 SQL문을 분석하고 해석하여 실행 계획*을 수립하고, 관련 테이블(plan_table)에 저장하도록 지원해 주는 도구이다.

실행 계획(Execution Plan)
사용자가 질의한 SQL문에 대한
최적의 실행 방법 실행
•SQL 처리 경로

• Oracle에서 제공하는 유틸리티이다.

예 EXPLAIN PLAN 실행 화면

```
SQL> set autotrace on
SQL> select * from dept where deptno = 10;  SQL 입력

   DEPTNO DNAME          LOC              실행 결과
---------- -------------- --------------
       10 ACCOUNTING     NEW YORK

Execution Plan                            실행 계획
--------------------------------------------------------
   0       SELECT STATEMENT Optimizer=CHOOSE
   1    0    TABLE ACCESS (FULL) OF 'DEPT'

Statistics                                통계 정보
--------------------------------------------------------
      178  recursive calls
        0  db block gets
       27  consistent gets
        7  physical reads
        0  redo size
      629  bytes sent via SQL*Net to client
      655  bytes received via SQL*Net from client
        2  SQL*Net roundtrips to/from client
        2  sorts (memory)
        0  sorts (disk)
        1  rows processed
```

2 쿼리 성능 개선 방법

쿼리 성능을 개선하기 위해 APM, TKPROF 또는 SQL_Trace와 같은 유틸리티를 사용하여 성능에 문제가 있는 SQL을 확인한다.

• 옵티마이저의 통계 정보와 실행 계획을 검토한다.

• SQL문과 인덱스를 재구성한다.

옵티마이저(Optimizer[※])

Optimize
최적화하다.

옵티마이저는 사용자가 작성한 SQL문에 대해 최적의 실행 방법을 결정하는 역할을 하는 모듈이다.
• 최적의 실행 방법을 실행 계획(Execution Plan)이라고 한다.
• DBMS는 옵티마이저가 결정한 실행 방법대로 데이터를 처리하여 결과를 사용자에게 전달한다.
• 옵티마이저가 선택한 실행 방법은 질의 수행 속도에 가장 큰 영향을 미친다.
• 최적의 실행 방법 결정은 실제로 SQL문을 처리해본 적 없는 상태에서 결정해야하므로 어렵다.
• 옵티마이저 종류는 최적의 실행 방법을 결정하는 방식에 따라 우선순위 중심의 규칙 기반 옵티마이저(RBO; Rule Based Optimizer)와 수행 시간 중심의 비용 기반 옵티마이저(CBO; Cost Based Optimizer)로 구분한다.

 커서(Cursor)

커서는 SQL문 처리 결과가 저장되어 있는 메모리 공간을 가리키는 포인터이다.
• 데이터 검색의 결과를 반복해서 사용할 경우 커서(Cursor)로 저장하여 검색을 실행하지 않고 검색 결과를 계속 불러올 수 있다.
• 커서를 사용하면 처리된 SQL문의 결과 집합에 접근할 수 있다.
• 종류 : 묵시적 커서(Implicit Cursor), 명시적 커서(Explicit Cursor)

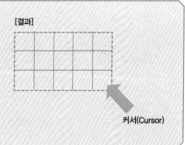

[결과]

커서(Cursor)

기출 및 예상문제

01 쿼리 성능 개선

01 오라클(Oracle)에서 제공하는 유틸리티로, 실행되는 SQL문에 대해 분석 정보를 제공하여 사용자가 특정 SQL문을 어떻게 사용해야 할 것인지에 대한 가이드라인을 제공해 주는 도구를 〈보기〉에서 고르시오.

〈보기〉
㉠ xUnit   ㉡ TKPROF
㉢ Jennifer   ㉣ Trello

 키워드 오라클, SQL문, 분석 정보 → 용어 TKPROF

02 다음의 설명의 (   ) 안에 공통적으로 들어갈 가장 적합한 용어를 쓰시오.

• (   )은(는) 사용자가 작성한 SQL문에 대해 최적의 실행 방법인 실행 계획을 결정하는 역할을 하는 모듈이다.
• DBMS는 (   )이(가) 결정한 실행 방법대로 데이터를 처리하여 결과를 사용자에게 전달한다.
• 종류에는 규칙 기반 (   )와(과) 비용 기반 (   )이(가) 있다.

해설 키워드 실행 계획을 결정하는 모듈 → 용어 옵티마이저

정답
01. ㉡ **02.** 옵티마이저(Optimizer)

01 다음은 데이터베이스 정의에 대한 설명이다. 각 설명에 대한 가장 적합한 〈보기〉를 고르시오.

구분	설명
①	컴퓨터가 접근할 수 있는 저장 매체에 저장된 데이터의 집합
②	여러 응용 시스템들이 공동으로 소유하고 유지하는 데이터의 집합
③	데이터의 중복 배제 또는 최소화한 데이터의 집합
④	조직의 업무를 수행하는데 있어서 존재 가치가 확실하고 필수적인 데이터의 집합

〈보기〉
㉠ Shared Data ㉡ Stored Data
㉢ Integrated Data ㉣ Operational Data

① ....
② ....
③ ....
④ ....

02 다음은 DBMS의 필수 기능에 대한 설명이다. 각 설명에 대한 가장 적합한 기능을 쓰시오.

구분	설명
(①) 기능	데이터의 정확성과 보안성을 유지하기 위한 무결성 관리와 병행 제어, 접근 제어 등의 기능
(②) 기능	데이터의 형태, 구조, 데이터베이스의 저장에 관한 내용을 정의 및 변경하는 기능
(③) 기능	데이터 검색, 삽입, 삭제, 갱신 등 데이터 처리를 위한 사용자와 데이터베이스 사이 인터페이스 수단을 제공하는 기능

① ....
② ....
③ ....

03 데이터베이스 시스템의 3단계 구조인 내부 스키마(Internel schema), 개념 스키마(Conceptual schema), 외부 스키마(External schema)에 대한 설명이다. ①~③이 설명하는 스키마를 쓰시오.

① 데이터의 실제 저장 방법을 기술
② 저장된 데이터와 그들 간의 관계를 기술
③ 데이터베이스 사용자의 관점을 기술

① ....
② ....
③ ....

04 데이터 언어는 데이터베이스의 구조를 정의 및 변경하는 DDL, 데이터를 조작하는 DML, 보안 및 무결성, 병행 제어 등을 위한 DCL로 구분된다. 다음 제시된 명령어들을 각 데이터 언어에 맞게 구분하시오.

CREATE, DELETE, REVOKE, ALTER, SELECT, INSERT, COMMIT, DROP, GRANT, UPDATE, ROLLBACK

① DDL ....
② DML ....
③ DCL ....

05 아래의 〈처리 조건〉을 만족하는 테이블 [회원]을 정의하는 SQL문을 작성하시오.

〈처리 조건〉
• '회원번호(문자 15)', '이름(문자 5)', '생년월일(날짜)' 속성을 가진다.
• '회원번호' 속성은 기본키이다.
• '생년월일' 속성은 '1970-01-01' 이후여야 한다.

....
....

06 아래의 [고객] 테이블을 참고하여 다음 〈처리 조건〉에 부합하는 SQL문을 작성하시오.

[고객]

고객번호	이름	성별	주소	제품코드
1	김찬현	남	서울	A013
2	최현주	여	대구	B004
3	이민영	여	부산	A013
4	최현주	여	대구	D025

〈처리 조건〉
[고객] 테이블에서 '제품코드'가 'A013'인 고객들의 '이름'과 '주소'를 'A제품_view'라는 뷰로 정의하시오.

....

....

07 아래 〈처리 조건〉에 부합하는 SQL문을 작성하시오.

〈처리 조건〉
[회원] 테이블의 '성별' 속성을 제거하시오.

....

....

08 아래 〈처리 조건〉에 부합하는 SQL문이 완성되도록 다음 ( ) 안에 적합한 답을 쓰시오.

〈처리 조건〉
• [학생] 테이블을 제거한다.
• [학생] 테이블을 참조하는 모든 데이터도 함께 제거한다.

〈SQL문〉
DROP TABLE 학생 ( );

....

09 아래 〈처리 조건〉에 부합하는 SQL문을 작성하시오.

〈처리 조건〉
• 테이블명은 학생으로 정의한다.
• [학생] 테이블의 구조는 다음과 같다.

속성명	데이터타입	비고
학번	INT	PRIMARY KEY
성명	VARCHAR(20)	
학년	INT	
과목	VARCHAR(20)	
연락처	VARCHAR(20)	

• [학생] 테이블에 학번이 98170823, 성명이 '한국산', 학년이 3, 과목이 '경영학개론', 연락처가 '050-1234-1234'인 학생 정보를 입력하시오.
• 문자형은 싱글(홑)따옴표로 입력하고 문장 끝에는 세미콜론(;)을 반드시 표기하시오.

....

....

10 [결제] 테이블에서 학번이 "2009212060", "2008212066"인 결제여부를 "완납"으로 정정하는 SQL문을 작성하시오. (모든 속성은 문자형이다.)

....

....

11 아래 〈처리 조건〉에 부합하는 SQL문을 작성하시오.

〈처리 조건〉
- 학생 테이블에서 이름이 Scott인 튜플을 삭제하시오.
- 문자형은 싱글(홑)따옴표로 입력하고 문장의 끝에는 세미콜론(;)을 반드시 표기하시오.

....

....

12 [학생] 테이블에서 전공이 '컴퓨터'이고, 학년이 1인 학생이름과 생년월일을 검색하는 SQL문을 작성하시오. (전공 속성은 문자형, 학년 속성은 숫자형이다.)

....

....

[13~18] 아래의 [직원] 테이블을 참고하여 각 질문에 답하시오. (단, 이름, 주소, 직급은 문자형이며 나이, 월급은 숫자형이다.)

[직원]

이름	나이	주소	직급	월급
남상욱	28	북구	사원	200
최나리		서구	사원	200
윤상일	31	서구	과장	240
김민하	29	남구	대리	220
윤민재		달서구	부장	260

13 다음 〈처리 조건〉에 부합하도록 〈SQL문〉의 ( ) 안에 들어갈 가장 적합한 명령을 쓰시오.

〈처리 조건〉
[직원] 테이블에서 중복이 제거된 직급만 검색하시오.

〈SQL문〉
SELECT ( ) 직급 FROM 직원;

....

14 다음 〈처리 조건〉에 부합하도록 〈SQL문〉의 ( ) 안에 들어갈 가장 적합한 명령을 쓰시오.

〈처리 조건〉
[직원] 테이블에서 주소가 서구와 남구인 모든 튜플을 검색하시오.

〈SQL문〉
SELECT * FROM 직원 WHERE 주소 ( ) ('서구', '남구');

....

....

15 다음 〈처리 조건〉에 부합하도록 〈SQL문〉의 ( ) 안에 들어갈 가장 적합한 명령을 쓰시오.

〈처리 조건〉
[직원] 테이블에서 이름이 '윤'으로 시작하는 모든 튜플을 검색하시오.

〈SQL문〉
SELECT * FROM 직원 WHERE 이름 ( );

....

....

16 다음 〈처리 조건〉에 부합하도록 〈SQL문〉의 ( ) 안에 들어갈 가장 적합한 명령을 쓰시오.

〈처리 조건〉
[직원] 테이블에서 월급이 200이상 240이하인 모든 튜플을 검색하시오.

〈SQL문〉
SELECT * FROM 직원 WHERE 월급 ( );

....

....

17 다음 〈처리 조건〉에 부합하도록 〈SQL문〉의 ( ) 안에 들어갈 가장 적합한 명령을 쓰시오.

〈처리 조건〉
[직원] 테이블에서 직급이 사원인 튜플을 검색하되, 이름을 기준으로 내림차순 정렬하여 모든 튜플을 검색하시오.

〈SQL문〉
SELECT * FROM 직원 WHERE 직급 = '사원' ( );

18 다음 〈처리 조건〉에 부합하도록 〈SQL문〉의 ( ) 안에 들어갈 가장 적합한 명령을 쓰시오.

〈처리 조건〉
[직원] 테이블에서 월급이 200 이상이고, 직급별 직원이 2명 이상인 직급을 검색하시오.

〈SQL문〉
SELECT 직급 FROM 직원 WHERE 월급 >= 200
( );

19 다음 [학생] 테이블에 대해 〈SQL문〉을 실행한 결과를 적으시오.

[학생]

순번	국어점수	영어점수	수학점수
1	100	Null	100
2	Null	100	200
3	100	Null	0

〈SQL문〉
① SELECT SUM(국어점수) FROM 학생;
② SELECT SUM(영어점수) FROM 학생;
③ SELECT SUM(수학점수) FROM 학생;

①
②
③

20 다음 〈처리 조건〉에 부합하도록 〈SQL문〉의 ( ) 안에 들어갈 가장 적합한 명령을 쓰시오.

〈처리 조건〉
[모바일] 테이블과 [PC] 테이블의 모든 튜플을 중복 없이 하나의 결과로 검색하시오.

〈SQL문〉
SELECT * FROM 모바일 ( ) SELECT * FROM PC;

21 아래 설명에서 ①~⑤에 들어갈 가장 적합한 용어를 쓰시오.

DCL은 데이터의 보안, 무결성, 회복, 병행제어 등을 정의하는 데 사용하는 언어로, 일반 사용자보다는 데이터베이스 관리자가 사용하는 언어이다.
DCL의 종류는 (①), (②), (③), (④)이(가) 있으며, 다음과 같다.
• (①) 명령어 : 데이터베이스 내의 연산이 성공적으로 종료되어 연산에 의한 수정 내용을 지속적으로 유지하기 위한 명령어이다.
• (②) 명령어 : 변경된 모든 내용들을 취소하고 데이터베이스를 이전 상태로 되돌리는 명령어이다.
• (③) 명령어 : 관리자가 사용자에게 데이터베이스에 대한 권한을 부여하기 위한 명령어이다.
• (④) 명령어 : 관리자가 사용자에게 부여했던 권한을 취소하기 위해 사용되는 명령어이다. 이때 사용자가 부여했던 다른 사용자들의 권한도 연쇄적으로 취소하려면 (⑤) 옵션을 사용해야 한다.

①
②
③
④
⑤

22 [학교] 테이블과 [학생] 테이블을 참고하여 아래 SQL문을 실행하면 [출력]과 같은 결과를 나타낸다. JOIN을 사용하여 ( ) 안에 가장 적합한 답을 쓰시오.

[학교]

학교번호	학교명
1001	경덕
1002	원화
1003	경운

[학생]

학생이름	학교번호
김진훈	1001
최현주	1002
이미영	1002

〈SQL문〉
SELECT 학교.학교번호, 학교명, 학생이름
FROM 학교 ( ) 학생
ON 학교.학교번호 = 학생.학교번호;

[출력]

학교번호	학교명	학생이름
1001	경덕	김진훈
1002	원화	최현주
1002	원화	이미영

23 아래 설명에서 ①~⑧에 들어갈 가장 적합한 답을 쓰시오.

관계 대수는 테이블에서 튜플을 검색하기 위해 필요한 연산자들을 모은 것으로서, 모두 8개의 연산자로 구성된다. 이 중 4개는 집합 연산자이고, 나머지 4개는 관계 연산자인데, 집합 연산자는 수학에서 사용되는 일반적인 연산자로 합집합(Union), 교집합(Intersection), 차집합(Difference), 카티션 프로덕트(Cartesian product)로 구성된다. 관계 연산자는 테이블에만 적용할 수 있는 검색 연산자로서 셀렉트(Select), 프로젝트(Project), 조인(Join), 디비젼(Division)으로 구성된다. 일반 집합 연산자와 순수 관계 연산자에서 사용하는 연산 기호는 아래와 같다.

구분	연산자	연산 기호
일반 집합 연산자	합집합(Union)	①
	교집합(Intersection)	②
	차집합(Difference)	③
	카티션 프로덕트 (Cartesian Product)	④
순수 관계 연산자	셀렉트(Select)	⑤
	프로젝트(Project)	⑥
	조인(Join)	⑦
	디비젼(Division)	⑧

① ....
② ....
③ ....
④ ....
⑤ ....
⑥ ....
⑦ ....
⑧ ....

24 아래의 [학생] 테이블을 참고하여 [출력]과 같은 결과를 나타내는 관계 대수식의 ( ) 안에 가장 적합한 답을 쓰시오.

[학생]

학번	이름	성별	나이	학과코드
A001	김가영	남	21	사무
A002	최현주	여	32	정보
A003	이민영	여	28	사무
A004	김상현	여	32	컴활

(①) (②) (학생)

[출력]

학번
A001
A002
A003
A004

① ....
② ....

25 아래의 [R] 테이블과 [S] 테이블을 참고하여 [출력]과 같은 결과를 나타내는 관계 대수식의 ( ) 안에 가장 적합한 답을 쓰시오.

[R]

A	B
A1	B1
A1	B2
A2	B3

[S]

A	B
A1	B1
A2	B1
A2	B3
A3	B3

R( )S

[출력]

A	B
A1	B1
A2	B3

26 참조 관계에 있는 두 테이블에서 하나의 테이블에 삽입(insert), 삭제(delete), 갱신(update) 등의 연산으로 테이블 내용이 바뀌었을 때, 데이터의 일관성과 무결성 유지를 위해 이와 연관된 테이블도 연쇄적으로 변경이 이루어질 수 있도록 하는 용어는 무엇인지 쓰시오.

챕터
기출예상문제 정답 및 해설

---

01 정답 ① ⓛ ② ⓒ ⑦ ③ ⓔ ④ ⓔ
해설 키워드 저장 매체에 저장된 → 용어 저장 데이터(Sotred Data)
키워드 공동으로 소유 → 용어 공용 데이터(Shared Data)
키워드 중복 배제, 최소화 → 용어 통합 데이터(Integrated Data)
키워드 필수적인 데이터 집합 → 용어 운영 데이터(Operational Data)

02 정답 ① 제어(Control) ② 정의(Definition) ③ 조작(Manipulation)
해설 키워드 보안성, 무결성, 접근 제어 → 용어 제어 기능
키워드 형태, 구조, 정의 → 용어 정의 기능
키워드 검색, 삽입, …, 데이터 처리 → 용어 조작 기능

03 정답 ① 내부 스키마(Internal Schema) ② 개념 스키마(Conceptual Schema) ③ 외부 스키마(External Schema)
해설 키워드 실제 저장 방법 → 용어 내부 스키마
키워드 저장된 데이터, 관계 → 용어 개념 스키마
키워드 사용자의 관점 → 용어 외부 스키마

04 정답 ① CREATE, ALTER, DROP ② SELECT, INSERT, DELETE, UPDATE ③ GRANT, REVOKE, COMMIT, ROLLBACK
해설 TIP DDL, DML, DCL에 속하는 명령어를 구분하여 기억하세요.

05 정답 CREATE TABLE 회원 (회원번호 CHAR(15), 이름 CHAR(5), 생년월일 DATE, PRIMARY KEY(회원번호), CHECK (생년월일 >= '1970-01-01')
해설 CREATE TABLE 일반 형식
: CREATE TABLE 테이블명(속성명 데이터타입 , …);
• PRIMARY KEY(기본키_속성명) : 해당 속성을 기본키로 지정
• CHECK(제약조건) : 정확하지 않은 데이터가 데이터베이스 내에 저장되는 것을 방지하기 위한 조건

06 정답 CREATE VIEW A제품_view(이름, 주소) AS SELECT 이름, 주소 FROM 고객 WHERE 제품코드 = 'A013';
해설 CREATE VIEW 일반 형식
: CREATE VIEW 뷰테이블명(속성1, 속성2, …) AS SELECT문;
• SELECT문의 결과를 뷰로 정의한다.

07 정답 ALTER TABLE 회원 DROP 성별;
해설 ALTER TABLE문 일반 형식
: ALTER TABLE 테이블명 DROP 속성명;
• DROP : 제거

08 정답 CASCADE
해설 키워드 참조하는 모든 데이터도 함께 제거 → 용어 CASCADE

09 정답 INSERT INTO 학생 VALUES(98170823, '한국산', 3, '경영학개론', '050-1234-1234');
해설 INSERT문 일반 형식
: INSERT INTO 테이블명[(속성)] VALUES (데이터1, 데이터2, …);
TIP 데이터타입이 'VARCHAR'(문자)일 경우 속성에 작은따옴표(' ')를 표시하고, 'INT'(숫자)일 경우 속성에 작은따옴표(' ')를 표시하지 않습니다.

10 정답 UPDATE 결제 SET 결제여부 = '완납' WHERE 학번 IN ('2009212060', '2008212066');
해설 UPDATE문 일반 형식
: UPDATE 테이블명 SET 속성명 = 데이터 [WEHRE 조건];

• A IN B : A와 B는 같다.
TIP 속성이 다중값일 경우 IN을 사용합니다.

11 정답 DELETE FROM 학생 WHERE 이름 = 'Scott';
해설 DELETE문 일반 형식
: DELETE FROM 테이블명 [WHERE 조건];

12 정답 SELECT 학생이름, 생년월일 FROM 학생 WHERE 전공 = '컴퓨터' AND 학년 = 1;
해설 SELECT문 일반 형식
: SELECT 속성 FROM 테이블명 [WEHRE 조건];
• 조건1 AND 조건2 : 조건1과 조건2가 모두 참일 경우 참을 반환

13 정답 DISTINCT
해설 DISTINCT : 중복되는 튜플 배제

14 정답 IN
해설 속성이 다중값일 경우 IN을 사용한다.
TIP '='은 한 가지 속성인 경우에만 사용 가능합니다.

15 정답 LIKE '윤%'
해설 % : 모든 문자를 의미

16 정답 BETWEEN 200 AND 240
해설 BETWEEN A AND B : A와 B 사이의 값

17 정답 ORDER BY 이름 DESC;
해설 ORDER BY 속성 DESC : 해당 속성을 내림차순 정렬
TIP 오름차순 정렬은 ASC를 사용합니다.

18 정답 GROUP BY 직급 HAVING COUNT(*) >= 2
해설 COUNT(속성) : 그룹별 튜플 수

19 정답 ① 200 ② 100 ③ 300
해설 SUM(속성) : 그룹별 합계

20 정답 UNION
해설 UNION : 중복을 제거한 합집합 연산자

21 정답 ① COMMIT ② ROLLBACK ③ GRANT ④ REVOKE ⑤ CASCADE
해설 키워드 성공한 결과 적용, 완료 → 용어 COMMIT
키워드 트랜잭션의 실행 실패, 복귀 → 용어 ROLLBACK
키워드 권한 부여 → 용어 GRANT
키워드 권한 취소 → 용어 REVOKE
키워드 연쇄적으로 권한 취소→ 용어 CASCADE

22 정답 INNER JOIN
해설 INNER JOIN : 조인된 테이블 사이에 조건이 부합하는 행에 대해서만 행이 생성되는 조인 방식

23 정답 ① ∪ ② ∩ ③ − ④ × ⑤ σ ⑥ π ⑦ ⋈ ⑧ ÷
TIP 관계 대수의 연산자 기호를 구분하여 기억하세요.

24 정답 ① π ② 학번
해설 $\pi_{학번}$ (학생) : [학생] 테이블에서 학번 속성을 검색한다.

25 정답 ∩
해설 R ∩ S : 두 릴레이션에 존재하는 튜플의 교집합을 구한다.

26 정답 트리거(Trigger)
해설 키워드 연쇄적으로 변경 → 용어 트리거

찾아보기

ㅎ